刑事检察
实践问题研究

余响铃 著

WUHAN UNIVERSITY PRESS

武汉大学出版社

图书在版编目(CIP)数据

刑事检察实践问题研究/余响铃著.—武汉：武汉大学出版社,2023.9
(2023.11重印)
ISBN 978-7-307-23882-4

Ⅰ.刑… Ⅱ.余… Ⅲ.刑事诉讼—研究—中国 Ⅳ.D925.204

中国国家版本馆 CIP 数据核字(2023)第 143341 号

责任编辑:张　欣　　　责任校对:汪欣怡　　　版式设计:马　佳

出版发行:**武汉大学出版社**　　(430072　武昌　珞珈山)
　　　　　(电子邮箱:cbs22@whu.edu.cn　网址:www.wdp.com.cn)
印刷:武汉邮科印务有限公司
开本:720×1000　1/16　印张:28.25　字数:457 千字　插页:1
版次:2023 年 9 月第 1 版　　2023 年 11 月第 2 次印刷
ISBN 978-7-307-23882-4　　定价:98.00 元

序　言

2021 年 6 月，党中央专门出台《关于加强新时代法律监督工作的意见》，党的二十大报告特别强调"加强检察机关法律监督工作"。党中央对全面依法治国，对党的检察事业发展作出历史性的、战略性部署，在新的历史方位和发展阶段上，赋予了检察机关更重政治责任、法治责任、检察责任。检察工作是政治性极强的业务工作，也是业务性极强的政治工作。作为检察工作的重要组成，刑事检察工作与人民群众打交道较多，人民群众对工作成效的直接感受较深。刑事检察不仅是理论性、实践性很强，在实践中，也需要不断强化理论指引，更新检察理念。

一名优秀的检察工作人员，既要对刑法、刑事诉讼法等法律、司法解释有深入了解，对"宽严相济""少捕慎诉慎押"刑事司法政策怀有内心认同，还要在实践中不断提升司法办案的洞察力、敏锐性、大局观，既遵循统一的法，又关注案件中不同的人，主动从价值导向、刑事政策去考量，思考我们这个时代鼓励什么、反对什么、提倡什么、禁止什么，才能在办案中不断汲取营养、积累经验、提升格局、开阔视野。刑事案件的办理，往往涉及一个人自由、财产，甚至生命。办案不能"依法办"就完了，不能满足于"不违法"就好了，应当把每一起案件当做关乎老百姓切身利益的大事来办，用心用情用力办好每一起案件，让人民群众在每一个司法案件中感受到公平正义，才能把习近平总书记指示"我们不成为"诉讼大国"的要求落到实处。

余响铃是广东省人民检察院的一名检察人员，也是武汉大学法学院的校友。我和他相识于司法责任改革期间，那时候，广东省作为司法责任改革首批试点省份，他是广东省人民检察院的专班人员，参与司法责任改革有关文件的起草工作。我经常关注改革，撰写了关于改革的一些文章，就司法责任制改革中的问题，他经常向我请教、和我交流。来自改革一线的声音，我也很乐意愿意听取。沟通交流多了，也越来越熟悉。光阴似箭，岁月如梭，一转眼，改革已经过去八年了，当年的一张蓝图，已经变成今日的全面实践，曾经论证的事项，正成为支撑司法责任制的各项制度，今日检察人员的状态，成为检验改革成效的一把标尺。

据我了解，余响铃研究生毕业后，先是在天津市武清区人民检察院工作了三年，后来通过全国遴选进入广东省人民检察院。其间，抽调至最高人民检察院国际合作局、广东省委改革办、政法委等参与过专项工作。工作的大部分时间处于刑事检察工作一线。南北三级检察履职实践，对其深刻理解中国刑事检察制度，是有帮助的。跨部门的工作经历，对其站在更高维度看待检察工作，也是有益的。

余响铃平时是比较爱思考，勤于写作，能够结合司法实践一线的思考，写出一些接地气的文章。比如，工作之初，就对"退回补充侦查"这一办案程序进行了深入思考，对司法办案中万能贴式的"情况说明"进行了系列研究，对实践中很少关注的"延长审查起诉期限"，较早就写过不少文章。相关论文曾获得最高人民检察院应用理论优秀成果评选一等奖等。还在《检察日报》撰写了多个栏目，《国家行政学院学报》《中国刑事法杂志》《国家检察官学院学报》《学习时报》《人民检察》等都登载过他的研究成果，《新华文摘》也转载过他的文章。

余响铃在广东省人民检察院，执笔过不少制度规范。特别是疫情防控期间，对涉疫情案件定罪量刑办理的具体规定，以及涉民营企业刑事、醉驾案件办理的规范指引，不少是他作为执笔人书写的。他在基层院、省检察院都办过一些效果较好的案件，2020年、2021年，两年内三个普通案件因为办案效果好，被时任最高人民检察院检察长批示肯定，其中两个案件建议纳入指导性案例，这是非常难得的。还曾获得过广东省第八届"先锋杯"工作创新大赛全省第一名，因此荣获广东省"五一劳动奖章"。

于办案而言，紧贴实践的理念才是有信服力、说服力的，才能被实践接受。于理论而言，没有思想的高度，是没有指导性、引领力的。荀子讲"知之而不行，虽敦必困"，古人还讲"知中有行，行中有知""知者行之始，行者知之成"。这本《刑事检察实践问题研究》，是余响铃在刑事检察一线工作多年，结合检察改革、检察制度、刑事案件办理等具体实践工作，做的一些思考，从法学理论出发，以司法实践为径，最终又回到实践。来自司法实践一线的人，往往更了解司法实践，对司法实践运行规律更有体会，我相信，这本书也将对刑事检察实践工作，产生一些有益的效果。

广东毗邻港澳，近望东南亚，是经济大省、人口大省，各种新型案件、疑难案件频发多发。丰富的实践土壤，让广东检察机关的工作人员，经常被外省同行"高看一眼"。我想，这既是认同，更是压力，广东检察人员也应当有"走在前列"的使命感、责任感、紧迫感，这是应当心怀的"国之大者"。检察制度的优势在于检察一体，省级检察机关既紧贴司法实践，又对全省检察工作进行指导，在检察一体中，处于关键环节、枢纽位置，无论从哪个方面而言，省检察院工作人员的办案经验、理论素养、综合素质，都应当高要求、高标准的。在工作中，自己就得是那个屋檐，不要想着另找地方躲雨。

天下没有两片相同的树叶，世界上也不会有两个相同的案子。刑事检察是常新的，犯罪手段花样翻新，疑难问题层出不穷，复杂情况不断出现，每一个案件的事实、当事人的诉求、法律关系都不同，同一个案件在不同阶段的诉求可能也不同。检察履职也是常新的，检察机关要始终把握党和国家工作的中心任务，在服务高质量发展中，全面履职、更好履职，也要围绕地方党委政府不同时间节点、不同需求导向的重点工作、重点任务，找准检察切入点，发挥职能作用。

无论是工作局面常新，还是检察履职常新，都需要检察人员始终保持一种学习、思考、实践的状态，有学习，没实践不行，有实践，不思考也不行，光思考，不实践不学习更不行，把三者融为一体、融会贯通，才是有效可行的。青矜之志，履践致远，行远自迩，笃行不息。我想，余响铃的这本《刑事检察实践问题研究》，就是学习、思考、实践融会贯通的例子。

以上数言，以为序。

秦前红

2023 年 4 月于珞珈山

目　　录

理念指引篇

前沿实务篇

重点举措篇

专项问诊篇

制度剖析篇

理念指引篇

第一篇　用马克思主义引导司法办案工作

习近平总书记指出："马克思主义哲学深刻揭示了客观世界特别是人类社会发展的一般规律，在当今时代依然有着强大生命力，依然是指导我们共产党人前进的强大思想武器。"① 我们党自成立以来起就高度重视在思想上建党，其中十分重要的一条，就是坚持马克思主义哲学教育和武装全党，学哲学、用哲学，这是我们党的一个好传统，原原本本学习和研读经典著作，努力把马克思主义哲学作为自己的看家本领是每一个共产党员的基本要求。马克思主义哲学是我们认识问题、分析问题、解决问题的基本立场和观点，用马克思主义哲学的立场、观点去认识问题、分析问题、解决问题，是我们的工作的根本方法和根本遵循。

第一，坚持唯物主义认识论。历史唯物主义是马克思主义哲学的一个重要组成，习近平总书记指出："历史和现实都表明，只有坚持历史唯物主义，我们才能不断把对中国特色社会主义规律的认识提高到新的水平，不断开辟当代中国的马克思主义发展新境界。"今年两会期间，最高检工作报告用翔实的数据，揭示了20年来犯罪形态的变化，提出严重暴力犯罪不断下降，从1999年的16.2万人，到2019年的6万人，年均下降4.8%，同时扰乱市场秩序犯罪增长了19.4倍，生产、销售伪劣商品犯罪增加34.6倍，侵犯知识产品犯罪增长56.6倍。通过分析，得出社会治安持续好转、人民群众收获实实在在的安全感，新型危害经济社会管理秩序犯罪上升，表明社会治理进入新阶段，人民群众对社会发展内涵有新期待。这就是坚持历史唯物主义，揭示新时代中国特色社会主义刑事司法工作规律。

---

① 习近平：《推动全党学习和掌握历史唯物主义更好认识规律更加能动地推进工作》，载《人民日报》2013年12月5日。

作为一名司法工作者，面对这种形势和规律，也应当顺势而为、有所作为。比如，要加大对新型、疑难犯罪的研究、分析、总结，强化对这类犯罪发案规律的认识、犯罪证据的梳理、法律适用研究。要研判形势，及时总结、问诊办案中的难点，及时制发指导意见，对前沿刑事司法问题始终做到心中有数；比如，要加大对新型证据载体的规范，现阶段，证据数据化、数据证据化等日益凸显，给我们指控犯罪带来一定的困扰，如涉微信证据的采集和采信，全国目前还没有一个规范意见，实践中，采集采信的方式五花八门，对此需要进行统一和规范；比如，《民法典》实施后，涉及刑民交叉的法律问题，需要高度重视，要是都不知道《民法典》怎么改的、改了什么、改后的要求，如何精准处理刑民交叉案件，等等，都需要我们加强分析研判。

除此之外，要用历史的方法和视角。列宁说，在分析任何一个社会问题时，马克思主义理论的绝对要求，就是要把问题提到一定的历史范围之内。作为一名司法工作者，对我国各个时期的刑法思想、刑事立法、刑法制度的产生、发展和演变情况，不能孤立看待，要系统考察。对具体的法律问题，如刑事责任年龄、正当防卫、紧急避险、共同犯罪等，都应当有历史的视角，只有把问题置于一定历史的视角，才能更好地总结经验，妥当地评判是非。比如，正当防卫条款的激活，近年来，检察机关相继办理了涞源反杀案、邢台董民刚案、杭州盛春平案、丽江唐雪案等，社会影响巨大，"法不能向不法让步"深入人心。这段时间，正当防卫的案件在各地也频出，并不是说以前就没有这类案件，而是在这个时期特别需要在社会上弘扬正能量，鼓舞正气，检察机关通过依法认定正当防卫，可以更好地引领正气，塑造正义风尚，这体现了检察机关的担当，也是检察机关作为公共利益代表的体现。

第二，坚持事物普遍联系的观点。坚持用事物普遍联系的观点指导司法办案工作是一个基本方法。在工作中，我们遇到很多疑难复杂案件，比如，某案件，在形势、局面、矛盾上都非常复杂、深重，涉及零口供、无罪辩护、非法证据、医疗事故、关键证人暴死、未成年证言采信、责任分担、千人签名、抬尸上访、无罪风险极大等。可以说，所有案件中可能遇到的矛盾、风险，都潜藏其中，在这种情况下，如何办理？如何体现我们检察官秉持的客观公正立场？如何办出这个案件的法律效果、社会效果、政治效果？如何体现"以人民为中心"的办案理念，我认为此时此刻，马克思主义的司法观就显得尤其重要，是管根本的，抓住矛盾的主要方面，坚持事物的普遍联系性等，准确判断致死伤的来龙去脉、成因结果、责任归属，排除二次伤害，夯实因果关系等，就是办理案件的"七寸"。

我们讲，办案子就是办别人的人生，和同事交流，有的同事说，案子办得越多，越不敢下手。是啊，心有所畏，才能心有所敬，心有所敬，才能行有乾坤！当前，《检察官法》和《刑事诉讼规则》都确定了检察官应当秉持的客观公正立场。秉持客观公正立场，就是在依法履职、参与诉讼过程中，就不能单纯站在追诉者的立场一味地追诉犯罪，而应当既注重对被追诉者不利的方面，又注重对被追诉者有利的因素；既维护被害人的合法权益，又不能简单地站在被害人的立场进行诉讼活动；不能纯粹从追诉犯罪的主观意愿和追诉方的诉讼利益出发行使职权，而应当兼顾惩罚犯罪与保障人权。实际上，这就是普遍联系观点在司法办案中的内化要求、具体体现。

普遍联系的观点，不仅体现在司法办案中，也体现在制度层面，比如，认罪认罚从宽制度推进落实得好，整体司法办案压力就会下降，效率就会提升，社会矛盾也能及时化解，"案-件比"也能压减，检察主导责任才能更加凸显，就是"一把钥匙开多扇门"的效果；比如，省院多编发一些高质量的简报，增强对下的指导，也积累更多的素材，同时也带动基层报送材料的积极性，帮全省的检察人员更加全面、深入了解办案情况，学习借鉴经验，不用什么事情都去要材料，"一人吃饭，全省送菜"没必要，做到"手中有粮，心中不慌"才是根本。

第三，善于运用矛盾对立统一规律。人的认识活动和实践活动，从根本上讲，就是不断认识矛盾、不断解决矛盾的过程。在工作中，坚持问题导向，就是承认矛盾的普遍性、客观性，要善于把认识和化解矛盾，作为打开工作局面的突破口。近期，在牵头制定一个《关于在涉民营企业刑事案件中适用取保候审等非羁押性强制措施的意见》，为什么要专门制定这样一个文件，而且是针对性、实操性、政策性这么强的文件？其中的原因，就是经济下行、增长放缓，需要在政策上给予民营企业一定的解绑、放宽，激发其活力。张军检察长在给大学生上课的时候，讲得很直白，以形式上的不公平创造实质上的公平。这就是经济发展在目前阶段的主要矛盾造成的。

要是在 20 世纪 90 年代，出台的"意见"可能是严厉打击、严格管控违反市场经济的犯罪行为，因为那时候的主要矛盾是"投机倒把"等破坏市场经济犯罪较多，而相关的法律规范、制度又没有建立，主要以打击管控为主。现在制度成熟了，调控手段多了、加强了，对情节较轻、主观恶性不大、积极赔偿的经济犯罪嫌疑人，在羁押上适当放松一点，不会影响整体法治面，能保障诉讼的正常进行，还能稳定企业的人心、人气，保持民营企业的市场活力。这种变化的过程，也印证了矛盾是不断变化发展的，以前是主要矛盾，现在可能是次要矛盾，以前是矛盾的主要方面，现在可能是矛盾的次要方面。

有一点值得注意，在现阶段，对于涉民营企业的刑事案件采取取保候审等非羁押性强制措施的规定，实际上算是非常清晰的，现有规定有很多具体内容，体现了宽严相济、刑罚谦抑性。即便没有这个文件出台，很多涉民营企业的犯罪行为，在政策上、法律上，也是可以取保的。有规定、有政策，但在办案实践中为什么往往比较少，审前羁押率还很高呢？因为这块的主要矛盾不是没有规定，而是好的规定，没有有效落实下去。有一些办案人员习惯于"照葫芦画瓢""就案办案、机械办案"，可能觉得这样是最稳妥的，也是最安全的和最省事的。所以矛盾的主要方面也不相同。在任何事物、不同阶段上，都要善于运用矛盾对立统一规律，善于抓住主要矛盾和矛盾的主要方面，指引我们工作，这是极其重要的。如果说有工作方法，有工作捷径，这就是最重要的工作方法和工作捷径。

第四，抓住质量互变的规律。量变的不断积累引起质变，质变又为新的量变开辟道路。在安全生产领域，有一个著名的"海恩法则"，即每一个大灾难的背后，都会有29次轻微灾害，还有300次有惊无险的体现。后来，这条法则演变成"安全金字塔"理论，即每一个重大事故背后，都有100次小事故，每一个小事故背后，都有100次事故隐患。安全事故的发生，是一个量变到质变、量变引起质变的过程。在刑事案件中，其实也是这样一个过程，仔细分析，哪一起刑事案件，不是小矛盾、小纠葛、小偏执不断累积、杂合、发酵后演变成刑事案件的呢？

最近，有一个申诉案件，光上访就长达13年，从乡里到县里，一直上访到北京。其主要问题是，前后邻居建房，因为价值观的差异，引发矛盾，导致泼粪，之后一方自诉，判了当事人有期徒刑6个月，之后刑事、民事、执法、历史等各种问题纠葛在一起，成了现代版的"我不是潘金莲"。前不久，领导亲自带队去化解矛盾、协调工作，一个问题一个问题地推动解决，一个将近 30 年的纠葛，要疏通化解，既要考虑邻居间过去的历史，又要顾及相邻间未来的相处，是需要倾注大量心力精力和智慧的，在整个过程中，要尽量把各种纠纷、矛盾、问题、法律问题等想清晰，各种情况想深入，把对策建议找准、抓实，要努力把工作做到极致。

事实上，要是当年当事人第一次申诉的时候，承办人就能够及时发现问题，化解矛盾，此案今天就不会发生！这不就是量变引起质变的典型案例吗？与化解纠纷同样重要的是，面对纠纷的时候，应当反思"纠纷为何发生"，不管案件源头和我们是否相关，于人民而言，所有的国家机关都是"政府"，我们的言行举止都代表了"政府"。要是我们的同志在司法办案中，能见微知著，把问题化解在基层时期、初始阶段，很多案件可能根本不会发生。

总书记讲："领导干部要有草摇叶响知鹿过、松风一起知虎来、一叶易色而知天下秋的见微知著能力，见事早、行动快，不能当'马后炮'、做事后诸葛亮。"我想，要具备这种能力，关键在于多锻炼、多积累，没有几百个案件里"滚"出来，怎么可能"洞若观火"，没几百份材料中"憋"出来，怎么能"信手拈来"？谁都不是天才，天才在于勤奋和积累。有道数学题，1+0.01 的 365 次方等于 37.7834，而 1−0.01 的 365 次方等于 0.0255，数学题中都描述得很直白，每天进步一点点，一年后都不一样，所以，手上"磨出茧"，脚上才能"走出道"。

第五，善于运用相对和绝对的理论。相对和绝对反映了事物性质的两个不同方面，是同一事物既相互联系又相互区别的两重属性。当今时代，各种思想文化相互激荡，各种矛盾相互交织，各种诉求相互碰撞，各种力量竞相发声。其中很多事情都是相对的，在风险社会，安全理念将超越自由、民主等理念。老外讲，没自由吾宁死，要是死了还要啥自由啊！古人讲"三十年河东，三十年河西""眼看他高楼起，眼看他楼塌了"，其实，都揭示了相对和绝对的关系。

在司法办案中，比如，法律真实和客观真实，就是相对和绝对的关系，法律真实只能无限接近客观真实，不可能完全等于客观真实。"证据确实、充分""排除合理怀疑"等原则，实际上，也是一个相对的标准，并不是百分百。换言之，在起诉、审判过程中，出现无罪、撤诉，是一种正常的现象，但不能因为这种现象是正常的，具有一定的合理性，就放任不管。而是要通过精细、精密、有效、有力的工作，不断压减无罪、撤诉的数量，把撤诉、无罪管控好。

事实上，从没有一个领导说，要把无罪、撤诉变成"零"，或者认为"零"就是成绩，实际上这个压减的过程，就是一个类似于"法律真实不断接近客观真实"的过程，这就是一个推进案件质量提升的工作抓手，通过不断地推动某项工作，形成联动效应，倒逼司法质量。

俗话说，要管好水库，关键是管好闸门。压减撤诉、无罪，就像去粗取精、去伪存真的过程，需要不断淬炼，不断提升。古人讲"取乎其上，得乎其中，取乎其中，得乎其下，取乎其下，则无所得矣"。为什么前段时间在探讨"检察机关是刑事错案的第一责任人"这样一个问题？"第一责任"其实就是对检察工作的一种自我施压，勇于担当，古人讲："事虽小，不为不成，路虽迩，不行不至。"小事和小路都是相对的，走多了小路，办多了小事，才能积累走大路，干大事的本领。无论工作是否琐碎，都相对的，于你是小事、琐事，于当事人可能是天大的事，于我们成长而言，做到每一件小事、琐事，都是奠定人生高度的细砂细石，我们要站在相对和绝对的高度去看待。

"纷繁世事多元应，击鼓催征稳驭舟。"在这个百年未有之变局面前，作为一名司法工作者，一定要坚持马克思主义的立场、观点，用马克思主义立场、观点去引导办案工作，去看待司法实践中的问题，提高运用科学思维观察事物、分析问题、解决问题的能力，不断地增强我们工作的科学性、预见性、主动性和创造性。

第二篇　犯罪新生态下刑事检察理念现代化研究

检察机关履行法律监督职责，履职质效直接关系执法司法公正，事关政法工作现代化，是政法工作现代化的应有之义、重要组成。刑事检察工作与人民群众打交道较多，人民群众对工作成效的直接感受较深。习近平总书记指出："形势在变、任务在变、工作要求也在变，必须准确识变、科学应变、主动求变。"犯罪形势随着经济发展、社会治安等发展不断变化，处于"生态常新"之中。推进刑事检察工作现代化，首先是理念现代化，要准确识别犯罪"生态常新"，科学应对"常新"，主动适应"常新"，以"理念求变"应对犯罪趋势的六大转变，变中求新、变中求进、变中突破，推进刑事检察理念现代化。

一、准确识变：全面认识犯罪生态面临的"六大转变"趋势

犯罪是人类社会发展的必然产物，从表面上看，犯罪是一种社会行为，实质上是一种社会现象。当前，犯罪在区间、时空、组合、结构、行为、体量上，都出现了较大转变。

（一）区间上，"本地化""本土化"更多向"跨区域化""国际化"转变

以前由于交通、通信等因素影响，多为本地化、本土化犯罪，侦查范围也相对狭小单一，犯罪整体呈现相对静态型。随着人财物流动加快，国际区际交往增

多，流动型犯罪成为主流，甲地犯罪、乙地销赃、丙地藏身，甚至涉及大量国际区际司法协助。

比如，近80%的电信诈骗团伙盘桓在东南亚国家，多是通过企业化运作、分散多国网络化管理，有的把"行政部""财务部"设在菲律宾，"客服部""风控部"设在泰国等地，"市场部""技术部"等设在老挝。网站、数据库等服务器放在美国等地，而诈骗对象主要国内人员①。比如，组织赌博罪，赌博集团主要以"商务活动"等名义，与旅行社合作，吸引中国公民入住赌博集团在境外开设的酒店，采取"游、住、赌"一体化经营模式。有的则是境外实体赌场通过在境内设置办事处，招聘工作人员，发展"洗码仔"，推荐介绍组织我国公民出境旅游。

有的省份毗邻港澳，近望东南亚，这种状态尤为明显。有的犯罪人在国外，被害人在国内，有的职务犯罪，受贿人在内地，行贿人在港澳地区。这直接影响相关案件的管辖、补充侦查、强制措施适用、审查起诉等。

（二）时空上，"直接联系型""正面接触型"更多向"无接触型""虚拟型"转变

传统犯罪，犯罪人与被害人多是正面接触、直接联系，现场可供勘查，物证可供检验，赃物可以控制。现在的网络黑灰产业犯罪，不再受制于平台、行业、地域。信息交互无处不在，犯罪的偶然性和不确定更为突出，犯罪资源和空间更为广阔。新型平台、技术手段不断翻新迭代。"跑分""嗅探""爬虫""网络劫持"等方式层出不穷，网络造谣、诈骗、盗窃、赌博、色情、洗钱等隐秘于各个角落。五年间，起诉利用网络实施诈骗、赌博、传播淫秽物品等犯罪71.9万人，年均上升43.3%。②

比如，随着互联网技术的快速发展，许多赌博集团将服务器设在未禁赌的国家，通过搭建赌博网站、App等线上赌博渠道，在境内招募代理人发展参赌会员，或者层层代理发展线下"金字塔"模式招赌吸赌。

---

① 参见胡兰兰：《反诈攻坚，一场不能停歇的赛跑》，载《新华日报》2022年5月17日。

② 参见张军：《最高人民检察院工作报告》，载最高人民检察院网站，http：//www.spp. gov.cn/spp/gzbg/202303/t20230317，访问日期：2023年3月7日。

比如，组织卖淫罪，传统的组织卖淫多有固定场所合法经营形式作为掩护，现在多通过互联网掌握卖淫人员的网络联系方式、基本信息，将分散的卖淫人员以营销模式组织起来，通过 QQ、微信公众号、"附件的人"等形式，发布大量的招嫖信息，由传统的场所型涉黄变成了网络型涉黄。一些组织卖淫还与传统的抢劫、敲诈勒索结合，网上组织人员上门卖淫，再与卖淫人员联合，网下上门抢劫、敲诈，带来了虚拟空间取证、电子数据识别、无接触式侦查等挑战。

（三）组合上，"单人单线型""单打独斗型"向"分工流水化""协同作案化"转变

传统的诈骗、盗窃等犯罪，多由单人或者多人共同完成，总体上属于"单线""单打"模式。现在的诈骗，尤其是电信诈骗，已经在上中下游形成了流水化产业，组织严密、各司其职、任务明确。上游有人制作"病毒"，控制电脑，盗窃号码，中游有人专门使用网络透传技术拨打电话，下游有人收到钱款后，又有人立即转走、清洗。研发平台、截取数据、引导流量、资金支持，各个环节，一个不漏。

比如，网络"水军"活跃于网站、论坛、微博等平台，在明星热搜打榜、软文广告推广、商品服务推出、自媒体流量等，都有"水军"的身影。"水军"接到任务后，在其"货源"平台购买相关服务，如增加微博、抖音点赞数、评论数、对企业负面新闻进行"优化"，也就是发布企业的正面帖，将负面帖覆盖。"货源"平台自动打包至下一"货源"，每一"货源"平台均赚取其中的差价，最后完成该任务的是"水手"或者由黑灰产业链批量养的"僵尸号"。

与传统犯罪，甚至早期黑客犯罪的"单打独斗"完全不同，当前网络犯罪通常表现为"协同作案"，从网络犯罪案件审判情况来看，平均每件网络犯罪案件涉及 2.73 名被告，超四成网络犯罪案件为两人及以上团伙犯罪，三人以上共同犯罪的案件占比逐年提高。① 网络犯罪不仅表现为共同犯罪凸显和共犯人数众

---

① 参见喻海松：《网络犯罪黑灰产业链的样态与规制》，载《国家检察官学院学报》2021 年第 1 期。

多，更为重要的是犯罪活动分工细化，逐步"流水线"式作业。在此背景下，各类网络犯罪盘根错节，滋生进化出复杂的网络犯罪生态体系，形成了分工合作、彼此依赖、利益共享的黑灰产业链。① 涉及共犯认定、罪名辨析、罪数确定等大量实践难题。

（四）结构上，"自然犯"向"法定犯"，"重罪"向"轻罪"转变

当今中国的犯罪结构正在经历从自然犯到法定犯、从重罪到轻罪的历史转换，犯罪治理模式也需要与时俱进。② 2022 年起诉杀人、抢劫、绑架等暴力犯罪人数为近 20 年来最低，严重暴力犯罪起诉人数占比从 1999 年 25% 下降至 2022 年 3.9%。判处有期徒刑三年以下的轻罪案件占 85%。我国已经成为世界上犯罪率最低、安全感最高的国家之一。③ 与此同时，扰乱市场秩序犯罪增长了 19.4 倍，生产、销售伪劣商品犯罪增加 34.6 倍，侵犯知识产品犯罪增长 56.6 倍。

在具体罪名上，变化非常明显，最高人民检察院公布的数据显示，2021 年全国起诉人数最多的五个罪名分别是：第一名，危险驾驶罪，35.1 万人；第二名盗窃罪，20.2 万人；第三名帮助信息网络犯罪活动罪，12.9 万；第四名，诈骗罪，11.2 万人；第五名，开设赌场罪，8.4 万人。④ 总数达 87.5 万人，占刑事案件起诉人数总量的 50% 以上。以前常见的"两抢一盗"等自然犯明显减少了，更多的法定犯。触犯的罪名也是近年来新增罪名，如 2011 年入刑的危险驾驶罪，2015 年入刑的帮信罪等。起诉非法买卖电话卡和银行卡、提供技术支持、

---

① 参见喻海松：《网络犯罪黑灰产业链的样态与规制》，载《国家检察官学院学报》2021 年第 1 期。

② 参见刘艳红：《2022 年推进中国式刑事法治现代化回顾与展望》，载《法治日报》2023 年 1 月 4 日。

③ 参见要怡东：《"迎两会·新时代检察这五年"首场新闻发布会！关于刑事检察，信息量很大》，载最高人民检察院网站，http：//www.spp.gov.cn/spp/gzbg/202303/t20230317，访问日期：2023 年 2 月 15 日。

④ 参见张军：《最高人民检察院工作报告》，载最高人民检察院官方网站，http：//www.spp.gov.cn/spp/gzbg/202303/t20230317，访问日期：2021 年 3 月 8 日。

帮助提款转账等犯罪从 2018 年 137 人增至 2022 年 13 万人。[①]

（五）行为上，"传统模式""常规手段"向"非典型模式""非常规手段"转变

一些犯罪在手段、方法、对象上，已经不是传统认知里的犯罪形态，出现了全新的甚至颠覆性的形式和特点。比如，盗窃也不是传统认知里的盗窃钱财等物品，大多表现为盗窃游戏装备、比特币、特殊号码，或者出现偷换"二维码"等新型盗窃行为。

一些传统的犯罪，发生发展的前后过程，也出现了明显转变，曾经的"非典型"强奸变成了"主流型"强奸。比如，大多数强奸案件是同事、老乡，有些甚至是暧昧对象或者前男女朋友，既有通过微信交友等方式认识，也有在 KTV、酒吧等场所熟络的，强奸犯罪熟人化关系特征明显。案件常发生在深夜、凌晨，或是在被害人或犯罪嫌疑人的居所，或是二人相约开房，或是双方参加饭局、唱歌饮酒至凌晨，有特定时空环境的刺激。与传统强奸犯罪使用暴力、胁迫等手段压制被害人反抗不同，很多案件反抗轻微甚至不存在，从而缺乏由于被害人反抗、抵抗所形成的痕迹、环境等客观性证据。有的被害人事前明知犯罪嫌疑人对其进行追求，仍与犯罪嫌疑人保持言语或肢体上的暧昧关系，仍受邀约自愿前往酒店开房。报警大多也在事后，有的犯罪嫌疑人事发后主动寻求与被害人私下和解，有的被害人则在事发后主动向犯罪嫌疑人提出索赔要求，双方谈判不成被害人才报案。

一些传统犯罪方式、手段，在网络黑灰业态助推下，也不断演化。寻衅滋事罪中常见的"造成公共秩序混乱"就出现了"非典型模式"。比如，刘某通过新浪微博账号"小岛里的大海"，在微博上发布其女儿被教师体罚至吐血的虚假信息，并花费 760 元向网络"水军"购买服务，对其发布的虚假信息增加点赞数、评论数及转发量。该虚假信息于当日 11 时许上升至新浪微博热搜第一，被网友阅读 5.4 亿次，讨论 19.6 万次。在此案中，"水军"明知刘某请托发布信息可能系虚假信息，仍帮助推广，同时该虚假信息不仅针对老师个人，也针对学校、教

---

① 参见张军：《最高人民检察院工作报告》，载最高人民检察院网站，http://www.spp.gov.cn/spp/gzbg/202303/t20230317，访问日期：2023 年 3 月 7 日。

育部门，对国家机关工作秩序进行干扰，就属于明知虚假信息而予以散布，造成公共秩序严重混乱。

（六）体量上，被告人、受害人一方从"几人、十几人"向"万人甚至几十万"转变

传统的自然犯，涉案人员一般几人，十几人就已经算比较多，几十人的团伙型犯罪大多集中在涉众型犯罪，涉及的被害人往往也不多。而当前一些"电信诈骗""网络赌博""非法吸收公众存款"等，在网络平台、网络黑灰产业的推波助澜下，涉案人员往往几百人，甚至上千人，被害人往往上万人，甚至几十万、上百万人。一跨国犯罪集团虚构网络投资平台，诈骗数百名受害人 1.4 亿元，四川检察机关依法起诉 582 人，其中 12 名骨干分子被判处十年以上有期徒刑。[1]

新型开设赌场犯罪，特别是利用网络开设赌场，参赌人员数量众多，甚至遍及全国，从办案中查获的赌博网站情况看，有的注册会员多达数十万人，这给司法机关搜集、调取、审查认定相关证据等工作增加了一定难度。[2] 犯罪集团以合法公司为伪装，通过虚构医学专家和夸大药效等手段，导致全国 10 万多人陷入骗局，被骗金额 3 亿多元。[3] 比如，团贷网，成立不到十年，在平台上借钱出去的人有 22 万，出借人总数达到上百万，注册人数 800 多万。"e 租宝"上线仅仅 505 天，就吸收资金高达 747 亿元，吸引投资用户高达 90 万人。"邦家"案集资金额高达 99.5 亿元，受害人数 23 万余次。

日新月异的新型网络犯罪及其黑灰产，带来新特点、新挑战，与此同时，随着技术迭代高频升级。一个又一个的网络黑灰产业群与一些传统犯罪糅合，在网络平台助推下，大大提升了犯罪覆盖面、辐射面，使得大量人员轻易地踏入犯罪门槛，成为涉案的被告人或受害人。

---

[1] 参见张军：《最高人民检察院工作报告》，载最高人民检察院网站，http：//www.spp.gov.cn/spp/gzbg/202303/t20230317，访问日期：2023 年 3 月 7 日。

[2] 参见史兆琨：《新型开设赌场犯罪高发，严格依法惩治"不手软"》，载《检察日报》2021 年 11 月 30 日。

[3] 参见黄洪涛：《南通警方破获特大电信诈骗案，全国 10 万多人中招总金额 3 亿多元》，载《工人日报》2021 年 12 月 6 日。

二、科学应变：统筹把握刑事检察理念现代化过程中的"六大关系"

辩证唯物主义认为，事物处于不断发展变化之中，变化是绝对的，同时，事物的变化不是杂乱无章的，而是有规律的。检察机关是政治性很强的业务机关，也是业务性很强的政治机关，刑事检察工作现代化的先导是理念现代化，要在科学把握犯罪生态发展变化的趋势、条件、方向等前提下，制定正确的战略、政策、举措，主动以理念求变，有力应对变局、破解困局、推动发展。要找准刑事检察理念现代化的根本所在、方向所在、动力所在、价值所在、发展所在、基础所在。关键是统筹把握与刑事检察工作密切相关的"方位与站位""求变与不变""能够与能动""惩治与保障""治罪与治理""权力与责任"这"六大关系"。

（一）统筹"方位"与"站位"的关系，找准刑事检察理念现代化的根本所在

当前危害国家安全、政治安全、社会稳定犯罪形势依然严峻。各种新型案件、疑难案件，高智能犯罪、跨国跨境犯罪频发多发。特别是在构建新发展格局背景下，互联网、金融、知识产权、国际贸易等领域的法治化需求日益凸显。特有情况是刑事检察工作在新的历史方位上的重要特征，也是刑事检察现代化中必须妥善面对的特有局面，这决定着刑事检察工作需要更明确的历史方位，更高的政治站位，更强的使命担当。

1. 找准检察事业新的历史方位，肩负更大责任。习近平总书记强调："正确认识党和人民事业所处的历史方位和发展阶段，是我们党明确阶段性中心任务、制定路线方针政策的根本依据，也是我们党领导革命、建设、改革不断取得胜利的重要经验。"进入新时代，人民检察事业处于什么历史方位呢？全国检察长会议明确指出，欣逢最好发展时期，逢临前所未有的重大发展机遇，逢临前所未有的挑战和考验。2021年6月，党中央专门印发《中共中央关于加强新时代检察机关法律监督工作的意见》，党的二十大报告特别强调"加强检察机关法律监督

工作""完善公益诉讼制度"。以习近平同志为核心的党中央对全面依法治国、党的检察事业发展作出历史性的、战略性部署。在新的历史方位和发展阶段上，赋予了检察机关更重政治责任、法治责任、检察责任。

2. 找准检察工作现代化的根与魂，提高政治站位。我们党在不同历史时期，总是根据人民意愿和事业发展需要，正确认识所处的历史方位，提出富有感召力的奋斗目标，团结带领人民为之奋斗。明确历史方位，更要提高政治站位，在最好发展时期与重大发展机遇并重，前所未有挑战和考验与更重政治责任、法治责任、检察责任并存的情况下。党的检察事业如何才能行有所向、进有所依、才能战胜一切艰难险阻？习近平总书记给了明确的指引！在重要指示中，突出强调："坚持党对政法工作的绝对领导"。坚持党对全面依法治国的领导，是习近平法治思想的灵魂，是党章党规、宪法法律作出的根本规范。检察机关处在维护国家安全、社会安定、人民安宁的前沿、一线。面对严峻形势和重大考验，加强新时代检察法律监督工作，推进检察工作现代化，根本统一于党的绝对领导。必须提高政治站位，忠诚践行党的全面领导，其中最根本的就是坚持和捍卫"两个确立"、坚决做到"两个维护"。只有牢牢把握这个根和魂，才有应对一切不确定性的最大确定性、最大底气。

3. 明晰刑事检察独有特点，找准工作关键。刑事检察工作同其他检察工作一道欣逢最好发展时期，也同样逢临前所未有的重大发展机遇，逢临前所未有的挑战和考验。刑事检察工作的"产品"，往往关涉国家政治安全、制度安全，也关涉人们生命、自由、财产、安全等切实利益大事，牵一发而动全身，每一个案件的办理，都关涉一个人、一个家庭、一个企业的发展。刑事检察工作必须以习近平法治思想为指引，按照"统筹发展与安全""以新安全格局保障新发展格局"的要求，切实维护政权安全、制度安全，严厉打击各类危害国家安全犯罪。终保持头脑清醒、眼睛明亮，落实好"为大局服务、为人民司法"。坚持用法治服务党和国家工作大局。刑事检察工作者要不断提升政治警觉性和政治鉴别力。比如，对于以"维权"等为幌子实施的"街头政治"行为，要善于透过普通违法犯罪的表象，抓住其破坏政治安全的危害实质，实现精准打击。对于新时期危害政治安全犯罪所呈现出的"炒作热点案事件""网上网下联动""公共场所聚集滋事"等特点，不断提升事实认定和证据判断能力。

（二）统筹"求变"与"不变"的关系，找准刑事检察理念现代化的方向所在

"察势者智，驭势者赢""明者因时而变，知者随事而制。"如果说批捕、起诉、侦查等是检察的"四梁八柱"，是检察之所以为检察的底色、特色、本色，是中国特色检察职能的"不变"，那么新理念、新机构、新方式就是"新装修"，是中国特色检察的"时代之变"。这并不是"新瓶装老酒""老瓶贴新标"，而是面对人民群众在民主、法治、公平、正义、安全、环境等方面新的更高要求，妥善解决从"有没有"到"好不好"的及时应变；是严重暴力犯罪不断下降，同时扰乱市场秩序犯罪、生产销售伪劣商品犯罪、侵犯知识侵权犯罪增长背后的主动求变；是司法责任改革后，检察官权责进一步加重，真正落实"谁裁判谁负责"的有力应变；是坚持问题导向，对症下药，因地因时制宜，精准精确施策之变。"求变"和"不变"逻辑在于，时代是出卷人，人民是阅卷人，不同历史条件下的"赶考"，答卷人所面临的考试内容、阅卷要求都会有所不同。"求变"是正确方向指引下更好的应对，"不变"是使命、定力、职责下的职责担当与符合规律。

1. 把握"求变"的正确方向所在。这些年，检察机关在理念、体系、机制上，进行了一系列主动求变。在理念上，充分认识检察机关是政治性很强的业务机关，也是业务性很强的政治机关，坚持讲政治与讲法治有机统一，提出了"双赢多赢共赢""在办案中监督，在监督中办案""精准监督"等一系列符合党和人民要求、符合司法检察工作规律的新时代司法检察理念，并且创造性地实施了少捕慎诉慎押、认罪认罚从宽等司法政策和制度，探索建立涉案企业合规制度等；在体系上，不断适应履职新要求，优化完善检察组织机构体系、职能体系、深化配合改革，健全检察上下领导机制、内设机构业务衔接机制、与其他执法司法机关制约配合机制等，不断提升法律监督的科学性、系统性、有效性。特别是以内设机构调整为契机，形成并发展了"四大检察"法律监督新格局，有力促进了检察机关法律监督工作；在机制上，协调构建以证据为核心的刑事指控体系，推进建立以审判为中心的刑事诉讼新格局，实行"捕诉一体"监督办案机制，会同公安机关建立侦查监督与协作配合机制，携手司法行政机关创设巡回检察制

度，会同证券部门设立派驻检察室等。不断从顶层设计上完善制度，促进司法公正和法治进步。

2. 把握"求变"出彩出色的根本所在。对比过去，检察机关法律监督的形式，已经发生了深刻变化，为书写经济快速发展和社会长期稳定两大奇迹新篇章作出了应有贡献。检察机关在"不变"的宪法定位中，之所有能够"求变"出了更加能动服务，更加人民至上、更加溯源治理的检察担当、检察作为。在于牢牢把握住了"国家法律监督机关"的精髓，始终在认真书写"努力让人民群众在每一个司法案件中感受到公平正义"这篇大文章。检察机关监督办案，不是"依法办"就完了、形式上"不违法"就行了，而是在每一个案件具体办理中，落实宪法规定的人民主体地位，让公平正义不仅更好更快实现，而且让人民能够切身感受到，为办案工作拍手叫好，双手举赞成票，真正厚植党的执政根基。

2020 年起探索涉案企业合规改革试点，对依法可不捕、不诉的，责成涉案企业合规承诺、切实整改，会同国务院国资委、全国工商联等 12 部门共建第三方监督评估机制，强化监管落实。试点以来，共办理相关案件 5150 件，已有1498 家企业整改合格，3051 名责任人被依法不起诉，另有 67 家企业整改不实，243 名责任人被依法起诉，某网络公司非法爬取一外卖平台数据涉嫌犯罪，检察机关认为，涉案行为未涉公民个人信息，情节较轻，并考虑该公司为成长型科技企业，管理粗放致涉案，可启动合规整改。严格落实监督，认定整改合格后，检察机关依法不起诉，结案当年，公司新增员工 700 余人，营收增加 1.6 亿元，纳税增加 1000 多万元，惩治促矫治，企业获新生。①

（三）统筹"能够"与"能动"的关系，找准刑事检察工作现代化动力所在

法律监督从语义上、定义上，都是一个需要主动作为的概念。"监"是从旁察看，"督"是督促、督导，"监督"两个字相互补充、相互促进、相互用力，合在一起就意味着监督主体对监督对象进行督促、督办、推动。这些都需要"能动""主动"，而不是"躺平""被动"，但是"能动"的前提是"能够"，是依

---

① 参见张军：《最高人民检察院工作报告》，载最高人民检察院网站，http://www.spp.gov.cn/spp/gzbg/202303/t20230317，访问日期：2023 年 3 月 7 日。

法能动，有效能动。

1. 把握"能动"的动力所在。党中央《意见》高度肯定了法律监督为我国经济社会发展作出的积极贡献，也明确提出了"检察机关法律监督职能作用发挥不够充分"的问题，对加强法律监督提出了新要求。二十大报告特别强调"加强检察机关法律监督"，这些都为检察机关下一步能动履职提供了指引。比如，要对实践中逮捕、不起诉条件把握不准，不起诉后非刑罚措施落实不到位，逮捕社会危险性量化评估不足等问题，要加强研究；要确保追诉人自愿，体现客观公正，解决实践中有时存在的"协商不充分""辩护不到位"等问题；要解决监督线索来源窄、监督刚性不足的老问题，也要妥善应对"捕诉一体"下高强度的办案节奏，造成办案与监督工作失衡的问题。比如，在行政监管部门没有配合刑事司法机关参与办理企业合规案件法定义务，加之衔接配合机制、程序，相对简缺的情况下，对企业适用刑事激励，对专业性技术证据判定，目前均需要依赖专业行政部门。要加强与相关单位的沟通协调，努力形成工作机制，促从"我管"到"共管"转变。

2. 把握"能动"的目标所在。习近平总书记强调："法治建设既要抓末端、治已病，更要抓前端、治未病。"司法案件中，有的隐藏深层次矛盾问题，有的则反映苗头性、倾向性问题。司法工作的特点、规律、要求，决定了我们不能就案办案、机械办案。不能追求"案结事了""但求无过"。检察机关能动办案，要用心循理研析个案、类案背后的问题所在，追根溯源、自觉、主动融入国家治理，做个"庖丁解牛"的好师傅；要有"居一隅而谋全局"的大局观，主动从价值导向、刑事政策去考虑考量，思考我们这个时代鼓励什么、反对什么、提倡什么、禁止什么；要及时传递法律的善意和温暖，守住法律的底线和红线，用更多精力、力量向引导和疏导端用力，通过"溯源治理"，个案监督向类案监督拓展。把习近平总书记强调的"我们不成为'诉讼大国'"落到实处，这是我们能动履职的目标所在。

3. 明晰能动的"红线"所在。"能动"履职的关键，还在于这个"能"字，要"能够""依法能"，不能随心所欲，必须依法依规。案子有大小，证明标准无大小。无论案件"大小""简易""认罪与否"，起诉的标准都要坚持事实清楚、证据确实充分，都要以审判为中心，都要定罪量刑适用法律客观精准。即便速裁、简易、集中办理等程序简化小案，但证明标准从来没有弱化、简化，从来没有"小标准"。案子有大小，责任无大小。"小案"里从来没有"小责任"，每一个案件背后，都要严格履行司法责任，都要接受错案追究，一旦出现办案问题、廉政问题等，无论大案小案，都要一律追责！"小案"更考验检察官的社会责任、能动水平！

（四）统筹"惩治"与"保障"的关系，找准刑事检察理念现代化的价值所在

检察机关行使刑事检察权的首要任务，就是惩治犯罪，同犯罪作斗争，这是刑事检察的基本价值所在，也是刑事检察忠实执行宪法和法律的根本和基础所在。惩治有利于更好的保障，保障能够不断优化惩治，减缓打击成本。

1. 明确刑事检察"刀把子"价值所在。政法机关是党和人民的"刀把子"。《人民检察院组织法》第 2 条明确规定："人民检察院通过行使检察权，追诉犯罪，维护国家安全和社会秩序，维护个人和组织的合法权益，维护国家利益和社会公共利益，保障法律正确实施，维护社会公平正义，维护国家法制统一、尊严和权威，保障中国特色社会主义建设的顺利进行。"其中第一句话就点得很明确："通过行使检察权，追诉犯罪。"除此之外，在《刑法》第 2 条的第一句话也明确规定"用刑罚同一切犯罪行为作斗争"；《刑事诉讼法》第 2 条的第一句话也明确规定："保证准确、及时查明犯罪事实，正确应用法律，惩治犯罪分子。"

比如，国家更加注重对知识产权的保护，在刑法中，也日益强化了对侵犯知识产权类犯罪的打击力度。假冒注册商标在过去不是犯罪，直到全国人大常委会 1993 年 2 月颁布了《关于惩治假冒注册商标犯罪的补充规定》，1997 年修改后的刑法首次将"侵犯知识产权"作为独立犯罪类别以基本法的形式规定下来。同一个犯罪，惩治标准也在不断变化。比如对侵犯著作权，在 2004 年，复制品数量在 5000 张以上的，属于"有其他特别严重情节"，在 2007 年，2500 张就属于"有其他严重情节"了，到 2011 年，以营利为目的，未经授权的网络传播也被认为构成侵犯著作权罪，传播他人作品在 500 件以上即属于"有其他严重情节"。[1]

---

[1] 参见唐姗姗：《20 年来刑事犯罪变化背后的法治考量》，载《检察日报》2020 年 5 月 27 日。

实际上，这个转变过程。就是检察机关作为"刀把子"，有效发挥惩治与保障功能，在形势、任务等不断变化中，切实维护国家公共利益的过程。

2. 明确"打击"与"保障"并重逻辑所在。以最高人民检察院近 25 年的工作报告为例，在 1998—2003 年这 6 年的报告中，"打击""惩治"的用语，总体上多于"服务""保障"，分别是 20：17、18：15、13：22、23：12、21：13、17：11。在 2004—2013 年这 10 年报告中，"保障""服务"相对多于"打击""惩治"，2015—2017 年，两者总体上处于一种相对平衡状态。进入 2018—2022 年，"惩治""保障"是远多于"打击""惩治"，比例分别为 42：28、28：10、29：15、30：18、34：15。在过去的 25 年中，检察机关惩治犯罪，由"惩治偏重型"向"打击与保障并重型"转变。这并不是检察机关尤其是刑事检察部门"刀把子"力度削减，而是更加适应经济社会发展需要，更加注重犯罪预防效果，更有针对性适应犯罪生态的发展变化，本身是刑事检察理念在国家治理现代化过程中的一种与时俱进的逻辑存在。

（五）统筹"治罪"与"治理"的关系，找准刑事检察理念现代化的发展所在

"治罪"是为了更好地"治理"，治理的效果一定程度上有赖于治罪范围、方向、条线、重点的变迁。社会事件及其所引发的社会重大关切，影响和推动立法的情况难以避免。特别是党的十八大以来，我国社会的主要矛盾发生了深刻变化，人民美好生活需要日益广泛，对民主、法治、公平、正义、安全等方面的需要日益增长，这也必然反映在对刑事立法的期盼和要求上。随着网络和自媒体、即时通信工作日益发达，信息传播速度和聚集效应呈爆发式增长，一些社会热点事件的发生、发展迅速演化为影响立法的重要因素。[①]

1. 治罪是为了更好的社会治理。1997 年全面修订刑法，形成了一部统一的、较为完备的刑法典。之后，为适应经济社会快速发展变化和预防惩治犯罪的需要，全国人大常委会先后通过 1 个决定、11 个刑法修正案和 13 个有关刑法的法律解释，对刑法作出修改补充和解释。可以说，刑事立法活动始终保持在一种较

---

① 参见王爱立：《〈刑法修正案（十一）的立法背景和主要规定〉》，载《刑事检察工作指导》2021 年第 2 辑，第 38 页。

活跃的状态，是改革开放以来国家立法活动当中最积极、最活跃、成果最为丰富的领域之一。① 平均每两年通过一个修正案；对 1997 年刑法 138 个条文作过修改，有的条文是多次修改，新增加条文 53 条，删去 1 条，刑法修改比例近 40%，经过修改，刑法实际条文数为 504 条，另外《关于惩治骗购外汇、逃汇和非法买卖汇犯罪的决定》还有 1 条骗购外汇罪的规定。因刑法修改补充，经司法解释确定的罪名，由 1997 年刑法的 413 个，增加变化为 483 个。实际上，犯罪打击圈的调整，最终都是为了更好的社会治理，本身把握我国社会主要矛盾发生变化后人民日益增长的美好生活需要，把握推进国家治理体系和治理能力现代化、建设中国特色社会主义法治体系的总目标，把握当前国内国际形势变化必须进行具有许多新的历史特点的伟大斗争的任务，及时调整有关领域的刑事立法理念，更加注重积极统筹发挥刑法对于国家安全、社会稳定和保护人民的重要功能，实现惩治犯罪和保护人民的辩证统一，充分体现出新时代赋予刑事立法的使命和刑事立法新的历史特点。②

2. 检察治理功能日益多元化。轻微罪的治理成为关键问题，在扩大刑法干预范围、扩大犯罪圈后，应该实行轻重分离的策略，在立法上区分重罪、轻罪、微罪。轻罪时代的犯罪治理应该彻底摒弃严打重刑思维，从宽严相济转向以宽为主的刑事政策，刑罚应整体趋轻，更多关注出刑和制裁多元化，更加注重常态治理和依法治理。③ 比如，以最高人民检察院近二十年的部分工作报告的主体框架为例，内容变化明显。2002 年报告强调"（1）积极投入严打整治斗争，维护社会稳定；（2）加大查办和预防职务犯罪的力度，促进廉政建设和反腐败斗争；（3）强化诉讼监督，维护司法公正和法制尊严；（4）加强自身建设，提高队伍整体素质和执法水平"等。在报告中，"严打整治""加大查办"更加侧重。在2012 年报告强调："（1）立足职能，服务大局，保障和促进经济较快发展；（2）全力维护社会和谐稳定，积极参与加强和创新社会管理；（3）以人为本、执法为

---

① 参见王爱立：《〈刑法修正案（十一）的立法背景和主要规定〉》，载《刑事检察工作指导》2021 年第 2 辑，第 35 页。
② 参见王爱立：《〈刑法修正案（十一）的立法背景和主要规定〉》，载《刑事检察工作指导》2021 年第 2 辑，第 35 页。
③ 参见刘艳红：《2022 年推进中国式刑事法治现代化回顾与展望》，载《法治日报》2023 年 1 月 4 日。

民，切实维护人民群众合法权益；（4）严肃查办和积极预防职务犯罪，促进反腐倡廉建设；（5）强化对诉讼活动的法律监督，维护社会公平正义。""服务""维护""保障"等更加侧重。2022 年报告强调："（1）服务大局，以检察履职服务高质量发展；（2）司法为民，以检察履职纾解群众急难愁盼；（3）深化监督，以检察履职维护公平正义；（4）溯源治理，以检察履职保障高水平安全；（5）从严治检，以检察履职锻造检察铁军。"从报告中主体内容的变化，"窥一斑而知全豹"，发现在检察履职过程中，更加注重检察服务、纾解、维护、保障功能的有效发挥，更加凸显检察治理功能的多元化。

（六）统筹"责任"与"权力"关系，找准刑事检察现代化理念的基础所在

检察机关是党领导下的司法机关，是人民民主专政的国家机器的重要组成部分，对于检察办案的"权力"和"责任"，一定要有正确认识，权力意味着责任，司法权就意味着司法责任，行使司法裁判权，就必须勇于担责负责。要旗帜鲜明坚持党的领导。《检察官职业道德基本准则》中，对检察官应具备的职业道德，首要规定就是忠诚，忠诚的首要之义就是忠于党。党的领导是中国特色社会主义最本质的特征，是社会主义法治最根本的保证，是同西方资本主义国家的法治最大的区别。

1. 落实司法责任制各项要求。随着司法责任制改革深入推进压实，各项制度进一步稳定完善，检察官的权限进一步变大，与此同步的是，检察官的责任也变重，不仅终身负责，而且倒查追责。以前办案子，把不准的请示部门负责人，部门负责人把不准的请示副检察长，再把不准的就上检委会，请示来请示去，最终大家都没责任。现在不是不可以请示，不是不研究，而是检察官应当更多地独立作出决定，将"谁裁判谁负责"落到实处。

2. 落实全面从严治检。以前案件有人打招呼、被打招呼，一些人觉得是"人情世故"，甚至"习以为常"，现在要求是必须严格落实"三个规定"，逢问必记，每月登记，责任和要求都不一样。检察机关要坚持全面从严治检，全覆盖开展系统内政治巡视，自觉抓好"三个规定"，严格追责问责，促进检察队伍在革命化正规化专业化职业化水平上新台阶。

3. 以考核促进履职能力提升。刑事检察工作要坚持以习近平法治思想武装头脑，一体抓实政治建设、业务建设、职业道德建设，继续运用"案-件比"质效评价机制，实行对刑事检察人员全员、全面、全时考核，促进履行刑事检察的能力提升，更好担当惩治犯罪、保护人民的职责使命。

三、主动求变：做到"六个增强"促进刑事检察理念实现变中突破

办案是惩治犯罪，更是保护人民，推进刑事检察理念现代化，归根结底落实在具体的办案上。要增强办案的敏锐感、大局观、能动性、人民性、全局观、情理法融合，以"天下无诉"为己任。努力让老百姓减少诉讼、避免诉讼，在"春风化雨"中，感受到中国共产党好、中国特色社会主义好。

（一）增强办案的"敏锐感"，既遵循统一的"法"，又关注不同的"人"

提升办案的敏锐感，释法说理就要"往心里去""说到心坎上"。要改变"坐堂办案"的习惯，以"炕头板凳坐得住、粗茶淡饭吃得进、家长里短聊得来"的情怀，感知当事人的关切。必要时通过公开听证、法庭教育、专家说法等方式，及时回应关切，将公平正义的过程，有效展现出来，发挥司法定纷止争和价值引领作用。

比如，一些轻伤害案件，尽管存在当事人和解赔偿等从宽情节，不批捕、不起诉也符合宽严相济刑事司法政策。但如果当事人具有前科劣迹、黑恶背景、小恶不断等，就应当更加谨慎处理。检察办案的敏锐感体现在，办案不仅要遵循统一的"法"，也要关注案件中不同的"人"，考虑社会的接受度。

一些案件作出不批捕、不起诉处理等决定后，当事人及其近亲属不理解，进而不断申诉、信访，甚至发生聚众闹事、对抗司法等行为。虽然从专业判断上看，处理决定可能是对的，但是从案件效果看，很难说是成功的，症结就在于案件当事人和关心案件的人，未必感受到公正。

比如"费氏鹦鹉案"，当前费氏鹦鹉人工种群已经具备规模、技术成熟，人

工繁育历史已有 20 余年，对人类和野外种源未发现有危害性，终端买家购买也仅仅是为了养宠观赏。非法交易 10 只，法定刑就在 10 年以上。过重的打击不仅会影响到已经形成孵化、养殖、防疫到运输、销售等完整产业链，对据此脱贫致富的群众，也带来重创。对是否构成犯罪，就应增强办案的"敏锐感"，多从涉案动物是否系人工繁育、物种的濒危程度、产业链的发展等考虑，综合危害性，确保罪责刑相适应。事实上，办案机关充分考虑刑事政策和行政许可的变化，顾全大局，举一反三，将该案件作不起诉处理。

（二）增强办案的"大局观"，主动从价值导向、刑事政策去考量

办案是惩治犯罪，更是保护人民，要"居一隅而谋全局"，"把屁股端端地坐在老百姓的这一面"，真正厚植党的执政根基，这是检察履职应有大局观。在每一个案件具体办理中，要落实宪法规定的人民主体地位，让公平正义更好更快实现，为办案工作拍手叫好，双手举赞成票。

检察机关平时办理的案件，多为"小案"，都是群众身边常见、多发、事实简单的普通案件。办"小案"是常规常态工作，也是基本基础工作，更是能为可为工作。常见多发的"小案"，监督履职办得好，人民群众对检察机关，对社会主义司法制度，对党和政府，就会充满信赖，衷心拥护党的领导。遇到难事、险事，就会追随党，始终和党站在一起。办得不好，容易引发不满。

比如，一些正当防卫案件，案件虽小，但是引发社会广泛关注。对防卫的起因、时间、意图等理解到位，准确认定正当防卫与防卫过当，及时回应社会关切，不仅是捍卫"法不能向不法让步"的法治精神，还事关正当防卫者和见义勇为人的合法权益，是弘扬社会正气，更关系人心所向。

这些年，检察机关在不变的国家法律监督机关宪法定位中，之所以能够"求变"出更加能动服务、更加人民至上、更加溯源治理的检察作为。在于牢牢把握住了"国家法律监督机关"的精髓，始终在认真书写"努力让人民群众在每一个司法案件中感受到公平正义"这篇大文章。把每一起案件当做关乎老百姓切身利益的大事来办。特别是面对一些与群众生产生活密切相关的案件，主动从价值导向、刑事政策去考虑考量，思考我们这个时代鼓励什么、反对什么、提倡什么、禁止什么。

（三）增强办案的"能动性"，追根溯源、主动融入国家治理

法律监督从语义上、定义上，都是一个需要主动作为的概念。监督主体对监督对象进行督促、督办、推动。这些都需要"能动""灵活"，而不是"被动""躺平"。"能动"办案的关键，在于用心循理研析个案、类案背后的问题所在，要追根溯源、主动融入国家治理。要有"窥一斑而知全豹"的灵活性，在检察履职中做个"庖丁解牛"的好师傅。

比如，在"拼经济"的大局下，检察机关办理涉民营企业刑事案件，更要主动发现其中潜在的问题，依法合理采取灵活务实的司法举措，坚持能不捕的不捕、能不诉的不诉。准确把握刑事司法"谦抑性"，让"谦抑性"不仅体现在避免"构罪即捕""一捕了之"的简单、机械做法。还在于防止将经济纠纷作为犯罪处理，将民事责任变为刑事责任。特别是疫情造成一些企业发展困难，股东之间、生产商与销售商之间纠葛增多，既要防止超越办案权限，插手企业合同、债务纠纷，也要防止无意中成为了股东纠葛争斗的"工具"。

比如，《刑法修正案（十一）》在挪用资金罪中增设了如下规定："在提起公诉前，将挪用的资金退还的，可以从轻或者减轻处罚"。在非法吸收公众存款罪中增加了："有前两款行为，在提起公诉前积极退赃退赔，减少损害结果发生的，可以从轻或者减轻处罚。"作为两个罪名中法定的从轻、减轻情节，退赃赔赃有利于企业及时挽回损失、回血复活。说到底，资金是企业发展的生命线，企业最关注的问题之一也是追赃挽损。检察机关办理此类案件时，要更加注重对企业资金的挽回，对于及时将退还、减损的，符合条件的，特别是涉众型犯罪，如"非吸"，要根据资金退还情况，及时改变强制措施，提升退赔减损的积极性。

比如，《刑法》第 142 条生产、销售劣药罪，第 160 条欺诈发行股票、债券罪，第 191 条洗钱罪等罪名中，将之前的百分比制罚金刑，修改为无限额制罚金刑。这种罚金刑无限额化的财产刑模式调整，一定程度上体现了犯罪惩治、预防思路的变换。从经济上采取更重、更严厉的举措，从而实现更有针对性的惩戒，剥夺其经济上再犯的可能性，而不是仅限于自由限制等手段。惩治犯罪、维护稳定，既需要发挥"剥夺自由"的震慑作用，又要发挥"经济惩治"的预防效果。

（四）增强办案的"人民性"，体现人民利益、反映人民愿望

无论是工作局面常新，还是检察履职常新，无论是贯彻落实上级部署要求，还是服务保障地方发展，本质上都是贯彻落实党的二十大决策部署，都要以习近平新时代中国特色社会主义思想为指导，都是服务中国式现代化。履职的"坐标点"，是以人民为中心，履职办案的关键，是体现人民利益、反映人民愿望、维护人民权益、增进人民福祉。

比如，检察机关办理某水果企业走私案，发现因水果快速通关需求，从而逐步形成了以代理公司为主导的、发布指导价低报的行业走私问题。对企业高管等取保候审，在保证诉讼正常进行的情况下，企业得以正常生产经营。疫情期间，该企业不仅保证了5000多名职工稳定就业，还捐赠价值500万元防疫物资，积极帮助2个贫困县解决千吨水果滞销问题。

比如，当前疫情防控进入新阶段，面临新任务，依法妥善处理仍在检察环节的此类案件。按照《关于适应新阶段疫情防控政策调整依法妥善办理相关刑事案件的通知》的精神，防止对违反新冠病毒疫情预防、控制措施和国境卫生检疫规定的行为，再以《刑法》第330条、332条定罪。对于被告人被羁押的，要及时开展羁押必要性审查，特别是涉科研人员、企业负责人、业务骨干。涉案企业财产被查封、扣押、冻结的，审查后应依法解除的要及时办理。经济快速复苏之下，也要切实防止并打击乘机哄抬物价、制假售假等扰乱市场正常秩序的违法犯罪。

（五）增强办案的"全局观"，降低司法成本、提升司法质效

检察机关核心业务指标数据，是检察机关的"GDP"，对于提升检察办案质量，促进检察办案"低碳减排"，让人民群众更好更快感受到公平正义，都有积极作用。办案中，要不断校正办案的价值导向，增强办案的全局观。当前比较重要的一项工作，就是正确看待核心业务指标数据，这直接体现出办案的"全局观"，既要重视司法规律，也不能动辄以所谓"司法规律"而忽视办案数据。

检察机关要继续强化核心业务评价指标的导向作用，常态化开展检察业务指标数据分析研判。最大限度降低司法成本，实现检察办案"止于至善""求极

致"，法律监督全面充满刚性，减少当事人的"诉累"。重视解决指标数据表象背后的案件质量问题，为办案监督提供指引、预判，为治理提供切入点、着力点，为高质量发展的"检察实践"提供动力支撑。

同时也应当用整体、联系的观点，看待核心指标与其他指标的关系。注意前后程序、左右业务、上下部门的关联，积极发挥指标之间的相互调节、相互影响、相互贯通的功能；用动态、多维的视角，看待指标数据与办案质量的综合评价功能。不仅看指标排名前后的"显绩"，也看指标背后的"潜绩"。有些个案可能退查多、时间长、捕后不诉等，指标数据不好看，但是背后可能做了很多纾缓民忧、完善证据工作，没有为数据好看而牺牲质量；发现、纠正指标数据背后的不当行为。不能为了指标数据好看，就钻空子、动歪脑子。比如，有的案件不起诉后复核，上级检察院审查认为不起诉不当，不能因为可能影响数据指标，一直不纠正，甚至还以补充侦查、完善证据的理由把案件搁置。

（六）增强办案的"情理法"融合，更多精力力量向引导、疏导端用力

中国自古就有保护鳏寡、老幼妇残的恤刑原则，认为"刑为盛世所不能废，而亦盛世所不尚""法有限，情无穷"，面对纷繁复杂的实践，检察官的办案要综合考虑情理法，不是"依法办"就完了、"不违法"就好了。

比如"流浪汉偷饭盒案"中，张某外出务工，不慎摔伤了腿脚，没有积蓄又没有收入，为了果腹，偷取外卖点的饭盒多次。从法律上讲，以非法占有为目的，在公共场合多次盗窃他人财物，符合盗窃罪的构成。如果办案只考虑生硬的法条，给流浪汉定罪，从表面上看，是依法办理，也符合法律程序。然而，群众对案件处理的结果，未必能感受到公平正义，甚至受到民意的质疑，因为其违背了常情常理。事实上，检察官在办理该案时，不仅及时撤销案件，还对张某发放救助金，帮助其早日回家，对于受损的外卖员，也及时回访，办案方式也得到了认可。把一个看似构罪的入罪案件，办出了乐见出罪的点赞事件。

心里有阳光的人，才能感受到现实的阳光。秉持一颗"情理法结合"的质效

心去办案，才能真正把人民至上放在心头；找准"情理法结合"这一关键点，才能实现"一子落而满盘活"的办案效果；也只有牢牢把握"情理法结合"这一着力点，才能及时传递法律的善意和温暖，守住法律的底线和红线。通过更多精力、力量向引导和疏导端用力，把习近平总书记强调的"我们不成为'诉讼大国'"落到实处。

第三篇　党员公诉人的担当与使命

在党的十九大报告中，习近平总书记首次把党的政治建设纳入党的建设总体布局，强调"党的政治建设是党的根本性建设"，强调"把党的政治建设摆在首位""以党的政治建设为统领"。2018年7月12日，中央和国家机关党的政治建设推进会召开前，习近平总书记又专门作出重要指示，强调中央和国家机关首先是政治机关，必须旗帜鲜明讲政治，坚定不移加强党的全面领导，坚持不懈推进党的政治建设。习近平总书记关于加强党的政治建设的重要论述和推进中央和国家机关党的政治建设的重要指示精神，深化了对共产党执政规律的认识，抓住了全面从严治党的根本性问题，明确了政治建设在新时代党的建设中的战略定位，为新时代检察机关加强党的政治建设指明了前进方向，提供了根本遵循。全体党员干部必须要深刻学习领会总书记对党的政治建设的重要论述精神，牢记政治机关属性，把政治建设摆在首位，把准政治方向，强化政治担当，提高政治能力，防范政治风险，永葆政治本色。

公诉人代表国家依法指控犯罪、履行法律监督职责、开展法治宣传教育。公诉工作是检察机关展示公正司法形象、接受社会监督、联系人民群众的重要阵地、重要窗口。在座的绝大多数都是党员，不是党员的，也有的正在积极申请入党，都是经过党的选拔，而成为一个公务员的，党员是公民中的先进分子，是有共产主义觉悟的先锋战士。邓小平同志很早就指出，共产党员，第一，他是普通人，第二，他是普通人中的先进分子。党员是普通群众中的一员，但不能把自己等同于普通群众。对党员的要求，理应更加严格。

检察机关是党领导下的司法机关，是人民民主专政的国家机器的重要组成部分，公诉人作为检察机关的干部，要把握好正确的政治方向，旗帜鲜明坚持党的领导。《检察官职业道德基本准则（试行）》中，对检察官应具备的职业道德，首要规定就是忠诚，忠诚的首要之义就是忠于党。党的领导是中国特色社会主义最本质的特征，是社会主义法治最根本的保证，是同西方资本主义国家的法治最大的区别。习近平总书记指出，党和法的关系是政治和法治关系的集中反映。法治当中有政治，没有脱离政治的法治。

思想是行动的先导。加强党的政治建设，必须提高政治觉悟。省院机关是省委、高检院决策部署的具体组织者、执行者、落实者和服务者，能否学懂弄通做实习近平新时代中国特色社会主义思想，关系到省委、高检院决策部署落实的质量效率。党的政策和国家法律在本质上是一致的，都是党和人民共同意志的反映，都是党领导人民治理国家的重要方式，都是党用以统筹社会力量、平衡社会利益、调节社会关系、规范社会行为以及推动科学发展、全面深化改革、促进社会和谐的重要手段。所不同的是，政策和法律因各自独有的表现形式、作用范围、效力支撑而有着不同的特点和优势，党的政策更具有灵活性、时代性、探索性、指导性特点，国家法律更具有普遍性、稳定性、反复适用性、国家强制性特点。党的政策是国家法律的先导和指引，是立法的依据和执法司法的重要指导，国家法律是党政策的定型化，党的政策成为法律后，实施法律就是贯彻党的政策，依法办事就是执行党的政策。

只有全面把握好党的要求，才能领悟法律精髓，正确执行法律。按照党的要求，做到坚决打击敌对势力的分裂、渗透、颠覆活动；突出打击黑恶势力、严重暴力、涉枪涉暴涉恐、拐卖妇女儿童、危害食品安全、环境污染等严重危害人民群众生命健康的犯罪；依法惩治金融、证券、知识产权等领域犯罪。用实际行动，积极推进平安中国、法治中国建设，促进提升社会治理法治化水平。

在中国特色社会主义新时代，一定要认真分析新时代公诉工作面临的新形势、新任务，找准公诉工作服务和保障新时代经济社会发展的切入点和落脚点，全面履行公诉职能，不断提高公诉工作质量效率效果，用"三个表率"的实际行动确保党的十九大精神落到实处。为落实省委第十二届二次全会提出的，把广东建设成向世界展示习近平新时代中国特色社会主义思想的重要"窗口"和"示范区"的宏大目标，贡献公诉力量和公诉智慧，推动广东公诉工作再上新台阶。

一是坚持总体国家安全观。十九大报告强调，要坚持国家利益至上，以人民安全为宗旨，以政治安全为根本，坚决维护国家主权、安全、发展利益。公诉工作要紧紧围绕这一根本要求，依法惩治危害国家安全的各类犯罪。坚持把维护政治安全、政权安全作为重中之重。深入开展反分裂、反颠覆、反邪教等专项行动，严密防范和坚决打击各种渗透颠覆破坏活动、暴力恐怖活动、民族分裂活动、宗教极端活动。

二是要坚持服务新发展理念。十九大报告强调，要坚定不移贯彻创新、协调、绿色、开放、共享的新发展理念，坚持解放和发展社会生产力，坚持社会主义市场经济改革方向，推动经济持续健康发展。公诉工作要坚持新发展理念，有效服务和保障现代化经济体系建设。要认真贯彻落实中央关于保护非公有制经济发展、保护科技创新、深化金融改革、保护产权等要求。深入研究对外开放新格局特别是广东经济"走出去"战略的司法需求，强化公诉环节的应对举措，依法保障"一带一路"倡议的深入实施，不断提高公诉在服务保障上的精准性和实效性。

三是要坚持以人民为中心的司法理念。十九大报告指出，要抓住人民最关心最直接最现实的利益问题，不断满足人民日益增长的美好生活需要，不断促进社会公平正义。公诉工作要及时回应人民群众呼声，严厉打击发生在食品、药品、医疗、教育、社会保障等领域侵害民生民利的犯罪和针对弱势贫困群体的犯罪。最大限度挽回受害群众的损失，最大限度修复受损的社会关系。同时，还要依法全面履行法律监督职责，坚持惩治犯罪与保障人权并重，坚持严格依法理性规范文明办案，有效防止和纠正冤错案件。

四是全面落实司法责任制。十九大报告指出，深化司法体制综合配套改革，全面落实司法责任制，努力让人民群众在每一个司法案件中感受到公平正义。当前司法责任制改革正处于全面推开、爬坡过坎的攻坚阶段。公诉是检察机关司法属性最强的部门，是聚焦检察监督主业最核心的环节。要在进一步发挥入额检察官的作用，规范检察官联席会议运行，厘清放权和监督的关系，明确办案责任追究的标准和程序等事项上下功夫，确保持续发力强化改革举措，坚持不懈巩固改革成果。要加强"智慧公诉"建设，不断提升公诉人员的互联网思维和大数据思维，探索运用智能语音识别"三远一网"和刑事诉讼全流程平台开展公诉监督工作的能力和本领。

　　五是全面加强公诉队伍建设。要认真落实党的十九大关于全面从严治党等一系列要求，增强"四个意识"，努力建设一支对党忠诚、司法公正、纪律严明、作风优良的公诉队伍。要坚持把出庭能力建设作为龙头来抓，通过开展业务竞赛、出庭观摩等岗位练兵活动，着力提升证据审查、庭审指控、舆情应对、群众工作等实战技能和履职能力，在全省培养一批公诉业务领军人才和专家型人才。同时，对违法违纪坚持"零容忍"，坚决清除害群之马，树立公诉队伍的良好形象。

第四篇　做好公诉工作的思想基石

公诉人代表国家依法指控犯罪、履行法律监督职责、开展法治宣传教育。公诉工作是检察机关展示公正司法形象、接受社会监督、联系人民群众的重要阵地、重要窗口。当前，我省党员公诉人的比例已在80%以上，党员是大多数公诉人的第一身份。在2014年1月14日十八届中央纪委二次会议上的讲话中，习近平总书记指出，全党同志要强化党的意识，牢记自己的第一身份是共产党员，第一职责是为党工作，做到忠诚于组织，任何时候都与党同心同德。

一、明确党员标准才能践行党员要求

党员是公民中的先进分子，是有共产主义觉悟的先锋战士。邓小平同志很早就指出，共产党员，第一，他是普通人，第二，他是普通人中的先进分子。党员是普通群众中的一员，但不能把自己等同于普通群众。对党员的要求，理应更加严格。《中共中央关于全面推进依法治国若干重大问题的决定》明确指出："党规党纪严于国家法律，党的各级组织和广大党员干部不仅要模范遵守国家法律，而且要按照党规党纪以更高标准严格要求自己。"这不仅对党组织和党员，还对公权力机关和公职人员提出了严于国法的要求。

著名法学家富勒说："如果说愿望的道德是以人类所能达致的最高境界作为出发点的话，那么义务的道德则是从最低出发。"可以说，党的要求体现了"愿望道德"，是社会高标准的道德，而国家法律则体现了"义务的道德"，是社会最低限度的道德。

对于党员和公职人员的更严格要求，体现在方方面面。比如《中国共产党纪律处分条例》专门对严重违反社会主义道德的行为进行了相应规范，与此同时，国家法律对一些纯道德行为并不规范。《关于领导干部报告个人事项的规定》对领导干部报告个人事项进行了规定，但国家法律对普通公民个人事项的报告义务并不作要求。领导干部子女经商等问题，也是当前党风廉政建设改革的重点事项。在检察官入额的禁止性规定中，对于配偶一方为律师事务所合伙人的，广东、上海等地也都做了禁止性规定。这些都体现了"党要管党、从严治党"的要求。

作为一名党员公诉人，一定时刻想到自己是党的人，时刻不忘自己应尽的义务和责任，自觉接受组织安排和纪律约束，永远牢记做合格党员才能做合格公诉人。即使目前还没有加入党组织，公诉人作为一名公职人员，在党领导下行使职权，也必须增强政治自觉和政治清醒，不折不扣地按照党员的标准，严格规范自己，才能做好合格公诉人。

二、坚持党的领导才能把握正确方向

检察机关是党领导下的司法机关，是人民民主专政的国家机器的重要组成部分，公诉人作为检察机关的干部，要把握好正确的政治方向，旗帜鲜明坚持党的领导。《检察官职业道德基本准则（试行）》中，对检察官应具备的职业道德，首要规定就是忠诚，忠诚的首要之义就是忠于党。党的领导是中国特色社会主义最本质的特征，是社会主义法治最根本的保证，是同西方资本主义国家的法治最大的区别。

在《在省部级主要领导干部学习贯彻党的十八届四中全会精神，全面推进依法治国专题研讨会上的讲话》中，习近平总书记指出，党和法的关系是政治和法治关系的集中反映。法治当中有政治，没有脱离政治的法治。《淮南子》有言："有道以统之，法虽少，足以化矣；无道以行之，法虽众，足以乱矣。"把党的领导贯彻到依法治国全过程和各方面，就是这里强调的"道"，就是坚持理论自信、制度自信、道路自信，这是我国社会主义法治建设的一条基本经验。

党的坚强领导，是社会主义法治建设的定海神针，是全面依法治国的总根基，是政治保证，是方向指引。作为一名公诉人，肩扛公正天平、手持正义之剑，要正确处理党的领导与依法独立行使检察权的关系，把坚持正确政治方向体现和落实到各项检察工作中。要清晰认识党与法、党的领导和依法治国是高度统一的，中国特色社会主义法治最大的"特"就"特"在这里。否则，就会陷入"党大还是法大"的伪命题，在这个问题上含糊其词、语焉不详；就会把我国的依宪治国、依宪执政同所谓西方"宪政"混为一谈，盲从法治浪漫主义；就可能把党的领导与法治割裂开来、对立起来，中了一些人试图质疑、削弱和否定党对全面依法治国领导的政治图谋，最终实现否定、取消党的领导的目的。

三、明晰党的政策才能准确理解法律

党的政策和国家法律在本质上是一致的，都是党和人民共同意志的反映，都是党领导人民治理国家的重要方式，都是党用以统筹社会力量、平衡社会利益、调节社会关系、规范社会行为以及推动科学发展、全面深化改革、促进社会和谐的重要手段。所不同的是，政策和法律因各自独有的表现形式、作用范围、效力支撑而有着不同的特点和优势，党的政策更具有灵活性、时代性、探索性、指导性特点，国家法律更具有普遍性、稳定性、反复适用性、国家强制性特点。党的政策是国家法律的先导和指引，是立法的依据和执法司法的重要指导，国家法律是党政策的定型化，党的政策成为法律后，实施法律就是贯彻党的政策，依法办事就是执行党的政策。

管仲有言："法者，天下之仪也，所以决疑而明是非也，百姓所县命也。"作为一名公诉人，一名当代"法者"，只有明晰党的政策才能准确理解法律，才能不满足于做一个"法匠"，而是按照党的高标准、严要求，做一个领会知悉党政策的看路人、全心全意为人民服务的法律人。否则，就可能陷入一种"就案办案、机械办案"的思维，不仅达不到办案效果，甚至与党的意志相悖；就难以顺应政策导向，及时改变公诉办案方式、方法，自觉用党员要求、职业道德约束自己，让人民群众在每一个司法案件中，不仅实现程序公正和实体公正，还能感受到公平正义；就难以完成党和人民赋予的光荣使命，真正把人民群众的事当作自己的事，把人民群众的小事当做自己的大事，做到对群众深恶痛绝的事零容忍，对群众急需急盼的事零懈怠。

四、把握党的要求才能正确执行法律

习近平总书记在中央政法工作会议上从党和国家工作大局和战略高度，深刻阐述了事关政法工作全局和长远发展的一系列重大理论和现实问题。提出维护社会大局稳定是政法机关的基本任务，促进社会公平正义是政法工作的核心价值追求，保障人民安居乐业是政法工作的根本目标。作为一名公诉人，只有全面把握好党的要求，才能领悟法律精髓，正确执行法律。按照党的要求，做到坚决打击敌对势力的分裂、渗透、颠覆活动；突出打击黑恶势力、严重暴力、涉枪涉暴涉恐、拐卖妇女儿童、危害食品安全、环境污染等严重危害人民群众生命健康的犯罪；依法惩治金融、证券、知识产权等领域犯罪。用实际行动，积极推进平安中国、法治中国建设，促进提升社会治理法治化水平。

孔子讲："七十而从心所欲不逾矩，"谈的虽然是人生修养的最高境界，实质上，就是要处理好"欲"与"矩"的关系。对于公诉人而言，处理好"欲"与"矩"的关系，也是至关重要的，如果不能牢记党的要求，以党提出的"五个过硬"为基本遵循，就可能把个人欲念凌驾于党规党纪之上。人民群众在寻求合理诉求，维护正当权益时，可能遭遇态度生硬、敷衍塞责、冷硬横推；一些人就不会自觉地在办案各个环节都设置隔离墙、拿起杀威棒，会把贯彻保障人权、证据裁判规则撂在一边，甚至有超期办案、带病起诉、非法取证等不规范的司法行为；一些人就可能胆大妄为、飞扬跋扈，忘记党的要求和纪律法律的约束，受人之托，过问、插手、干预具体案件，受利益驱动，办人情案、关系案、金钱案。公诉人不仅不能正确执行法律，还可能成为害群之马，损害法律的尊严和权威！

在新时代，刑事检察部门应当以党建为抓手，以培养合格党员，合格公诉人为落脚点，将党建与业务建设有机融合，变"两张皮"为"一条线"。广大公诉人特别是党员公诉人，更要学用结合、以知促行、知行合一，真学、真懂、真信、真做，特别是要把党员的先锋形象树得更好，模范形象擦得更亮，用实际行动，推动平安中国、法治中国建设。

一是要"真学"。1940年，毛泽东同志在接见从前线回中央党校学习的同志时说："马列主义的书要经常读，《共产党宣言》我看了不下100遍，遇到问题我就翻阅马克思的《共产党宣言》，每读一遍我都有新的启发。没有大量真正精通马克思列宁主义革命理论的干部，要完成无产阶级革命是不可能的。"① "真学"就是像毛主席那样学，达到"读书百遍，其义自现"的效果，真正把马列主义入心入脑。面向广大党员开展学习教育，就是要用马克思主义立场、观点、方法和党章党规武装广大党员、约束广大党员，就是要进一步增强广大党员的政治意识、大局意识、核心意识和看齐意识，把全面从严治党进一步落实、落细、落小，更好地建设中国特色社会主义。在学习教育中，广大公诉人一定要突出问题导向，强化问题意识，有的同志连看都没看一遍，只是当作任务应付一下，这样是坚决不允许的。从"要我学"到"我要学"，要以"盛年不再来，一日再难晨"的惜时心态，要以"合抱之木，生于毫末；九层之台，起于垒土"的踏实精神，让"真学"两字时常萦绕于脑海里，让"真学"两字切实落实在行动中，在学习教育中，做到"博观约取、厚积薄发"。

二是要"真懂"。党章是一个政党为保证全党在政治上、思想上的一致和组织上、行动上的统一所制定的章程。党纪党规是管党治党建设党的重要法宝，是每一个共产党员不可触碰的红线。习近平总书记系列讲话是马列主义中国化的最新成果，是当代中国最鲜活的马克思主义。学习党章党规，学习系列讲话，不是为了学而学，而是为了真懂而学，不能"不懂装懂"，"真懂"是必须完整准确理解马克思主义，再用完整准确的马克思主义指导实践。在学习过程中，要达到"真懂"的效果，不仅要认真学习党章党规，学习系列讲话，还要原汁原味研读马列经典著作、真真正正掌握辩证唯物法和唯物辩证法等，除此之外，还要进一步拓宽拓深学习覆盖面、纵深度，《之江新语》等也应当作为必要读物。习近平总书记指出，对马克思主义的学习和研究，不能采取浅尝辄止、蜻蜓点水的态度。有的人马克思主义经典著作没读几本，一知半解就哇啦哇啦发表意见，这是一种不负责任的态度，也有悖于科学精神。习近平总书记的话深刻而警醒地提醒每一位共产党员，在学习教育中，一定要脚踏实地、循序渐进、真真切切地钻研，决不能糊弄应付、生搬硬套。

---

① 读100遍《共产党宣言》，载《文摘报》2017年6月29日，第6版。

　　三是要"真信"。作为一名共产党员，在入党的那个神圣时刻，都宣读了入党誓词，都向党和人民作出了庄严承诺，要为共产主义奋斗终身，随时准备为党和人民牺牲一切。"真信"就是坚定中国特色社会主义的道路自信、理论自信、制度自信、文化自信，坚信中国特色社会主义道路是实现社会主义现代化的必由之路，是创造人民美好生活的必由之路。作为一名共产党员，要是对党的性质、根本宗旨、最终奋斗目标等"说三道四""半信半疑"，甚至"不信马列信鬼神""不问苍生问大师"，这样的人半点马克思主义都没有！哈佛大学政治学博士、美国霍普金斯大学著名教授福山发表文章谈道："美国没有什么可以教中国的，中国的马克思主义者应当坚信马克思主义科学真理，社会主义是前程无量的事业，没有哪一种资产阶级理论和资产阶级学派能像马克思主义这样历经一百五六十年仍然有旺盛的生命力。"① 实际上，福山也经过一个从"质疑"到真信的过程，是经过了正反对比的研究，得出了一个让自己坚定不移的信念。作为一名共产党员，本色就体现在对马克思主义的信仰和为共产主义不懈奋斗中。信仰马克思主义，就是要在全心全意为人民服务的基本感情和毫不动摇的无产阶级立场上下功夫。

　　四是要"真做"。公诉人代表国家依法指控犯罪、履行法律监督职责，开展法治宣传教育，是检察机关展示公正司法形象、接受社会监督、联系群众最多、最密切的部门，是检察机关的"窗口"和"门面"。同时，公诉人也经常面对政治安全、暴恐、非法宗教组织等敏感案件，公诉部门年轻人多、学历高、思想活跃，容易受西方法学理论误导，有一小部分公诉人还存在"重业务轻党建"的思想误区，一些公诉人还存在就案办案、机械司法等单纯业务观点，不善于把检察工作放在全局中谋划和推进。学习教育中，广大公诉人要始终明白基础在"学"，关键在"做"，做合格党员是学习教育着眼点、落脚点；要始终牢记"空谈误国、实干兴邦"，不做，半点马克思主义都没有；要始终坚持"做"的基本要求，是必须要做到"合格"，"合格"不等于"及格"。必须秉持"做合格党员永远在路上"的精神，时刻以"四讲四有"来衡量自己、检视自己、激励自己、提高自己，用一生的行动来回答这道考题。公诉人一定要拧紧世界观、人生观、

---

　　① 转引自陈奎元：《信仰马克思主义、做坚定的马克思主义者》，载《马克思主义研究》2011年第4期，第7页。

价值观这一开关，按照习近平总书记所要求的，任何时候都做到心中有党、心中有民、心中有责、心中有戒。把"人民群众对美好生活的向往"变为真真切切的现实，把"让人民群众在每一个司法案件中都感受到公平正义"变成触手可及的存在。

第五篇　刑事检察工作基本遵循

在刑事检察工作基本定型的情况下，刑事检察工作的基本遵循是什么？在当前，需要总结提炼。在总结提炼的过程中，要坚持以习近平新时代中国特色社会主义思想为指导，要认真查阅并梳理了《宪法》《刑法》《刑诉法》《人民检察院组织法》《检察官法》《中央政法工作条例》等法律条例规定；要原原本本学习了十八大以来习近平总书记对政法工作尤其是检察工作的指示要求；要认真学习了张军检察长近年来对刑事检察工作具体要求；要参考借鉴了一些国内著名刑法学者、刑事诉讼法专家的经典论述等。通过仔细斟酌、认真思考，进行，总结提炼，经过慎重思考，认为以下 10 条是刑事检察工作的基本遵循。

（原则）坚持党的绝对领导

（理念）以人民为中心

（任务）惩治犯罪与保护人民相结合

（立场）秉持客观公正立场

（品格）以事实为根据，以法律为准绳，遵守法定程序，尊重和保障人权

（职责）履行法律监督职责

（要求）绿色、平等、高效、廉洁、求极致

（政策）宽严相济、少捕慎诉

（目标）努力让人民群众在每一个司法案件中感受到公平正义

（效果）实现"三个效果"的有机统一

一、总结提炼基本遵循的原则

一是理据权威、要求明确。任何一项基本遵循都必须在《刑法》《刑诉法》

《人民检察院组织法》《检察官法》《中央政法工作条例》等权威法律、条例中有规定，在习近平总书记对政法工作指示，张军检察长对刑事检察工作具体要求中，有明确、明晰的指示，都必须是理据权威、要求明确的具体工作内容。

二是统揽全局、管总管本。作为刑事检察工作的基本遵循，必须能够对刑事检察工作全局进行统揽，是刑事工作中"管总的""管根本的""管长远的"，具有全局性、长期性、根本性指导作用的，也是刑事检察工作必须始终要遵循的基本要求。

三是体系完整、内容明晰。作为指导刑事检察工作的基本遵循，从总体上应当是内涵逻辑合理，构成一个体系，具备体系完整、内容明晰的特点。基本内容应当包含原则、理念、任务、立场、职责、要求、品格、政策、目标、效果等。达到看到基本遵循，就能够明晰刑事检察工作是"干什么、怎么干、什么作用、什么要求"等。

四是通俗易懂、言简意赅。作为基本遵循，而且是经过几十年司法实践检验过的遵循，必须是通俗易懂、言简意赅，已经被广大刑检人员认可认知，也被社会认同认识，不仅属于刑事检察工作积累的宝贵经验，也是中国特色社会主义法治事业积累的经验和财富。

二、基本遵循的理据说明

（一）坚持党的绝对领导

党的领导是中国特色社会主义最本质的特征，是中国特色社会主义制度最大的优势，一切工作都必须始终坚持党的集中统一领导。作为检察工作的重要组成，刑事检察工作当然不能例外，这点是毋庸置疑的，也是基本认识。

在坚持党的领导上，在"四大检察、十大业务"中，刑事检察应当勇作"排头兵""先锋队"。党的领导也是刑事检察作为"刀把子"最显著的特征之一，要确保"刀把子"始终牢牢掌握在党和人民手中，必须坚持党的绝对领导毫不动摇，这是刑事检察的基本原则、基本遵循。在办理事关政治安全、政权安全的刑事案件中，坚持总体国家安全观，厚植政权基础，更是第一位的。

（二）以人民为中心

坚持以人民为中心，就是始终把人民立场作为根本立场，这也是习近平总书记反复强调的核心价值取向。人民检察院，前面是"人民"两字，在工作中要更好地体现检察院的"人民性"，根本在于坚持以人民为中心的办案理念，这也是刑事检察的基本遵循。

这种"人民性"的办案理念，只要是为了人民的利益，符合人民的福祉要求，检察机关应当义不容辞、责无旁贷。如昆山龙哥案，检察机关的办案得到网上数以亿计的好评，就是因为办案效果符合了人民性。要是机械司法、简单司法，不能契合人民"法不能向不法让步"的基本需要，不能符合人民对自身安全保障的基本要求，那么，办案效果可能走向另外一面。还比如"扫黑除恶"专项斗争、依法从严打击涉疫情犯罪等工作中，都体现了刑事检察的"人民性"，体现了以人民为中心的办案理念。这是刑事检察的基本理念，理念是行动的先导，明晰了理念，就能够更好地明白刑事检察工作"为了谁""是谁的刑事检察"等基本问题。

（三）惩治犯罪与保护人民相结合

《人民检察院组织法》第2条规定：人民检察院通过行使检察权，追诉犯罪，维护国家安全和社会秩序，维护个人和组织的合法权益，维护国家利益和社会公共利益，保障法律正确实施，维护社会公平正义，维护国家法制统一、尊严和权威，保障中国特色社会主义建设的顺利进行。《刑事诉讼法》第2条也明确规定，中华人民共和国刑事诉讼法的任务，是保证准确、及时查明犯罪事实，正确应用法律，惩治犯罪分子，保障无罪的人不受刑事追究，教育公民自觉遵守法律，积极同犯罪行为作斗争，维护社会主义法制，尊重和保障人权，保护公民的人身权利、财产权利、民主权利和其他权利，保障社会主义建设事业顺利进行。《刑法》第2条规定基本任务：用刑罚同一切犯罪行为作斗争，以保卫国家安全，保卫人民民主专政的政权和社会主义制度，保护国有财产和劳动群众集体所有的财产，保护公民私人所有的财产，保护人民的人身权利、民主权利和其他权利，维护社会秩序、经济秩序，保障社会主义建设事业的顺利进行。

人民检察院组织法、刑诉法、刑法是引领刑事检察工作的基本法，三大法对基本任务的规定，本身就是刑事检察工作的基本任务。由于三大法规定的任务都比较多，但是贯穿其中的就是惩治犯罪、保护人民。因而，基本可以总结为惩治犯罪与保护人民相结合，这就是刑事检察的基本任务，在基本原则、基本理念之后，最重要的就是明晰基本任务。所以，将刑事检察工作的基本任务凝练为：惩治犯罪与保护人民相结合。

（四）秉持客观公正立场

立场是认识和处理问题所抱的态度，刑事检察立场问题是一个核心问题，在新修订的《中华人民共和国检察官法》对此问题进行了明晰，第 5 条第 1 款规定："检察官履行职责，应当以事实为根据，以法律为准绳，秉持客观公正的立场。"修改后的《人民检察院刑事诉讼规则》第 3 条也规定：人民检察院办理刑事案件，应当严格遵守《中华人民共和国刑事诉讼法》以及其他法律的有关规定，秉持客观公正的立场，尊重和保障人权，既要追诉犯罪，也要保障无罪的人不受刑事追究。

秉持客观公正立场，要求检察官在依法履职、参与诉讼过程中，不能单纯站在追诉者的立场一味地追诉犯罪，而应当既注重对被追诉者不利的方面，又注重对被追诉者有利的因素；既维护被害人的合法权益，又不能简单地站在被害人的立场进行诉讼活动；不能纯粹从追诉犯罪的主观意愿和追诉方的诉讼利益出发行使职权，而应当兼顾惩罚犯罪与保障人权。张军检察长把立场形象地归纳为：检察官既是犯罪的追诉者，也是无辜的保护者。

（五）以事实为根据，以法律为准绳，遵守法定程序，尊重和保障人权

"品格"通常指一个人的基本素质，如果要归纳刑事检察的基本品格，或者刑检工作的基本素质，刑事检察工作最大的特征，那么"以事实为根据、以法律为准绳、遵守法定程序，尊重和保障人权"这四句话就是对刑事检察的基本品格的高度概括，也是准确概括。

《人民检察院组织法》第 6 条规定：人民检察院坚持司法公正，以事实为根

据，以法律为准绳，遵守法定程序，尊重和保障人权。《刑事诉讼法》第5、6、7、9、11、12、14 条也规定了相关内容。事实上，整个刑事诉讼法、人民检察院刑事诉讼规则以及相关的司法解释、法律规定等，基本上都是围绕这四句话来展开的，这四句话也被广大刑事检察人员和法律人员认可。这四句从整体上，也能够较为完整的概况刑事检察工作作为一项业务工作的要求。

（六）履行法律监督职责

《宪法》明确规定，人民检察院是国家的法律监督机关，《人民检察组织法》也在第 2 条明确规定：人民检察院是国家的法律监督机关。这是人民检察院的性质，也是检察院的基本职责。法律监督体现在对刑事诉讼实行法律监督。这点是贯穿刑事检察工作始终的，是宪法对检察的定位。是检察工作在法律上和司法体系上安身立命的根本，理应成为刑事检察工作的基本遵循。

需要指出的是，如何理解刑事检察工作"任务"和"职责"区别。"职责"是指履行一定的组织职能或完成工作使命，以及完成这些任务所需承担的相应职责。法律监督职责更多的是检察工作特别是刑事检察工作的独特工作属性和工作任务，但此职责从字面上不能较好地涵盖打击犯罪等内容。而惩治犯罪和保护人民相结合，是刑法、刑事诉讼法等规定的任务，不仅属于刑检检察，也属于侦查、审判、国安等工作任务，二者不是重合的关系，而是一般与特殊的关系。任务是一般性特征，法律监督是独特性特征。因而，在基本遵循中，对二者进行分别规定。而且，二者本身也都是广为认可的刑事检察工作的内容。

（七）绿色、平等、高效、廉洁、求极致

从事刑事检察工作有什么基本要求，或者说从刑事检察的各项制度之中，体现了、涵盖了什么要求，明晰刑事检察的基本要求，是指引刑事检察工作发展的基本指南，也是指引刑事检察工作人员更好工作的指引。

"绿色"是五大发展理念之一。在刑事检察工作之中，把"绿色"作为一个要求，是一个比较新的提法。为何"绿色"成为一个要求？而且在要求的最前面。事实上，这是贯穿刑事检察工作的制度直接决定的。

比如根据业绩考核评价体系，要求构建以"案-件比"为核心的案件质量评

价体系，"案-件比"也被称为办案质效的"绿色GDP"，其根本在于诉讼中减少没必要的环节，加快诉讼程序流转，减少和避免人民群众的诉累，这本身就是刑事办案中的一种"绿色"理念。

比如在推进认罪认罚从宽制度改革，其核心是实体从宽、程序从简，其背景是当前我国严重危害社会治安犯罪案件和暴力犯罪案件呈现下降趋势，轻微刑事案件仍在高位徘徊，在全国多数地方都面对居高不下的案件总量与司法资源有限的矛盾，刑事诉讼效率低下问题日益凸显，比如被告人认罪与不认罪相区别的出庭模式未建立，建议程序案件存在"简而不简""简而不快"的问题，普通程序案件也存在出庭公诉模式千篇一律，举证、质证等环节拖沓繁琐的现象，刑事诉讼面临优化司法资源、提高诉讼效率的问题，认罪认罚从宽制度改革就是在此问题的倒逼之下孕育而生，其本质就是为了让刑事诉讼更加"绿色"发展。

比如在以审判为中心诉讼制度改革中，最终目标是实现"四个在法庭"，即诉讼证据质证在法庭，案件事实查明在法庭，诉辩意见发表在法庭，裁判理由形成在法庭。这种倒逼从源头上提高侦查工作质量，以避免后期的退查、补查等，一种"倒三角"的案件质量管控体系，本身就是一种"绿色"发展的理念。

"求极致"的工作要求，是张军检察长几乎在所有场合，都会提及的工作理念、工作态度，工作要求。古语讲"求其上者得其中，求其中者得其下，求其下者无所得"。求极致是一个极高工作要求，不仅是"求其上"，而是"求其上上"，这与刑检工作动辄关乎他人人生、财产、自由的性质密切相关，万分之一的失误，都可能造成百分之百的伤害，而且这种伤害一般都无法挽回和弥补。因而，对刑检工作，要求以求极致的态度去对待，不能像流水线生产产品一样，流水线上的产品坏了，最多也就是经济损失，可以再弥补、再生产，而司法办案没有"后悔药"，错误的"司法产品"是很难弥补的，办案子就是办别人的人生，也是办刑检人自己的人生，这应当是刑事检察工作必须秉持的基本要求。

除此之外，比如"依法""高效""平等""廉洁"等，都属于刑事检察工作的基本要求。考虑到"依法"是不言而喻的，整个工作就是一个法律适用的过程，在这里没必要重复。"高效"属于对效率的要求，刑事检察工作始终不能忽视效率的问题。"平等"要求刑检人员平等地对待被告人与被害人，平等地对待诉讼代理人与辩护人，平等地对待其他参与人，平等对待不同性质类别、难易程度的案件。"廉洁"是基本要求，要求办案中遵纪守法、廉洁奉公，遵守"三个规定"等，这些都是已经广泛认可的工作理念，也是刑检工作必须秉持的工作理念，在此不赘述。

（八）宽严相济、少捕慎诉

"宽严相济"刑事政策是我国的基本刑事政策，要求根据犯罪的具体情况，实行区别对待，做到该宽则宽，当严则严，罚当其罪，打击与孤立极少数，教育、感化和挽救大多数，最大限度减少社会对立面，促进社会和谐稳定，维护国家长治久安。"宽严相济"刑事政策是贯穿于刑事立法、司法和刑罚执行的全过程，是惩办和宽大相结合政策在新时期的继承、发展和完善，是司法机关惩治犯罪、预防犯罪，保护人民，保障人权，正确实施法律的指南。理所当然的是刑事检察应当秉持的基本理念。

对于"少捕慎诉"是否应当成为刑事检察的基本遵循，则需要进一步论证。因为"少捕慎诉"不是刑事政策，虽然张军检察长多次提及，要努力让"少捕慎诉"成为刑事政策，但是在没有正式成为基本刑事政策之前，其遵循的层位是低于"宽严相济"的。但是作为一种科学、理性的办案理念，尤其是在严重暴力犯罪明显下降，轻微刑事案件上升的背景下，在保护市场主体等要求下，建议还是应当作为刑事检察工作的基本遵循。而且在当前逮捕率、审前羁押率较高的背景下，作为基本遵循去提及，更有时代意义、法律意义和社会意义。

（九）努力让人民群众在每一个司法案件中都能感受到公平正义

这是习近平总书记对新时期政法工作提出的一条最广为人知的要求。习近平总书记要求全国政法机关要顺应人民群众对公共安全、司法公正、权益保障的新期待，全力推进平安中国、法治中国、过硬队伍建设，深化司法体制改革，坚持从严治警，坚决反对执法不公、司法腐败，进一步提高执法能力，进一步增强人民群众安全感和满意度，进一步提高政法工作亲和力和公信力，努力让人民群众在每一个司法案件中都能感受到公平正义。

有人称此为"可感受的公平正义"，是属于实体正义、程序正义之上的一种更高层面的公平正义。要求在司法办案中，不仅要实现实体正义、程序正义，还要求让人民群众能感受到，作为司法办案人员要亲和、热情、周到、细致，如果板着脸，态度蛮横，释法说理不具体不全面不充分，即便案件是依法公正办理的，也是符合法律规定的，实现了程序正义和实体正义，人民群众也不一定能感受到公平正义，可能因为这种"没感受到"，而上访、申诉、控告，就像小说"我不是潘金莲"中描述的状况一样。事实上，在修改后的人民检察院刑事诉讼规则中，最大的一个亮点，就是对释法说理提出了更多、更明确、更具体的要求，实际上就是让人民群众感受公平正义的一种制度倒逼。所以，说这是一种更高层次的公平正义，也符合情理，应当成为新时代新形势下刑事检察工作的目标。

（十）法律效果、政治效果、社会效果的统一

坚持"三个效果"的有机统一，既是刑事检察工作的内在要求，也反映出法治建设的普遍规律，是当前经济社会发展和执法司法的现实需要，是践行党的领导、群众路线、服务大局的基本要求，是处理好实体公正和程序公正、法律与情理、执法司法与舆论监督等关系的关键所在。

事实上，"三个效果"的有机统一，已经被刑事检察人员广泛认可接受，在办案中也自觉去实现，这是刑事检察工作效果的体现，缺乏其中任何一个效果，司法案件都是残缺的，都不算优质产品。需要注意的是，并不是大案、要案、复杂敏感案件中才需要"三个效果"的有机统一，在任何案件中，在任何办案环节，都需要注意实现"三个效果"的有机统一。卷宗有多少，案件有大小，但是实现"三个效果"有机统一，没有大小，应当是无差别。

第六篇 青年检察官法治思维
养成的挑战与应对

提高领导干部运用法治思维和法治方式深化改革、推动发展、化解矛盾、维护稳定的能力，是党的十八大提出的明确要求。在十八届中央政治局第四次全体学习中，习近平总书记强调，要努力让人民群众在每一个司法案件中都感受到公平正义。作为一名检察官，尤其是青年检察官，在司法实践中，要不断强化法治思维，维护公平正义，更好地做中国特色社会主义事业的建设者、捍卫者。

一、检察官法治思维的概念

思维，一般是指依照逻辑推理来观察、认识、判断的客观事物在人们头脑中的反映，并以语言、文字等形式加以表现。所谓"法治思维"，是指执政者在法治理念的基础上，运用法律规范、法律原则、法律精神和法律逻辑对所遇到或所要处理的问题进行分析、综合、判断、推理和形成结论、决定的思想认识活动与过程。① 首先，法治思维是建立在法治理念的基础上的，一个平时没有法治理念的公职人员、领导干部遇到问题不可能突然形成法治思维；其次，法治思维是指执政者运用法律规范、法律原则、法律精神对所遇到或所要处理的问题进行分析、综合、判断、思考的过程，在这种过程中，执政者为认识和解决所遇到或所要处理的问题首先从脑海中"搜索"认识和解决相应问题的法律规范；如果"搜索"不到具体的法律规范，则继而"搜索"相应的法律原则；如果他既"搜

---

① 转引自姜明安：《再论法治、法治思维和法律手段》，载《湖南社会科学》2012 年第4 期，第 77 页。

索"不到具体的法律规范，也"搜索"不到相应的法律原则，他则继而寻求认识和解决相应问题的法律精神。①

检察官法治思维主要是体现检察官职业特点，实现司法公正的职业思维。具体而言，就是在行使检察权的过程中，为了能够公正、公平地处理案件，检察官按照法律的逻辑来观察问题、分析问题和解决问题的理性思维方式。检察官是经过专业训练、具有法律职业技能和职业道德的人，其与其他行业人员最大的区别不在于法律知识，而在于思维观念。

二、青年检察官法治思维养成面临的挑战

检察官作为以国家名义行使检察权的职业法律人，在全面推进依法治国方略中起着十分重要的作用。检察官自身法治思想的树立、司法观念的更新，在与司法实践的互动中养成的思维理念与具体做法，是检察官法治思维养成的重要方面。由于检察官的思维与普通大众的生活逻辑存在一定区别，并且这种独特的思维必须经过长期的职业训练才能养成。青年检察官是检察队伍的重要组成部分，是检察事业的希望和未来。然而青年检察官由于工作年限、社会经验、思维习惯等方面的影响，法治思维养成面临诸多挑战。既有青年检察官自身特点层面的影响，又有外部因素等方面的影响。

（一）自身特点

1. 受多种文化思潮影响，法治思维尚未定型。当代的青年检察官可以通过多渠道感受来自国内外各种政治经济法治文化思潮的影响，对于事物的理解更加多元。部分青年检察官在欣赏西方法律理念和制度的同时，对于社会主义法治的理解却不够深入，对我国国情和社情了解不够全面。青年检察官在法治思维形成过程中，可能由于缺乏组织上的有益引导，多数尚处于未定型时期。

2. 法学理论能力较强，综合能力有待提高。大部分青年检察官都在正规法学院校接受过本科、硕士研究生甚至博士研究生的专业法学训练，普遍具有较深

---

① 参见姜明安：《再论法治、法治思维和法律手段》，载《湖南社会科学》2012 年第 4 期，第 77~78 页。

的法学理论功底，在日常的工作中碰到诸多的社会问题、现象等，会自觉不自觉地应用一种纯法学理论的思维去思考和分析。可是，法律是一种实践理性、司法理性，是一种基于经验的"技艺理性"。这种经验，需要从大量案例的研究、司法技巧的学习以及人情世故的通达中慢慢积累起来，这种对于法律精神的理解和人情的把握恰恰从法学教科书中是学不来的。一旦对民意、风俗、习惯等一些法律之外却和检察实践息息相关的东西缺乏正确的认识和全面的理解，可能导致部分青年检察官在法治思维养成过程中，片面注重法律效果，机械办案，缺乏对社会效果的关注。

3. 群众工作能力欠缺，易对自身思维方式产生怀疑。当代青年检察官大多思想活跃、思维敏捷，富有创造力。然而，大多数青年检察官属于"80后"，多为独生子女，从小生活环境较好，与"60后""70后"检察官相比，存在怕吃苦、抗压、合作能力不强等问题。而当前的检察工作，工作量、工作难度不断加大，落实到具体办案人员的压力也越来越大，面对社会经验丰富的犯罪嫌疑人，需要更好地与身边同志加强沟通合作。而青年检察官由于不熟悉群众工作，与群众打交道时言行拘谨、沟通能力较弱，面对群众多、场面杂的情况，难以有效开展工作。加之，大多数属于外地生源考入，对当地的社情、民情缺少了解，一定程度上削弱了与当地群众打交道的能力。青年检察官在法治思维尚未完全养成时，又面临上述重重阻力，难免会对自己是否真正适应本职工作、是否适合做检察官等产生职业不自信，甚至怀疑。

4. 参加工作时间较晚，面临较大的工作和生活压力。由于检察院对检察官录用的门槛相对较高，大多数青年检察官是在完成硕士研究生及以上学历之后再参加工作，与"60后""70后"检察官相比，参加工作的时间偏晚，年龄也偏大，一参加工作普遍面临诸如住房、婚姻、抚养下一代等生活压力，尤其是学历较高的女性检察官，在婚姻、生育等方面的压力更大。而在收入与支出、欲望与现实的面前，往往会"理想很丰满、现实很骨感"。过多的欲望甚至动摇青年检察官的信念、立场，而信念、立场的动摇，必然影响青年检察官法治思维的养成，甚至导致"80后"检察官违法违纪等现象的发生。

5. 学习积极性下降，法律知识更新能力变弱。当今时代最鲜明的主题就是改革，随着经济社会的不断发展，司法体制改革的步伐不断加快，司法理念不断更新，司法政策不断出台，司法解释接踵而至。一名青年检察官在结束校园生活，参加工作后，要是不注重学习领会最新的法律知识，不注重在执法办案中理论联系实际、不注重及时学习更新司法理念，把握司法政策精髓，在这个不进则退、进步慢也是退的时代，自身的法治思维必然落后。加之长期的执法办案，可能形成一种思维定式、习惯做法等，久而久之，难免在法治思维形成过程中，出现偏差、落后等。

（二）外部因素

1. 片面的工具主义法律观念。司法实践中，由于过于强调法律是达到某种社会目的之手段，强调法律仅仅是治理社会的工具，忽视了法律作为社会行为评价最高标准的价值，即一切手段和目的都必须服从合法性标准的指引。这一观点的发展就是把诉讼程序作为实现实体的工具，强调了诉讼程序对于实体的有用性和诉讼程序的技术性。[1] 这种法律观念的直接后果就是使检察官养成了"重实体、轻程序"的观念，并不完全符合检察官应当按照法律的逻辑来观察问题、分析问题和解决问题的理性思维方式。加之，一直以来，对检察院管理上，普遍当做地方党委和政府的一个职能部门，当做处理地方行政事务的工具，使得检察院自身及检察官人事管理上，未必遵循了司法特有的规律和要求。

2. 内部考核制度的挑战。考核牵动着整个执法办案的神经，一个科学合理的考核体系对于法治思维的养成自然起着重要的推动作用，而一旦考核体系过于行政化色彩，则可能导致检察官执法办案由法治思维转向"考核思维"，为了考核而办案。比如在审查起诉工作的考核中，普遍将纠正违法、发放检察建议、追漏罪漏人、抗诉、量刑建议采纳率、列席审委会等作为考核项目，这对于提升办案质量、强化法律监督当然是有益的，然而为了保证案件质量，杜绝无罪、减少撤诉等，考核主管部门也制定了严格的指标，如某市检察院公诉处制定的考核标准规定："在本考评年度内出现终审无罪判决案件的一、二审单位，均不能进入考评第一档次。公诉案件无罪判决每人减6分。二审、再审程序有罪改无罪的，一审办案单位每人减2分，二审办案单位每人减6分。"在这种考核标准的要求下，虽然一定程度上能够提升检察员办案的专业化和精细化，但是也可能导致办

---

① 参见肖建国：《民事诉讼程度价值论》，中国人民大学出版社2000年版，第5页。

案人员在面临一些疑难复杂、罪与非罪间不甚明晰等案件时，为了不出现减分可能，而提前做出一些违背司法规律和正当程序的应对之策，久而久之，对于青年检察官法治思维养成显然不利，甚至可能出现偏离。

3. 司法惯性的影响。司法实践中，每一起刑事案件从立案开始到执行完毕，依次经历了侦查、起诉、审判等阶段，包含了多个机关的共同努力，其中也包括肩负法律监督职责的专门机关检察机关。理论上讲，只要在司法过程的任何一个阶段和时间点上，任何一个机关发现前一阶段的错误并主动加以纠正，错误的形成完全可以避免。但是由于司法惯性的作用，错误的演进得不到有效遏制，相反错误被人为掩盖、持续累积，最终酿成错案；而错案一旦形成，同样由于司法惯性的作用，受害人又得不到及时的纠正和救济，甚至将错就错。因此，对于错案的形成，参与诉讼程序的所有机关和人员均不无干系，都难辞其咎。① 我们考察每一起错案被制造出炉的过程，几乎都隐含着司法惯性的不当影响，一些典型的重大刑事错案，如佘祥林案、聂树斌案等，与刑事诉讼中的公检法三机关都有关系。公安机关错误侦查、检察机关错误批准逮捕和起诉，两级法院作出错误的有罪判决，演绎了一个完整的错案形成和发展过程。如果过于强调相互配合，则必然弱化制约机制，青年检察官在参与上述案件时，由于自身话语权不够，不敢轻易打乱公检法机关之间既已形成的"亲密配合"，在思维养成中，形成了不敢监督、不愿监督，甚至得过且过、"不出事"就好等思维，这显然是违背法治思维的。

4. 承办人与审批人之间的思维鸿沟。根据我国法律规定，人民检察院在依法独立行使检察权时，任何行政机关、社会团体和个人都无权干涉。然而，人民检察院独立行使检察权，是指人民检察院作为一个组织整体，集体对检察权的行使负责，是一种集体的整体性独立，这与人民法院独立行使审判权原则有所不同。② 由于在检察院内部普遍存在案件承办人向主管领导请示、汇报案件等制度，承办人与审批人之间对案件细节的了解程度、汇报案件时表达与理解的差异、思维观念和年龄的差距、执法办案经验多寡等因素，导致承办人与审批人在

---

① 参见姜保忠：《刑事司法错误与司法惯性——试论惯性在司法中的消极作用》，载《河北法学》第28卷第8期，2010年8月，第73~74页。

② 参见孙谦主编：《人民检察院刑事诉讼规则（试行）理解与适用》，中国检察出版社2012年版，第8页。

法治思维上必然存在一定差异，二者之间存在的鸿沟使得在一些有争议的案件上，在承办人与审批人之间观点存在差异的情形下，最终是承办人服从审批人的时候居多，而一旦审批人观点出现错误，承办人也被错误了，甚至在一些错误上形成思维定式，影响案件的公正办理。

三、培养法治思维的有效举措

（一）个人层面

（1）青年检察官需要有远大理想的指引和激励。坚定了信念，行动才有方向，才能在平凡工作中看到伟大，在困难与挫折面前充满信心，兢兢业业地工作。从做好每一份法律文书、接待每一位当事人、出庭做好每一次公诉中不断锻炼、强化、形成符合社会主义法治理念的思维。（2）青年检察官要加强道德修养的锻炼和法学理论、技能的学习。自身道德修养的提升有助于青年检察官在处理繁琐、复杂的案件，面对纠缠不休的当事人时，赢得主动、取得配合。除此之外，具备熟练的业务知识和高超的综合业务能力，才能驾驭疑难、复杂的案件，做到更好、更有力执法办案。一旦案件得到公平正义、积极稳妥地办理，能够让青年检察官增强自信，更加明晰执法办案的应然之道，坚定法治思维的养成路径。（3）青年检察官要有艰苦奋斗的精神。要锐意进取，积极向上，奋发有为，不断地挑战自我、超越自我，勇于创新。不被物质诱惑吸引，坚持以事实为依据、以法律为准绳，让案件的处理结果充分体现法律与案件事实的有机结合，充分体现法律对案件事实的准确评价。

（二）组织层面

（1）检察院要不断加强思想政治工作，引导青年检察官树立正确的思想体系，加强对青年检察官世界观、价值观的宣传教育，切实改进人民检察院的工作作风和工作方法，树立艰苦奋斗、实事求是、群众路线的作风，解决在个别青年检察官身上存在官僚主义的问题、不深入实际的问题、工作效率不高的问题等。（2）不断完善各项规章制度。通过制度让大家明白应该做什么、怎么做，不应该做什么，做了会受到什么样的惩罚。建立德才兼备的人才选拔使用长效机制，不断营造公平公正、民主平等、心情舒畅的工作环境。把党的路线、方针、政策变为广大青年检察官的自觉行动，调动大家的积极性、主动性和创造性。（3）鼓励青年检察官尽可能多到居民委员会、村民委员会、学校及企业等地学习实践。通过案件审理及释法说理工作，积极关注民生，了解人民群众的基本司法需求，提高对检察工作所面临的社会环境的认识。安排青年检察官多在一线岗位锻炼，进行信访接待等，真正切实地了解群众提出的问题，树立正确处理解决问题态度，培养并增强群众工作能力。（4）考核上机制上不断创新。更加关注青年检察官自身的特点，检察工作的实际，使得检察官在考核指标的完成上，更加积极主动、更加有利于成长和法治思维养成。

（三）社会层面

在党的十八大报告中提到："中国特色社会主义事业是面向未来的事业，需要一代又一代有志青年接续奋斗。全党都要关注青年、关心青年、关爱青年，倾听青年心声，鼓励青年成长，支持青年创业。广大青年要积极响应党的号召，树立正确的世界观、人生观、价值观，永远热爱我们伟大的祖国，永远热爱我们伟大的人民，永远热爱我们伟大的中华民族，在投身中国特色社会主义伟大事业中，让青春焕发出绚丽的光彩。"青年检察官法治思维的养成，不是一蹴而就的，既要自身的努力，又要组织的关怀，还需要来自社会层面的关注、关怀和宽容。青年检察官只有在社会大课堂中不断得到社会历练，综合素质才能不断得到提高，法律技能技巧才能与时俱进，才能做到真正运用法律规范、法律原则、法律精神和法律逻辑对所遇到或所要处理的问题，进行分析、综合、判断、推理和形成结论，由一名法治思维尚未定型的青年检察官成长为具备法治思维的检察官，更好地承担社会责任、维护公平正义。

第七篇 切实少捕慎诉服务中心服务大局

民营经济是我国经济制度的内在要素，是社会主义市场经济发展的重要成果。作为民营经济大省，广东民营经济贡献了全省50%以上的GDP、60%左右的投资、70%以上的创新成果、80%以上的新增就业和95%以上的市场主体。近年来，检察机关积极落实"少捕慎诉"的理念，依法合理采取灵活务实的司法举措，对涉民营企业刑事案件，坚持能不捕的不捕。将认罪认罚、复产复工、生产自救、保住岗位，作为审查判断有无社会危险性的重要考量因素。积极探索非羁押性强制措施适用经验，减少不必要羁押，通过精准有力的司法手段，做好服务"六稳""六保"工作。

一、深刻认识服务民营经济发展是重大政治责任

党的十八大以来，习近平总书记多次重申坚持基本经济制度，特别是在2018年11月的民营企业座谈会上，明确指出，我国民营经济只能壮大、不能弱化，不仅不能"离场"，而且要走向更加广阔的舞台。突出强调了"两个毫不动摇"和"三个没有变"。充分表明了党中央毫不动摇鼓励、支持、引导非公有制经济发展的坚定决心和鲜明态度，为民营企业健康发展注入了强大信心和强劲动力。

中央政法委印发了《关于依法保障和服务民营企业健康发展的指导意见》，最高人民检察院也出台了保障民营经济健康发展一系列举措，要求全国检察机关更有针对性地把握司法政策。近期，又下发《关于充分发挥检察职能服务保障"六稳""六保"的意见》，进一步强调了加大对涉民营企业各类案件的保护力度，落实好这些政策要求，是检察机关义不容辞的政治任务。

检察机关作为党领导下的专政机关，贯彻落实党的基本经济制度，服务保障民营经济发展，既是政治责任，也是社会责任、法律责任。深刻认识服务民营经济发展的重大责任，坚决贯彻落实习近平总书记重要讲话精神，拿出实实在在的工作举措，把对民营经济的"平等"保护落到实处，为民营经济高质量发展提供有力司法保障，是检验检察机关增强"四个意识"，落实"两个维护"的重要体现，是体现检察机关维护基本经济制度的重要举措。

二、自觉形成"少捕慎诉"的检察工作新理念

在"重打击、轻保护"的理念影响下，检察机关主要采取积极的追诉模式，批捕率、起诉率较高，以追诉权、求刑权为核心的传统刑事追诉模式，缺乏经济调控力，难以有效应对新形势下涉民营企业犯罪问题。容易产生"构罪即捕""一捕了之"的简单、机械做法。民营企业尤其是中小微企业大多依靠企业负责人的个人管理、能力、信誉等来维持企业生产经营活动，负责人一旦被羁押，容易导致雇员失业、融资受阻、信誉受损等系列问题，甚至"人一羁押，厂子就垮"的情形。从保障诉讼的角度而言，和暴力型犯罪不同，民营企业负责人涉嫌的多为法定罪名，证据大多已经固定，人身危险性已经消除，诉讼正常进行得到保障，羁押的必要性大多已消除。

近年来，检察机关积极调整刑事追诉模式，对涉民营企业犯罪采取相对宽缓的捕诉政策。强调要把控舆论影响和准备风险预案，采取合法的办案方式和有效的治理措施，避免给企业正常生产和工作秩序造成影响，尽可能维护民营企业的声誉。对民营企业负责人涉嫌犯罪的，可捕可不捕的，政策倾向于不捕，可诉可不诉的，政策倾向于不诉。通过对传统积极追诉模式的有效矫正，避免批捕、起诉给企业造成负面的社会影响，积极营造良好的营商环境。

近一年来，全省检察机关对涉民营企业等案件不起诉1031人，同比上升40.5%，不诉率高于普通刑事犯罪8.3个百分点，对2617人适用认罪认罚从宽制度，有1726人得到从宽处理，从宽人数同比上升40.8%。如深圳市检察机关经过依法全面审查，对曲某等人取保候审，在保证诉讼正常进行的情况下，企业正常生产经营，疫情期间，该企业不仅保证了5000多名职工稳定就业，还捐赠

价值 500 万元防疫物资，积极帮助两个贫困县解决千吨水果滞销问题。

三、充分发挥非羁押性强制措施的灵活作用

为更好地改进办案方式，服务"六稳""六保"。近期，省检察院与省公安厅联合出台了《关于在涉民营企业刑事案件中适用非羁押性强制措施的指导意见》。就在相关刑事案件中加大对民营企业负责人适用取保候审等非羁押性强制措施，提出 15 条指导意见，切实把依法惩处与平等保护、依法保障权益与促进守法合规，更好地体现在司法政策上、落实到办案实践中。

一是明确适用非羁押性强制措施的具体方式。要求综合考察主观恶性、危害后果、犯罪情节、认罪认罚、社会危险性等，从一般应当、一般可以、可以考虑适用三个层面，在侦查、审查批捕、审查起诉阶段分别适用。并结合刑法、刑事诉讼法、人民检察院刑事诉讼规则、"两高"司法解释等，以具体条文的方式，列明有关情形。如属于过失犯罪，悔罪表现明显，积极有效控制危害后果或者积极赔偿损失的，一般应当适用非羁押性强制措施。

二是明确对需要处理生产经营紧急事务应当提供便利。对民营企业负责人羁押中需要处理生产经营活动紧急事务的，可以根据案件办理情况，为当事人提供适当便利。取保候审期间，当事人不得离开监管地，对于因企业生产经营需要申请离开监管地的，执行机关经审查属实且无妨碍诉讼的情形，一般应当批准。

三是明确办理有关案件时应当听取企业意见。办理涉民营企业负责人的审查逮捕案件时，应当对企业经营状况、对企业发展的影响等进行综合评估，必要时听取企业、职工代表、行业主管部门的意见。通过加强社会危险性调查、听取辩护律师意见、公开听证等方式，加强适用非羁押性强制措施的审查把关，对不符合逮捕条件或者没有继续羁押必要的，应当作出不批准的决定。

四是明确加强科技手段监管的要求。探索采取"电子手铐"等科技方式，加强对适用非羁押性强制措施嫌疑人行踪轨迹的及时检查，同时发挥社区、公司、单位的协助作用，切实保障办案需要。对民营企业负责人多发高发的 9 个罪名中出现的新情况、新问题，加强研究分析，对有争议的事项，及时请示汇报，研究解决。

四、精准滴管式实施系列法律监督举措

除了用好非羁押性强制措施，作为法律监督机关，还要积极发挥法律监督职能，通过精准滴管式实施法律监督举措，强化监督功效，服务"六稳""六保"。

一是强化打击力度。通过深入开展扫黑除恶专项斗争，始终把黑恶势力以暴力、胁迫等方式寻衅滋事、欺行霸市、强买强卖，向民营企业收取"保护费"等犯罪作为打击重点，为民营企业发展营造和谐稳定的市场环境。

二是加强理念更新。教育引导检察人员牢固树立平等保护、谦抑审慎、主动服务等理念，更新检察理念，细化操作标准，规范执法行为，将保护民营企业的理念内化于心、外践于行。

三是突出监督重点。要及时受理、审查市场主体认为不应当立案而立案或者应当立案而未立案的申诉、控告，纠正动用刑事手段插手经济纠纷、谋取非法利益等违法行为，甄别、监督纠正侵犯企业等市场主体合法财产权益的案件。

四是实施创新保护。对民营企业在生产、经营、融资活动中的创新创造行为，除法律有明确规定外，不能认定为犯罪，对于法律政策界限不明、罪与非罪不清的，加强研究分析，严格遵循法不溯及既往、罪刑法定、从旧兼从轻等原则公正处理，不盲目翻旧账。

五是促进企业合规。加强释法说理和法治宣传，充分利用检察门户网站、"两微一端"等宣传平台，适时发布相关典型案例，结合办案情况，利用检察建议，及时提醒民营企业注意生产、管理上的风险、漏洞，促进企业合规。

第八篇　坚持不懈强化刑事检察党风廉政建设

习近平总书记指出,领导干部尊法学法用法,老百姓就会去尊法学法守法用法。领导干部装腔作势、装模作样,当面是人、背后是鬼,老百姓就不可能信你那一套,正所谓"其身正,不令而行;其身不正,虽令不从"。① 加强党风廉政建设是加强党的执政能力建设、保持共产党员先进性的需要,是检察机关立检为公、执法为民的需要,是维护良好发展环境,促进经济社会快速发展和谐发展的需要。近年来,在我省公诉部门,发生了多起领导干部严重违法违纪案件,给检察机关尤其是公诉部门带来了一定的负面影响。公诉人必须深入剖析这些案件的成因,深刻反思自己的言行举止,扎牢制度的笼子,全力抓好公诉部门的党风廉政建设。

一、典型案例剖析

《刑事诉讼法》第 172 条明确规定,对于符合提起公诉条件的犯罪嫌疑人,公诉人应当及时作出起诉决定。然而,在司法实践中,还存在极少数公诉人出于人情、金钱的考虑,对符合起诉条件的犯罪嫌疑人不提起公诉,极大损害司法公正的行为。比如某区检察院公诉科科长梁某某在办理某起诉刑事案件中,收受案件当事人亲属或好友通过办案人员转送的"好处费"6 笔共计 62000 元。梁某收受的"好处费"有 4 笔是其以退回公安机关补充侦查的方式,让犯罪嫌疑人逃避处罚。有 1 笔是其将涉嫌持枪抢劫案犯罪嫌疑人以非法持有枪支罪起诉,使得犯

---

① 参见习近平:《在省部级主要领导干部学习贯彻党的十八届四中全会精神推进依法治国专题研讨班上的讲话》,2015 年 2 月 2 日。

罪嫌疑人"从轻发落"。有 1 笔是在其办理的一起诈骗案中，只对主犯黄某提起诉讼，使得其他 4 名犯罪嫌疑人逃脱法律制裁。鉴于梁某某能够如实供述自己的违纪事实，积极清退违纪所得，某区纪委根据《中国共产党纪律处分条例》给予梁某某党内严重警告处分，没收违纪所得上缴国库，并于 2012 年 6 月将其调离检察机关。

梁某某作为一名公诉科长，不仅自己知法懂法，还亲自办理了不少领导干部因贪污受贿而锒铛入狱的案件，之所以走到这一步，一是放松了人生观、世界观的改造。为谋取个人利益，淡忘了宗旨、放弃了信仰，割裂了人格与党性的联系，忽视了党性对人格的塑造，犯了"有权不用过期作废"的毛病。二是交友不慎。梁某某不自觉净化朋友圈，交了不乏一些作风不正、思想蛊惑的损友。古人云："近朱者赤，近墨者黑。"与损友相处多了，受不良道德观、价值观的影响也就多了，自身的思想觉悟也逐渐降低了。三是讲所谓的"义气"，梁某不注重党性党规，却注重所谓的"哥们义气"，经常接受各种宴请，吃人嘴软、拿人手短，当碰到朋友提出的非法要求时，出于所谓的"义气"不好拒绝、难以拒绝，于是就深陷"义气"的泥潭，最终违法违纪。习近平总书记指出，"各种诱惑、算计都冲着你来，各种讨好、捧杀都冲着你去，往往会成为围猎的对象。"深刻而警醒、直接而明确地提出了不自觉净化朋友圈的危害性。

发生的公诉人违法违纪的负面典型，除了梁某某之外，还有某县检察院的公诉科副科长罗某某利用职务之便，通过其他国家工作人员，为"朋友"谋取不正当利益，先后多次收取"朋友"送的财物 72500 元，其中转送他人 61500 元，其本人自得 11000 元。罗某某为犯罪嫌疑人家属充当起了"皮条客"，甚至不惜把手伸向亲朋好友、邻里乡亲。某区检察院前党组成员、副检察长杨某。本来杨某法律理论功底扎实，业务水平高，曾获得全省检察机关"优秀公诉人"等荣誉称号，却在办理案件中，收受案件当事人亲属、好友直接送来或者通过办案人员转送的"好处费"7 笔共 5.7 万元，最终沦为负面典型。

二、原因分析

党的十八大明确提出，要牢牢把握加强党的执政能力建设、先进性和纯洁性建设这条主线，明确了新形势下加强和改进党的建设的正确方向和基本要求，然而，当前在检察机关中仍存在一些不容忽视的问题和薄弱的环节，影响党风廉政建设和反腐倡廉建设的深入开展。

（一）重视程度不够

有的公诉人认识不清，重视程度不够，对党风廉政建设和反腐倡廉建设的定位不准、心中没数、手中没牌。在党性教育和典型示范工作中，缺乏针对性和实效性，个别公诉人甚至公诉领导部门的领导干部对于党风廉政建设和反腐倡廉建设的认识是"想起来重要，说起来次要，做起来不要"。

（二）党内生活不规范

有的公诉部门党支部没有按规定开展组织生活，没有落实党风廉政建设要常抓不懈的要求，即便有组织生活，也走过场，质量不高，内容老套、方式陈旧，甚至仅仅满足于一般的政治说教、催缴党费，缺乏深入的思考，不能与时俱进，没有规范的党内生活，个别公诉人很难静下心、沉下身，自觉提高党性觉悟，增强责任意识。

（三）监督乏力

一些公诉人对于党风廉政建设和反腐倡廉建设的认识，往往"贴在墙上、挂在嘴上、藏在盒里"，开展的批评与自我批评开展得不够深入，民主评议党员也不够认真，党内生活人情化、庸俗化。

（四）受"四风"影响

一些公诉人包括公诉部门的领导干部，不和别人比艰苦奋斗、比干事创业，而是比享受、比奢靡，在工作中存在严重的形式主义、官僚主义、享乐主义、奢靡之风，形成了低俗的志趣和庸俗的作风，放松了对自己人生观世界观的改造。

三、强化公诉部门党风廉政建设和反腐倡廉建设的方式方法

习近平总书记指出，要按照政治过硬、业务过硬、责任过硬、纪律过硬、作风过硬的要求，努力建设一支信念坚定、执法为民、敢于担当、清正廉洁的政法队伍，明确要求各级政法机关要始终以铁的纪律带出一支铁的政法队伍，以最坚决的意志和最坚决的行动扫除政法领域的腐败现象，坚决清除害群之马。曹建明检察长在全国检察机关党风廉政建设会议上也明确指出，检察机关是国家免疫系统的重要组成部分，是营血卫气、祛邪扶正、促进社会肌体健康的重要力量。公诉人作为社会主义法治事业的建设者和捍卫者，必须要"打铁还需自身硬"，始终坚持从严治检、以更高标准严格要求自己。

（一）健全党内民主生活制度，端正思想作风

党的作风关系到人心向背，影响着社会风气，决定着党的命运。公诉部门作为与人民群众打交道最直接、最密切的部门之一，公诉人的作风直接影响着检察机关的形象。要通过健全党内民主生活制度，牢固树立"立检为公，执法为民"的宗旨观念，把社会主义法治理念的精髓内化于心，外化于行，增强服务意识，密切联系群众，消除漠视群众利益、要特权、逞威风、办事不认真、吃拿卡要、冷硬横推等不良作风，要按照"三严三实"的要求，继续深入开展批评与自我批评，深入剖析自己存在的不严不实问题，进一步端正思想作风。

（二）强化自身监督，规范工作作风

每一个公诉人都应当充当尊法、学法、守法、用法的典型，使群众看在眼里、记在心里，特别是公诉部门的领导和负责人，更要以身作则，当好表率，切实履行"一岗双责"，带头开展监督，管好职责范围内的人和事。在强化自身监督中，带头执行制度，摆正位置，严于律己。在自觉接受社会监督，严格用权，借助"规范司法行为"等专项整治活动的契机，通过上门走访、开门征求意见等方式，从法律文书瑕疵、办案程序、司法作风、司法行为等方面查摆问题，制定

整改措施，进一步严肃工作作风。

（三）严格执行党内法规，强化纪律作风建设

毫不动摇地坚持从严治检的方针，不折不扣地执行《检察人员八小时外行为禁令》等规定，不断提高防腐拒变意识和抵御风险能力，用严标准、高要求约束自己，做到慎权、慎独、慎友。要培养健康的生活情趣，保持高尚的精神追求，自觉在生活中做到自重、自省、自警、自励，切实做到不该去的地方坚决不去，不该做的事情坚决不做。

（四）切实落实主体责任，筑牢反腐倡廉建设

要切实筑牢反腐倡廉思想防线，把全面从严治党抓紧抓实，要组织党员干部广泛、全面、深入学习，坚持贯彻落实中央的要求，坚定干部的理想信念，筑牢思想防线，做政治上"明白人"。要严格履行主体责任和"一岗双责"。特别是要以学习贯彻中办、国办印发《领导干部干预司法、插手具体案件处理的记录、通报和责任追究规定》和中央政法委印发的《司法机关内部人员过问案件的记录和责任追究规定》等规定为抓手，带头执行好有关执法规范，坚决杜绝公诉干部违法违纪特别是贪赃枉法、索贿受贿、徇私舞弊等司法腐败问题，把规范司法行为活动取得的成效转化为加强队伍作风建设的长效机制，认真落实主体责任，把主体责任作为"牛鼻子"，作为"分内事"，作为"责任田"，竭尽全力，盯紧抓实。

（五）正风肃纪永不停步，反腐惩恶绝不松手

各级公诉部门党支部严格贯彻执行《中国共产党廉洁自律条例》《中国共产党纪律处分条例》等规章制度，认真剖析公诉的反面典型，定期统计、剖析全省公诉人员中存在的违法违纪行为，牢记作风建设永远在路上，做到思想认识上真正提高，工作作风明显转变。坚持管党治党不放松，正风肃纪不停步，反腐惩恶不松手，营造良好的政治生态，激发创业干事的热情，始终保持顽强的毅力，全面推进公诉部门反腐倡廉建设。

第九篇　准确领会新时代检察新理念

修改的《人民检察院刑事诉讼规则》共 17 章 684 条，相比 2012 年版的《规则》，减少了 24 条，虽然条目数量、格式体例变化不大，但是内容丰富，新机制、新理念、新要求、新责任，跃然纸上。给充分领会新时代的检察新理念，更好地指引司法办案工作。

一、以"人民为中心的办理理念"更加凸显

在规则中增加了"秉持客观公正立场、尊重和保障人权"。在具体的规则上，也通过更加有力的举措，保护公民的人身权利、财产权利和其他权利；比如，为了更加便捷诉讼，规定辩护人复制案卷材料不收取费用，对证人在审查逮捕阶段因履行作证义务而支出的相关费用给予补助，可以除了复制、拍照之外，还可以扫描、刻录等；比如，缩短期间，如转交法律援助申请材料的期限，针对不同情况，分别由"及时"变成"三日之内"，"三日以内"变成"二十四小时以内"，辩护律师申请向被害人收集证据的审批决定，由"七日以内"变成"五日以内"；比如，对于收到的群众来信，要求控告申诉检察部门在七日以内进行程序性答复，办案部门在"三个月以内"将办理进程或者办理结果答复来信人；比如，完善不批准逮捕后监督撤案的规定，对于犯罪嫌疑人没有犯罪事实或者不应当追究刑事责任的，在作出不批准逮捕决定的同时，应当要求侦查机关撤销案件或者对有关人员终止侦查；比如，严格限制延长侦查羁押期限，明确侦查机关在对犯罪嫌疑人执行逮捕后未有效开展侦查工作或侦查工作没有实质进展的，人民检察院可以作出不批准延长侦查羁押期限的决定。这些时间、方式、要求、责任

的变化，其实都是新时代检察理念的变化。归结成一句话，就是：对于方便人民群众、便捷有力执法办案的，大多都要求更快、更好，责任更加清晰明确，对于自身的监督管理，更严、更细。

二、"司法责任制"落实得更加具体、务实

本次修改的一个明显特征，就是之前很多需要"报检察长决定"的都删除了，而是变成由检察官直接决定或者直接办理，比如，第 48 条规定，律师以外的辩护人向人民检察院申请查阅、摘抄、复制本案的案卷材料或者申请同在押、被监视居住的犯罪嫌疑人会见和通信的，之前是应当对其是否具有辩护人的资格进行审查，提出是否决定的意见，并在三日内报检察长决定，现在负责捕诉的部门进行审查并作出是否许可的决定，在三日以内书面通知申请人即可；比如，第 72 条规定，人民检察院发现侦查人员以非法方法收集证据的，之前是应当报经检察长批准，及时进行调查核实。现在发现后，就"应当""及时"进行调查核实；比如，当事人及其辩护人或者值班律师、诉讼代理人报案、控告、举报侦查人员采用刑讯逼供等非法方法收集证据，并提供涉嫌非法取证的人员、时间、地点、方式和内容等材料或者线索的，人民检察院应当受理并进行审查。根据现有材料无法证明证据收集合法性的，应当及时进行调查核实，将报经检察长批准删除了，等等。

当然，条文也非常务实的，对一些办案重要事项、案件重要权限上，进一步明确检察长的领导作用。明确了检察官在检察长领导下开展工作，重大办案事项，由检察长决定等精神，比如第 210 条，在侦查活动中发现的可以证明犯罪嫌疑人有罪、无罪或者犯罪情节轻重的各种财物和文件，应当查封或者扣押；与案件无关的，不得查封或者扣押。查封或者扣押应当经检察长批准。比如 288 条，人民检察院办理公安机关提请批准逮捕的案件，发现遗漏应当逮捕的犯罪嫌疑人的，应当经检察长批准，要求公安机关提请批准逮捕。公安机关不提请批准逮捕或者说明的不提请批准逮捕的理由不成立的，人民检察院可以直接作出逮捕决定，送达公安机关执行。

需要指出的是，虽然在很多条文中，删除了报检察长批准，但是并不是说，

就什么都不报告，本身在通则的第 4 条，就已经明确规定了"重大办案事项，由检察长决定"，作为检察官应当具备这种政治意识。当然了，条文中也增加了不少应当报检察长批准的，但是也不能"萝卜白菜部分"，什么事情都报检察长去决定，如果这样的话，就可能架空了司法责任制，违背了司法责任制，所以还是应当结合规则，结合经验，做到精准报送。

三、新机制、新理念、新责任得以深入贯彻落实

在《规则》中，很多新机制、新理念、新责任属于新修改的，但是在规则修改之前，这些新机制、新理念、新责任实际上就已经在近年来的"两高"三部、"两高"等的各种文件中体现出来，有了明确要求，有些要求是我们已经在执行的，只是在规则中，更加具体明确，有些则是一些新的机制，需要加深理解。比如，完善了人民检察院直接受理案件的办理程序，对人民检察院直接受理案件的范围、管辖机关、线索管理、调查核实等作出了明确规定；比如进一步完善了监察与检察的衔接。明确了经监察机关商请，人民检察院可以提前介入监察机关办理的职务犯罪案件，人民检察院对监察机关收集证据的合法性进行审查，并对非法证据进行排除，对退回补充调查也做了原则性的规定。比如，专门规范了认罪认罚从宽案件的办理程序，对延长侦查羁押期限和重新计算侦查羁押期限、速裁程序、缺席审判程序等，也做了明确的规定，虽然我们在二审办案中不会直接适用，但是作为指导机关，必须对这些有一个清晰明了的认识。比如对捕诉一体办案机制进一步完善，明确了对同一刑事案件的捕和诉由一名检察官或者检察官办案组办到底，把检察官的办案责任"压得更实"。在规则中，提出了很多更严、更高的要求，比如全面审查、应当听取辩护人、值班律师意见、调取、审查录音录像，需要我们适应新常态、改变工作惯性。

四、有关刑事办案的好做法得到了完善、巩固

比如非法证据排除规则。细化了非法证据排除制度的相关规定，明确了非法证据的范围，完善了重大案件侦查终结前讯问合法性核查制度，规定人民检察院

发现侦查人员以刑讯逼供等非法方法收集证据的，应当依法排除相关证据并提出纠正意见，切实防止刑讯逼供和冤错案件；比如完善了人民检察院对刑事诉讼的监督。新规则根据修改后的刑事诉讼法、人民检察院组织法，梳理了各项监督手段、方式、程序等共性特征予以集中规定。明确了对于公安机关未在规定期限内作出是否立案决定的情形进行监督的方式，纠正人民群众反映强烈的"久拖不立"问题。特别是新增了第十四章刑罚执行和监管执法监督，将这一内容从"刑事诉讼法律监督"一章中独立出来，设立专章加以规定，并增加了派驻和巡回结合的监督方式，以及对在巡回检察中发现的问题、线索"回头看"等规定；比如新增逮捕的社会危险性调查，细化了"可能实施新的犯罪"、"有危害国家安全、公共安全或者社会秩序的现实危险""可能毁灭、伪造证据，干扰证人作证或者串供""可能对被害人、举报人、控告人实施打击报复""企图自杀或者逃跑"等，明确了具体的情形。

参加检察工作十年，这是经历的第三部刑事诉讼法，也是第三部人民检察院刑事诉讼规则，《规则》内容多、要求多、理念多、规则多。对于规则，用准确了，这碗饭就端得住，没准确适用，这碗饭可能端不住，甚至可能因为违规办案而受到惩罚，所以，对于规则的学习，无论何时，无论多努力，都是理所应当的。

第十篇 "存在感"是检察机关群众路线的途径

　　有人调侃道："大公安小法院，可有可无检察院。"说这话，虽然不客观、不准确，但从中折射出来的一个道理就是——检察院的"存在感"不强。正因为检察院的"存在感"不强，所以，老百姓经常会把"检察"写成"检查"；才会有导游指着最高人民检察院的大门告诉游客"这是国家反贪总局，最高人民检察院就设在里面"的笑话。在相当长一段时间内，法律科班的人也没几个知道检察院有个民事行政检察部门，自己院内的同事也不太能说清楚这个部门的具体职责的，普通老百姓看了《人民的名义》后，才知道检察院管贪官、惩治腐败，而不是检查卫生的，可电视剧一看完，可能又要犯糊涂了。

　　检察院就应当多刷一刷"存在感"。其实，"存在感"本来也是需要经常去刷一刷，才会越来越厚实的。不刷，就难以有"存在感"。没有"存在感"，就不可能有"影响力"！没有"影响力"，"公信力"何以形成？只能是"画饼充饥""望梅止渴"！电视剧《人民的名义》一热播，大叔大婶、大爷小弟们都知道检察院了，一说起检察官，"侯亮平"三个字就蹦出来了，在这之前，检察院何以有这种影响力和识别度。

　　作为个人，要是经常刷一刷"存在感"，总希望别人关注或点赞，可能让人腻烦，让人讨厌。但是作为国家机关，尤其是国家的法律监督部门，经常刷一刷"存在感"，实际上，可以让人民群众更好地知晓检察院，明晰检察职能，了解检察工作，熟悉检察产品，这是新时代更好履行检察职责的好办法、好方式。"低调做人、高调做事"貌似也是这道理。

　　在革命战争年代，拥护支持我们革命工作的人民群众大多在工厂、煤矿、农村、大学里，这里人员密集度高、组织性强、好做思想工作，素质又好。所以我们的共产党员、人民解放军深入到这些地方，走群众路线，帮助人民群众，支持人民群众，宣传革命理念，打土豪，分田地，和大家打成一片，形成兄弟关系。在最需要、最广阔的地方，"存在感"很强，"存在感"甚至无处不在，最大多数地争取到了支持我们革命的人，使得"支持我们的人多多的，反对我们的人少少的"。最终，得道者多助，失道者寡助，一举把流连于"花天酒地""贪污腐败"的国民党迅速打倒，成立了新中国。

在新时代，厚植执政基础是一切工作的出发点和落脚点。要继续让拥护我们的人多多的，让反对我们的人少少的，要让人民群众多了解、多理解我们的工作，让普通大众多监督、多支持我们的工作。同样需要到人员密集的"地方"去和大家打成一片，帮助群众、支持群众，宣传理念，多刷刷"存在感"，形成兄弟关系。

由于检察工作的专业性极强，核心工作主要对接、覆盖在涉案当事人及其家属，涉及面比较小，老百姓也不太懂检察语言，我们中很多人也不太懂、不太会说群众语言，更不习惯用群众语言、方式讲检察事，习惯于甚至只会用自己的专业语言阐述我们的理念、政策，就连讲我们的检察故事，听起来都专业感极强，人民群众听不懂的词汇一个接一个蹦出来。"听不懂"就产生了"代沟"，有了"代沟"，就失去了兴趣，或者兴趣不大，人民群众兴趣不大，就可能要丢失一大片"存在感"产生的基础。

不断提升检察公信力，是需要多走群众路线，多走群众路线，才能多刷"存在感"，人民群众在哪里，就应当把"存在感"刷到哪里。送上深得人心、充满正义、通俗易懂的"检察产品"，用起来方便，看起来舒心、想着就顺心，就是这个时代刷"存在感"最好的办法，和当年"打土豪、分田地"一样的效果。张军检察长指出，要主动提供更优更实的法治产品、检察产品，不仅要满足人民群众已经提出的司法需求，更要满足人民群众在民主、法治、公平、正义、安全、环境等方面未提出、潜在的、更高层次的需求。

就当前的检察工作而言，根据我们的职能，我们能提供的"检察产品"，大致可以分为以下五类：

一是"除恶产品"。主要是通过审查批捕、审查起诉的职能，办理的一个个刑事案件。

二是"匡正产品"。主要是通过履行法律监督职责，纠正违法、追漏追诉、检察建议等办理的一个个法律事项。

三是"惠众产品"。主要是对损害国家和社会公共利益的违法行为，通过公益诉讼这项职能回应的一个个社会关切。

四是"法宣产品"。主要是检察机关制作的各种法治宣传片、海报、动漫一个个作品。

五是"人力产品"。主要是检察院产生的一批很优秀的检察官、知名检察工作室、专业化检察办案组。通过经年累月的积累，已经得到社会的高度认可，在媒体、社会公众中，形成一种特别信任感，具有"品牌效应"和"品牌号召力"，成为检察的特有产品和优质产品。

当大多数的人都通过手机获取各种信息的时候，转化好"五大产品"，抓好"指尖上"的吸引力，把五大"检察产品"通过网络送到群众眼前。让他们热爱用，喜欢用，用得方便，可以当故事看，就是在网上走"群众路线"，网上走群众路线，是新时代走群众路线的重要路径之一，和一百年前不一样，现在通信发达、传播迅速，走街串巷、深入田间地头，是温暖的方式、贴心的方式、可靠的方式，但不一定是必备方式、迅捷方式、经常性方式。抓住指尖，已经成为刷"存在感"必不可少的方式，这点认识应该没有什么争议，输送好、传播好"五大检察产品"，是新时代和群众打成一片，成为兄弟朋友的重要渠道。

当前，五大"检察产品"，有的工作涉及面、辐射面比较狭窄，比较封闭，影响力还没发挥出来；有的影响力、强制力不够，别人爱听不听，爱理不理，你现在还真拿他没有太多办法；有的现在还处于探索阶段，貌似有着巨大的影响潜力，但是毕竟还需要一个过程，搞深搞重，尺度得拿捏好；有的虽然制作精良，老少皆宜，不乏精品佳作，但是总感觉还是自己在跟自己玩，玩来玩去都在自己这个法律圈、检察圈子里，远远未进入最广袤的人民群众大地中去；有的典型、品牌很突出、很优秀，可就像一本再好的法律畅销书只能卖个几万本，而一本有点噱头的经济、金融畅销书，一下子可以卖几百万本一样，市场号召力远未形成。

我想，及时改良一下"检察产品"，换一个思路看"检察产品"，也不是不好。

第一，对于"除恶产品"。就可以通过提升不起诉率来增加"存在感"。现在的刑事案件数量越来越多，总量上，每年都在增长，其中大部分属于轻微刑事案件。典型的就是"醉驾"，已经成为第一大刑事案件罪名。很多人因为一时的侥幸，喝了二两酒，又舍不得几十块打车费，被拦路设卡的警察查到了，被刑事处罚拘留了，还得贴上一辈子"罪犯"的标签，直接影响事业发展、个人就业、家庭和谐、社会融入等，可能就站在了社会的"对立面"。实际上，目前的不起诉率还是太低了，远远赶不上每年的案件增长率。提升不起诉率，从刑事诉讼全流程而言，算一算，是一笔很划得来的经济账和社会账，假如提升到30%，那么法院刑事审判机构将减少20%多的案件，对于减缓审判压力而言，节约司法资源，减少审判成本，都是大功一件，对于轻微刑事案件的罪犯而言，得到了一个改过自新的机会，真正可以重新"白白净净"做人，而不至于被关进去，不仅没改造好，反而"本领"变大了，出来又是"一条好汉"，过不了多久又进来了。

第二，对于"匡正产品"。这就好比三兄弟，老二监督老大和老三平时一定要品行端正，别做坏事，虽然大家都明白，这一片好心，都是善意，良药苦口，忠言逆耳，可人家认为，唠叨唠叨几句也就差不多得了，真让兄弟管兄弟？兄弟拿棍子抽兄弟，长兄如父？毕竟老爹政法委还没太管呢，兄弟着急啥！目前，大家的一门心思想做优做大"检察建议"，先不说检察建议这个"材质"就不太好，"木头"再炼也难成"钢铁"，再加固也成不了钢棒。再说，名字也不好，"检察建议"改成"检察意见"，听起来力度、效果都完全不一样。"匡正产品"要做强，关键在于在起诉的证据标准、案子的定罪标准这个话语权上要增加，不能甘心当"二传手"，公安移送过来的案件，就完完全全地诉出去，诉出去的也基本被判了。个人觉得理想的状态，可能是30%的案件不起诉，40%的案件认罪认罚从宽，30%的案件精细化办理，区别化是有必要的。认罪认罚从宽制度是一个非常有远见、有发展的举措，目前还处于刚起步、稳扎稳打探索的阶段，检察院在这个过程中，不仅是代表检察院本身，实际上更是代表了国家，是一种"国家信用"的体现，这种信用本身也是营造政府和民众互信的一个重要方式，是在群众中增加信任感的重要仪式，签订了从宽的，就履行了这个仪式，检察院就一定要一跟到底，让被告人觉得检察院真的说话算话，是一个"一言既出驷马难追"的君子，有了这个印象，检察公信力何愁大大提升，这可能会成为检察院刷足"存在感"的利器。

第三，对于"惠众产品"。这是新时代检察院的一个"看家宝""潜力股"。别看现在影响力还不够大，用起来还没那么带劲，要照顾各方颜面和关切。做得好，也许就是下一个"反贪局"。如果说检察院的反贪局是监督公职人员个人行为的，那么公益诉讼则是监督公权力"权力产品"行为的，一个监督的是拥有公权力的人，另一个监督的是公权力制造出来的产品。公益诉讼做好一件，人民群众满意一件，做好一件，就可能影响一整面，惠及一大片。习近平总书记都讲，检察机关是公共利益的代表。何以代表公共利益，除了代表国家指控犯罪、监督公安、法院，监督整个政府的公权力产品，才是更广袤、深远的职责和担当所在，对劣质、粗糙的"公权力产品"，从源头上深挖，一步步还原产品出产的过程，给公众一个交代，给社会一个交代。当然，公益诉讼未来的前景可能还不止这些，现在留守儿童、农民工、残障人士等缺乏发声渠道、利益代表，经济能力也有限，未来，检察院可能也可能成为他们的代表。

第四，对于"法宣产品"。这些年，随着自媒体的蓬勃发展，"80后"、"90后"热力活力检察新人的涌来，加之检察院本来就对法治宣传教育的高度重视，各地检察院涌现出来了很多很好的法治宣传产品，通过微信公众号、自媒体、微博等传播出来。然而，这些作品传播来传播去，好像只在法律圈、检察圈内打转，转来转去，大部分都是我们自己人在看，它的宣传效果达到了，但是社会效果达到的程度可能与投入不相匹配。我们自己本身是法律人，熟悉法律，而很多通俗易懂的"法宣产品"是法治宣传教育的好作品，幽默时尚、轻松自在，要是只留在检察院自己人的锅内，自娱自乐、自品自赏，就太可惜了，要进一步扩大效果，惠及大众，还是需要打通媒体渠道，拓宽宣传的路径，主动送到各大媒体，请他们转、请他们播，让他们用，没什么不好，或者定期选一批好作品，一月一送等。目前，虽然上至最高检，下至各地县区检，在宣传工作上，都有一支正规军和一大支非正规军，然而，整个检察系统的宣传平台过于分散了，力度有限，影响有限，五个手指捏成拳头才有力，感觉还是需要一个更强有力、更聚焦各方力量的平台，站得高，惠及面才更广嘛。

第五，对于"人力产品"。这是检察院最好的产品。我经常在想一个问题，除了英美法系和大陆法系不同的因素影响之外，为何美国大法官的点滴故事，能够成为脍炙人口的美谈？为何美国的斯塔尔可以成为检察官和社会公众的榜样，现在的罗森斯坦也着实让特朗普吓了一大跳。中国何时可以涌出来具有品牌效应的检察官，或者说被社会高度认可的知名检察官，具有类似明星一般的影响力、引导力的检察官。在司法责任改革之后，检察官、检察官办案组，越来越具有品牌化，品牌化的经营也越来越重要，品牌化程度越高，社会影响力也越大。这与检察一体原则并不冲突，只是说，知名检察官可能会越来越被彰显、倒逼出来，被涌现出来。除了工作规律的因素之外，"90后"、"00后"等慢慢成为新一代检察人，他们的个性决定了他们会成为追求独立个性的一代检察官。当前，我们再优秀、再知名、再专业的检察官，都比较低调，这种低调源于体制内思维的养成、传统"为官"思维的影响、低调为人不被"枪打出头鸟"担忧的考虑。随着社会的不断发展，这种检察官、检察官办案组的品牌化，是不可避免的趋势，也是提升检察"存在感"的重要方式，在一些敏感案件上，知名教授可以发声，知名检察官适当发声，只要不是案件承办的检察官，不也是一种需要的方式嘛，或者还能是一种更好的舆论引导、回应方式。

检察院多刷刷"存在感"不是哗众取宠、好大喜功，也不是脱离办案，务虚脱实。而是对接一种更惠及大众的办案思维，避免精英化思维，避免专业化过甚掩盖我们间隔感过大，检察院多刷"存在感"，最终的走向还是以人民为中心的司法理念，最终实现的还是让人民群众在每一个司法案件中都感受到公平正义，这或许也就是检察权的"群众观"。

前沿实务篇

第十一篇　以审判为中心严格规范撤回起诉

一、公诉案件撤回起诉的认知和实践状况

撤回起诉是人民检察院在案件提起公诉后、人民法院作出判决前，因出现法定事由，决定对提起公诉的全部或部分被告人撤回处理的诉讼活动。① 撤回起诉在我国立法上，经历了从有到无，从无到有的过程。1979 年《刑事诉讼法》第 108 条规定，人民法院对于提起公诉的案件进行审查后，对于不需要判刑的可以要求人民检察院撤回起诉。1996 年的刑诉法，则取消了关于撤回起诉的规定。到 2012 年刑诉法修改时，依然没有关于撤回起诉的规定，但是《人民检察院刑事诉讼规则》（以下简称《规则》）第 459 条作了明确规定。② 在 2020 年，《人民检察院刑事诉讼规则》再次修改，其中第 424 条进行了明确，最大的变化，就是增加了撤回起诉必须经检察长批准，同时也进一步明确了对于检察机关移送案件重新调查的有关程序。

（一）撤回起诉在司法实践中的认知状况

刑诉法虽然没有规定撤回起诉，但是将之纳入司法解释的轨道。除此之外，

---

① 最高人民检察院公诉厅下发的《关于公诉案件撤回起诉若干问题的指导意见》第 2条。

② 2020 年修改后的《人民检察院刑事诉讼规则》第 424 条规定：在人民法院宣告判决前，人民检察院发现下列情形之一的，可以撤回起诉：1. 不存在犯罪事实的；2. 犯罪事实并非被告人所为的；3. 情节显著轻微、危害不大的，不认为是犯罪的；4. 证据不足或者证据发生变化，不符合起诉条件的；5. 被告人因未达到刑事责任年龄，不负刑事责任的；6. 法律、司法解释发生变化导致不应当追究被告人刑事责任的；7. 其他不应当追究被告人刑事责任的。

最高人民检察院公诉厅于 2007 年 2 月也制定并下发的《关于公诉案件撤回起诉若干问题的指导意见》（以下简称：意见），对撤回起诉的事由、时间、处理方式等都做了详尽的规定，这是指导全国撤回起诉的一个重要文件。司法解释和有关文件的出台，说明检察机关撤回起诉有其存在的价值和必要，这不仅是诉权的实际反映，也是司法实践的必然要求，对于提高诉讼效率、促进人权保障具有积极意义。然而，由于缺乏立法的规定、法律层级较低、配套制度不完备、刑诉法的修改，在司法实践中，行使撤回起诉权的过程出现了认识不统一、处理多样性的情况。

1. 在撤诉理由上。《规则》和《意见》大体一致，但是《规则》和《意见》相比，少规定了一种事由，即被告人是精神病人，在不能辨认或者不能控制自己行为的时候造成危害结果，经法定程序鉴定确认，不负刑事责任的。除此之外，对于单位犯罪的，单位的破产、注销是否可以成为撤诉的理由，也需要进一步明确。

2. 在处理程序上。《意见》第 11 条规定，对于撤回起诉的案件，人民检察院应当在撤回起诉后七日内作不起诉决定，或者署名说明理由将案卷退回侦查机关（部门）处理，并提出重新侦查或者撤销案件的建议。《规则》第 459 条第 2 款明确规定，对于撤回起诉的案件，人民检察院应当在撤回起诉后 30 日以内作出不起诉决定，需要重新侦查的，应当在作出不起诉决定后将案卷材料退回公安机关，建议公安机关重新侦查并书面说明理由。二者在实践限制上不一致，实践中，不起诉案件需要经过检委会研究，7 日的时间规定比较严苛，30 日的规定比较符合实践的需要。

3. 在撤诉时间节点上。《意见》规定的撤回起诉时间是"作出判决前"，《规则》《执法规范》规定的撤回起诉时间是"宣告判决前"。实践中，"作出判决"和"宣告判决"是两个不同的时间段，在当前，大多数案件都不是当庭判决而是定期宣判，法院作出判决后，尽管未立即宣告，但案件的实际审理已经结束，如果此时仍然允许撤诉，此前的程序归于无效，浪费诉讼资源、影响司法效率。

4. 在后续处理上。对于不需要重新侦查的案件，《规则》要求检察机关直接作出不起诉决定将案件终结，不能再将案件退回侦查机关并提出撤销案件的建议，而在《意见》则规定，对于退回侦查机关（部门）提出撤销案件意见的案件，人民检察院应当及时督促侦查机关（部门）作出撤销强制措施的决定，依法处理对财物的扣押、冻结。

（二）撤回起诉在司法实践中的执行状况

近年来，公诉案件数、起诉人数持续增长，在案件持续增长、起诉人数不断增加的情况，全国公诉案件撤回起诉的件数和人数基本保持稳定。某省在某年期间，共撤回起诉 496 人，撤回起诉率为 0.29%，撤回起诉在司法实践中的执行状况主要呈现以下特点：

1. 基层一审案件是撤诉案件的主源地。在某省的撤回案件中，其中区、县院撤诉共计 455 人，占 91.8%，市院撤诉共计 41 人，占 8.2%。案件来自公安机关的 457 人，占 92.1%，来自自侦部门的 23 人，占 4.6%，其他部门的 16 人，占 3.3%。案件类型主要是一审案件，一审 486 人，占 98%，二审发回案件 10人，占 2%。

某省 2015 年度公诉案件撤回起诉统计

	案　件　来　源			案　件　类　型			院　级　分　布		
	公安	自侦	其他	一审	二审	死刑复核	省院	市院	区县院
人数	457	23	16	486	10	0	0	41	455
占比	92.1%	4.6%	3.3%	98%	2%	0	0	8.2%	91.8%

2. 逮捕等强制措施被广泛使用。从采取的强制措施看，采取逮捕的 317 人，占 63.8%，取保候审的 141 人，占 28.6%，刑事拘留 16 人，占 3.2%，监视居住 9 人，占 1.8%。除此之外，极小一部分被告人被采取强制戒毒等措施。撤诉案件本身具有一定的特殊性，有些案件在审查起诉过程中，就存在争议，甚至是"带病起诉""因上访、舆情等案外因素影响而起诉"，法院能否作出有罪判决存在很大的不确定性，诉讼风险非常大，维护被告人权益、及时减少羁押等强制措施显得非常有必要。对于争议较大、风险较高的案件，公诉人主动作为，维护被告人身、财产利益的主动性还不强。

3. 案件撤诉后大部分按规定作不起诉决定。某省大部分地区在办理撤诉案件时，如决定作出、文书送达等程序性事项上，都能够严格按照有关规定进行，如撤回起诉后，按照规定，在三十日内，作出不起诉决定的共 450 人，① 占总数的 90.7%，其中存疑不起诉 342 人，相对不起诉 60 人，绝对不起诉 49 人，案件撤回决定和作出不起诉决定，都经过院检察委员会讨论。但是在撤回起诉案件的后续处理程序上还存在一些不规范的现象，还有一些与《规则》规定不相符的情形，如还存在以公安机关撤案代替不起诉的，共计 26 人。撤回起诉后，未经不起诉程序，再次补充侦查后，重新起诉 17 人。

4. 撤回起诉报备工作还有诸多不规范。报送程序上，还存在不规范的情形，多数案件在撤回起诉决定前，都有向上级检察院公诉部门汇报或者沟通，但是撤回起诉后，多数案件没有在规定的时间内，将撤回起诉案件的分析报告，连同起诉意见书、起诉书、撤回起诉决定书等相关法律文书报上一级人民检察院公诉部门备案。② 有些城市尚未建立撤回起诉案件向上一级公诉部门备案的制度。在撤回起诉文书使用上，普遍能够按照有关规定的要求③，制作《人民检察院撤回起诉决定书》，加盖院章后送达人民法院。要进一步严格落实撤诉案件的报备工作，加强上级检察院公诉部门对下级检察院撤诉案件的监督工作。

二、公诉案件撤回起诉的原因分析

经过对某省某年度全部撤回起诉案件逐案分析后，笔者发现证据因素和司法解释变化是撤回起诉的主要原因。其中因为证据不足或者证据发生变化的占 65.2%，因法律、司法解释发生变化的占 10%，因为法检之间在法律理解、法律适用、证据采纳等方面存在分歧，导致定罪意见不统一，检察院为避免无罪判决

---

① 根据《人民检察院刑事诉讼规则》第 424 条第 2 款的规定，对于撤回起诉的案件，人民检察院应当在撤回起诉后 30 日内作出不起诉决定，需要重新侦查的，应当在作出不起诉决定后将案卷材料退回公安机关，建议公安机关重新侦查并书面说明。

② 根据《最高人民检察院关于公诉案件撤回起诉若干问题的指导意见》第 13 条规定，对于撤回起诉的案件，应当在撤回起诉后 30 日内将撤回起诉案件分析报告，连同起诉意见书、起诉书、撤回起诉决定书等相关法律文书报上一级人民检察院公诉部门备案。

③ 根据《最高人民检察院关于公诉案件撤回起诉若干问题的指导意见》第 9 条规定，人民检察院决定撤回起诉的，应当制作《人民检察院撤回起诉决定书》，加盖院章后送达人民法院。

而撤回起诉的占 17.4%。法检分歧虽不是上述七种情形之一，但事实上已经成为影响公诉案件撤回起诉的重要原因。上述三项因素成为撤回起诉的主要原因，合计占 92.6%。除此之外，还有少量的是因为不存在犯罪事实、情节轻微、危害不大等原因而撤回起诉的。

某省 2015 年度撤回起诉缘由统计

	事 由			人数	占比	总占比
1	不存在犯罪事实			4	0.8%	0.8%
2	犯罪事实并非被告人所为			1	0.2%	0.2%
3	情节轻微、危害不大			22	4.4%	4.4%
4	证据不足或证据发生变化	带病起诉	起诉时争议较大	98	19.9%	65.2%
			因上访、舆情等案外因素影响	8	1.6%	
		证据发生变化	言词证据	106	21.5%	
			客观证据	51	10.3%	
			鉴定意见	13	2.6%	
		出现新的证据		30	6%	
		其他原因		17	3.4%	
5	被告人因未达到刑事责任年龄			0	0	0
6	法律、司法解释发生变化	"两高"司法解释变化		34	6.9%	10%
		行政法规、规章变化		9	1.8%	
		其他变化		7	1.4%	
7	法检分歧	法律理解问题		39	7.9%	17.4%
		法律适用问题		24	4.8%	
		证据采纳问题		23	4.6%	
8	其他不应当追究刑责的情形			10	2%	2%

（一）证据不足或证据发生变化

当前，部分公诉人的办案理念和审查思维仍然停留在"有罪推定""口供为王"的陈旧观念下，在审查起诉过程中，往往受"重有罪证据，轻无罪证据""重直接证据、轻间接证据""重言词证据，轻实物证据""重实体，轻程序""重打击，轻保护"等思想影响。在办案中，对矛盾证据研判不够，对案件疑点甄别不足，甚至"起诉草率""带病起诉""受上访、舆情等因素挟持起诉"，致使在案件办理中，因证据不足或证据发生变化而撤回起诉的，成为大多数检察院撤回起诉的重头因素。

1. 带病起诉。主要是在现有证据无法形成证据链，难以达到证据确实、充分的情况下，抱着先行起诉试试看的侥幸心理起诉。如某市院承办的李某涉嫌运输毒品案，本案中只有毒品外包装纸箱胶带上的一枚指纹与李某的指纹相吻合，单靠这一证据只能证实李某与包装毒品的胶带有过接触，而李某自始至终否认实施了运输毒品的行为，现有证据无法形成证据链，但是也不能排除该指纹是余水沈在制造、包装、搬运、贩卖、运输毒品过程中所遗留，经向领导汇报，决定将本案先行起诉，以观庭审效果及法院处理意见。后某中院召开审委会，一致认为本案事实不清、证据不足，并商请某市院撤回起诉，后某市检为避免无罪判决而撤回起诉。

2. 草率起诉。公诉人审查不够细致，排除非法证据不够全面，或者忽视关键事实、关键证据，对矛盾证据研判不够，对案件疑点甄别不足。如某区院办理的张某涉嫌抢劫案，在审查起诉时，有张某在侦查阶段的有罪供述，有证实被害人被抢过程中的被害人陈述、监控视频，并扣有张某作案时穿的雨衣和摩托车等物品，公诉人认为证据确实充分，遂提起公诉，但是忽视了案发时，正在下雨，作案人穿着雨衣并戴着头盔，被害人无法辨认出张某就是抢劫她的人，而且监控视频模糊，也无法证实作案人就是张某，在庭审阶段，张某提出侦查人员根本没有在戒毒所和看守所提审过他，在侦查阶段所作供述系通过暴力和毒品引诱作出，经审查，确实没有侦查人员到戒毒所和看守所提审张某的记录，不能排除非法取证的可能。本案因事实不清，证据不足，后撤回起诉。

3. 受上访、舆情等因素挟持起诉。实践中，因上访、舆论等因素挟持而起诉的，总体上属于极少数，但是也确实存在。如某区院办理的韩某等人侵犯商业秘密案，在批捕阶段就已经因证据不足不捕，经过公安机关的补查后再移送审查起诉，在审查起诉之后也经过多次退查，但案件证据仍然无法达到确实、充分标准。考虑到案件涉及知识产权及社会影响和上级关注等原因，某区院决定起诉，最终因证据不足而撤诉。

4. 证据变化。因证据发生变化，导致撤回起诉的情形，主要包括言词证据、客观证据和鉴定意见这三类证据发生变化，言辞证据固然有其不确定、不稳定性的天然属性，在实践中，公诉人眼中确定性和稳定性较大的客观证据，也可能发生变化，成为导致撤诉的重要因素。在审查起诉过程中，鉴定意见往往被当做"铁证"，其定性、定量的特点，使得鉴定意见在定罪量刑上发挥着重要作用，公诉人对科学证据缺乏怀疑、缺少审查，一旦发生变化，往往影响整个公诉的效果。比如某区院办理的张某假冒注册商标案，由于被假冒的三星 I8190 手机已经不在市场流通，公安机关寻找了与涉案手机最为类似的一款三星手机 S7562i，要求鉴定部门重新鉴定，但在庭审过程中，辩护人当庭提交的材料证实，该 S7562i 手机在案发时已经停产，鉴定意见以市场价作为依据核定手机价值缺乏真实性，无法采信，后某区院撤回起诉。

某省某年度撤诉案件证据因素统计

城市	带病起诉		证据变化			出现新证据	其他原因	总量（人）
	起诉时有争议	上访舆情影响	言辞证据	客观证据	鉴定意见			
A	3	0	0	0	0	1	3	7
B	0	0	1	0	0	0	0	1
C	0	0	0	0	0	0	2	2
D	0	0	6	0	0	1	2	9
E	0	0	0	0	3	0	0	3
F	6	3	39	6	4	1	0	59
G	1	0	5	5	1	12	0	24
H	0	0	2	0	3	0	0	5
I	0	0	10	6	0	1	1	18
G	0	0	2	1	0	4	0	7
K	0	0	10	1	0	3	0	14

城市	带病起诉		证据变化			出现新证据	其他原因	总量（人）
	起诉时有争议	上访舆情影响	言辞证据	客观证据	鉴定意见			
L	0	0	1	0	1	0	0	2
M	0	0	0	0	0	1	0	1
N	0	0	0	0	0	1	0	1
O	12	0	0	0	0	2	0	14
P	0	0	2	0	1	0	6	9
Q	0	0	2	3	0	1	3	9
R	0	0	0	0	0	1	0	1
S	0	0	2	1	0	0	0	3
T	76	5	21	27	3	1	0	133
U	0	0	0	0	0	1	0	1
W	0	0	1	0	0	0	0	1
总数	98	8	106	51	13	30	17	323

（二）法律、司法解释发生变化

司法实践中，定罪量刑的依据不仅包括法律、司法解释等直接渊源，还包括行政法规、部门规章等间接渊源，由于定罪量刑渊源具有多样性、多变性、广泛性，公诉人不一定能够及时、全面地了解有关法律、司法解释的变化，这种变化的发生，也直接导致一些案件定性、入罪门槛的改变。

1. "两高"司法解释的变化。"两高"司法解释是指导司法实践工作最直接、最重要的渊源之一，因"两高"司法解释变化而引起撤回起诉共计 34 人，占 6.9%，其中有的是因为司法解释公布在移送法院之后，属于"不可抗力"，还有个别则是由于没能及时掌握、了解有关司法解释变化，属于工作疏忽所致。如某市公安机关在全省公安机关开展刑事案件专项整治行动中，把销售少量未经批准进口的国外、境外药品的行为当作销售假药罪移送审查起诉。后最高人民法院、最高人民检察院于 2014 年 11 月联合出台的《关于办理危害药品安全刑事案件适用法律若干问题的解释》第 11 条 2 款明确规定："销售少量根据民间传统配方私自加工的药品，或者销售少量未经批准进口的国外、境外药品，没有造成他人伤害后果或者延误诊治，情节显著轻微危害不大的，不认为是犯罪。"某区检后根据此标准对于原本就社会危害性极小的 11 名销售人员撤回起诉。如最高人民法院于 2015 年 5 月 29 日公布、6 月 1 日实施的《关于审理掩饰、隐瞒犯罪所得、犯罪所得收益刑事案件适用法律若干问题的解释》规定："掩饰、隐瞒犯罪所得及其产生的收益加之三千元至一万元以上的。"予以定罪处罚。某区院于 2015 年 4 月 30 日起诉至法院的刘某涉嫌掩饰、隐瞒犯罪所得案是先于司法解释，后审判时，依据从轻的原则，适用了新的解释，为避免无罪判决，某区院将本案撤回起诉。然而，面对同样的司法解释变化，也存在不同的情形，某县院办理的李某涉嫌掩饰、隐瞒犯罪所得案，涉案金额 2394 元，不足 3000 元的起刑点，则是于 2015 年 6 月 17 日向法院移送的，是在解释公布之后，完全有时间去了解司法解释的变化，本可以避免的。

2. 行政法规、部门规章的变化。这种情形主要发生在公安机关组织的一些专项行动中，由于行政法规、部门规章的变化，导致案件撤回起诉。比如作为公安机关某专项行动的重点打击对象，"毒豆芽"系列案最为典型。一些商贩为了使豆芽更加美观和提高产量，往往在生发豆芽的过程中，大量使用含 6-苄基腺嘌呤等成分的添加剂。而 6-苄基腺嘌呤于 2011 年 11 月 4 日被国家质量监督检疫检验总局列入禁止作为食品添加剂出厂名录，根据"两高"《关于办理危害食品安全形势案件适用法律若干问题的解释》中第 20 条第 1 款的规定，禁止在食品生产经营活动中添加、使用的物质为有毒、有害的非食品原料，正是依照上述规定，检察机关认定添加上述物质的行为构成犯罪。2015 年 4 月 3 日，国家食药监督管理局、农业部和国家卫生和计划生育委员会三部门联合发布公告，规定 6-苄基腺嘌呤等物质不得用于豆芽生产和经营，同时也明确指出"目前豆芽生产过程中使用上述物质的安全性尚无结论"。据此，指控添加 6-苄基腺嘌呤等成分生产、销售"毒豆芽"的行为构成生产、销售有毒、有害物质罪的证据不足。除此之外，还有包括某区院办理的王某生产、销售有毒有害食品案，由于 2015 年 5 月 24 日实施《食品安全国家标准 食品添加剂使用标准》对涉案的添加剂"过氧化氢"明确规定可在食品加工过程中使用，残留量不须限定，后决定撤回起诉。

3. 省有关部门联发文件的变化。除"两高"司法解释变化和行政法规、规章变化外，省有关部门联发文件也会导致撤回起诉的。如某区检察院办理的李某等环境污染案，均是起诉到法院后，某省高级人民法院、某省人民检察院、某省环保厅、某省公安厅联合发布了《关于查处涉嫌环境污染犯罪案件的指导意见》，根据该《指导意见》，被告人均未达到起诉标准，后为避免无罪判决，决定撤回起诉。

某省某年因法律、司法解释变化导致撤诉案件数量统计

城市	A	F	G	H	J	K	O	P	T	总量
"两高"解释	2	3	1	2	9	1	3	11	2	34
行政法规	8	0	0	0	0	0	1	0	0	9
其他变化	0	3	1	0	1	0	0	2	0	7
数量（人）	10	6	2	2	10	1	4	13	2	50

（三）法检认识分歧

刑事诉讼的客观规律决定了不同阶段，案件的证明要求必然有所差异，法律的滞后，使得法官、检察官在一些新型、疑难、复杂案件的认识上，存在法律理解、法律适用和证据采纳上的诸多分歧，加之在错案责任追究制和案件终身负责制的双重压力，在一些罪与非罪分歧较大的案件上，法官往往趋向于做无罪判决，而检察官在打击犯罪和案件考核的压力下，极力避免无罪判决，面对法检分歧案件，往往选择撤回起诉，避免无罪判决。

1. 法律理解分歧。法律理解上的分歧，多集中于侵害市场经济秩序的犯罪，特别是随着金融市场的发展、开放，金融模式的多样性营销、创新性转型，也衍生了一系列难以认定、不好认定的犯罪形态。如某区院办理的万某涉嫌非法经营案。万某以虚构交易的方式为信用卡持卡人进行现金套现以牟取利润，造成随行付公司直接经济损失 50 多万元。根据"两高"《关于办理妨害信用卡管理刑事案件具体应用法律若干问题的解释》规定，实施信用卡套现行为"造成金融机构损失 10 万元以上的"，应以非法经营罪定罪处罚，然而对于随行付公司是否属于

"金融机构"，法检有争议，法院认为根据人民银行颁布资质证明显示，该公司属于从事信用卡支付业务的非金融机构。然而，检察院认为随着金融市场的开放，金融机构的业务也转移到其他金融类公司，法律的滞后性导致类似法益得不到保护，有违立法原意，应当以非法经营罪定罪处罚。除了在侵犯市场经济犯罪领域常见外，另外在一些常见的犯罪中，也存在一些分歧，如某区院办理的张某涉嫌盗窃案。张某将骑自行车路经该路段的马某放在车尾篮子内的挂包盗走，盗走时被发现并追赶，法院认为挂包是否属于相关司法解释中规定的"随身携带的财物"有争议，行为不构成扒窃。

2. 法律适用分歧。法律适用的分歧主要集中于一些省内有关部门制发的文件上，一来有些文件的公布范围有限，甚至只属于某部门内部掌握文件，二来有关文件能否作为法律渊源也存在争议。比如某区院办理的刘某涉嫌非法经营罪一案。案件的主要焦点在于某省人民政府依照国务院颁发《生猪屠宰管理条例》而制定的《广东省生猪屠宰管理规定》是否属于国家规定范畴？法院认为不属于，只能属于地方性法规，因而不属于《刑法》第225条中违反国家规定，但检察院认为《某省生猪屠宰管理规定》是在国务院《生猪屠宰管理条例》的授权下制定的，该条例明确指定，相关地区可以根据实际情况，参照条例制定其他动物的屠宰管理办法，因而属于国家规定的范畴，最终为避免无罪判决，撤回起诉并作存疑不起诉。

3. 证据采纳分歧。在证据采纳上，法检存在分歧较多的是强奸案，这类案件的直接证据往往呈现"一比一"特征，案件证明、证据收集原本就很脆弱，如何证明是否"违背被害人意志"，争议明显。

某省某年因法检分歧导致撤诉案件数量统计

城市	A	B	D	F	G	I	J	O	P	Q	总数
法律理解	1	1	5	17	1	1	4	1	2	6	39
法律适用	0	0	0	22	0	1	0	0	0	0	24
证据采纳	0	0	0	11	2	4	4	1	1	0	23
数量（人）	1	1	5	50	4	6	8	2	3	6	86

三、规范撤回起诉工作路径

在以审判为中心的诉讼制度下，要进一步规范撤回起诉工作，要从谨慎、依法行使撤回起诉权、严把审查起诉关、提高审查起诉水平、构建新型诉侦、诉审、诉辩关系、完善有关制度和机制入手。

（一）要谨慎、依法行使撤回起诉权

撤回起诉权是公诉权的重要组成部分，是案件从审判环节回到审查起诉环节的倒流程序，虽不具有终结案件的效力，但具有程序救济的能力，在刑事诉讼中，有其独特价值所在。按照规定，撤回起诉后 30 日内必须做不起诉决定，还应当报上级公诉部门备案，这种规定决定了启动撤回起诉必须要历经两次检察委员会会议。程序重复、繁琐、司法资源浪费、致当事人权益于不确定中等诸多弊端，决定了在司法实践中应当谨慎、依法行使撤回起诉权，如果不是为了更好地维护当事人权益，坚决不用。

1. 要坚决杜绝错误适用撤回起诉权。公诉人必须要厘清撤回起诉与变更、追加起诉、中止审理、终止审理等的界限，依法处理好上述问题。公诉人要及时学习最新的司法解释，通过专人负责、定期学习的方式跟踪法律法规、司法解释的变化，坚决杜绝因为法律更新不及时导致撤回起诉的情形；对于改变管辖的，检察机关不得撤回起诉，应当根据规定，由人民法院决定将案件退回人民检察院，再由原提起公诉的人民检察院移送有管辖权的人民检察院审查起诉。

2. 要防范以撤诉救济起诉不力的情形。要坚决防范带病起诉、草率起诉、受上访、舆情等因素挟持起诉的情形。对于确实存在合理怀疑、无法达到起诉标准的案件，应当依法作出存疑不起诉处理，不能抱有先起诉再看，出现问题再撤诉的侥幸心理；要树立正确的诉讼风险意识，不能为规避不起诉导致的涉检涉诉信访风险，不符合起诉条件还贸然起诉，也不能为单纯规避无罪判决而撤回起诉，要树立保障犯罪嫌疑人权益和保障被害人诉讼权益同等重要的意识，要坚决防范为了被害人的不合理诉求而牺牲犯罪嫌疑人合法权益的现象。对于法院依据科学性、权威性尚不足的科学证据如骨髓鉴定等来推翻指控的，检察机关应当慎

重，尽可能补充完善、巩固现有证据，进一步支持起诉。

3. 要坚持认识分歧、以无罪、抗诉促进检法对话。刑事诉讼的过程本身就是一个不断还原、不断接近事实真相的过程，人的认识能力的局限性决定了司法人员不可能还原所有的事实真相，只能永远无限地接近真相。一定要树立正确的诉讼理念。无罪案件并不一定意味着是错案，如果是因为检察机关严重违反义务性规范导致重大失误或检察人员贪赃枉法而导致无罪判决的错案，那么必须追究责任；如果是法检两家在法律理解、法律适用和证据采纳上存在分歧的，检察机关认为案件事实清楚，证据确实充分，可以认定被告人有罪，而法院认为不能认定被告人有罪的案件，应当敢于坚持，该抗诉的及时提出抗诉；如果是提起公诉后，证据发生变化，证明现有犯罪证据不足，造成无罪判决，并不一定是错案，要客观地看待证据查明义务。对于提起公诉后，由于法律法规、司法解释发生变化而导致无罪的，属于一种"不可抗力"。再者，从检察官的职能定位看，有罪、无罪的证明，刑事责任的追究和非刑事责任的追究，都是维护社会公平正义的重要内容。不追究刑事责任，也不代表不追究其他法律责任，比如"毒豆芽"系列案，即便通过撤回起诉，避免了无罪判决，也避免不了行政处罚和民事赔偿，坚持过错与责任相统一的原则，恰恰彰显了法治的基本要求。

（二）严把审查起诉关，提高审查起诉水平

强化证据意识，严把审查起诉关，提高公诉人审查、判断和运用证据的能力，提升公诉案件的质量和效果，是规范撤回起诉工作的根本之策。公诉人要树立无罪推定、疑罪从无的理念，执法办案中秉持惩治犯罪与保障人权、实体公正与程序并重的原则，坚持以事实为根据、以法律为准绳，通过能力提升，减少撤回起诉案件数量。

1. 抓好关键证据的审查。要全面审查涉及定罪量刑的各种证据以及证据材料之间的客观性、关联性、合法性。对据以定罪的关键证据如时间、地点、人员、刑事责任能力、被害人等必须严格审查，对犯罪嫌疑人、被告人的无罪辩解必须高度重视，对定罪疑难且单一的言词证据必须认真复核，对矛盾证据必须严格甄别，对没有直接证据证实犯罪的，要综合审查判断间接证据是否形成完整证据链条。

2. 突出对证据合法性的审查。要坚决排除非法证据，及时补正瑕疵证据，对辩护人提出非法证据排除意见并能提供线索或证据的，要高度重视，正确区分非法证据与瑕疵证据，能够在庭前解决的非法证据问题力争解决。特别是对于侦查机关出具的"情况说明""证明"等要严格把关，逐条分析说明内容，能够用其他证据形式证明的，坚决杜绝"情况说明"。

3. 树立自行侦查的意识。要以对案件高度负责的精神，转变存在的"等、靠、要"思想，进一步树立自行侦查的意识，对于可以通过自行侦查取得的证据，要创造条件，主动收集、固定和完善，防止案件证据因人为因素和时过境迁而灭失。

4. 提升审查起诉的综合能力。要高度重视对物证、书证等客观性证据的审查和运用，不能把"鉴定意见"等科学证据当成铁证，必须树立鉴定意见证据同样需要鉴真的理念，要进一步加强学习，充实司法会计、法医、精神病、痕迹检验以及电子证据相关的专业性基础知识，掌握审查判断方法，对有疑问的，要多方请教、听取意见，全面掌握信息。

（三）构建新型诉侦、诉审、诉辩关系

要积极适应以审判为中心的诉讼制度改革的新要求，发挥好诉前主导、审前过滤、庭审指控、人权保障等作用，正确把握和处理诉与侦、审、辩之间的关系，推动构建新型的诉侦、诉审、诉辩关系。

1. 构建新型诉侦关系。要规范和完善"公诉引导侦查取证"制度，对于一些重大、疑难、复杂、涉及新罪名的案件，可以主动提前跟进引导侦查人员调查取证，及时排除证据疑点、固定和完善证据体系，要积极探索建立对搜查、查封、扣押、冻结等侦查措施的监督制度。要运用好退回补充侦查这个"程序倒流"环节，补充完善证据、促进公正执法、强化法律监督，防止"退而不查""盲目退查""以退查换时间"等，针对犯罪事实和证据情况，系统、规范地出具退查提纲，明确补充侦查什么、为什么查、以什么证据类别出具，增强退查提纲的可操作性和公信力，同时也得辨析证据的可查性和不可查性，避免延长办案期限和浪费司法资源。对于经过二次补充侦查仍然消极应对、拒不补查、拒不作出合理书面回复的案件，要及时运用各种法律监督手段，采取向相关部门和领导

反映等方法，促使侦查部门补正。对侦查人员消极应对，导致案件无法下判，应书面告知其领导机关，依法追查，构成违法违纪的，应将相关线索移送纪检监察和反渎职侵权等有关部门。要强化与侦查部门的信息沟通，加强业务交流，举办不定期座谈会、联席会议，及时就有关案件和工作中遇到的问题进行沟通协调，要特别注重对新型犯罪的定罪标准达成统一认识，提高打击犯罪的合力。

2. 构建新型诉审关系。对于法院认为证据不足、事实不清的案件，应当加强与法院沟通协调，充分运用现有证据阐明检察机关起诉的事实和法律根据。要充分利用检察长列席重大、疑难复杂案件审委会的机会，了解法院对于案件的意见，分析检、法两家分歧所在，尽可能达成一致，减少无罪案件发生。法检两家可以通过定期联席会，在证明标准、证据把握、分歧较大较多的罪名、法律理解适用等方面进行沟通，统一认识，明确定罪标准，共同提高案件质量。

3. 构建新型诉辩关系。依法保障律师执业权利，强化诉讼中律师知情权、辩护权、申请权等各项权利的制度保障，尊重律师在会见、阅卷、调查取证、收集证据等方面的权利，完善听取律师意见制度，尤其是注意听取辩护律师的无罪意见，支持、配合律师依法执业，发挥辩护人在全面查清案件事实、保障被告人人权方面的积极作用。对于争议较大的案件，要积极主动听取辩护人意见，了解和分析辩护意见和辩护策略，及时掌握庭前案件动态。要积极主动适应庭审中心主义的改革，通过预估诉讼风险等，充分考虑案件疑点和可能的证据变化，防止在庭审阶段出现定罪和证据变数而准备不足的情形。

（四）完善撤回起诉的有关制度和机制

撤回起诉权是公诉权的重要组成部分，在实践中，虽然还存在一些不完善之处，但是对于维护公平正义、保障人权，具有积极作用，有存在的必要性。现阶段，需要结合《意见》和《规则》的规定。做到适应新规定与坚守老规矩相结合，同时，最高人民检察院公诉厅要根据《刑事诉讼法》和《规则》的修改，在适当的时候，出台适时出台修订版的《关于公诉案件撤回起诉若干问题的指导意见》，强化对撤回起诉工作的指导和监督，在司法责任制背景下，要积极听取行业部门意见，强化能力建设和工作机制创新。

1. 适应新规定。根据《规则》第 684 条的规定，最高人民检察院以前发布的司法解释和规范性文件与本规则不一致的，以本规则为准。由此可见，对于在撤诉理由和撤诉后处理方式上等方面，应当以《规则》的有关规定为准，各地目前还存在不一致的地方，应当及时调整。

2. 坚守老规矩。比如《意见》第 13 条规定，对于撤回起诉的案件，应当在撤回起诉后 30 日内将撤回起诉案件分析报告，连同起诉意见书、起诉书、撤回起诉决定书等相关法律文书报上一级人民检察院公诉部门备案。第 9 条规定，人民检察院决定撤回起诉的，应当制作《人民检察院撤回起诉决定书》，加盖院章后送达人民法院。然而在执行上述两个程序性规定时，一些检察院公诉部门没有做或者没有规范做，规定存在流于形式的可能，目前《规则》没有对此做规定，新的《意见》还没出台，所以还是应当按照《意见》的有关精神继续执行。

3. 适时出台修订版的《关于公诉案件撤回起诉若干问题的指导意见》。为进一步规范撤回起诉工作，要根据《刑诉法》《规则》《意见》《执法规范》以及其他司法解释、规范性文本的精神，最高人民检察院公诉厅在科学调研、充分论证的基础上，适时出台新版的《关于公诉案件撤回起诉若干问题的指导意见》，强化对撤回起诉工作的指导和监督。

4. 要注意听取行业部门意见。对于法律政策界限不明，罪与非罪、罪与错不清的，不能"带病起诉"，也不能"因上访、舆情等因素挟持而起诉"，要注意听取行业主管部门和监管部门意见，加强研究、慎重处理，慎用拘留、逮捕、指定居所监视居住等人身强制措施，慎重查封扣押冻结涉案财物。

5. 要处理好落实好司法责任制与办案能力不足的关系。司法责任制推行的背景下，案件的审批层级减少，确保了"谁办案谁负责""谁决定谁负责"，但是也要做好案件审批、把关减少的情况下，有些检察官还存在谨慎不够、能力不足的危险。要通过开展高质量的业务培训班、经验交流等形式，多角度、全方位提升公诉人证据审查、判断和运用证据能力，提升案件质量，对于争议较大的案件，要充分发挥检察官联席会议的作用，提高公诉案件的质量。

6. 要主动创新工作机制强化对撤诉案件的监督制约。对于撤回起诉，公诉部门应当主动创新工作机制，强化对撤诉案件的监督制约，通过行之有效、持之以恒的工作机制，努力规范撤回起诉工作。

第十二篇 "一带一路"倡议下完善涉外刑案办理

广东省是改革开放的先行地,是国家"一带一路"倡议的经贸要地和交通枢纽,对外经贸往来历来频繁,出入境人员众多,随着"一带一路"倡议的不断推进落实,在助力国际经济繁荣、实现区域合作的同时,必然也伴随着一些国际性、区际性违法犯罪行为的出现,由于犯罪主体多样化、犯罪区域国际化、犯罪手段隐蔽化、法律适用复杂化、危害后果巨大化,给检察机关办案带来诸多挑战,有关部门需要在总结规律的基础上,不断完善现有工作机制,促进涉外案件更高效、有力地办理。

一、2015 年以来检察机关公诉部门办理涉外刑事案件的基本情况

(一)宏观呈现

广东省是全国改革开放的先行地,紧邻港澳特区,自古以来,对外交往较为频繁。近年来,随着"一带一路"倡议,以及粤港澳大湾区、自由贸易区等国家战略的提出,广东省对外开放的进程不断加快,在广东从事生产生活的外籍人士逐年增多,与此同时,涉外刑事案件也随之增加。从案件总量看,2015 年至2017 年,全省公诉部门共受理涉外案件 2000 余件 4000 余人;从涉案罪名看,涉外案件涵盖罪名达 40 多个,涵盖危害公共安全罪、破坏社会主义市场经济秩序罪、侵犯公民人身权利、民主权利罪、侵犯财产罪、妨害社会管理秩序罪、贪污

贿赂罪共六大类犯罪；从涉及区域看，共涉及我国香港、台湾、澳门，以及越南、日本、俄罗斯、韩国、尼日利亚等40多个国家和地区；从区域分布看，案件辐射广东全省各地级以上市，主要集中在珠三角区域，粤东西北有发展蔓延的趋势。

（二）微观展示

2015年至2017年，A市检察机关公诉部门共受理涉外刑事案件142件1单位187人①，涉及的罪名有贩卖毒品罪、走私普通货物罪、故意伤害罪等30余个罪名，犯罪嫌疑人的国籍主要以中国香港、澳门、台湾和越南等周边国家和地区为主。

表1　　　　A市检察机关涉外犯罪案件统计表（2015年至2017年）

年份	办案单位	件数	人（单位）数	占案件总数比例（件数，人数）
2015年	市院	8	16	3.3%；3.9%
	B区院	22	31	0.6%，0.7%
	C区院	6	6	0.2%；0.17%
2016年	市院	8	1单位15人	2.4%；2.9%；3.4%
	B区院	32	38	1.1%，1%
	C区院	8	8	0.29%；0.25%
2017年	市院	7	8	3%；2.6%
	B区院	35	51	1.3%，1.4%
	C区院	6	8	0.24%；0.25%
总计	市院	24	1单位39人	
	B区院	89	120	
	C区院	29	29	
	全市检察机关	142	1单位188人	

---

① 为更加细致、微观地展示涉外刑事案件的办理情况，经过对比分析，在广东省22个地级市，选择涉外刑事案件比较具有代表性的A市进行基本面分析，以更好展示涉外案件的微观层面。

表2　　　A市检察机关涉外犯罪案件明细表（2015年至2017年）

类　别	罪　名	涉外人数（人）
交通肇事类 36件36人	交通肇事	5
	危险驾驶	31
毒品犯罪 28件33人	贩卖毒品	17
	容留他人吸毒	5
	非法持有毒品	2
	制造毒品	2
	走私毒品	3
诈骗犯罪 16件29人	合同诈骗、信用卡诈骗	2
	诈骗	25
妨害国边境管理犯罪 12件12人	组织、偷越国（边）境	12
侵财犯罪 7件13人	盗窃	6
	抢劫	6
暴力犯罪 7件9人	故意杀人	1
	绑架	4
	故意伤害	10
	强奸	2
走私犯罪 6件1单位8人	走私普通货物	1单位8人
贪污贿赂犯罪 6件6人	单位行贿、行贿	5
	非国家工作人员行贿	1
其他 24件30人	开设赌场	4
	侵犯公民个人信息	1
	非法拘禁	4
	寻衅滋事	3
	组织卖淫	3
	放火	4

类　　别	罪　　名	涉外人数（人）
其他 24 件 30 人	非法买卖枪支	3
	故意毁坏财物	1
	拒不支付劳动报酬	2
	销售假冒注册商标的商品	1
	组织、领导传销活动	1
	非法吸收公众存款	1
	非法经营	1
	持有伪造的发票	1

表 3　　A 市检察机关涉外案件嫌疑人国籍地统计表（2015 年至 2017 年）

国　　籍	人数	涉及的罪名 （注：括号内数字为人数）
中国（香港）	58	交通肇事类（13）、诈骗（12）、走私（5）、组织卖淫（3）、贪污贿赂（3）、涉枪犯罪（2）、毒品（2）、盗窃（2）、抢劫、非法经营、侵犯公民个人信息、非法吸收公众存款等罪名均为 1 人
中国（澳门）	42	毒品（11）、交通肇事类（8）、开设赌场（4）、寻衅滋事（3）、诈骗（2）、走私（2）、放火（3）、持有伪造的发票 1 人
中国（台湾）	40	诈骗（13）、毒品（10）、危险驾驶（10）、抢劫（2）、盗窃、故意伤害等均为 1 人
越南	30	组织、偷越国（边）境（13）、暴力（7）、非法拘禁（4）、侵财（4）、毒品（1）
尼日利亚	1	诈骗（1）、毒品（1）
约旦	1	强奸（1）
日本	1	走私（1）
俄罗斯	1	危险驾驶（1）
韩国	1	危险驾驶（1）
马来西亚	1	危险驾驶（1）
澳大利亚	1	行贿（1）

续表

国　　籍	人数	涉及的罪名 （注：括号内数字为人数）
菲律宾	1	盗窃（1）
美国	1	危险驾驶（1）
加拿大	1	危险驾驶（1）
新加坡	1	危险驾驶（1）

二、广东省涉外刑事案件的特点

通过宏观呈现和微观展示，可以看出，在广东省，涉外刑事案件具有如下特点：

（一）主要集中在珠三角区域，有向粤东西北蔓延趋势

自 2015 年以来，全省公诉部门共受理涉外案件 2000 余件 4000 余人，其中属于珠三角区域的多的 400 余件，少的也有 60 余件，而粤东西北等区域普遍都不超过百件，有的只有几件。在经济较为发达的珠三角区域，涉外案件相对较多，占 84.37%，而在经济相对欠发达的粤东西北区域，涉外案件相对较少，占比 15.63%。在全省各市层面，都有涉外刑事案件发生，随着经济的不断发展，对外交往的频繁，涉外案件的发生率，同比也在逐年增加。

（二）涉案嫌疑人入境时多持 F 签证，案发时多为"三非人员"

涉外案件的嫌疑人，有一半以上是申领 F 签证入境，F 签证实际上是颁发给应邀来访、考察、讲学、经商、进修、实习等短期来华者的，有效期仅 6 个月，可以延期，但是一般不超过 30 天，但许多持 F 签证入境的涉案外国人实际在华时间远不止 6 个月，因此案发时往往已成为"三非人员"[①]。特别是涉嫌毒品犯罪的嫌疑人中，"三非人员"比例较高，在涉外案件较多的区域如 A 市，此类人

---

① "三非人员"：是指非法入境、非法居留、非法就业的外籍人员。

员比例高达 80%，没有护照、持有假护照、故意撕毁丢弃护照、签证过期、提供虚假身份信息的现象频发。"三非人员"的情况，给办案带来诸多问题，比如 C 市承办的被告人希尼都等二人走私毒品案，因涉案毒品数量巨大，其中一名被告人被判处死刑，但两名被告人均无护照，姓名、国籍等均为自报，二人自称为尼日利亚国籍，侦查机关试图通过尼日利亚驻华领事馆核实两名被告人身份，但迟迟未有回应，该案一审下判至今已近两年，仍未能获得最高法的核准。

（三）涉外案件呈现团伙、共同作案的发展趋势

近年来，涉外的团伙型犯罪有逐年增多趋势，如深圳市于 2017 年办理的涉外犯罪，40% 以上为团伙共同犯罪。外籍犯罪分子倾向与"老乡"等，进行共同犯罪。除此之外，如组织他人偷越国（边）罪，外国人与我国人员相互勾结，成立犯罪团伙，分工精细，个别案件涉案人数多，被害人也较多，社会影响恶劣。比如 A 市办理的 NGUYEN DINH KIEN 等 7 人偷越国（边）境过程中，在越南谅山的峙马口岸由当地一个人带路，交纳了相当于 300 元人民币的越南盾，从山路进入中国境内。部分人员由有组织的"蛇头"联系运送，只要向组织者交纳相应费用，就可以得到安排坐车、买票、食宿等"一条龙服务"，甚至能帮助联系工作。除此之外，典型的是非洲人员涉毒品案件，早期是以携带毒品走私入境为主，后来以将毒品吞食、塞进人体等人体藏毒方式走私入境，再演变成夹藏在箱包中走私入境，最后是雇其他人员运毒，如昆竹·伽玛鲁迪走私毒品案件，被告人是新加坡人，供认藏有毒品的行李箱（查出了行李箱中藏在电吹风和按摩器中的毒品）是受黑人朋友 Phillip Fanny 指使，由一名中国女人交给他帮忙携带出境到新加坡的。

（四）越南籍涉外人员在粤犯罪现象明显

越南毗邻中国，人员往来较为频繁，涉及越南籍人员犯罪的案件逐年增多，如 2017 年 A 市检察机关共办理外国人偷越国（边）境犯罪案件共 18 件，其中，越南籍人员共 16 件 47 人。通过办案分析，该类案件呈现四大特点，亟须引起重视。一是汽车客运站成为外国人非法进入广州的集散点。犯罪嫌疑人大多通过乘坐大巴或面包车等方式进入 A 市，在到达客运站后准备转车或者等待接应人员带

其去打工地点;二是偷越国(边)境过程中境内境外均有人员带路。犯罪嫌疑人在偷越国(边)境过程中,境内境外两边一般都有人员带路和接应;三是偷越国(边)境的方法、路线相似,简便快捷。越南籍犯罪嫌疑人偷越国(边)境的路线一般分为两种,一种是水路,在越南芒街通过乘坐小船穿渡边境河流进入广西。一种是陆路,在越南凉山市通过步行穿越偏僻的过境山路进入广西;四是偷越国(边)境的目的较为明确。越南籍外国人偷越国(边)境进入中国,其主要目的是到广东或福建等地务工,俗称"打黑工"。

(五)犯罪类型多样化

近三年,涉外案件所涉及罪名除了一直以来较为集中的走私、贩卖、运输、制造毒品罪,危险驾驶罪,故意伤害案等案件,还包括了合同诈骗、诈骗罪,逃税罪,组织领导传销活动罪,掩饰隐瞒犯罪所得罪,盗窃罪,走私废物罪,职务侵占罪,行贿罪,妨害信用卡管理罪,寻衅滋事等案件。涉外案件类型的多样化,给打击和防范带来了一定的难度。比如近两年来涉及区域经济安全及经济发展的涉外刑事案件增多,尤其是跨境经济犯罪及高科技犯罪日益严重,其中信用卡诈骗、经济诈骗尤为突出。2015 年至 2017 年,D 市办理的涉外刑事案件中诈骗类案件达 19 件 60 人。这类案件的特点是,涉案人员众多,涉及金额巨大,犯罪的智能化、高科技化、组织化、专业化趋势明显,打击难度大。如 D 市办理的赵某等人特大电信诈骗、非法持有毒品案,涉案被告人高达 38 人,其中 3 名涉案主犯、电信诈骗窝点的老板、主管来自中国台湾地区,其余同案犯中 1 人来自中国大陆、34 人来自马来西亚,涉案诈骗金额近 1 亿元,而涉案被害人能够查清楚的有 24 人。

(六)呈现特定国家或地区人员从事特定犯罪活动的趋势

经对涉外案件犯罪嫌疑人的来源地等进行分析,特定国家或地区的犯罪嫌疑人有从事特定犯罪的趋势。我国台湾地区、香港地区的犯罪嫌疑人多在珠三角等区域从事金融、诈骗等侵犯市场经济秩序犯罪。而作为犯罪数量较为庞大的越南籍的犯罪嫌疑人大多从事暴力犯罪、贩毒、拐卖儿童、诈骗盗窃等犯罪,大多属于经济窘迫,来中国最初目的是寻找更好的生活,继而衍生出各种犯罪,人员分布在广东各个区域，占涉外人员犯罪比例较大。以 C 市为例，该市 65% 的犯罪嫌疑人来自越南，B 市排名前三位的是越南、蒙古和韩国，其中越南籍 80 人，占到三分之一多。非洲裔犯罪嫌疑人多涉及毒品、偷越国境等犯罪，主要集中在珠三角等经济较为发达的区域，并有向粤东西北蔓延的趋势。①

三、存在的问题

当前，办理涉外刑事案件，存在的问题，主要包括翻译质量问题、证据核实问题、书面证据问题、办案时限问题、羁押场所问题、法律适用问题等六大问题。

（一）翻译质量问题

根据《刑事诉讼法》第 9 条规定，"各民族公民都有用本民族语言文字进行诉讼的权利。人民法院、人民检察院和公安机关对于不通晓当地通用的语言文字的诉讼参与人，应当为他们翻译"，其中第 28 条至第 31 条，规定了翻译人员回避制度，第 106 条明确翻译人员属于"诉讼参与人"，但相关法律没有规定司法翻译人员的准入、管理、监督、参与程序等，也带来了有关翻译质量问题。

一是翻译人员的资格认证缺少统一标准。刑事诉讼法和相关司法解释对翻译人员资格水平未做具体规定，在司法实践中，翻译人员通常是从翻译公司处聘请，办案单位对翻译人员的资格水平无法作出判断，一些翻译人员未参与过刑事诉讼活动，对刑事诉讼活动几无了解，缺乏基本法律专业知识，难以较好地适应刑事诉讼活动的要求。

二是对翻译人员在刑事诉讼中的权利、义务规定不明确。作为诉讼参与人的翻译人员在参与刑事诉讼过程中应享有哪些权利、义务，法律和相关司法解释并未有明确规定，司法实践中，翻译人员通常是从翻译公司临时聘请的人员，无权查阅案卷材料，了解案件情况，导致翻译工作的质量大打折扣。

三是对翻译人员的翻译工作缺乏监督。对英语以外的其他国家语言熟练掌握者不多，使得办案人员对翻译人员的翻译过程监督乏力，对翻译人员的翻译是否

---

① 本数据来源于广东省人民检察院的工作调研。

客观、准确也无从鉴别，对于翻译人员翻译的起诉书等法律文书也无法校对。特别是由于翻译人员短缺现象严重，往往会出现一名翻译人员参与一个案件侦查、起诉、审判的全部环节的现象，以至于会出现即使翻译人员由于水平所限出现失误或者翻译人员故意违背事实、徇私枉法，办案人员甚至都难以发现的情况。

（二）证据核实问题

一是再次补充证据困难。虽然外国证人或被害人在公安机关侦查阶段已经提供了证言，但是在公诉部门审查起诉阶段一般需要再次核实该证言，有外国被害人或证人已经回国，出现无法再次补充证言的情况。

二是犯罪嫌疑人身份的认定困难。犯罪嫌疑人身份准确与否，关系案件办理质量及人权保障，甚至可能影响我国的司法声誉。办理的涉外案件，有相当一部分案件的犯罪嫌疑人是通过偷渡等非法方式进入，护照、身份证等具有法律效力的身份证明材料一概没有，这给办案机关核实犯罪嫌疑人身份带来一定困难。

三是使领馆核实手续繁琐低效。一般情况下，如果犯罪嫌疑人的国籍可以确定，可以由有关部门向该国的使领馆进行核查，这种渠道尽管能发挥重要作用，但手续繁琐，效率较低，而部分国家的使领馆对于此类核查往往采取不予配合的态度。对于穷尽调查手段仍无法核实犯罪嫌疑人身份的情况，犯罪嫌疑人的国籍、姓名、年龄等身份情况就只能以其自报的为准，而犯罪嫌疑人出于种种目的而虚报身份的情况在实践中并不鲜见。

（三）书面证据问题

一是司法协助手段效用不足。涉外案件中常常遇到需要调取外籍嫌疑人的前科材料、手机通话清单、银行流水等证据，这些证据均需要赴境外提取，有时为排除嫌疑人辩解还需赴境外调取证人证言等，以上证据的获取都要借助涉外司法协助，但该程序复杂、繁琐，个案的侦办单位通常都是基层派出所，警力资源有限，难以投入大量精力搜集域外证据，实际上也缺乏搜集域外证据的能力，导致公诉部门难以及时取得有力证据，影响了对犯罪的打击力度。若通过电话或视频对外国被害人或证人取证，所取的证言难以形成书面证据。D市办理的赖某等人走私、运输、制造毒品案中，两名被告人交代其在国外、香港特区均因毒品犯罪被处罚过,但因该前科材料未能调取,导致二人有无累犯及毒品再犯情节无法查清。

二是境外金融账户信息调取困难。犯罪嫌疑人在境外金融机构开设账户实施犯罪,导致调取银行账户资料等非常困难。如某市区检察院办理的胡某职务侵占案中,部分涉案账户在香港特别行政区的银行开设,因调取账户资料程序复杂,无法及时调取到上述账户的流水,导致资金往来情况无法查实;

三是币种变化影响资金的核查。部分案件涉及多种外汇外币及多名外籍人员,此类案件的涉案资金往往涉及多个币种,并在多个银行账户中流动。且不同外汇币种间的汇率不一,不同时期的汇率也存在差异,核实涉案金额存在诸多困难。

四是境外被害人、证人作证难。在审查起诉阶段,发现境外被害人陈述、证人证言在公安机关报案的笔录存在疑点或遗漏,需要进一步核实时,被害人、证人往往已返回境外难以到案接受询问。如某检察院办理的蔡某拒不执行判决、裁定案,被害人系澳门居民,且已返回澳门,短期内不入境,导致有关案件情况无法核实,严重影响案件的顺利办理。

(四)办案时限问题

一是我国不同职能部门间配合不顺畅影响效率。涉外案件的办理过程涉及与出入境管理、海关等多个部门的配合联动,而侦查机关、司法机关及相关行政管理部门间的衔接不到位。在实践中,因缺乏多部门间的有效沟通联络机制,信息共享渠道不畅,影响案件的办理及追查。如某检察院办理的赵某等人涉嫌诈骗、非法经营罪案件中,幕后策划人因身份未能核实而未能被抓获归案。此外,侦查机关侦办此类案件时,未及时提请检察机关提前介入,导致案件证据的收集、固定存在缺失,削弱了对该类犯罪的打击力度。

二是代理公司请示汇报时间较长。许多涉外案件被害人是外国公司驻中国的代理,当公诉人将需要取证的内容告知代理公司后,代理公司必须先请示外国公司且获得同意后才能提供,请示花费的时间长,导致案件办理时间长。

三是对涉案人员身份认定困难。涉案人员没有护照、通行证或其他有效证件的情况下,认定其个人身份则存在疑问,部分案件不得不以无国籍人员身份进行诉讼。部分涉外案件的嫌疑人特别是非洲域的人员故意撕毁护照，刻意隐瞒真实姓名、国籍，侦查机关只能通过外事部门向有关国家的驻华领事馆提出核实犯罪嫌疑人身份的请求，但在实践中往往难以得到及时有效的回复，耗费时间过长。

（五）羁押场所问题

一是侦查、检察管辖情况不统一。当前，各级公安机关对外国人犯罪案件均有管辖权，而对应的检察院的审查起诉，由于受集中管辖规定的限制，多由个别院集中审查起诉，检察机关跨区域提审犯罪嫌疑人的情况普遍存在，跨区提审路途远、各区看守所对于提审的相关规定不尽相同等原因，往往提审需要耗费更多的时间，拖慢工作进度。

二是不能出境的涉外人员难以监管。对于不能出境的部分外国人、港澳台身份罪犯，内地有关部门对其监管也存在难题。首先因户籍、居住地等问题，难以指定地方公安机关对其进行监管，社会帮教基本上无从开展。其次，对其是否属于社区矫正对象目前没有法律法规明确规定，实践中社区矫正部门也多将外国人、港澳台身份罪犯排除在矫正对象外。因此，这部分人释放后没有同公安机关和基层组织衔接就直接流入社会，成为管理盲点。

（六）法律适用问题

一是认罪认罚从宽制度适用难度较大。在传统"涉外无小事"的观念之下，涉外案件是否适宜适用、如何恰当地适用认罪认罚从宽制度，逐渐成为办理涉外简易案件中的一个突出问题。同时，知晓并决定是否同意适用认罪认罚从宽制度以获得从轻处罚应当是犯罪嫌疑人所拥有的一项权利，但由于涉外案件中外籍犯罪嫌疑人的特殊性，如何适用，以及如何准确向其传达我国法律所规定的认罪认罚从宽制度以避免犯罪嫌疑人与"辩诉交易"制度产生混淆是当前亟待解决的问题。

二是缓刑适用问题存在困难。刑法第 72 条规定了缓刑的适用条件，缓刑适用于轻罪案件且宣告缓刑对所居住社区没有重大不良影响的情况。但考虑到对涉外案件被告人适用缓刑可能面临考验地如何确定、如何与社区矫正机构沟通、涉外案件被告人缓刑期间能否离境等诸多问题，在适用缓刑上，都趋于保守，为了避免麻烦，宁愿不适用。如某区院办理的 4 件容留他人吸毒案件事实简单，大部分属可适用缓刑案件，但由于被告人是港澳台地区人士，考虑到执行所面临的诸多困难，一审判决最终均处以实刑。

四、各地当前完善办案机制、简化办案程序的做法

在涉外案件办理过程中，广东省公诉部门在现有法律规定下，积极完善办案机制、简化办案程序、创新工作做法，取得了一些成效，主要包括：

（一）实行涉外案件集中管辖、专人办理机制

根据"两高"、公安部、国安部、司法部于 2015 年 1 月联合发布的《关于外国人犯罪案件管辖问题的通知》中规定"外国人犯罪案件较多的地区，中级人民法院可以指定辖区内一个或者几个基层人民法院集中管辖外国人犯罪案件"。广东省多地结合司法实际，普遍实现了涉外案件集中管辖、专人专办的制度。集中管辖是近年来各地在司法实践中探索总结的一种管辖办法，主要是通过对现有诉讼管辖制度的变通，将一个行政区域内的某类案件集中交由一两个具有办案优势条件的检察院管辖，实现司法资源和办案力量的合理配置，如佛山市集中将涉外案件交由南海区、顺德区的检察院审查起诉，揭阳市集中于普宁市院集中审查起诉等。考虑涉外案件的特殊性、敏感性，部分市还实行了"专人专办"制度，明确应当由办案经验丰富、法律功底扎实、外语基础较好的检察官专门办理涉外犯罪案件。目前，在广东全省基本实现了对涉外案件实行集中管辖、专人办理的工作机制。

（二）建立工作制度规范

为进一步规范涉外刑事案件的办理，确保有关规定制度化、规范化，多市根据本地的实际情况，针对办案中的实际问题，制定了有关规范，形成长效机制。如东莞市院公诉部门围绕办案的全流程工作，牵头制定了《涉外刑事案件办案指引》《涉外刑事案件翻译工作办法》《关于向外国或港澳台被害人（近亲属）权利告知的工作规定》等工作办法，就办理涉外刑事案件的权利告知及委托辩护

人、强制措施及报告、犯罪嫌疑人探视、起诉书制作等方面进行了规定。如《涉外刑事案件办案指引》规定，对于在审查起诉过程中，对外国籍犯罪嫌疑人作出取保候审或监视居住决定的，承办人应当及时将有关案情、处理情况报省人民检察院通知有关外国驻华使、领馆，同时填写《外国人涉案情况通报表》通报有关市外事局，增强了工作的操作性和指引性。

（三）建立涉外人员探视会见机制

在办理涉外案件过程中，D市公诉部门规定，凡是收到各使领馆对该国涉案人员探视和会见的申请时，只要申请人资质和相关申请事由符合法律规定，经相关审批程序后一律统一予以探视和会见。为确保办案安全，还进一步要求相关案件承办人对相关探视和会见过程进行全程不间断的陪同，一方面保障外籍涉案人员的合法权利，另一方面也防止在探视和会见的过程中出现交换物品、串供等违反办案安全的情况发生。如A市检察院通过指定专门负责领事会见工作的联络员，负责与省检院外事办联系外国籍犯罪嫌疑人的领事会见事宜。对于使领馆依法提出的会见请求，及时联系经办人落实具体会见时间，并指派案件经办人与公安机关联系落实会见的手续，直接陪同使领馆人员会见犯罪嫌疑人，保障会见活动依法有序进行。

（四）建立聘请翻译机制

东莞市院制定《涉外刑事案件翻译工作办法》，积极与第三方翻译机构建立长期合作关系，在受理涉外案件时，要及时聘请具备相关资质的翻译人员为外籍当事人提供翻译，并牢牢把握三个标准：一是翻译必须是来自中立的第三方翻译机构，以防止相关当事人质疑翻译人员客观中立性；二是翻译人员必须具备相关职业资质并征得被翻译人的同意，以防因翻译水平的问题影响言辞证据真实性；三是凡外籍人员必请翻译，对于部分华裔或者长期在中国生活的，能熟练运用中文交流的外籍犯罪嫌疑人也无差别地聘请翻译，并要求翻译将相关文书内容以其国家语言进行翻译并记录在案，以免犯罪嫌疑人或被告事后以没有翻译为由对相关文书内容予以否认。从而逐步形成了"凡涉外必翻译，凡翻译必中立，凡翻译必有格"的涉外案件翻译聘请机制，使犯罪嫌疑人的供述和辩解得到有效固定，确保了涉外刑事案件在检察环节的公正、高效。

（五）以提交申请材料为抓手简化程序

涉外犯罪案件的会见资格审查工作中，犯罪嫌疑人家属往往在我国境内的停留时间有限，且相关证明材料多使用外文，使承办人难以在短时间内作出审查结论。针对上述问题，中山市第一市区检察院设立了涉外案件犯罪嫌疑人家属会见申请的特殊处理办法，要求当事人通过相关国家驻华使领馆向该院提交申请材料，并对当事人身份及家属关系出具书面证明，简化了工作流程，大幅提高工作效率。在该院办理的菲律宾籍犯罪嫌疑人 Llames Charmel Apostol 涉嫌盗窃罪一案，犯罪嫌疑人家属通过菲律宾驻广州领事馆向该院以传真的方式，提交了申请会见的申请及相关材料，并告知该院其在华停留期较短，恳请尽快批准会见。该院即迅速对其提交的材料进行审查，后确认其符合会见条件，在两个工作日内即为其办理了会见手续。

（六）建立涉外案件风险防控机制

为防范涉外案件涉案风险发生，东莞市针对涉外案件建立单独的风险评估机制。以全国检察系统统一业务平台为依托，在收到涉外案件后，第一时间在系统上进行风险评估，提升案件风险等级，并及时将相关外籍涉案人员及案件的基本情况进行层层上报，定期梳理涉外案件的办理情况并将相关情况及时进行反馈，形成涉外案件风险"实时掌握，实时汇报，实时评估"的动态风险防控机制。

五、"一带一路"倡议下办理涉外刑事案件面临的挑战

"一带一路"倡议是新时期我国经济发展和对外合作的总体构想，旨在通过亚欧非大陆及附近海洋的互联互通，推动沿线各国实现经济政策协调，进而开展更大范围、更高水平、更深层次的区域合作，共同打造开放、包容、均衡、普惠的区域经济合作框架，是我国具有深远历史意义和重大国际影响的倡议，该倡议的推动，除了政策、资金、基础设施等方面的支持，也离不开司法的保障。广东作为"一带一路"倡议的重要支点和合作开放的重要区域，虽然涉外刑事案件的

总量相比全省整个刑事犯罪嫌疑人总量而言，比例不大，但是案件数量在逐年增加，而且在可以预见的时间内，这种增长的趋势可能会长期保持。应该说，检察机关立足自身职能、发挥自身优势，服务和保障"一带一路"倡议，具有义不容辞的责任，必须清醒认识当前涉外刑事案件发展的规律，妥善面对各种挑战。

（一）犯罪主体多样化

犯罪主体的多样化，一是体现在犯罪嫌疑人来自不同国家和地区，涵盖亚洲、非洲、欧洲、美洲、南美洲等世界多个国家和地区，目前可以确定的在粤涉案人员已经多达 40 多个国家，其中还包括我国台湾以及香港、澳门特别行政区。二是犯罪的嫌疑人知识层次、职业背景、宗教信仰、身体康健程度等各不相同，尤其是在一些涉毒案件中，中国籍女性经常成为被利用的对象，成为走私、贩卖、运输毒品罪的共犯。如李某等人走私毒品案中，2010 年 12 月开始，被告人李某伙同尼日利亚籍被告人阿纳尤等多名外籍男子合谋走私毒品，通过"58 同城网"进行网上招聘等方式招聘同案人黄某、汤某、余某、赖某、胡某等多名中国女性，以出国考察服装市场为名，让他们携带夹藏有毒品的行李箱入境。其间，被告人阿纳尤具体负责与出国人员进行护照、机票、报酬等钱物的交接，此外还直接指使同案人刘某出国携带夹藏有毒品的行李箱入境。

（二）犯罪区域国际化

"一带一路"横亘亚欧非大陆，其跨度之大、经过国家之多、合作之广泛，都创造世界之最。倡议进一步提高了我国的对外开放的程度，加大了我国与中亚、南亚、欧洲以及南美国家的交流与联系。在取得经济和政治利益的同时，也为国际走私、国际贩毒等提供了便利。比如走私分子利用"一带一路"带来的政策便利，乘机谎称贸易交易，躲过检查查验进行走私。作为走私类犯罪的重点，境外毒品走私和渗透变得更加猖獗。① 如 A 市公安成功侦破的"5·10"公安部督办的跨国特大走私毒品案，走私分子从 A 市向澳大利亚等七国走私毒品。再者，国外成为走私犯罪嫌疑人的"避罪天堂"，一些从事走私的人员借助司法漏

---

① 参见历鹏、吕惠敏，《"一带一路"倡议下走私相关犯罪的侦查对策》，载《四川警察学院学报》2017 年 6 月第 29 卷第 3 期。

洞顺利逃亡国外。2016 年我国海关共抓获 76 名外逃走私犯罪嫌疑人，其中红通人员 3 名，蓝通人员 4 名，涉及 25 个国家和地区。"一带一路"倡议在大力推进过程中，必然还有一些漏洞，可能被犯罪分子利用，诸如走私、跨境等犯罪的渠道将会得到扩展，交易的实时性和隐蔽性将会提高，跨区性作案的条件将会更加充分，这也为我国侦查机关对案件的侦破带来了新的挑战。

（三）犯罪手段隐蔽化

犯罪手段的隐蔽性，是伴随着社会和科技的不断进步，而不断变化发展的，为了躲避越来严格和准确的侦查手段，犯罪的手段也在不断更新。如在运输毒品案件，犯罪分子藏毒手法不断推新，已经从传统的"空心藏毒""混杂藏毒"，发展成利用特制物品，甚至人体作贩运毒品的掩护手段，利用高跟鞋鞋跟、女性内衣的夹层、私家车座椅的内衬、运输的各类水果、邮寄包裹等，甚至利用身体进行毒品的非法贩运，隐蔽性极高。在"一带一路"的背景下，不管是"海上丝绸之路"还是陆上"丝绸之路经济带"，这些经济沿线途经诸多国家和地区，有着不同领域、不同人员、不同风俗，可能出现的不同隐蔽手段，藏匿于风俗习惯之中，而风俗习惯又具有极大的敏感性，这些都将对查处犯罪提出新的挑战。随着科技的不断发展，犯罪分子通过即时通信软件、网络购物平台、论坛社区、支付软件等工具的深度融合，形成了一条快捷而隐蔽的网络犯罪利益链，并且整个过程，走私分子均可实现远程操作，增加了抓捕和截获的难度。高科技产品不断更新换代，其高科技性、便捷性、成本低和智能性的特点，受到了走私分子的青睐，如今不乏通过无人机越境将毒品或者其他物品跨境走访等行为。

（四）法律适用复杂化

由于各国法系、法域不同，司法制度存在巨大差异，执法实践存在诸多障碍甚至盲点，跨法域的司法合作严重滞后于当前形势的发展，一些犯罪分子往往利用这种司法制度差异，变换犯罪手法，逃避法律惩处。即便是在我国，在"一国两制"格局下的港澳地区与内地分属三个不同的法域，在寻求合作打击跨境犯罪时不仅存在着不同政治制度和法律制度所造成的认知差异，而且在案件管辖权、移交逃犯、扣押和返还财产、承认和执行他法域的生效判决等方面都存在发生冲突的潜在可能。在出现冲突而无法通过协商解决的情况下，又缺乏可供选择采用的共同上位法的调整，或通过适用于全国的司法程序来解决，这种基于司法制度差异而造成的司法障碍大大影响了打击跨境犯罪的效果。在我国的台湾地区，鉴于目前海峡两岸的政治格局，尚未建立正式的沟通渠道，更不具备正式开展司法合作的条件。

（五）危害后果巨大化

跨区域犯罪对国际关系、经贸往来、国家秩序等造成的危害巨大，首先是一些经济犯罪的涉案金额大，如走私犯罪，涉及的物品往往是贵重金属、电子产品、汽车等价值大的物品，而像大米、牛肉等食品，虽然单品价值不高，但是数量巨大。这不仅对国家经济造成了巨大的损害，对于我国正常的市场管理秩序和管控也形成了巨大的冲击。[①] 如 2016 年 A 市共查办各种走私案件 5905 宗，案值高达 74.62 亿元。其次是安全隐患高。比如一些走私案件，其中很大比重的是食品、药物、垃圾的走私，这些物品本身都是变质、劣质的低档产品，均存在巨大的安全隐患。而一旦入境便会散布全国，极易携带疯牛病等传染病，引发国内疾病的暴发；再次涉案人员多。由于巨大的经济利益诱惑，参与犯罪的人员众多，一旦查处，涉外嫌疑人及有关人员会罔顾中国的法律，采取抵抗、游行等方式抵制，由于涉及国际关系等，在处理上，需要慎之又慎，有时候越是依法、文明、平和、规范执法，越是助长了犯罪分子的嚣张气焰。

六、进一步完善涉外案件办理机制的对策建议

进一步完善涉外刑事案件办理的机制，要从完善办案程序、强化外国人管理制度、完善司法翻译应用管理机制、加强人才建设和强化科技能力应用提升等方面着手，不断适应形势的变化发展，不断提升办理涉外刑事案件的能力和水平。

（一）完善办案程序

一是完善外国人犯罪案件集中管辖、专人专办模式。对于目前各地根据实

---

① 参见历鹏、吕惠敏：《一带一路倡议下走私相关犯罪的侦查对策》，载《四川警察学院学报》2017 年 6 月第 29 卷第 3 期。

践，探索出来的"集中管辖、专人专办"模式，要根据"一带一路"倡议的发展而不断完善，及时适应新形势，特别是在检察官员额制、司法责任制等新的运行模式下，对于有办理涉外案件任务的检察院适当多配置一些员额。同时加强涉外案件专业化办理小组的建设，挑选业务能力强、具有外语对话基础和国际法背景的承办人组成专业小组，创造条件，优先入额，集中负责外国人犯罪案件的审查起诉工作，确保重大敏感案件办精、精办，疑难复杂案件办细、细办，轻微刑事案件办快、办好。

二是简化涉港、澳刑事案件证据调取程序。涉港、澳案件当前仍然是我省涉外案件的主体，提高涉港、澳案件的证据调取效率，可以大大节省办理涉外案件的司法资源。目前，公安机关调取港、澳证据需逐级报市公安局、省公安厅、公安部、国务院外事部门，并通过驻香港相关部门与香港地区检察机关协商协助调取，调取程序繁琐，调取周期长。在实践中，一般的刑事案件根本无力投入足够的司法成本完成上述港、澳地区证据材料的调取。建议可以通过中央授权，采取联签协议的方式，建立由省检察院、省公安厅与港、澳司法机关直接沟通协助机制，完成后再进行备案的机制，方便证据快速、高效调取，节约诉讼成本，提高诉讼效率。

三是畅通部门间的沟通配合渠道。针对外籍犯罪嫌疑人流动性大、身份难以确定，以及团伙作案日益增多的特点，应建立健全出入境管理、外事、海关、侦查机关和检察机关等多部门间畅通有效的沟通联动机制，拓宽信息共享渠道。在涉外犯罪案件发生后，多个部门做到信息同步、快速反应、联合出动，对可能出现取证困难的案件应及时通报，多部门协作提高证据收集调取固定的效率，有效增强对涉外犯罪案件的打击力度。

四是探索建立身份不明的犯罪嫌疑人身份查询快速通道。通常国籍不明的犯罪嫌疑人的身份资料要通过公安机关会同外事部门查明。加强公安机关和外事部门相关机构的协作力度，提高工作效率，建立涉外犯罪嫌疑人身份查询的快捷通道，是提高涉外刑事案件办理效率、提升涉外刑事案件办理质量的重要一环。同时，要加强对涉外刑事案件侦查的指挥和协调，检察机关提前介入案件引导侦查，提高证据收集的有效性。

五是建立打击跨境犯罪的刑事司法协助制度。对于国际刑事司法协助，在国际法的普遍原则基础上，按照互相尊重、平等互利、主动协助、程序为重、效率优先的原则，建立司法协助制度，增强打击跨国犯罪活动的效率和能力。内地与港澳的区际司法协助可在一国框架下，本着务实精神，循序渐进，在协商一致的基础上，逐步制定有关区际逃犯移交、跨境刑事案件管辖、跨境刑事司法协助等协定，再择机制定统一的区际司法协助法。大陆与台湾司法协助方式的探索。鉴于海峡两岸经济文化日益融合、往来两岸的台胞日益增多的大趋势，可以尝试通过两岸商会、文体机构等民间组织和民间交往，搭建非官方沟通联络渠道，建立日常合作关系和定期会晤制度，逐步过渡发展，化解障碍，寻求共识，形成与台湾司法当局的合作。

六是出台认罪认罚从宽制度法律文书官方译本。认罪认罚从宽制度类似于国外的"辩诉交易"制度，在外籍犯罪嫌疑人中有一定的认同基础，认罪认罚从宽有助于打击犯罪，提高办案质效，在当前情况下，向犯罪嫌疑人告知认罪认罚从宽制度主要是通过办案人员的口述以及相关的告知书，但在涉外案件中，不同的翻译人员可能会造成不同的翻译结果，准确性难以得到保证。因此，应当尽快对相关认罪认罚从宽制度的法律文书出台官方的译文版本，从而保障外籍犯罪嫌疑人的相关合法权益。

七是统一涉外案件侦查取证指南。因涉外主体的流动性大，很多原始证据只能在公安机关侦查阶段固定，而侦查机关在涉外案件的办理上，理念上还不统一、经验上存在参差不齐的情况，建议在省一级层面，由公安厅牵头，为公安机关提供有关涉外案件的取证指南，以便案件移送审查起诉时证据充分完整。

八是落实涉港澳台地区及涉外嫌疑人员适用缓刑的实施办法。针对判处缓刑之后相应一系列的问题，建议明确执行标准，及时出台港澳台地区及涉外嫌疑人适用缓刑的办法，让本可以判处缓刑的涉港澳台地区人员和外籍嫌疑人能够依法在缓刑期间执行刑罚，平等保护涉外案件犯罪嫌疑人的合法权益。

（二）强化外国人管理制度

一是严格出入境管理。为从源头上减少"三非"人员数量，应当严格审查外国人签证申请，对其来华目的、邀请单位等情况进行仔细核查，对有犯罪嫌疑的入境人员，及时予以变更签证，缩短其停留期限。同时对查处的非法入境、非法居留、非法就业人员入境信息进行倒查，对失实出具邀请函电的单位进行相应处罚。定期联合公安、工商等部门开展专项清查行动，对违规代办来华签证申请、延期业务的中介公司进行处罚，阻断"三非"人员入穗、留穗的途径。

二是完善社区管理服务。要及时掌握辖内外国人动向。充分发挥社区外国人管理服务工作站、综合管理服务队伍的作用，采取日常走访与定期清查相结合的形式，及时掌握辖内出租屋外国人居住情况，实现"以房管人"。通过改善服务吸引房屋出租人主动办理房屋租赁登记备案手续并督促外国承租人办理住宿登记手续，条件具备的，可以推行对守法尽责出租人的奖励制度，在收取的出租屋综合税中拿出一定比例，为完成登记手续纳税的出租人房屋购买财产保险，如防盗险、火灾险等，提高社区参与协助管理的积极性。结合区内外国人族群特性，积极开展主题派对、论坛、志愿服务等社区活动，帮助外国人更好地融入社区。

三是大力开展信息平台建设。要利用现代科技，现代管控手段，提高外国人管理的信息化和网络化水平，建立健全覆盖全省的外国人管理综合信息平台，在出入境管理、公安、工商行政、街道社区、银行、民航等部门之间，实现外国人身份信息、签证种类及期限、在穗居住地等信息的共享互通，实现多部门联合防控。

四是强化法制宣传教育。要增强外国人遵法守法意识，在外国人聚居地区定期开展法制宣传活动，重点介绍外国人在穗工作、生活、经商所需遵守的法律法规及所关心的各类指引、信息；并将相关内容印制成英语、法语等文字的小册子，在出入境口岸、外国人经常进出的出入境管理、工商行政部门、餐馆、旅店以及居住较为集中的社区派发，引导外国人自觉遵守我国法律法规。同时司法、行政机关通过各类媒体及时发布典型案例，对外国人犯罪多发案件类型、犯罪手法等进行披露，并在街道社区通过专题讲座、张贴宣传资料等方式开展相关安全防范教育。

（三）建立完善司法翻译运用管理机制

一是建立司法翻译统一管理机构。制定司法翻译管理制度，建立司法翻译人才库，并履行对司法翻译的选拔、聘用、登记、备案、考核等管理职责，从来源上解决司法翻译的权威性、可靠性问题。

二是建立翻译人员准入制度。从事司法翻译的人员应当具备较强的政治素养、法律知识、业务能力等翻译人员应具备的条件，由司法翻译管理机构统一进行考核，经考核合格后颁发司法翻译资格证书，持证书者方可成为司法翻译。司法机关办案需要聘请翻译的，须从具备司法翻译资格的人员中选择聘用。

三是建立翻译人员定期培训、考核制度。定期组织翻译人员进行培训和考核，对翻译人员的翻译水平、法律知识、如何正确履行义务等进行培训，确保翻译人员适应刑事诉讼的需要。

四是加强对翻译人员在刑事诉讼活动中的监督。对部分重点案件采取全程录音、录像，以防止翻译人员不正确履行职责；在关键的讯问阶段实行双人翻译制度，其中一名为执行翻译，履行刑事诉讼活动中的翻译职责，而另一名为翻译监督，对执行翻译的翻译过程进行全程监督，及时纠正执行翻译的失误和过错，以确保公正。

（四）加强人才建设和强化科技应用能力提升

一是加强人才培养和训练。围绕"一带一路"倡议下，涉外犯罪案件发展变化的实战需求和最新发展，依托警察学校、语言学校、检察官学院、大学等培训教育机构，采取专项培养、定期培训等方式，通过系统学习相关语言、涉外法律法规、案例讲评、经验交流等多种形式，对一线侦查员、检察官开展涉外犯罪案件的侦查、审查起诉、语言、对外交往交流培训，拓宽学员视野，提高实战技能，增强意识，提高涉外案件的处置能力。

二是运用现代科技破解难题。当前大数据、云计算、人工智能等科学技术快速发展，特别是智能语音、快速翻译技术的发展，语言障碍的难题将进一步破解，甚至语言障碍的难题都可以得到彻底解决，要及时装备现代科技设备，并出台文件，将有关内容证据化、规范化。同时，要借助视频提审、远程讯问等系统，破解由于涉外嫌疑人集中管辖而带来的提审路程遥远、交通不便等问题，总之，要紧跟科技发展大势，不断向科技要效率和办案质量。

三是加强和"一带一路"沿线国家的交流。要积极拓展渠道，加强和"一带一路"沿线国家的交流、培训、往来，通过拓展和"一带一路"沿线国家的交流和合作，增强了解和工作认同、情感认同、理念认同，建立工作平台和协作机制，确保刑事案件的快速高质办理。同时，要加强与"一带一路"沿线国家、地区情报的交流与合作，增进彼此的交流共享和协调联动，建立起长期有效的情报等合作机制，以共同应对具有全球危害性的犯罪行为。

第十三篇　"校园贷"案件办理中疑难问题

"校园贷"又称校园网贷，属于网络借贷，是指在校大学生通过在网络借款平台上申请，签订借款合同并按要求提供本人、家庭、同学、辅导员、班主任等相关信息，经平台审核后获得一定额度的分期购物贷款或者现金消费贷款的信贷业务，平台通过收取利润、服务费、违约金或者罚息等形式获取利润的新型金融产品。[①] 由于其具有手续简单、到账快、无抵押、可分期还款等特点，迅速在大学校园发展，是近年来活跃于大学校园的金融行为。大多数"校园贷"以电商平台、消费金融公司、网贷平台等互联网金融的形式出现，小部分则以线下私贷等传统借贷的方式出现。大量的校园借贷平台出现，一方面满足了大学生的金融需求，另一方面，由于缺乏监管、市场混乱，不断出现涉"校园贷"的违法犯罪行为和案事件发生，甚至导致大学生自杀等悲剧出现，引发不少社会问题，影响社会和谐稳定和平安广东、法治广东的建设。

一、涉"校园贷"案事件的产生、形式及特点

（一）涉"校园贷"案事件的产生背景

"校园贷"是近年来出现的一个新鲜事物，自"郑德幸案""裸贷系列案""长春特大校园贷款诈骗案"等大学生卷入"校园贷"影响学习生活，甚至危及大学生生命的事件被媒体广泛报道后，"校园贷"被推至风口浪尖，随着人民日

---

① 参见肖洁、陈怡轩、陈安平、张兴荣：《当前云南省高校"校园贷"情况调研报告》，载《未成年人检察》2017年第2辑。

报等媒体密集发文，呼吁"校园贷监管不能再等"。2016年4月教育部和银监会出台《关于加强校园不良网络借贷 风险防范和教育引导工作的通知》，告知大学警惕校园不良网络借贷陷阱。2017年4月，银监会印发《中国银监会关于银行业风险防控工作的指导意见》指出，校园贷是网贷平台整改的重点，网贷信息中介机构不得向不具备还款能力的借款人发放贷款，禁止向未满18周岁的在校大学生提供网贷服务。2017年5月，中国银监会联合教育部、人力资源社会保障部发布《关于进一步加强校园贷规范管理工作的通知》，要求一律暂停网贷机构开展在校大学生网贷业务，逐步消化存量业务，网贷平台中"校园贷"业务得到有效的遏制。与此同时，全国各省市也高度重视，及时出台了一系列监管制度，如上海市互联网金融行业协会呼吁各校园贷平台自觉遵守"五要五不"规则，重庆市银监局联合有关部门出台了《关于重庆市校园网贷实行负面清单制度的通知》。

广东省作为我国改革开放前沿阵地和经济大省，省内在校大学生众多，涉"校园贷"平台也非常活跃，相继发生了多起有一定影响力的涉"校园贷"的案件，引发社会关注。为进一步打击涉"校园贷"违法犯罪，维护社会稳定，保障在校大学生合法权益。2017年上半年，省公安机关组织开展了"飓风19号"专项行动，集中国保、经侦、刑侦、网安、技侦、大情报等警种，协同作战，取得了初步的成效。据统计，2017年1月1日至2017年8月31日间，全省公安机关共受理涉及"校园贷"的行政案件19宗，立刑事案件42宗，处理了49个网络平台、44个贷款公司、行政拘留1人、刑事拘留21人、逮捕8人、起诉5人，起获涉案金额超过841万元，破获了多起全省影响较大的校园贷案件。其中，广州黄埔分局办理的两单"刷单贷"诈骗案，受害学生32人、涉案金额高达236万元；广州天河分局办理的指路人公司诈骗案，受害学生达280人，涉案金额高达324.84万元；深圳龙岗分局办理黄某被强迫交易案和袁某被强迫交易案，单人涉案金额分别达60万元和89万元。

虽然取得了一些初步成绩，但是，从全省高校摸查情况来看，"校园贷"违法犯罪形势仍不容乐观。在全省高校从事借贷的放款机构还有186家，涉及全省高校49所，学生716名，借贷金额超过500万元，其中绝大多数学生未向学校等有关部门反映，未提出任何诉求，致使公安机关掌握信息比较被动，仍存在一些违法犯罪行为公安机关无法有效打击。

（二）"校园贷"与传统银行贷款的区别

"校园贷"是随着互联网金融快速发展而产生的新型金融业务，既具有民间借贷性质，又具有金融贷款性质，与传统金融业务相比，具有如下特征：

1. 经营主体不同。传统金融业务经营主体主要是国有银行和商业银行，主体属于金融机构，银行监督管理部门对其日常业务活动开展监督工作，有着比较严格的业务办理程序。"校园贷"网络借贷平台经营主体多为公司、企业等具有法人资格的市场主体，也有极少数为自然人，属于金融信息中介公司、专门从事网络借贷信息中介业务活动，目前没有明确的专门监管机构。①

2. 资质要求不同。传统金融机构设立必须达到法律法规要求的注册本金（如全国性商业银行注册资本最低限额为 10 亿元人民币），并经银行监管部门严格审批发放经营牌照后才能开展金融业务活动。"校园贷"网络借贷平台设立一级业务开展，目前没有统一的资质要求和相关规定。

3. 贷款审批方式不同。传统金融信贷业务除要求提供贷款人基本信息外，还要提供收入证明、学历证明、工资银行流水、房屋产权证、贷款用途等证明，并需要到银行"面签"，审批程序严格、复杂。办理"校园贷"业务要求提供的信息简单、审核程序简化，实行"网签"即可。

4. 担保要求不同。传统金融贷款业务一般都需要提供相应的财产担保，使用动产或者不动产等抵押物作为担保的，还要对抵押物进行评估价值，办理抵押物登记后才能办理贷款。办理"校园贷"业务不需要提供任何担保。

5. 贷款催收不同。传统金融贷款催收方式主要是通过诉讼法律途径解决。而"校园贷"贷款催收方式主要是通过电话、短信、上门催收，甚至暴力方式等非法律途径解决，采取法律正规途径解决的属于极少数。②

6. 贷款成本不同。传统金融贷款成本较低、单一、透明，主要体现在银行贷款合同上明确的利息，除此之外无任何费用。"校园贷"贷款成本较高，除收利息外，还要收取其他额外费用。

---

① 参见肖洁、陈怡轩、陈安平、张兴荣：《当前云南省高校"校园贷"情况调研报告》，载《未成年人检察》2017 年第 2 辑。

② 参见肖洁、陈怡轩、陈安平、张兴荣：《当前云南省高校"校园贷"情况调研报告》，载《未成年人检察》2017 年第 2 辑。

（三）"校园贷"的表现形式

由于"校园贷"的经营主体无资质要求，在运作程序上只需要按照普通审批程序成立公司，再根据《网络借贷信息中介机构业务活动管理暂行办法》和《网络借贷信息中介机构备案登记管理指引》的规定办理备案登记即可。往往六步程序即可完成，第一步到工商部门登记完成工商登记注册，领取企业法人营业执照；第二步到工商登记注册地地方金融监管部门申请备案登记；第三步持备案登记证明文件到通信主管部门申请电信业务许可证和办理网站备案，同时持备案登记证明文件到银行金融机构签订资金存管协议；第四步将电信增值经营许可证以及银行资金存管协议反馈地方金融监管部门进行公示；第五步到工商部门申请增加"互联网信息服务"经营范围；第六步花费少量资金研发或者购买一个P2P软件系统就可以经营。①

正是审批程序不规范又简单，在极低的门槛下，"校园贷"往往可以披着各种各样的"马甲"，表现出多种多样的形式，呈现爆发式增长，令人眼花缭乱、鱼龙混杂、名目繁多、花样百出、难以分辨。综合而言，目前出现在市场上的"校园贷"，主要表现为"不良贷""网络高利贷""多头贷""刷单贷""裸条贷""虚假贷""培训贷""美容贷""传销贷"等9种形式。

1. "不良贷"。主要是指采取虚假宣传、降低贷款门槛、隐瞒实际资费等不合规手段诱导学生过度消费或者给学生带来恶意贷款的平台。比较典型的案例是2016年11月，福建漳州大二学生因参与不良校园网贷欠下百万元债务。②"不良贷"往往存在费率不高、贷款门槛低、审核不严、不文明催收手段、风险难控、易将风险转嫁给家庭、校园代理人无资质等问题。

2. "网络高利贷"，是指约定年化利率（包括利率、手续费、滞纳金等所有费用）高于36%的贷款，比较典型的案例是2017年3月，福建某大学生通过校园贷小广告借款800元，20天后，不料在利滚利的情况下背负的债务近20万

---

① 参见肖洁、陈怡轩、陈安平、张兴荣：《当前云南省高校"校园贷"情况调研报告》，载《未成年人检察》2017年第2辑。

② 《漳州大二学生欠下百万债务跑路 不良校园网贷频生》，新华网，2016年11月5日。

元。① 这类贷款往往以月息"0.99"为噱头，造成低息的假象，然而，加上平台服务费、滞纳金等，最终导致超过36%的超高利息。出现以电话、短信进行威胁或者要挟为主要索债手段的网络借贷。

3. "多头贷"，是指诱导、胁迫学生从多个平台进行贷款、形成一种"以贷还贷"的多头贷款。比较典型的案例是2016年3月，河南某大学生在名校贷等10多个校园金融平台贷款近60万元后因借贷过度导致跳楼身亡。②

4. "刷单贷"。主要是不法分子利用大学生求职心理，以贷款购物刷单获取佣金名义进行的新型诈骗。典型案例是2016年上半年，南京陈同学受诱使从事"刷单"购手机，不料在成功分期购买手机后，实际使用方拒不分期付款并消失，和之前出现的刷单兼职贷款的骗局如出一辙。

5. "虚假贷"，是指以虚构低息、免息、免抵押的网络贷款，以信用验证、账户验证等手段诱骗学生进行网络贷款并骗走相关财物的行为。

6. "裸条贷"，是指不法债主通过要求借款人以不雅视频、照片作为抵押的网络贷款。比较典型的是2017年4月11日，福建厦门大二学生因卷入"裸条"校园贷，不堪还债压力和催债骚扰，选择烧炭自杀。

7. "培训贷"，是指培训机构通过夸大、虚假宣传培训效果或者承诺"免费""随时退款"等手段，与贷款机构合作诱骗学生支付培训费用的贷款。这是校园贷的一种新变种，典型案例是发生在广州的某培训机构校园贷案。③

8. "美容贷"，是指贷款机构或美容机构通过提供夸大美容效果，虚构美容项目，隐瞒实际费用等行为，诱骗学生支付服务费用的贷款。典型案例是2017年8月，深圳南山警方成功破获一起美容贷款诈骗案，主要是一些大学生听信"免费美容还能贷款"的蛊惑，陷入美容贷。④

9. "传销贷"。主要是不法分子借助校园贷款平台招募大学生作为校园代理

---

① 《福建大学生借800元却被迫还20万借贷利率是银行500倍》，新浪网，2017年4月4日。

② 《河南大学生赌球输60万跳楼》，载新浪网，2016年3月21日。

③ 案例为：某市A公司以提供就业培训服务为由骗学生签订两年期贷款合同，每人收取培训费用9900元，本息合计近13000元。A公司自2015年开始从事就业培训业务，至2016年该公司人去楼空时，累计450余名学生在该公司参加培训并贷款，涉及金额400余万元。

④ 《再暗访，校园贷培训贷后，警惕这种美容贷》，载南方网，2017年8月30日。

并要求发展学生下线进行逐级敛财。典型案例是 2017 年 2 月，吉林破获涉 150 余名大学生传销式敛财类校园贷诈骗案。① 案件中的涉案学生既是受害人又是作案人，多数学生是在不知情或者利益驱使下被不法分子利用。

（四）"校园贷"的特点

综合而言，"校园贷"之所以出现这么多违法犯罪问题，主要是存在以下四个特点：

一是门槛极低又审核缺位。一些校园借贷平台为了增加业务量以谋求自身发展，明知大学生没有独立的经济来源和偿还能力，仍旧向其发放高息贷款，平台对于大学生的资质、信用、还款能力、款项用途等基本不予审核，大学生仅凭学生证、身份证等基本个人信息就可以贷到几千元乃至上万元的欠款。

二是以高额费率达到变相高息。一些不良校园网贷平台，利息按周计取，一般在 30% 左右，处于最高人民法院《关于审理民间借贷案件适用法律若干问题的规定》第 26 条所规定的自然债务区间，也有平台表面上收取合法、合规的利息，实际上在放贷过程，以各种名目收取高额手续费、工本费、催缴费等，以实现变相高息。很多不良"校园贷"还设置了非常高的罚息，普通人根本无法承受。

三是违规违法甚至暴力催收。贷款平台会根据掌握的学生个人详细信息，使用各种手段催收债务，开始时通知催收，通过电话、短信轰炸施加巨大的心理压力实现催收目的；如果不能奏效，就通过雇佣讨债公司或者讨债人员等方式上门催收，使用恶毒语言或者动作进行恐吓、威胁，加大心理威慑；如果当面催收无效，有的会进入诉讼程序，有的就使用暴力胁迫、非法拘禁、跟踪骚扰等违法手段催讨，引发暴力冲突而发生故意伤害、故意杀人等刑事案件。

四是过度借贷以致监管缺位。由于"校园贷"平台普遍未接入征信系统，即便借款人在一家平台上逾期，在其他平台上仍然可以正常借贷，大学生的财富观和价值观尚未完全塑正，也没有完全成熟的自控能力，很容易陷入以贷还贷的循环中去，雪球越滚越大，直至难以承受。不仅给学生心理，也给学生家庭造成极

---

① 《吉林破获涉 150 余大学生校园贷款诈骗案：传销式敛财》，载财政部网站，2017 年 2 月 27 日。

大的心理和生活困扰。①

二、涉"校园贷"的刑事司法问题

校园网络借贷平台虽然系金融性信息中介结构,具有一定的中立性。但是由于监管的缺失、对象的特殊、行为的异化、手段的演变,"校园贷"可能伴随或衍生出诈骗、合同诈骗、敲诈勒索、强迫交易、寻衅滋事、侵犯公民个人信息、传播淫秽物品、非法经营、非法吸收公众存款、集资诈骗、高利转贷、虚假广告等一系列违法犯罪行为。大多数"校园贷"都具有一定的隐蔽性,往往在培训、美容、消费等合法外衣的掩盖下,伴随着与宣传、承诺不匹配的培训和服务商品,其违法犯罪行为又常常藏匿在宣传、合同签订、放款、索债等环节。

2017年6月,广东省公安厅会同省法院、省检察院、广东银监局、省金融办针对涉及"校园贷"违法犯罪案件一些常见行为的认定、证据标准等问题出台了《广东省高级人民法院 广东省人民检察院 广东省公安厅 广东银监局 广东省金融办关于办理涉及"校园贷"违法犯罪案件若干问题的指导意见》,《意见》的及时出台,有效地提升了全省公安机关对该类犯罪行为的打击效能。但是各地公安机关对《指导意见》理解和把握程度还不统一,加之"校园贷"演变方式快,花样翻新多。在重拳打击下,不法分子仍绞尽脑汁积极寻找违法犯罪空间,涉"校园贷"违法犯罪形势依然严峻。各地公安机关在打击涉"校园贷"违法犯罪过程中,要保持谨慎客观的态度,区分罪与非罪、此罪与彼罪,尤其是对于"校园贷"比如容易涉及又难以区分的诈骗罪、合同诈骗罪、强迫交易罪、传播淫秽物品罪等,要综合考虑犯罪事实和证据,盯住围绕犯罪构成的几个重点问题,做到精准打击、有效打击、全面打击。

(一)诈骗罪

诈骗罪,是指以非法占有为目的,采取虚构事实或者隐瞒真相的欺骗方法,是受害人陷入错误认识并"自愿"处分财产,从而骗取数额较大以上的公司财务

---

① 参见何俊:《校园贷的刑法规制》,载《东南大学学报(哲学社会科学版)》2017年6月第19卷增刊。

的行为。①

很多"校园贷"P2P平台在向大学生群体推销业务时，往往不会如实告知借款的真实风险，不会详细告知贷款利息、违约金、滞纳金等收费项目的计费方式和可能金额，反而经常以"零首付""零利息"等低门槛、低成本进行欺骗诱导，致使某些涉世不深、自制能力较弱而消费欲望又旺盛的大学生上当受骗，陷入错误认识，从而侵犯了金融服务消费者的知情权、自由选择权和公平交易权。②

如2015年9月起，犯罪嫌疑人肖某等为偿还个人债务，虚构有高息贷款公司需要资金的事实，以承诺负责偿还贷款的本金和利息，并给予每笔贷款几百至上千元不等的好处费为诱饵，欺骗在校大学生在多家网络借贷平台上办理分期贷款，2016年6月，犯罪嫌疑人无力偿还贷款，仍继续欺骗多名在校大学生支付宝信息，采取伪造学生电子身份证和学籍信息的方式，在学生不知情的情况下向贷款公司办理消费贷款，涉案金额100余万元，涉及100余名被害大学生。

是否构成诈骗罪，重点在犯罪嫌疑人在客观方面的表现，需要把握几个重点问题。

第一，行为人是否采取了欺骗手段。所谓欺骗手段，就是虚构事实、隐瞒真相。虚构事实，是指行为人编造客观上根本不存在的事实或者夸大事实，使人信以为真。其中虚构的事实，可以是部分事实，也可以是全部事实，至于虚构的程度，则要求必须足以使被害人发生错误认识，并错误地处分财产；反之，不能以诈骗罪论处。隐瞒真相，则是指掩盖客观存在的事实，使人产出错觉。虚构事实只能以积极作为的方式表现出来，而隐瞒真相既可以是积极作为的方式，也可以是不作为的形式。在本案中，犯罪嫌疑人肖某虚构"有高息贷款公司需要资金的事实，以承诺负责偿还贷款的本金和利息"的事实，使得学生产出错误认识，并在网络平台上分期贷款。

第二，受害人发生了错误认识。所谓错误认识，是指人们主观认识与客观实际情况不相符合的情况。错误认识的范围，只限于能够导致受害人错误地处分财

---

① 参见王作富主编：《刑法分则实务》，中国方正出版社2009年版，第1074页。
② 参见黄志敏、熊纬辉：《"校园贷"类P2P平台面临风险隐患及监管对策》，载《福建警察学院学报》2016年第3期。

产的有关事实情况，不要求受害人对案件有关的所有事实都发生错误认识。判断受害人是否发生错误认识的标准，存在主观说和客观说的区别，主观说认为欺骗达到何种程度才足以使人产生认识上的错误，难以有一个统一的标准，一般应对被骗者的智商、性格、知识、年龄、职业、经验等具体情况加以客观考察才能确定。而客观说认为，能使社会上一般人陷入错误认识的就是欺骗。这两种观点各有利弊，在具体办案中，要既考虑行为人的个体差异，又注意社会上一般人的认识问题，做到主客观相结合判断。① 具体到本案，犯罪嫌疑人利用在校大学生办理消费贷款审核门槛低的特点，以第三方贷款公司贷款流程的公开性、可查性骗取被害人信任，加之骗取贷款与被害人得到逾期未还款之间存在时间差，犯罪暴露有一定的滞后性，达到了使被害人发生错误认识，并成功将债务转嫁给被害人。

第三，受害人基于错误认识而实施了处分财产的行为。这种处分既包括客观的处分事实，又包括主观的处分意思，当对象为财物时，表现为交付财物，对象为财产性利益时，表现为财产性利益转移给行为人或者第三者的行为。主观处分的意思是指认识到自己在将财物或者财产性利益转移给行为人，之所以产生这种意思，是因为主观上的错误认识，是被行为人的欺诈行为引起的。值得一提的是，从无行为能力如幼儿、高度精神病患者手中骗取财物或者从限制行为能力人处骗取该限制行为能力人无权处分的财产时，行为人不构成诈骗罪，而是构成盗窃罪。考虑到"校园贷"案件中，被害人多为大学生，幼儿和高度精神病患者的可能性小，但是也不能排除其中有个别大学生属于事实上的高度精神病患者。本案中，涉案大学生都为年满 18 周岁的精神健康青年，因而不会构成盗窃罪等。

（二）合同诈骗罪

合同诈骗罪属于扰乱市场秩序罪，是指以非法占有为目的，在签订、履行合同过程中，骗取对方当事人财物，数额较大的行为。合同诈骗罪侵犯的客体，包括财产所有权和市场交易安全秩序。《刑法》第 224 条规定了五种行为手段：（1）以虚构的单位或者冒用他人名义签订合同的；（2）以伪造、变造、作废的票据或者其他虚假的产权证明作担保的；（3）没有实际履行能力，以先履行小额

---

① 参见王作富主编：《刑法分则实务》，中国方正出版社 2009 年版，第 744~748 页。

合同或者部分履行合同的方法，诱骗对方当事人继续签订和履行合同的；（4）收受对方当事人给付的货物、货款、预付款或者担保财产后逃匿的；（5）以其他方法骗取对方当事人财物的。

比如，某市A公司以提供就业培训服务为由骗学生签订两年期贷款合同，每人收取培训费用9900元，本息合计近13000元。A公司自2015年开始从事就业培训业务，至2016年该公司人去楼空时，累计450余名学生在该公司参加培训并贷款，涉及金额400余万元。该公司主要作案手法是：第一步，招聘业务员联系学校社团负责人，在学校举办免费职业指导讲座，获取学生联系方式；第二步，安排员工与学生"一对一"免费进行职业能力测试，故意打出低分，从而打击学生自信心；第三步，抛出所谓得到教育部门支持的培训计划，假称可以提高个人综合能力、提高就业薪酬；第四步，提出培训费用解决方案并承诺可以随时退款，签订培训合同并让学生与跟其合作的贷款公司签订借贷合同收取贷款。第五步，聘请无资质、低学历人员充当培训讲师，开展无科学依据的培训课程。

是否构成合同诈骗罪，在类似"校园贷"案件中，结合本案，要具体重点考虑以下几个方面。

第一，属于合同诈骗还是属于合同纠纷。合同是双方当事人就民事权利义务关系达成的协议，属于合同诈骗还是属于合同纠纷？一是行为人在签订合同时有无履约能力；二是行为人在签订和履行合同过程中有无诈骗行为；三是行为人在签订合同后有无履行合同的实际行动；四是行为人在违约以后是否愿意承担责任；五是行为人未履行合同的原因。在本案之中，A公司主要负责人和A公司的业务种类中都不具备就业培训的能力和资质，在师资力量上也明显不足，属于"草台班子"，属于在签订合同时就无履约能力，虽然在合同签订后，也组织了一些就业培训，但是这些培训请来的培训人员，大多属于低知识层次和浅社会经验，站在普通人的视角，大多是完全不具备培训的能力的人员，达不到宣传中讲明的师资要求，而且在学生因为培训课程质量不高提出解约时，A公司也没有及时承担有关责任，在这种情况下，应当认为属于合同诈骗。

第二，合同诈骗罪中非法占有目的的产生时间的判断。一般情况下，行为人在签订合同之前或者签订合同时即形成合同诈骗的故意，经过预谋、策划，采取虚构事实或者隐瞒真相的方法，达到骗取他人财物的目的，另外，在某些情况下，表现为行为人在履行合同过程中，为避免损失或觉得有机可乘，产生将对方财物据为己有或者归他人所有的犯罪意图，为避免损失或者不继续履行合同，骗取对方财产，这种情况下，行为人的意图已经发生变化，由原来的希望通过正当的交易活动赢利转化为意图非法骗取对方财物的心理，实现了从无罪到有罪的转变。在本案中，假使 A 公司具有正当资质和能力，一开始就是以对学生就业培训为目的，但是后期由于经营不善或者在数额巨大的学生培训经费面前，觉得有机可乘，中途卷钱跑路，那么这种诈骗目的则产生了事中。

第三，牵连犯问题。由于"校园贷"往往披着合法的外衣，紧跟就业、培训、礼仪等与大学生能力素质密切相关的活动，在实施诈骗过程中，往往会采取特定的欺诈手段。当行为人以虚构的单位或者冒用他人名义签订合同实行诈骗时，行为人往往还实施了伪造、变造、买卖、盗窃国家机关公文、证件、印章的行为；当行为人以变造伪造、作废的票据或者其他虚假的产权证明担保进行合同诈骗时，行为人往往又实施了伪造、变造金融票证的行为。上述种种伪造、变造行为都只是合同诈骗犯罪的手段行为，而合同诈骗行为才是犯罪的目的行为，当各自成罪时，手段行为构成的犯罪与目的行为构成的犯罪便形成了刑法上的牵连犯，对于牵连犯，刑法理论和实务上的通行做法都是"从一重处断"。

（三）强迫交易罪

强迫交易罪是指以暴力、威胁手段强买强卖商品、强迫他人提供服务或者强迫他人接受服务，情节严重的行为。强迫交易罪一方面破坏公平自由竞争的市场秩序，另一方面侵害被强迫交易人的合法权益。

比如，2017 年 6 月 30 日，深圳某学院学生袁某向深圳市公安机关报警称，其从微信群中发现有人可以提供贷款，于是联系对方，借款 5000 元，周息 20%，逾期违约金每天 10%。因其到期无法偿还借款，对方又介绍另一个人向其提供借款，周息 30%，以偿还之前的部分利息，后来又介绍第三个、第四个人向其提供借款以偿用以还前期借款利息，最终导致债务缠身，累计欠 25 个人的钱共 89 万元多，其本人实际使用的只有 1 万多元，其他均为利息及违约金。向其提供借款的人既有退学的学生也有社会上的其他人。这些人到学校、到其家里讨债，并曾对其进行殴打，导致其不敢回家。

校园贷案件中，强迫交易的行为往往发生在事后还款阶段，是否构成强迫交易罪，需要重点要把握好以下几个问题。

第一，对"暴力""威胁"的理解。在刑法中，"暴力""威胁"两词出现的频率很高，抢劫、强奸、抗税、干涉婚姻自由等，都存在暴力行为。笔者认为，在不同的罪名中，对于"暴力"手段和"威胁"程度的理解也应当有所差别，否则，如一旦暴力超出了轻伤的程度，造成了重伤或者死亡的结果，则可能构成故意伤害等罪名。在"校园贷"案件中，暴力的方式主要是对他人人身实行殴打、捆绑等人身强制手段，从暴力的程度而言，对其人身伤害的程度以轻伤为限，主要是一般的殴打强制行为。"威胁"主要是对他人实行恐吓、要挟等精神强制手段，如以伤害他人、毁坏财物、损害名誉等相要挟，使被害人产生恐惧，不敢做真实的意思表示，而被迫进行交易的行为。① 在本案之中，暴力和威胁的方式是比较明显的，犯罪嫌疑人到学校、到家里讨债，并曾对其进行殴打，导致其不敢回家。不仅进行了人身强制，也实行了精神强制。被害人之所以接受周息高度30%的贷款，主要是迫不得已，违背自己内心的意思而不得不接受"以借还借"，最终债务缠身。

第二，强迫交易罪与敲诈勒索罪之间的区别。敲诈勒索罪是指以非法占有为目的，采取威胁、要挟等手段，索取数额较大公私财物的行为。强迫交易罪和敲诈勒索罪存在一些相似的地方，如都使用了威胁手段，都侵犯了他人的合法权益，但是在校园贷案件中，要注意区分。强迫交易罪侵犯的是市场正常的交易秩序和他人的合法权益，发生在商品服务和交易过程中，是出于强迫交易谋取更高利润的目的，而敲诈勒索罪侵犯的是公私财产所有权和公民的个人人身权利，迫使对方向自己交付财物，是没有任何对价的索取，不限于商品和服务交易过程中，主观目的就是为了占有他人财物。根据最高人民检察院2014年4月作出的《最高人民检察院关于强迫借贷行为适用法律问题的批复》，明确规定，以暴力胁迫手段强迫他人借贷，属于《刑法》第226条第2项规定的"强迫他人提供或者接受服务"，情节严重的，以强迫交易罪追究刑事责任；同时构成故意伤害罪等其他犯罪的，依照处罚较重的规定定罪处罚。以非法占有为目的，以借贷为名采用暴力、胁迫手段获取他人财物的，符合《刑法》第263条或者第274条规定

---

① 王作富主编：《刑法分则实务》，中国方正出版社2009年版，第1140页。

的，以抢劫罪或者敲诈勒索罪追究刑事责任。

（四）传播淫秽物品罪

传播淫秽物品罪是指传播淫秽的书刊、影片、音像、图片或者其他淫秽物品，情节严重的行为。侵犯的客体主要是社会管理秩序和社会主义社会风尚。"校园贷"之所以和此罪名相关，主要是涉及"裸贷""肉偿"。大学生在进行借款时，借款人手持身份证的裸体照片代替借条，根据中央电视台、网络媒体报道，2016年12月，有人将10G"裸条"照片及视频打包并在百度网盘发布，167名女大学生的个人信息、亲友联系方式以及私密照片遭到泄露，这些都涉及校园贷平台"借贷宝"。借款多在2000元至6000元之间，期限最长的9个月，最短的5周，从利息看，最高的每周收取15%的利息，还有人2个月被收取100%的利息。借款逾期后，平台将未还款者的裸照公之于众，甚至传播、贩卖之。

第一，女大学生的自拍照是否属于淫秽物品。根据《刑法》第367条的规定，所谓淫秽物品，是指具体描绘性行为或者露骨宣扬色情的诲淫性书刊、影片、录像带、录音带、图片以及其他淫秽物品。有关人体的生理、医学知识的科学著作不是淫秽物品。至于大学生的裸照是否属于淫秽物品，关键是判断其是否具有淫秽性。"淫秽性"不是从拍摄者角度主观性淫秽，而是从一般社会观念的角度来看待，相对客观、记述的淫秽性。美国最高法院判决中形成了一个"米勒标准"，该标准由三个要素组成：（1）由一般的人从现代社会的标准来看，这种物品是带有淫秽色情意味的；（2）此物品将法律限定的行为用明显而淫秽的手法描写出来的；（3）此物品从整体上来看，没有什么重大的文学、艺术、政治或者科学的价值。[1] 当前一般会委托第三方鉴定机构进行鉴定，在打击时，要做到合理适当，不能认为认为所有大学生暴露的图片、视频等都是淫秽物品。[2] 值得一提的是，虽然女大学生将裸照发给债权人的时候，一般都会承诺如果违约，其裸照就可以用于任何用途，但是承诺不能阻却构成传播淫秽物品罪，因为此罪妨害

---

[1] 参见将小燕：《淫秽物品"淫秽性"之判断标准——以社会通念为标准》，载《法学评论》2011年第1期。

[2] 除了可能涉及传播淫秽物品罪之外，由于大学生持证的照片涉及大量个人隐私，很有可能涉及侵犯公民个人信息的违法犯罪行为。

的是社会管理秩序，大学生个人的承诺不影响债权人罪名成立。

第二，以公开裸照要挟借款人还款行为的认定。对于以泄露裸照要挟借款人还款的行为，是合理维权还是敲诈勒索？其边界在于所维护的债权，是合法债权还是非法债权。以胁迫手段索要合法债务及其利息的，由于不具有非法占有的目的，所以不符合敲诈勒索罪的犯罪构成，尽管索要债务的手段具有一定的非法性，但是索要合法债务及其利息是债权人的合法权利，即便手段上有所不妥，但是整体行为仍然具有合法性，如果胁迫手段超出一定程度，造成其他严重后果，则可能构成其他罪名。对于以胁迫手段索要非法债务及其利息的，则另当别论。比如，2016 年 12 月，陆某在网络中介的推荐和介绍下，在网络上向高利放贷个人借款 2000 元，约定周息 30%。因到期无法还本付息，陆某在中介的指引下，采取"借旧还新"的方式不停地向同一放贷人或其他放贷人借款，以填补上一次借款利息。截至 2017 年 3 月，陆某共通过网络平台向 28 个放贷人借款，借条记录金额及逾期罚息金额高达 30 多万元。这些借条并非陆某实际借款，除大部分会提前扣除当周的利息外，其中还有部分借条属于"借一押一"①，甚至"借一押多"。在陆某未按期还款时，放贷人通过电话及短信对其本人及家人、亲友进行侮辱、威胁、恐吓。根据最高人民法院《关于审理民间借贷案件适用法律若干问题》第 26 条的规定，借贷双方约定的利率未超过 24%，出借人请求借款人按照约定的利息支付利息的，人民法院应予以支持。借贷双方约定的利率超过年利率 36%，超过部分的利息约定无效。借款人请求出借人返还已支付的超过年利率 36% 部分利息的，人民法院应予支持。② 在"校园贷"案件中，若债权人以胁迫手段索要超过 36% 的那部分利息，造成债务人出于恐惧而交出财物的，索要的超过 36% 的这部分利息的行为则构成敲诈勒索罪。

---

① "借一押一"是指除约定借款金额外，还需补一张与约定金额相同的借条作为抵押，如借款人无法按时还款或交易，放贷人按照"约定借条+抵押借条"的总数进行催收。

② 大多数"校园贷"平台以极具诱惑性的"提供低利息、无担保、零首付、零利息"的贷款优惠条件做虚假宣传，除此之外，有的平台会将手续费、保证金等费用直接从贷款基数中扣除，学生实际收到的贷款数额少于贷款合同上记载的数额，但仍按照合同金额计算利息和费用；有的平台故意通过技术手段造成还款当日借款人无法登录平台进行按期还款，还以此为由收取逾期违约金，有时候，违约金就占到贷款金额的 20%，如果将上述所有费用都计算在贷款利息中，实际上年利息已经超过 36%，有的甚至达到 60% 以上。

三、进一步打击和防范涉"校园贷"违法犯罪问题的对策建议

习近平总书记指出，要坚决整治严重干扰金融市场秩序的行为，严格规范金融市场交易行为，规范金融综合经营和产融结合，加强互联网金融监管，强化金融机构防范风险主体责任。李希书记在省委十二届三次全会上提出，要重拳打击违法犯罪，加强和创新社会治理，把广东建设成为全国最安全稳定的地区。马兴瑞省长 2018 年 1 月 25 日在政府工作报告也指出，要压实属地责任，大力打击非法集资，整顿校园贷、现金贷，以 P2P 网贷机构为重点规范互联网金融。当前"校园贷"问题，不仅损害广大大学生的合法权益，引发一系列违法犯罪问题，也直接影响平安广东、法治广东的建设，有关政法机关要立足打击和防范两个职能，进一步打击涉"校园贷"违法犯罪，不断加强监管，防止涉"校园贷"的次生灾害发生。

一是要加大打击力度。对于不法分子和机构打着"互联网+金融"的幌子，将高利贷、金融诈骗等"黑手"伸向大学生群体，或者通过互联网平台向在校大学生推送贷款广告，以免抵押、低利息为诱饵诱导学生贷款，或者在正规贷款下变相要求缴纳手续费、管理费、保证金等费用的行为，或者收取学生支付款后即将其"拉黑"不再联系的，以及串通职业培训机构举办职业指导讲座，夸大培训效果，与学生签订声称能提高综合技能培训的合同，并与贷款公司勾结，诱导学生贷款支付学费，或者要求提供照片、视频、身份证等作为抵押物，一旦未能如期还款就威胁、勒索钱财等行为。要及时总结规律，加大打击力度；对于手法翻新、虚实交织、真伪难辨的，要加强监管，及时掌握情况，加大辨识力度，打早打小，防止危害学生利益的"校园贷"平台坐大坐强。

二是要加强宣传引导。公安机关、检察机关要和工商、银行等部门发挥职能作用，形成合力，及时总结归纳"校园贷"平台运作模式、特点等。要时刻关注和准确把握"校园贷"借贷平台的新动态、规律，通过手机短信、微信公众号、报纸杂志、电视微博等渠道，及时向大学生开展多层次、多角度的宣传，让在校大学生不轻信某些借贷平台许诺的"零首付、零利息、免担保"等，提高自身防

范意识，远离高利贷产品，要对"校园贷"类相关违法、违规案例进行宣传，以案释法，把防范"校园贷"作为入学第一课的内容之一，必要时，公安机关联合大学，开展定期专项教育。要充分利用群众，发动群众，呼吁群众及时向公安机关、银监局等提供可疑"校园贷"线索，形成全社会共同防范、打击犯罪的良好氛围。

三是要加强"非违法警情"的处置。对于实施"校园贷"行为初期，还未发展到违法犯罪的案事件，公安机关要尽量不对此类警情仅作"其他处理"，这样不仅不利于事件的及时有效处理，保护学生不受不法分子侵害，还会导致学生失去安全感，建议辖区内有大学的公安机关制定涉"校园贷"警情的处置规范，接警后首先进行全面的初查核实工作，属于违法犯罪警情的，要及时依法立案侦查打击；确实不存在违法犯罪行为的，应当引导学生学习《最高人民法院关于审理民间借贷案件适用法律若干问题的规定》，了解自身合法权利，并告知学生如果放贷人实施哪些行为可以向公安机关报案，如何留存证据等法律常识。同时，要求学校保卫部门加强对学生的保护，发现有人到学校滋扰学生的，要及时处理，并留存处理有关证据，对于涉及违法犯罪的，坚决移送处理，绝不姑息。

四是要增强公安、检察机关在打击"校园贷"案件中的协同性。涉"校园贷"案件多为异地作案，当前管辖机关一般为结果危害地公安机关，由于公安机关立案后侦查成本高，调查难度大，取证周期长，又涉及大量电子证据、书证物证、会计凭证等，在犯罪嫌疑人到案后的 7 天甚至 30 天内很难将案件事实全部查清，做到证据确实充分。在拘留期限届满后，需要变更强制措施，由于犯罪嫌疑人居住地在外地，不论监视居住还是取保候审都很难对犯罪嫌疑人进行有效的管控，不利于后期侦查工作。因此，公安机关和检察机关要增加工作的协同性、配合性，对于有证据证明有犯罪的，经过后续侦查能够收集到定罪所必需的证据，如不采取逮捕措施可能影响案件处理的犯罪嫌疑人，应当及时做好与检察机关的协调工作，建议人民检察院批准逮捕。必要时，可以商请检察机关提前介入。对案件中遇到的疑难问题，应该采取个案研究、协调会等形式，与检、法部门共同研究解决办案中遇到的问题，明确证据标准，保障案件顺利逮捕起诉等。

五是要注意把握罪与非罪、此罪与彼罪的界限。办理此类案件，要着眼经济社会发展和互联网时代金融创新规律，加强分析研究，严格把握经济纠纷和经济犯罪，金融创新和金融犯罪、民事欺诈和刑事欺诈等罪与非罪、法律与政策的界限。由于对大学生提供考试培训、技能提升、社会交际、创新创业等项目的门类多、种类杂，不乏有"正能量""创新型"的项目，对于法律政策界限不明、罪与非罪不清的，要慎重妥善打击，注意听取行业主管部门的意见，及时向上级机关请示汇报，避免将一般经济纠纷、民事欺诈甚至是符合国家法律、政策要求的创新创业项目，有利于经济社会发展、改革创新行动和行为纳入打击之列。同时在办理案件时，要注意把握诈骗与合同诈骗、集资诈骗与非法吸收公众存款、强迫交易与敲诈勒索等界限，确保实现精准、有效打击。

六是要提高运用"宽严相济"的刑事司法政策的能力。要综合考虑涉"校园贷"人员的主观目的、犯罪情节、犯罪后果、认罪态度等，综合判断责任轻重，做到区别对待，确保罪责刑相适应，对于犯罪情节严重、主观恶性大、在犯罪中起主要作用的人员，特别是核心管理人员和骨干人员，依法从严打击；对犯罪情节相对较轻、主观恶性较小、在犯罪中起次要作用的人员，或者有坦白、自首、立功、积极挽回损失等法定、酌定从宽处罚情节的，可以依法从宽处理，对于刚加入的、不明真相加入的，或者只是在公司里从事厨师、清洁、柜台、在校大学生等，要慎重、妥善处理，积极给予改过自新的机会。同时，要保持打击的"零容忍"态势，对涉"校园贷"案件，无论涉及的数额多少，只要属于本级公安机关管辖的，都应受理案件并立案侦查，改变由基层派出所立案侦查的通行做法，改由被害人所在地县级以上公安机关的侦查部门立案侦查，并加强案件之间的串并分析，形成专业打击模式和打击力量，不断提高打击效能。

整治涉"校园贷"的违法犯罪行为，加强加大监督力度，解决好涉"校园贷"的一揽子问题。是一个涉及众多部门，多利益格局调整，需要社会各界共同参与的系统工程，不可能一蹴而就，也不能一劳永逸。在公安、检察、法院等成功打击遏制了"校园贷"疯狂不正当发展趋势后，还需要在党委政府的统一领导下，统筹包括银监、教育、人社、工信、工商、金融办、法制办、网信办等部门，通过协调配合，切实解决诸如前期不良"校园贷"的不良贷款处置问题，APP的监管工作，不良校园贷的黑名单制度，被害学生的信用恢复，正规校园金融的发展，困难学生的帮助政策等等。我们相信，依靠全社会的共同参与，共同努力，涉"校园贷"的问题，一定能够妥善解决。

第十四篇　新时期醉驾案件怎么看、怎么办

2011 年 5 月 1 日《刑法修正案（八）》增设危险驾驶罪，将"醉酒驾驶机动车"等四种情形列为危险驾驶罪的规制范围，至今已有 9 年。2019 年，我省检察机关受理危驾案件 40389 件 40510 人，起诉 30606 件 30689 人。2020 年 1—8 月，我省受理 19764 件 19838 人，起诉 14292 件 14339 人，目前，危驾已经超越盗窃罪，成为全省第一大类刑事案件，危驾已占全省刑事案件受理人数的 18.75%，起诉人数的 17.02%，均超过六分之一。当前，我省的危驾案件主要以"醉酒驾驶机动车"的情形为主，比率大于 99.5%。案件呈现出"案件体量大、增速快、执法不统一、社会影响深"等特点，需要引起高度重视。

一、当前的特点

（一）案件体量过大

全省受理危险驾驶案件的人数，2015 年为 10070 人，2016 年为 15985 人，2017 年 22240 人，2018 年为 29106 人，2019 年已达 40510 人。四个年度，增长四倍。占全省刑事案件受理人数总数的比例，2015 年仅占 5.01%，到 2019 年已达 18.75%，全省接近五分之一的案件为危险驾驶案件。危险驾驶已经成为全省各地市的第一大类刑事案件。自 2011 年 5 月醉驾入刑至 2020 年 8 月，全省检察机关危驾案件，受理人数 137815 人，起诉人数已经达 112982 人，已经超过 11 万人。

表 1　　2015 年至 2020 年广东省危驾案件受理、起诉情况（2020 仅 1—8 月）

年度	刑案受理人数	受理人数增长	起诉总人数	危驾受理人数	危驾增长幅度	危驾起诉人数	起诉人数增长	起诉率	占受理人数比	占起诉人数比	排名
2015	200972		170857	10070		9337		92.72%	5.01%	5.46%	5
2016	169623	-15.6%	144872	15985	58.73%	14658	56.99%	91.70%	9.42%	10.12%	3
2017	191322	12.79%	160848	22240	39.13%	19215	31.09%	86.40%	11.62%	11.89%	2
2018	201641	5.39%	164731	29106	30.86%	24744	28.77%	85.01%	14.43%	15.02%	2
2019	216053	7.14%	180237	40510	39.18%	30689	24.2%	75.75%	18.75%	17.02%	1
合计	979611		821545	117911		98643					
2020				19838		14339					

（二）案件增速过快

2016 年至 2019 年度，我省检察机关刑事案件受理人数同比增幅分别为
-15.6%、12.79%、5.39%、7.14%，四年年均增幅仅为 1.8%。同期，危驾案件
同比增幅却高达 58.73%、39.13%、30.86%、39.18%，年均增长 105.5%，相差
58.6 倍。近年来，在所有的刑事案件中，没有任何一类刑事案件能够连续多年
保持 30% 以上的高增长。如 2016 年，全省刑事案件受理人数整体大幅下降
15.6%，危驾受理人数却大幅上升 58.73%；2018 年，刑事案件受理人数同比仅
增加 5.39%，危驾受理人数增长幅度则达 38.86%。对比经济社会发展程度与我
省相近的浙江省，2018 年度，我省刑事案件受理人数是浙江省 1.6 倍，危驾受理
人数却为浙江省的 2.18 倍。全省全年因危驾被提起公诉 24744 人，占起诉总人
数 15.02%；浙江省危驾案件提起公诉 11333 人，占起诉总人数的 10.13%。实际
上，扣除职务犯罪案件和危驾案件，2015 年我省公安机关移送审查起诉其他刑
事案件数量是 185415 人，2016 年为 148996 人，2017 年为 152182 人，2018 年为
185356 人，刑事案件增幅明显趋缓，四年间其他刑事案件的平均增长幅度仅为
-4.49%。

（三）执法力度不均衡

危驾案件犯罪事实简单，法律关系清晰，人民群众知晓度高、关注度高、易

做辨识和对比。公检法如果在执法层面不统一，势必影响人民群众对公平正义的直接感受度。危驾案件的查处基本依赖公安机关的主动发现，立案数量与出警检查频率一般呈高度的正向相关关系。但在整体的执法要求比较统一的情况下，各地公安机关对危驾打击力度、频率不一，常态化、规范化的执法机制仍有待进一步切实建立和落实。当前，广东省公安机关已经制定了相对统一的醉驾查处工作规程，虽然从全省层面而言，各地级城市危驾案件都是递增的趋势，但增长的趋势不一样，有的是"激增"，如惠州，从 2016 年到 2018 年，危驾案件从 196 人增长至 1513 人，增长近 8 倍，潮州从 131 人增长至 1112 人，增幅为 8.4 倍，其他如湛江、珠海、汕头等城市，增长也是 3~5 倍；有的城市是"缓增"，如云浮、阳江、河源，三年增幅不超过 50%。可见，危驾案件并不与经济发展状况、人口数量、机动车所有量等呈现相对应的关系。除此之外，从案件占比上看，近5 年，全省危驾案件占刑事案件受理人数的比例，平均为 11.09%，其中佛山占比最高为 18.12%，而同期占比最低的汕尾仅为 0.49%，差异达 36 倍。

（四）强制措施适用差异大

以 2018 年度为例，在全省层面，检察机关受理时，危驾案件羁押和非羁押的比例是 3：7，羁押率较高（主要是刑事拘留，极少数逮捕）的城市有揭阳、汕头、阳江、珠海，分别为 97.83%、95.49%、94.01%、91.44%，羁押率较低（主要是取保候审、未采取强制措施）的城市有中山、东莞、梅州、湛江，分别为 0.45%、2.02%、4.07%、5.29%，强制措施适用上呈现主要采取羁押和主要采取非羁押两极化态势。

（五）适用缓刑上不统一

适用缓刑较高的城市如汕尾、湛江、韶关、江门，分别为 89.47%、83.21%、82.14%、72.91%，较低的阳江、揭阳、汕头、清远，分别为 1.26%、3.17%、7.04%、7.85%，也呈现两极化的形势。相对而言，珠三角城市比较均衡，缓刑比例大致在 30%~50%，如广州 57.64%、深圳 30.7%、佛山 31.53%、惠州 41.39%、东莞 36.99%、珠海 46%。

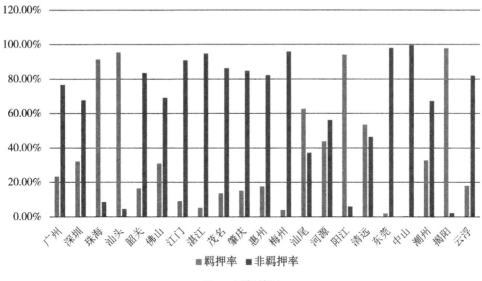

图 1　羁押情况

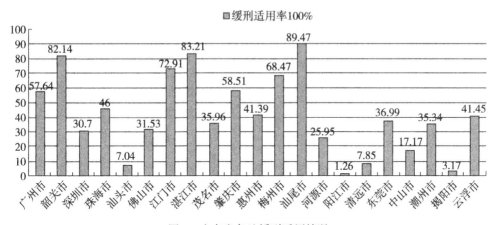

图 2　广东省各地缓刑适用情况

（六）诉与不诉标准不统一

2016 年至 2018 年，全省危驾案件起诉率从 91.7% 下降到 85.01%，浙江省 2018 年度起诉率 60.89%，相差 24.12%，虽然在 2019 年，我省起诉率降低至 75.75%，下降接近 10 个点，但是和浙江省仍然有较大差距。各市在把握危驾案件诉与不诉的标准、程序上，仍然存在不统一的情况。我省一些地市相继对不起诉标准作出指引①，但在情节、车型、时间段、酒精含量区间等标准上把握不统一。有的地区虽出台指引，但执行程度不一，如 2018 年 12 月广州市政法委牵头该市公检法司等机关通过《会商纪要》方式，规定了一般情况下对血液酒精含量130mg/100ml 以下的犯罪嫌疑人可作不起诉处理。但从近几个月实践情况看，各区对此标准的执行依旧不一，有的是凡在 130mg/100ml 以下的均做不起诉处理，有的则不敢全面放开，有的仍将 130mg/100ml 以下的犯罪嫌疑人一律起诉到法院，只是提出免予刑事处罚的量刑建议。需要注意的是，即便在同一个地级市，在同一个地级市，各区县在把握不起诉标准上，也不一样，各地多以血液酒精含量为重要标准，有的控制在 120mg/100ml 以下，有的则在 140mg/100ml 以下，这就出现了在这个县不能做相对不起诉，要是开到另外一个县，或许可以做相对不起诉，给人民群众形成执法具有随意性的感觉。

（七）对特定情形危驾的认定不统一

实践中，酒后驾驶电动车的情况较多，尤其是在城乡接合地区、工厂密集区域、乡镇等地。根据佛山、中山等外来务工人员密集区域的调研，甚至超过 60%的醉驾者属于驾驶电动车，驾驶者多为低收入的工厂务工、外卖人员。这类情形有的地区按照出厂标准不认定为机动车，有的则对电动车进行鉴定，根据鉴定意见判定是否认定为机动车。值得一提的是，即便在同一个城市，比如汕头市，在中心城区，将超标电动车不认为是机动车，但是在非中心城区，则将超标电动车认定为机动车，驾驶超标电动车则可能构成危险驾驶罪。之所以有此差异，主要是中心城区和非中心城区，案件量有差异，非中心城区需要增加案件量。

此外，生活中一些极少见的情形，例如二次饮酒型、挪动车位型、由他人驾

---

① 当前我省佛山、中山等市，也制定了危驾案件的不起诉标准。《佛山市公检法司关于办理"危驾"案件联席会议纪要》中规定，酒精含量在 100mg/100ml 以下，且无从重处罚情节的，可以作出不起诉处理。中山市人民检察院则采取《中山市人民检察院检察委员会会议纪要》的形式，将相对不起诉的酒精含量标准划定为不超过 120mg/100ml。广州市公检法司四机关于 2018 年 11 月 28 日出台《广州市关于办理醉酒驾驶机动车案件适用法律问题的会商纪要》，将血液酒精含量在 130mg/100ml 以下，并不具备十种情形的，可以作不起诉处理。惠州市人民检察院印发《关于办理醉酒驾驶刑事案件不起诉法律适用标准的指导意见（试行）》，将酒精含量在 120mg/100ml 以下，且不具有 12 种情形的，可以决定不起诉。

驶至停车场或小区门口后接替驾驶、驾驶出停车场或小区后交由他人驾驶等特殊行为模式，以及深夜在少有车辆、行人通行的荒郊野外道路上醉酒驾驶机动车且并未造成他人人身、财产损害的，是否入罪各地做法存在较大差异。近年来，随着公检法之间对此问题认识的加深，共识不断增多，多地陆续联签了文件，对挪动车位型、由他人驾驶至停车场或小区门口后接替驾驶、驾驶出停车场或小区后交由他人驾驶等特殊行为，不认定为醉酒驾驶，此类案件大多属于个案，数量极少，在全省层面尚未形成类案。

（八）行政处罚与拘役实际效果差异不大

危驾原属行政违法范畴，当前的行政处罚措施所具备的人身权、财产权和资格剥夺效果，实际与拘役刑并无太大差异。公安机关对酒驾、醉驾行为规定了相应的行政拘留、罚款以及暂扣和吊销驾驶执照等行政处罚措施。从特殊预防角度，酒驾者再犯的可能性基本已被剥夺，从一般预防角度看，也足以警醒教育社会公众。

（九）可能影响生产力的充分挖掘

如果剔除危驾案件，2015 年我省公安机关移送审查起诉其他刑事案件数量是 185415 人，2016 年为 148996 人，2017 年为 152182 人，2018 年为 185356 人，2019 年为 175543 人。其他刑事案件增幅明显趋缓，四年间的总体幅度是下降。显然，剔除后的数据更能充分反映出我省治安形势的趋势变化，应该更符合人民群众的观感，更能反映我省推进更高水平平安广东和法治广东建设成效。

当前我国正处于劳动力资源相对短缺时期，根据统计，危驾者的年龄在 25～45 岁之间的，占总人数的 76.59%。此年龄段群体，正是社会的主要劳动力及其家庭的主要收入来源。对当事人而言，一旦被判处拘役实刑，不仅极有可能失去工作，未来还面临相关执业执照被吊销，影响参军、入学、入党、考学、出国，影响信用评价等后果，即便拘役期满，再就业、创业也会面临诸多限制。危驾入刑 9 年，我省已经有近 10 万人因此获刑，而且现阶段，每年还在以几万人数的单位速度在增长。对社会而言，仅为避免可能出现的道路交通安全风险，每年就有几万人领刑，被贴上"罪犯"标签，不仅无法全力参与经济社会建设，反而成为"前科人员",需要社会安置、帮教、管控,也是极大的经济社会负担。需要注意的是,这在一定程度上,未能体现罪责刑相适应,如果仅仅只是前期的罪+罚,是罪责刑相适应的,但是由于贴"犯罪标签"的因素,导致负面效应长期跟随,实际上也是潜在的"罚"一直伴随,从这个角度而言,仅仅作为危险性,罪责刑并没有相适应。

(十)并非公共交通安全的主要因素

根据我省公安厅交通管理局提供的数据,2017年至2019年2月份,全省发生道路安全交通事故,涉及酒驾的有7200多宗,占事故总量约6%~7%;其中涉及危驾5900宗,占事故总量的5%;死亡3人以上重大交通事故90宗,涉酒的23宗,占25.56%。无论是普通交通事故,还是重大交通事故,涉酒造成的安全问题都是次要的,分别只占6%~7%和26%,更多还是超载、超速、疲劳驾驶等因素造成公共交通安全隐患。

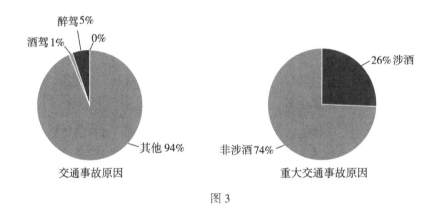

图3

二、呈现的问题

当前,我省各市在办理危驾案件中,还存在一些问题,有些是宏观层面的,有些是微观层面的,需要深入分析存在问题并思考应对之策。

（一）入刑多年数量不减的问题

犯罪论原理认为将某种行为规定为犯罪：一是特殊预防，二是一般预防。即通过特殊预防实现一般预防。如果不能实现这一目标，要么加大刑罚力度，形成新的震慑，要么调整刑事政策，重新评估特殊预防对一般预防的牵引作用。"危驾入刑"已经9年，很多人为一时贪杯、一时侥幸，付出了沉重的人生代价，"开车不喝酒、喝酒不开车"的理念渐渐深入人心，网约车、代驾服务的兴起，也为喝酒者提供了新的选择，危驾入刑对遏制危险驾驶行为产生巨大预防作用的效果是不可忽视、不可否认的。然而，无论是从全国看，还是从全省看，危驾"体量庞大、稳中有升"的基本面依然没变，可以肯定，刑罚预防犯罪的功能得到一定发挥。但是也需要反思当前危驾的一系列举措，为何入刑多年，危驾量依然不减，是目前存在的一个突出问题。

当前查获危驾，主要有三个途径：一是普通危驾，行为人在醉酒状态下在道路上驾驶机动车，尚未酿成交通事故，被公安机关不定时、不定点设岗巡查查获的情形。二是行为人醉酒状态下在道路上驾驶机动车，与他人造成轻微交通事故后被公安机关查获的情形。三是危驾过程中遭遇他人"碰瓷"，行为人醉酒状态下在道路上驾驶机动车，他人明知其有危驾行为而故意与其机动车相碰撞，进而敲诈行为人钱财，最终被公安机关查获的情形，此类危驾案件发生较少。

从查获途径的随机性、局部性可见，被查获的危驾者，可能依然只是"其中的少数"，侥幸躲过的可能还是"侥幸的多数"。如果公安机关加大查处力度，被查获者也将增多，说明犯罪与查处力度呈正向关系。醉驾入刑后人们不敢、不愿酒后开车，但是危驾因之减少的一般预防作用并不明显，打击犯罪的成本与收益正向关系不明显。

（二）刑事处罚被弱化的质疑

危驾入刑前，醉酒驾车属于行政处罚的范畴，根据《道路交通安全法》规定，醉酒后驾驶机动车的，由公安交通管理部门约束至醒酒，处15日以下拘留和暂扣三个月以上六个月以下机动车驾驶证，并处五百元以上二千元以下罚款。

《刑法修正案（八）》实施后，醉驾属于刑事处罚的范畴，危驾者被公安机关查获后，一般直接采取取保候审或者拘留的强制措施，由于危险驾驶案件一般不属于多次作案、流窜作案、结伙作案的情形，不属于可以延长拘留期限的案件类型。公安机关在办理危险驾驶案件过程中，一般都在法定拘留期限内变更强制措施为取保候审，所以一般拘留时间多为 3 日，不会超过 7 日。极其少数可能因为在取保候审期间逃跑的，才会根据相关规定将强制措施变更为逮捕。加之，后期被不起诉、判处缓刑的比例较大，这就导致相当一部分危驾者，虽然被处以刑罚处罚，但是实际可能没有拘留，很多人被拘留的天数实际上是少于 15 日的，达不到入刑前行政处罚规定的拘留时间，出现了在限制人身自由上刑事与行政倒挂的现象。

（三）办案失于机械片面

根据"两高"一部 2013 年 12 月 18 日《关于办理醉酒驾驶机动车刑事案件适用法律若干问题的意见》规定，危险驾驶罪的追诉标准，采取只要机动车驾驶人血液中酒精含量达到 80mg/100ml 以上的即属于醉酒驾驶。危险驾驶罪的追诉标准采用定量认定的方法，虽然有利于办案人员根据血液酒精含量的客观情况进行判断，但是，完全按照该标准进行罪与非罪的判断，在某些情况下显得过于机械、僵化。公安机关将路查酒驾时查获的血液酒精含量大于等于 80mg/100ml 的酒驾者一律立案并移送审查起诉，这使得那些酒精含量超出幅度较小、没有发生碰撞、没有造成实际损害且认罪悔罪态度较好的危驾者，与具有其他严重情节的危驾者一律起诉并科以刑罚，不利于贯彻落实宽严相济的刑事政策。

一是侦查取证和审查、审理失于片面。主要表现为两方面：一方面，是对犯罪客观方面理解片面，相同血液酒精含量的案件危险性实际不尽相同。但目前公安机关的取证基本停留在"取酒精含量"，忽视对嫌疑人酒后驾驶的车辆种类、车况、车上其他乘员人数、驾驶车辆的时间、驾驶时长、行驶道路类型、道路车辆和行人的密集度、行驶距离、行驶速度、被抓获之前行驶表现、被抓获后配合调查的态度表现等具体特定客观因素的调查取证；另一方面，忽视对证明行为人主观恶性证据的全面收集调取。例如嫌疑人在被查获之前是否曾因酒驾、醉驾受过处罚，从停止喝酒到酒驾间隔时长有多久，驾车是否有特殊的客观原因或个人原因等。检察机关、人民法院在审查、审判时对这些主客观情节的重视也不足。

二是对犯罪构成的理解失于片面。虽然司法解释规定了 80mg/100ml 的血液酒精含量刑事立案标准，但我国《刑法》第 13 条明确规定，符合犯罪本质和行为特征"但情节显著轻微危害不大的，不认为是犯罪"。换言之，评价行为是否构成犯罪，不能仅简单看其在形式上是否符合《刑法》分则规定的犯罪构成要件，还应对其是否符合总则规定的"严重的社会危害性"这一本质特征进行评价分析，这也是司法机关的职责所在和价值存在。但目前公安机关、检察机关在办理醉驾案件时，都普遍存在对犯罪构成简单化理解的情况，将路查酒驾时抓获的血液酒精含量大于或等于 80mg/100ml 的酒驾者一律刑事立案并移送审查起诉、提起公诉。这种简单思维，套用数值标准，满足于形式逻辑的完满，却背离实质正义内涵的表现，与人民群众对公平正义日益增长的需求实际是不相符的。

（四）对基层司法资源挤占制约

危驾案件虽然查处途径易操作，侦查难度不大，但是刑事案件从查处、立案、移送审查起诉、提起公诉和审判的每一个环节都必不可少。交警查处一宗危驾案件，一般都需经历呼气、抽血、送检、血检、讯问、调取证据、拘留、办理取保候审、制作相关文书等程序，有的地区为了达到公安部的考核要求，将出警时间延长、出警范围增加，例如深圳市交警 2018 年危驾案件的人均查处数为 535 件，基层交警已是满负荷运载。

检察官提审、撰写审查报告、撰写起诉书、认罪认罚、出庭、法治宣传教育等，一样不能少，每一项都是检察官亲历性的要求，涉及不起诉、认罪认罚从宽等的，需履行的附加程序更多，在实践中，很多检察官宁愿作起诉也不愿意作不起诉，就是因为涉及不起诉，增加了大量的附加程序，增加过多的工作负担。在本来就"人案矛盾"特别突出的基层公诉部门，尤其是珠三角等办案大市，这类案件的体量过大和持续增长进一步加剧了人案矛盾，有的区县采取专办制，2 个检察官，一年办理 1000 多件危驾案。非专办制的，由于危驾案件数量大、节奏快，检察官往往要优先处理此类案件，同时办理的其他刑事案件一般往后延或是加班办理，例如深圳市宝安区一名检察官每周平均要收到 35 件危驾案件，这些案件一般仅停留在手上 2~3 日就要求提起公诉。

同样，危险驾驶案件数量大，法院审判压力自然随之增大，同时，犯危险驾驶罪被判处拘役继而留所服刑的人数数量庞大，往往占据看守所服刑人数的 10%以上，个别地方达到 30%，占用了大量监管资源，也造成看守所超负荷羁押。

（五）认罪认罚适用率高，但不起诉程序复杂

危险驾驶案件适用认罪认罚率相对较高，2020 年 1—6 月，全省审结 19764件 19838 人，适用 19314 件 19288 人，适用率为 97.23%，确定型量刑建议比例为 70.95%，法院采纳率为 95.83%。

对于认罪认罚的醉驾案件，拟进行不起诉的，由于程序相对繁琐，导致一些承办人宁愿做起诉也不愿意做不起诉。特别是一些地方，要求不起诉案件必须上检委会，受制于办案期限、检委会召开时间等因素，在一定程度上影响了承办人对案件建议做不起诉的主动性。

深圳市宝安区对此进行了一定的简化，根据《宝安区人民检察院常见轻微刑事案件适用相对不起诉指导意见》中规定，在道路上醉酒驾驶机动车，血液酒精含量在 120mg/100ml 以下，且不具有刑法规定的从重情节，可以提出相对不起诉意见。另外，审查报告做统一性要求，如驾驶路线、吹气时间、抽血时间必须明确。整个审批流程在线上完成，每一步骤均做实质性审查，层层把关，具体流程：

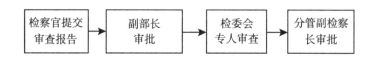

不起诉案件，社会关注度高，既有利于贯彻落实宽严相济的刑事司法政策，又有利于涉案当事人重新回归社会。与此同时，对此类案件的廉政风险也应当引起高度的重视，既要激发承办人做不起诉的主动性、积极性，减少不必要的程序，又得严防死守各种可能发生的廉政风险问题。

除此之外，也存在不起诉后行政处罚措施脱节。根据《刑事诉讼规则》373条的规定，对被不起诉人需要给予行政处罚、政务处分或者其他处分的，人民检察院应当提出检察意见，连同不起诉决定书一并移送有关主管机关处理，并要求有关主管机关及时通报处理情况。目前，对于全省检察机关作出不起诉决定的案

件，还没有很好地执行上述规定。

（六）适用速裁程序方面存在一些掣肘

2020 年 1—8 月，我省适用速裁程序办案危驾案件 4289 件，占比为 32.7%，同期，简易程序为 7844 件，普通程序 967 件，分别占比 59.87%、7.38%。速裁程序仅占不到三分之一，之所以适用率还比较低，主要是因为：

一是 7 日的办案期限比较紧张。醉驾案件局限于部分案件酒精检测结果在 7 日内未能及时出具，导致后续办案时间紧张，甚至无法在 7 日内办结，如遇复杂程度较大的危险驾驶案件则存在容易超期问题，要是遇上公安机关周五移送的危险驾驶案件，则令检察机关在办理时限上更为被动。

二是部分案件 7 日内难以认罪认罚。危险驾驶案件是基层院提高认罪认罚适用率的主要案件来源之一，存在案情简单、大多数被告人认罪的特点。如遇反抗情绪较为激烈、讨价还价的犯罪嫌疑人，在公检法 7 天的快速办理机制下势必会使得检察机关陷入被动局面，也将成为检察机关提出确定刑量刑建议比率的拦路石。

三是社区矫正调查迟迟得不到回复。在办理危险驾驶案件的过程中，基本都需要委托司法行政机关对犯罪嫌疑人进行社区矫正调查，而部分犯罪嫌疑人为外地人的案件，发往外地（非辖区）的社会调查委托函，当地司法行政部门在收到后往往未回复或未及时反馈，在一定程度上影响了案件适用轻微案件快速办理机制的落实。

四是再次办理取保手续麻烦。进入审查起诉阶段，检察机关再次单独为嫌疑人办理取保候审手续耗时费力。有部分检察机关直接沿用了侦查机关的取保候审措施，以节约审查期限，加快案件办理。也存在一些嫌疑人在取保候审期间不遵守相关规定，失联或不能及时配合案件调查，导致案件中止审理，"挂案"长期存在的问题。

（七）醉驾案件延期、退查情况影响"案-件比"降低

2020 年 1~6 月，我省涉嫌危险驾驶罪的案件，延期数量达 1435 件，延期率为 12.5%，退查 835 件，退查率为 7.3%，直接影响我省"案-件比"的降低。作

为轻微刑事案件，事实简单、证据并不复杂，之所以出现延期、退查情况，主要在有关证据互认、有关证据调取、有关证据进一步核实、公安内部规定的适用问题存在一些争议，导致案件不能及时移送起诉，鉴于有专项报告，在此不赘述。

（八）超标电动车是否属于机动车的问题

实践中，酒后驾驶电动车的情况较多，尤其是在城乡接合地区、工厂密集区域、乡镇等地。根据佛山、中山等外来务工人员密集的区域的调研，甚至超过60%的醉驾者属于驾驶电动车，驾驶者多为低收入的工厂务工、外卖人员。

根据《中华人民共和国道路交通安全法》第119条的规定，"机动车"是指以动力装置驱动或者牵引的轮式车辆，"非机动车"是指以人力或者畜力驱动，以及虽有动力装置驱动但设计最高时速、空车质量、外形尺寸符合有关国家标准的残疾人机动轮椅车、电动自行车等交通工具。根据《电动自行车通用技术条件》，电动自行车最高车速不应大于20公里/小时，整车质量（重量）应不大于40公斤，必须具有良好的脚踏骑行功能，30分钟的脚踏行驶距离应不小于7公里，蓄电池的标称电压应不大于48V，轮胎宽度应不大于5.4厘米。而现在有的超标电动车的最高速度超过40公里/小时，整车重量超过70公斤，不仅超过1999年的《电动自行车安全技术规范》，也超过于2019年4月15日正式实施的修订后《电动自行车安全技术规范（GB17761-2018）》。电动车的性能标准超过一些机动摩托车的性能标准，其危险性自然也随同存在。将此类电动车认定为机动车并追究醉驾者的刑事责任似有一定道理。但问题的另一面是，如果对醉酒驾驶电动车者一律追究刑事责任势必有将"机动车"概念扩大之虞。将电动车认定与不认定为机动车，都存在一定争议，也不利于酒驾超标电动车危险方式的消除。

醉酒后驾驶超标电动车对于道路交通安全造成的危险性并不小，必须引起重视，及时治理。然而，是否应当纳入醉酒驾驶中"机动车"的范畴，不仅是一个法律技术问题，更是一个社会问题。除了考虑现实生活中，是城乡接合地带、工厂密集区域，快递运输等特定行业，人民群众尤其是低收入的人民群众的重要生活必备工具之外。还需要考虑：第一，当前是否具备将超标电动车规定为机动车的现实条件；第二，将超标电动车作为机动车进行管理难度问题；第三，公众普遍认为超标电动车不属于机动车，此类醉酒驾驶的行为人往往不具有相关违法性认识；第四，将危驾超标电动自行车等行为以危险驾驶罪定罪处罚可能会导致打击面过大，社会效果不好。

（九）特定情况危驾的认定问题

危险驾驶是道路公共交通安全的抽象危险，评价危险驾驶行为的社会危害性，不可忽视机动车类型、车辆行驶道路、行车速度、是否造成实际损害等其他客观因素，而犯罪嫌疑人与被告人的主观意志因素与认罪悔罪的态度则涉及刑法预防功能能否发挥的问题，同样应作为衡量定罪量刑的酌定情节。同时，还应准确定性"道路"与"驾驶"，以准确评估如挪动车位型、由他人驾驶至停车场或小区门口后接替驾驶的行为、驾驶出停车场或小区后交由他人驾驶等特殊行为模式，以及深夜在少有车辆和行人通行的荒郊野外道路上醉酒驾驶机动车且并未造成他人人身、财产损害的，是否应当以危险驾驶罪论处。虽然上述情形在现实生活中，属于极其小众的，但是一旦发生，极容易引发争议，甚至形成舆情。

三、完善的意见建议

综合对近五年的数据分析，结合当前的危驾特点、总体情况、面临的难题，提出如下建议：

（一）多维度看待危险驾驶案件办理效果

对于危驾案件，应当做到打击与预防相统一，辩证看待持续走高的政治效果、法律效果、社会效果。

一是应当坚决查处醉驾行为。科学证明，酒精对人的认识能力、判断能力确实存在较大影响。对醉驾行为定罪处罚，对维护公共道路交通安全、预防发生人身伤亡的重大交通责任事故，提升社会公众对酒驾严重后果的认识，有着其他方式所不可替代的积极意义。通过近年的严厉打击，"喝酒不开车，开车不喝酒"的观念已经被公众所普遍接受，对酒驾的认识已经普遍从以往的"不当回事"向"后果很严重"转变。

二是充分发挥各诉讼环节对本罪的分流作用。因危驾案件的基数大，不起诉和缓刑的绝对数较大，公安机关对危驾案件存在"公安抓人，检察院法院放人"的误解。危险驾驶罪的适用应当依照刑法、刑事诉讼法的规定，秉持宽严相济的刑事政策。公安机关、检察机关、审判机关在各自的诉讼环节应当重其重、轻其轻，通过"重重轻轻"地分层、区别对待，实现对危险性、危害性不同的人，实行惩罚的不同处理。客观认定"情节显著轻微或情节轻微"的情节，充分发挥"立案后撤案、不起诉、免刑或缓刑"的作用，实现宽严相济的刑事政策。

三是全面研判醉驾入刑的政治、法律和社会效果。危险驾驶罪是刑法罪名中一个较为特殊的犯罪，首先，本罪系抽象危险犯，绝大多数并未造成实害。其次，本罪的最高刑为拘役，其罪名和刑罚的设置必然导致不起诉率和缓刑率较高。再次，本罪犯罪主体涵盖了社会各阶层的人员，犯罪后的前科影响，导致一些专业人士不能再从事专业职位，这在一定程度上造成了资源浪费，增加了社会成本。

（二）形成多层次犯罪惩罚机制

刑法并非万能，单纯入罪并不能解决所有的问题，不能过多地依靠危险驾驶罪一个罪名解决酒后驾车给社会交通管理带来的所有问题。因此，应当尽量做到多元处理，严格入罪标准，做到打击到位，惩戒适度、威慑有效的入罪目的。可以考虑借鉴纪委监察委监督执纪"四种形态"的有益经验，对危驾案件的办理和处罚，分条件、设门槛，多层次处理。可以分成可以不作为犯罪处理、可以作不起诉处理、可以适用缓刑、不能判处缓刑、必须从严处理五个层次，做到"轻轻重重"，分情况分门类多元化处罚。

一是公安机关从源头上对情节显著轻微的可以不予刑事立案，或者立案后以不作犯罪论处而撤案。一方面可以直接降低刑事案件发案数、立案数，另一方面减轻审查起诉环节压力。例如浙江省 2017 年公检法印发《关于办理"醉驾"案件的会议纪要》，2016 年至 2018 年危驾类案件移送审查起诉的人数从 24000 人降至 18951 人、18611 人，移送审查起诉的人数下降约 21%，其直接原因在于公安机关内部掌握血液中酒精含量在 80mg～110mg 内，没有从重处罚情节的，在公安环节消化处理，不移送审查起诉。

至于我省要不要采取轻微突破 80mg 的标准，对部分案件做消化处理的方式，建议综合评判这部分案件的总量，结合具体案件的特点具体认定，可以放一点口子，但是不宜过宽。但是至少可以对于因抢救病人、见义勇为等紧急情况下醉酒驾驶机动车的、在居民小区、广场、公共停车场等场所挪动车位，没有发生危害后果的、启动车辆尚未驶出或者刚驶出即被查获，没有明显危及公共安全的这三种情形，建议明确，可以作出罪处理。

二是检察机关充分发挥不起诉职能作用，对情节轻微，不需要判处刑罚的案件提前分流。不起诉的标准不能唯含量定，而应当充分考虑含量与情节，以"含量+无从重处罚情节""含量+无从重处罚情节+有从轻处罚的情节"等形式对是否适用相对不起诉的标准作出较为统一的要求，既保证类案处理的均衡又保证个案的公正。

目前，在全省层面，各市普遍采取了"含量+无从重处罚情节""含量+无从重处罚情节+有从轻处罚的情节"等形式，来规范醉驾不起诉问题，但是目前全省层面没有统一标准，低的 100mg，高的 180mg，社会的观感不一，建议可以在全省层面进行统一，可以采取比较明确或者明确中有一定幅度的方式。

三是通过实刑、缓刑等不同刑罚执行方式，区分惩戒重点。通过判处实刑的方式重点打击醉酒驾车发生事故的、醉酒驾驶营运车、公交车、危险品运输车、校车、单位员工接送车、中（重）型货车、工程运输车、被查处时有逃跑、冒名顶替、辱骂执法人员等妨害执法行为，未构成其他犯罪的等具有从重处罚情形的行为。在突出重点的同时，要实事求是地处理好醉酒驾驶超标电动车、摩托车问题，区别处理好其他情节较轻的危驾案件，以取得更好的社会效果。

（三）多层面、有重点地解决公检法层面的各自存在的突出问题

一是明确追诉标准。报请最高检明确统一的追诉标准，防止同案不同处。在最高司法机关授权范围内研究判定全省标准。考虑到我省的省情，可以借鉴兄弟省、市的做法，在省层面由政法委牵头或会同省公安厅、省法院、省司法厅等单位，对我省办理危驾案件法律适用和证据规范等问题展开专题研究，进行深度联合调研，对当前的政策、举措、执法情况，进行全面梳理，统一标准、尺度和程序。

二是公检法各家完善机制、改进工作方式、加强管理、明确责任

公安机关应当加强对酒驾危害的普法宣传，发挥刑法的事前预防作用，避免重打击轻预防的情况，强化对餐饮娱乐场所的警示预防、提醒责任、代叫车服务，同时加强醉驾案件办理的程序性规范要求；

检察机关应当就不起诉的程序性要求作出明确指引，简化程序，授权检察官作出决定。与此同时，检察机关也应当结合当前的一些核心指标、数据的要求，结合醉驾案件的特点，进行专项分析，积极推动有关工作，做到在占全省20%的刑案上，各项指标数据不能拖后腿，而应当对整体数据起到带动、拉升作用。

与此同时，公检法三家在行、刑衔接、侦诉衔接、诉审衔接形成良性互动机制，在立侦撤案、不诉缓刑的标准掌握上相互协作。

三是建立与相关部门的联合协作机制。与相关部门联合开展驾驶证管理专项监督，防止定罪后未被吊销驾照的脱节情形，确保刑事处罚与行政处罚的有效衔接；与质量监管部门共同加强超标电动车出厂标准的监管，防止超标电动车违规进入市场；联合社会公益组织、养老院、精神病医院、社会福利院等，加强对酒驾、危驾人员的案后多元化教育矫正、社会化服务要求和管理。

第十五篇　刑事合规在刑事检察中的切入与融合

最近两年来，在检察理论界和法律实务界掀起了一股"刑事合规"研究探索的热潮。"合规"本是源于西方语境下的一种表述，我国本土的表述通常以公司治理、企业内控、风险管理等形式出现。一般认为，"合规"是指企业在经营管理活动中，要遵守法律法规、商业行为守则、企业伦理规范以及企业自身所制定的规章制度。合规中最基础、最严厉、最基本的是刑事合规。当前，刑事合规研究和实践探索已经成为检察理论和检察职能拓展的"风口"，对其保持关注和研究并积极探索，并不只是追捧"热点"。习近平总书记指出，保市场主体就是保社会生产力。在复产复工、经济下行、服务保障"六稳""六保"的大背景和现阶段检察工作中，更有其重要意义和现实价值。

一、合规在中国的引入和发展过程

"合规"一词起源于美国，最早被理解为"法规的遵守"，这里的法规既可以是正式的法律也可以是具体的行业标准或者仅仅是道德上的鼓励。1991 年美国《联邦组织量刑指南》首次将企业合规计划引入法律实践中。所谓企业合规计划，是指"用于预防、发现和制止企业违法犯罪行为的内控机制"。

我国企业对合规的重视比较晚，主要是随着中国企业的国际化尤其是企业遭受海外合规指控重创后而被动接受的。"合规"一词在国内较早亮相是在一些国际化程度较高的金融公司，如 2002 年中国银行总行将"法律事务部"更名为"法律与合规部"，设首席合规官。合规最早出现在规范性法律文件是 2005 年上海银监会制定的《上海银行业金融机构合规风险管理机制建设的指导意见》，是始于金融业，逐步向证券、食品安全、电信、制造业等诸多领域拓展。

合规在中国发展过程中的标志性事件，或者说真正使国人痛心疾首地关注企业合规，则是2016年至2018年，中兴两次被美国制裁，被罚款20亿美元，管理层被全部撤换，接受美国派人监管运营10年。在中兴事件后，中央立即采取措施，先后出台《合规管理体系指南》《中央企业合规管理指引（试行）》《企业境外经营合规管理指引》等全国性文件。2018年甚至被定义为"中国企业合规元年"。

在中兴、华为事件之后，政府和企业逐渐开始认识到"合规管理制度""合规计划""企业文化"等一系列合规相关概念所蕴含的价值和意义。2017年国家质量监督检验检疫总局发布《合规管理体系指南》指出"合规意味着组织遵守了适用的法律法规及监管规定，也遵守了相关标准、合同、有效治理原则或道德准则"。2018年的《中央企业合规管理指引（试行）》规定"本指引所称合规，是指中央企业及其员工的经营管理行为符合法律法规、监管规定、行业准则和企业章程、规章制度以及国际条约、规则等要求"。

二、合规在政府层面的重视和具有的现实意义

（一）总书记多次指出企业要重视并强化合规

习近平总书记在2017年5月23日中央全面深化改革领导小组第三十五次会议上明确要求企业必须建立合规制度，强化合规管理。之后在一系列重要会议上，又进一步提出要重视并强化合规。2018年8月27日推进"一带一路"建设工作5周年座谈会上，明确指出，要规范企业投资经营行为，合法合规经营。

在2018年11月1日民营企业座谈会上的讲话，明确提出，民营企业家要讲正气、走正道，做到聚精会神办企业，遵纪守法搞经营，在合规合法中提高企业竞争力。在2019年3月27日主持召开的中央全面依法治国委员会第二次会议上强调，要引导企业强化合规意识，保障和服务高水平对外开放。

2019年12月4日出台的《中共中央 国务院关于营造更好发展环境支持民营

企业改革发展的意见》提出，推动民营企业守法合规经营。民营企业要筑牢守法合规经营底线，依法经营、依法治企、依法维权，认真履行环境保护、安全生产、职工权益保障等责任。民营企业走出去要遵法守法、合规经营，塑造良好形象。

（二）高检院积极主动探索研究刑事合规

张军检察长 2020 年 5 月 25 日在全国人大三次会议上的报告中指出："法治是最好的营商环境。坚持依法保障企业权益与促进守法合规经营并重，对国企民企、内资外资、大中小微企业同等对待、平等保护。"

2020 年 9 月 10 日，由最高人民检察院理论所主办，深圳市宝安区检察院承办的企业刑事合规与司法环境优化研讨会在宝安区召开，最高检党组副书记、常务副检察长童建明，省检察院检察长林贻影等出席会议，会议就进一步发挥检察机关保护支持市场主体的职能作用，推动不起诉制度改革和企业合规管理，为市场主体发展壮大营造良好司法环境，从"企业司法环境的优化""企业刑事合规管理的推进""企业犯罪相对不起诉适用机制改革"三方面，进行了为期一天的专题研讨。

除此之外，最高人民检察院主管杂志《中国刑事法杂志》2020 年第 3 期用专刊重磅发表了关于刑事合规的 4 篇理论界学者的文章，今年上半年也以内部专刊专报的形式刊登了长篇文章《检察职能有待拓展的空间：刑事合规监督》。在理论界，也有著名学者逐步把研究重点转向了刑事合规。

当然，由于检察理论界研究探索处于初期，在最高人民检察院理论所以外，在全国其他的检察院，目前对刑事合规研究探索实践的不多，并没有特别突出、特别明显成效的，这也间接说明刑事合规既是一块沃土，也是一块尚未开垦的土地。

（三）企业合规指引是服务保障企业特别是民营企业中不可回避的问题

民营经济是我国经济制度的内在要素，是社会主义市场经济发展的重要成果。作为民营经济大省，广东民营经济贡献了全省 50% 以上的 GDP、60% 左右的投资、70%以上的创新成果、80%以上的新增就业和95%以上的市场主体。然而，民营企业因为缺乏有效的合规指引，近年来较多地出现违规违法的现象，一些企业因为违法被惩处，一些民营企业负责人也被关押，企业也因此破产。事实上，一些企业的违法犯罪行为，甚至可能影响国家声誉，比如新冠疫情期间，一些企业生产的病毒检测试剂盒、口罩等因为质量差，引起西方一些国家趁机玷污我国声誉。

虽然近年来党中央多次提出保护民营企业，高检院和我省检察机关也出台了一系列举措服务保障民营企业。但是我国司法对企业的刑事违法犯罪的管控，主要是"威慑型"，即建立企业违法犯罪的刑事法网，设定罚金刑等，通过严刑峻法的方式，防止企业犯罪，当企业行为被定性为违法犯罪时，则按照法律规定进行"刑事买单"，对于企业职工、退休员工、股东、债权人、客户、消费者等与企业密切相关的人员关注度不够，一旦企业犯罪，殃及一片利益攸关方，不得不"连带买单"。这种单一的"威慑型"管控方式，对于企业治理，成效越来不明显，需要转变为合规指引型管控，实现追诉犯罪的同时，尽量避免无辜第三方承担额外成本，让市场主体在损失最小的情况下，正常生产、经营，才是新形势下更为科学的企业犯罪管控之路。

三、监督企业进行合规管理是检察职责应有之义

刑事合规是为避免因企业或企业员工相关行为给企业带来的刑事责任，国家通过刑事政策上的正向激励和责任归咎，推动企业以刑事法律的标准来识别、评估和预防公司的刑事风险，制定并实施遵守刑事法律的计划和措施。刑事合规是实体规则与形式规则的整体，在法定可罚性领域的前置领域内，确保企业的员工遵守现行的刑法规定，同时前瞻性地避免企业的刑事责任风险。

其实质是企业自身对刑事犯罪风险的监管、防控与应对。首先，企业以刑事法律为基础，制定确保企业及其员工履行刑事义务，从而规避刑事责任的合规计划或合规措施；其次，企业的高层人员监督合规计划的执行，并配套相应的惩戒机制和补救措施，增强犯罪风险的防控能力；最后，在刑事法律回应合规的视角下，适当的刑罚激励机制能够促进企业识别自身遗留的问题、完善合规计划以及

构建企业文化，进而使企业持续健康地发展。

当企业涉嫌犯罪时，检察机关以刑事追诉的方式对其进行追责。一方面，对企业启动追诉程序，往往会令其遭受巨大的损失甚至永久损害，例如商业信誉的受损、上市资格的剥夺等，同时也会连带地殃及善意的客户、员工、股东、债权人甚至社会公众，使其不得已而承担企业犯罪的法律后果。以安达信事件为例，2002 年安达信会计师事务所因在安然公司的审计业务上多次出现疏漏以及销毁文件，以妨碍司法公正的罪名受到刑事追诉，最终导致其被吊销执照，被迫在美国退出从事了 89 年的审计行业，同时裁减了 28000 个岗位。在一些中小微企业，一旦受到刑事追责，面临的可能就是毁灭性打击。

不可回避的问题是，企业受到刑事追诉后无可避免地对自身甚至经济发展造成负面影响和经济动荡。虽然检察机关出于助力经济发展、复产复工、稳岗就业等公共利益的考量，可以采取非羁押性强制措施，包括对企业负责人进行相对不起诉的方式等，减缓犯罪对社会经济和涉案企业的损害，但主要还是聚焦于企业负责人，对于企业本身而言，现行的规章制度很少。很多时候，企业负责人犯罪后被公司舍弃，虽然对公司负责人进行了宽缓处理，但是对公司形成的创伤依旧存在。再言之，如果治标不治本，涉案企业在预防违法犯罪方面的制度依然不健全、不落实，管理不完善等弊端依然存在的话，怎么消除违法犯罪隐患，仍然是一个不能回避的话题。

从犯罪治理的整体效果而言，刑法和刑罚的实际运用是被迫的，也是无奈的。不管怎样，都会造成国家、社会、社会成员的"三输"局面，始终不应当成为犯罪治理的上上之选。与这种犯罪治理模式相比，犯罪治理的理想状态是在犯罪发生之前，刑法和刑罚就能显著地发挥作用，切实预防犯罪的发生。检察机关追诉犯罪职能的根本目的在于预防犯罪，其最终目标在于维护国家安全和社会秩序，保障法律正确实施，维护社会公平正义。因而，指导和监督社会成员包括各类企业、社会组织依照刑事法律开展刑事合规管理，是检察职能的题中应有之义、应当之举。

2018 年上海浦东新区检察院出台了《服务保障浦东新区营商环境建设 12 条意见》，根据该意见，对于企业犯罪，检察院聘请专家团队从经济安全、公共利益、市场秩序等方面进行综合评估。一方面提出可行性检察建议，规定涉案企业在一定时间段内进行整改；另一方面评估有无必要对涉案企业启动相关程序，对于整改到位、认罪认罚的企业，依法适用不起诉。这种方式，既震慑企业重视整改，又最大限度保护市场主体的发展空间，给企业容错、改错的时间和空间，营造公平公正、宽松透明的营商环境。

事实上，随着刑事诉讼法的修改和认罪认罚从宽制度的推进，我国的诉讼模式已经发生了变化。按照最高人民检察院原副检察长朱孝青同志的观点，合作取代了对抗，抗辩协商取代了权力机关单方定案。这意味着鼓励被告人包括被告单位与检察院进行合作协商，在对被告人都积极进行积极协商的情况下，没有任何理由不与被告单位进行协商。

四、刑事合规和检察职责已经呈现多重结合点、连接点

对刑事合规保持关注和研究，并不是追"热点"、赶"风口"，作为公共利益代表的检察机关，在检察职能中，纳入刑事合规有关工作的内容，不仅可以有针对性地预防和减少犯罪，维护社会稳定和公平正义，而且可以提高检察机关自身的司法办案水平。在更宏观的意义上，拓展检察职能空间，探索开展刑事合规检察监督工作，也是检察机关服务经济发展，在国家法理体系和治理能力现代化进程中落实检察责任的具体体现。

（一）办案手段上要具有风控意识

企业作为社会主体，常与外界各类主体发生种种联系，其犯罪行为具有复杂性和社会化，对企业犯罪进行追诉，不仅会对涉案企业的生存发展产生重大影响，也会对企业员工、股东、债权人、客户、消费者等属于无辜第三方产生负面影响，甚至可能引发系统性风险，影响社会稳定。

对于企业犯罪刑事责任的追究，不能完全等同于追究个人犯罪刑事责任一般，也应当避免刑事追究手段上的单一性、机械化，要充分预见可能对企业产生的不利影响，注意管控负面影响因素，尤其是在"六保"的背景下，保住是市场主体的就是保社会生产力。谋求在现有刑事法律框架下，做到既维护法律尊严，维护社会秩序，又保证经济健康运行，是刑事合规研究中的一个重要问题，在新

形势下，本身也应当成为刑事检察工作的一项重要课题。

2018 年 11 月，最高人民检察院发布了《明确规范办理涉民营企业案件执法司法标准》，就强调，人民检察院办理涉民营企业案件，要把控舆论影响和准备风险预案，以合法的办案方式和有效的治理措施，避免给企业的正常生产和工作秩序造成影响，尽可能维护民营企业的声誉。由此可见，我国检察机关在理念上，实际上，已经意识到应当具有"风控意识"，作为公益利益代表的检察机关要积极地、直接地参与到企业合规管理制度的建构中，要作为预防企业犯罪的"监管者"，督促企业改善治理结构、经营方式，构建合规计划，纠正其违法经营做法，防止发生单位或其工作人员犯罪，积极预防其他单位或个人针对企业实施违法犯罪活动。

在出台的一系列服务保障民营经济发展的文件中，最高检多次强调，办理涉民营企业案件，要坚决防止将经济纠纷当作犯罪处理，坚决防止将民事责任变为刑事责任。一是经审查认定案件不构成犯罪，包括涉案民营企业经营者没有犯罪事实，或者具有《刑事诉讼法》第 16 条规定的情形之一，或者具有其他法律规定的免予追究刑事责任情形的，应当作出不起诉决定；二是经审查认定案件构成犯罪，但犯罪情节轻微，依照刑法规定不需要判处刑罚或者免除刑罚的，可以作出不起诉决定，防止"入罪即诉""一诉了之"；三是经审查认定案件事实不清、证据不足，经过二次补充侦查仍然证据不足，不符合起诉条件，或者经过一次退回补充侦查，仍然证据不足，不符合起诉条件且无再次退回补充侦查必要的，应当作出不起诉决定，坚决防止"带病起诉"；四是经审查认定案件符合《刑事诉讼法》第 182 条的规定，涉案民营企业经营者自愿如实供述涉嫌犯罪的事实，有重大立功或者案件涉及国家重大利益的，经最高人民检察院核准，人民检察院可以作出不起诉决定。

（二）积极开展单位认罪认罚从宽制度探索

"两高"三部出台的《关于适用认罪认罚从宽制度的指导意见》规定，认罪认罚从宽制度贯穿刑事诉讼全过程，适用于所有的案件和罪名。从文件的本义上，一般认为，认罪认罚从宽制度当然适用于企业作为主体的犯罪行为。由于当前认罪认罚主要用于自然人为主体的犯罪，实践中，涉及到企业认罪认罚的案例少、探索少。

实践中，有些地方检察机关已经开始了对企业认罪认罚从宽制度的探索实践。如，对于涉嫌犯罪的企业，检察院聘请相关主管单位、监管部门人员等组成专家团队，对涉案单位的社会危害性、处罚适当性进行综合评估。对于整改到位、认罪认罚的企业，依法适用不起诉。这种做法，不仅有对单位犯罪认罪认罚从宽制度探索的身影，也像是一种中国版刑事合规制度的雏形。

从认罪认罚从宽制度的应有之义和进一步发展完善的趋势看，对涉案企业进行认罪认罚，属于题中之义。对企业进行认罪认罚，企业积极进行社会公益活动，更好地服务经济社会发展、稳岗就业、科技创新、增资扩产等表现，本身也可以作为对企业进行不起诉的一个重要考量。对民营企业负责人涉嫌犯罪的，在法律政策上，都倾向于可捕可不捕的，政策倾向于不捕，可诉可不诉的，政策倾向于不诉。通过对传统积极追诉模式的有效矫正，避免批捕、起诉给企业造成负面的社会影响，积极营造良好的营商环境。那么对于企业本身而言，更有进行认罪认罚从宽等宽缓处理的需要。当然，企业并不同于自然人，在具体适用程序和方式上，还需要进一步探索。

据悉，深圳市龙华区人民检察院目前正在探索涉民营经济刑事案件实行法益修复考察期制度，对移送审查起诉的涉民营经济案件，犯罪嫌疑人有修复受损法益意愿的，检察院可以根据惩罚与教育相结合的原则，在法定审查起诉期限内设置法益修复考察期，原则上对可不羁押的犯罪嫌疑人适用取保候审等轻缓强制措施，由犯罪嫌疑人提出合规方案，对被侵害的法益进行修复，并视法益修复、认罪悔罪态度等情况，作相对不起诉处理或提出从轻的量刑意见。该探索具有一定的意义，但我院于 2020 年 7 月 7 日已经与省公安厅已经联签了《关于在涉民营企业刑事案件中适用非羁押性强制措施的指导意见》，在对民营企业负责人采取非羁押上，更具备指引性。此探索的重要特点是嫌疑人提出合规方案，除此之外，在宽度和内涵上，还有待提升，而且针对的还是企业负责人，作为更重要的企业自身的认罪认罚、法益修复等，尚未作探索。

（三）勇于探索犯罪企业附条件不起诉制度

对企业进行不起诉，目前研究参考较多的是美国的"缓起诉"协议制度。所谓"缓起诉协议"，是检察官基于特定事由，与被追诉对象签订协议，对其暂时不起诉，并要求其在规定的考察期内充分履行协议内容，待期限届满后，对其作出最终的起诉或不起诉决定。该制度发端于未成年人犯罪的缓起诉制度。

缓起诉的主要内容包括：一是一般要求涉案企业在缓起诉协议中承认全部或部分犯罪事实，涉案企业配合检方调查，提供与犯罪有关的一切信息，不得以任何形式干扰或妨碍企业相关人员作证，企业自行开展内部调查并向检察官提供调查报告；二是要求涉案企业完善内部治理和监督管理机制，通常情况下，会要求企业建立健全刑事合规计划，实施一系列有针对性的改革措施，防止再犯；三是为惩治涉案企业和赔偿被害人，缓起诉协议一般要求涉案企业缴纳罚款、赔偿金或采取其他补救措施；四是为监督缓起诉协议有效执行，检察官一般会指定独立监督人监督企业履行缓起诉协议，重点监督企业合规计划的建立与执行；五是检察官拥有签订、撤销缓起诉协议的终局性权力，一旦签订，案件就不再进入司法程序，一旦检察官认为企业违反缓起诉协议，则可以再行起诉。

其价值在于，一是有利于节约司法资源。企业犯罪大多属于专业性、隐蔽性极强的经济犯罪活动，检察官往往较难收集足以完整定罪量刑、排除合理怀疑的证据，加之一些企业经济实力雄厚，往往会动用强大的经济力量阻碍调查，大大增加了指控和调查的难度，需要耗费大量司法资源，而缓起诉制度在一定程度上有利于节约司法资源。二是可以避免企业陷入困境。企业被起诉和定罪，其惩罚手段多为判处罚金、取消与政府签订的合同、吊销营业执照等，易引发客户流失、融资渠道受阻、资金链断裂甚至破产等风险，缓起诉能减损起诉造成的损失，稳住就业盘。三是有利于维护相关人员利益。一个企业犯罪不可避免损害员工、股东、债权人、客户乃至上下游企业的利益，这些人员大多数属于无辜的，又牵连其他经济实体，暂缓起诉能尽量避免这些无辜人员的利益受损，减少受损面。

对于自然人犯罪，我国刑事立法已为检察机关设立了一套相对成熟完整的诉讼制度。但是企业犯罪是否可以进行不起诉。有人认为从刑事诉讼法规定的本义，就包含了对企业在内的单位不起诉，而且 2018 年 11 月最高检发布的《明确规范办理涉民营企业案件执法司法标准》再次强调了办理涉民营企业案件是可以不起诉的情形。

需要指出的是，一个刑法规范所规定的法律后果能够归责于单位的内部治理和经营方式的情况下，对单位进行刑事责任的追究才是更为恰当的，如果简单地以"是否以单位的名义"和"单位是否从中获益"等为定罪根据，则忽视了企业作为组织体的特性，因为很多情况下，虽然是以单位名义实施危害行为，并客观上给单位带来利益，但这种做法违反单位内部治理要求，为单位日常管理活动所排斥的，有时候董事长未必代表管理层的意志，管理层未必代表董事会的意志，董事会的意见未必代表股东大会的意志。只有从单位内部治理结构和运营方式来理解单位的刑事责任，才更加符合单位作为主体的组织特征和治理特征。

（四）主动承担参与社会治理的职责

检察建议是人民检察院依法履行法律监督职责，参与社会治理，维护司法公正，促进依法行政，预防和减少违法犯罪，保护国家利益和社会公共利益，维护个人和组织合法权益，保障法律统一正确实施的重要方式。企业是社会的有机组成，根据司法办案情况，对企业治理尤其是刑事合规等提出有针对性的建议，对于促进企业更好地依法经营、搞好生产，意义重大。然而，现阶段，检察机关提出检察建议的重点还是在具有社会管理职责的机关、企事业单位之中，对于企业尤其是企业合规的检察建议很少。

根据最高人民检察院《人民检察院检察建议工作规定》，检察机关在作出不起诉决定的同时，可以针对涉案企业内部管理制度不健全、仍存在违法犯罪隐患等问题，向涉案企业发出检察建议，要求涉案企业堵塞漏洞、完善治理、防止再犯。向涉案企业制发的检察建议，不能只提"加强内部管理""建章立制""强化员工培训"等宽泛要求，而应当提出明确的整改意见和措施，具体可围绕涉案企业的企业特性和存在问题，要求涉案企业建立并执行一套符合企业实际的刑事合规计划，设置合规计划的责任部门和责任人，就合规计划内容向所有员工进行有效培训，通过适当惩戒机制督促其严格执行合规计划，完善发现违法行为时的处理程序。

同时要求，检察机关向有关单位提出检察建议，其重点在于关注企业合规管理制度的完备程度。一旦发现违规违法行为，或是一定时期内某类违规行为频发，应立即通过检察建议的方式告知企业，并督促企业在一定期限内进行整改，加强对经营活动和内部治理的审查，防止企业或企业员工实施不法活动。检察机关应当监督地方公权力机关是否存在利用公权力欺压中小企业的现象。一旦发现公权力机关不依法及时履行职责或义务，致使企业遭受损失时，应当及时发出检察建议。

最高检在全国刑事检察工作会议上，对公诉工作曾提出要求"指控犯罪有力、诉讼监督有效、社会治理有为"，虽然检察内设机构改革了，但是刑检的内核还是以公诉为主体，作为三位一体的要求，刑检部门矢志不移地遵循，依然很有必要。检察机关更加重视指控犯罪和诉讼监督工作，对于社会治理，在一些地方和部门，存在可做可不做，做深做浅差不多的错误认识。在越来越强调检察服务大局、服务中心的形势下，检察服务社会治理越来越有必要，尤其是通过刑事合规服务企业发展更有直接效果。事实上，高检院制发的 1 号、4 号检察建议，本身就是社会治理内涵的检察建议，相信随着工作的推进，对于行业内尤其是证券、金融、食品药品等行业的刑事合规检察建议也会不断出现。

五、在刑事检察工作中该如何融入合规工作

近年来，检察机关积极落实"少捕慎诉""服务保障民营企业"等理念，依法合理采取灵活务实的司法举措，对涉民营企业刑事案件，坚持能不捕的不捕，能不诉的不诉。将认罪认罚、复产复工、生产自救、保住岗位，作为审查判断有无社会危险性的重要考量因素。积极探索非羁押性强制措施适用经验，减少不必要羁押、起诉，通过精准有力的司法手段，做好服务"六稳""六保"工作。

然而，依然存在一些问题：一是这些工作举措，更多的还是直接针对于企业负责人，而直接针对企业的举措少；二是对民企负责人涉刑事案件进行的调研多，但是并没有专门针对企业犯罪的专项调研；三是针对大企业，区域间有影响力的企业提出检察建议、走访服务多，但是针对中小微企业，尤其是具有行业类同质性的建议少，走访服务少；四是对涉案企业前期服务保障多，后期的调研、走访少，尤其是在后期的合规建设参与少。虽然检察机关在指导企业合规尤其是对企业进行相对不起诉等工作上，在法律适用和理解上，还存在一些争议，还需要探索，但是在近期，可以进行以下工作：

一是专门针对企业刑事犯罪进行专项调研。通过调研了解企业作为主体涉刑事案件的情况，全面了解涉案企业规模、性质、就业、罪名、纳税、法务部门建设、发案特点、受到惩处的情况，以及受到刑事处罚后企业发展状况、检察机关等进行法治宣讲等情况。详细了解我省企业涉刑事犯罪的基本盘，重点了解常发、多发、高发的融资类、涉税类、走私类、侵权类、资源类等犯罪的特点和规律，针对发案特点，有针对性地提出风险防控指引。

二是探索涉案企业不起诉工作。通过积极探索涉刑事案件企业认罪认罚从宽制度以及企业犯罪不起诉程序等，弥补企业犯罪追诉体系上存在的一些缺陷，同时常态化分析研究我省企业犯罪的情况，形成定期的综合性分析报告，分阶段、分重点、分行业地进行通报，预防企业刑事犯罪。

三是加强刑事合规研究探索。把刑事合规研究探索作为刑事检察部门的一项工作，指定专门负责，及时跟踪了解最高人民检察院和兄弟省市对刑事合规研究动态、实践探索。发挥改革创新精神，结合粤港澳大湾区、深圳先行示范区建设、自贸区建设等，积极探索形成广东版的"刑事合规"制度，为经济社会发展、市场主体健康成长，提供良好的法治环境和司法政策。

六、结语

尽管再有效的合规计划，都不能规避所有的违规犯罪行为发生，但有效的合规计划一定能够切实降低违规违法行为的发生。目前，我国企业的合规意识普遍较低，未能认识到合规管理对于自身规范经营活动和预防刑事犯罪风险的重要性。在合规问题上，我国刑事立法和司法都比较滞后。当前阶段，检察机关对刑事合规的重视、研究、探索和实践，有可能就像检察机关在几年前对公益诉讼、认罪认罚从宽制度的研究探索一样，在新形势下，完全有可能转化为国家立法和司法实践，迅速在全国检察机关铺开。在疫情防控、复产复工、服务保障"六保""六稳"的背景下，检察机关更要一如既往勇于担当，积极探索企业刑事合规管理的作为空间，促进营商环境的优化，依法平等保护各类经济主体健康发展，更好地体现检察担当，契合检察职责，助力检察发展。

第十六篇 "情况说明"应用状况与规范路径

侦查机关在司法实践中广泛使用、不规范制作"情况说明"的现象大量存在，通过实证研究，厘清"情况说明"种类、认准性质和法律依据、关注现状和危害、确立规范和路径，不仅有助于证据规则完整统一，也有助于司法公正公平。

一、"情况说明"的内涵及分类

所谓"情况说明"，是指在刑事司法实践中，侦查机关和检察机关就刑事案件中存在或者需要解决的问题提供的工作说明。一般使用"情况说明"，也使用"工作说明""工作情况"或"说明"等名称。包括犯罪嫌疑人抓获经过、其他涉案嫌疑人追诉及处理情况、有关事实未能查证的原因、赃物起获、无法鉴定、比对、指认、辨认、估价的原因、有关证据存在形式瑕疵的原因、案件管辖、主体身份、特情办案情况、通话记录、自首、立功等各个方面的内容。

通过对 W 检察院某年审查起诉的 234 件刑事案件，共计 518 份"情况说明"。[①] 进行统计、梳理、研究后，对司法实践中常见的"情况说明"进行如下分类：

（一）按照"情况说明"证明内容分类

可以分为：1. 实体法事实的"情况说明"。这类"情况说明"是指侦查机关

---

① 正如前文所说，实践中，"情况说明"的称谓并不统一，有"说明""工作说明""情况说明"等，使用"情况说明"是较为普遍的情形，每一份"情况说明"并不单纯只说明某一个内容，可能在一份"情况说明"之下包含多个说明内容和说明事项，也不乏一份"情况说明"下罗列数个、十几个说明事项的情形。

或者检察机关的自侦部门在办案过程中针对犯罪嫌疑人在侦查期间所具有的实体法上的法定或者酌定从重、从轻、减轻或者免除处罚情节所作的说明。如："2012 年 6 月 10 日，我队接报警称，在旗良公路 1KM 处一轿车与一摩托车发生事故，有人受伤，赶赴现场后，使用手机号码"1382027×××"报警的系肇事司机刘某，事故发生后，其及时报警，并在现场等候，如实供述了自己的罪行。"这类"情况说明"主要包括自首、立功、认罪态度、抓捕经过等情形的说明。2. 程序法事实的"情况说明"。这类说明是指公安机关或者检察机关自侦部门在侦查过程中所获取的证据是否具有可采性和犯罪嫌疑人的合法权益是否被侵害等。如："江某某于 2012 年 9 月 13 日被行政拘留，后进一步侦查发现，江某某的行为应当追究刑事责任，故改为刑事拘留。""案件中的作案工具'老虎钳子'未找到""李某某被当场抓获，我所民警在其身上搜出丁字拐 1 把、弹簧刀 1 把，白色手机 1 部。"这些"情况说明"主要是关于未刑讯逼供、相关物证查找未果、案件来源、提取固定证据、勘验检查等。3. 证据弥补性的"情况说明"。这类"情况说明"主要是侦查机关或者检察院自侦部门所移送到检察院或者法院的证据材料由于存在笼统、模糊、遗漏等质量问题，侦查机关自动或者应要求而做的"情况说明"。如："卷中'袁小明'应为'袁晓明'、'李涛涛'应为'李滔滔'""卷中穿黑色西服的男子、'二旺'、高超系同一人，应为高超。"这类"情况说明"主要是关于案卷中特定细节、问题所作的补充说明，比如勘验检查笔录粗疏、讯问笔录遗漏、错字、鉴定结论模糊等。

（二）按照"情况说明"的制作阶段分类

1. 侦查阶段。侦查机关对于一些证据不知、不愿或者难以按照法定证据形式、程序的基本要求收集固定证据的，通常以"情况说明"代替法定证据种类，"情况说明"的制作主要集中在侦查阶段，[①] 这一阶段对于"情况说明"的使用次数多、范围广，在一定程度上成为了证据链衔接的"万能贴膏"。2. 审查起诉

---

① 经过分析：W 检察院在某年的 234 件刑事案件中共计 518 份"情况说明"，其中 218 个刑事案件由公安机关移送，16 个职务犯罪案件由检察院自侦部门移送，其中，侦查阶段公安机关出具情况说明 367 份，检察院出具情况说明 18 份，占此次统计"情况说明"的 74.3%，其余"情况说明"则在审查起诉、法庭审理等阶段产生，分别占此次统计"情况说明"的 14.2%、11.5%。

阶段。检察院在审查起诉时，发现案卷中的某些问题或细节在现有案卷中未能明确，一般会要求侦查机关补充相关证据或者退回补充侦查，公安机关或者检察院的自侦部门对于案件中某些问题或细节无法重新调查取证或者觉得没必要重新调查取证，一般会出具"情况说明"，通过"情况说明"对特定问题进行说明。3.法庭审理阶段。合议庭认为需要、辩护人提供证据要求明确侦查阶段的某些问题或细节，或者公诉人认为需要重新调取新的证据等，通常合议庭会休庭，要求侦查机关重新提供相关证据，一般情况下，侦查机关在无法补充相关证据或者自认为出具一份说明就足够时，会出具"情况说明"。除此之外，在二审、复核阶段，有时候也需要侦查机关补充相关证据，都会出具"情况说明"。

（三）按照情况说明的作用分类

1. 补充作用。起补充作用"情况说明"主要是为实现案件事实或者证据链的完整而对案件事实及证据内容进行补充或者进一步说明，实践中，这类"情况说明"很多，产生于侦查、审查起诉、法庭审理、二审、复核等阶段，包括案件来源、抓获经过、鉴定结论、勘验笔录等"情况说明"，都在一定程度上起到补充、完善证据链的作用。2. 确定作用。主要是对案件事实无法查实情况或者无法进行某些侦查行为情况的确定，包括辨认、搜查、其他犯罪嫌疑人的追诉情况、相关物证的查找、赃物去向等"情况说明"如："经依法讯问犯罪嫌疑人，其供述作案时使用的刀，在逃离过程中扔掉了，后公安机关多处查找，均未能找到。""嫌疑人抢劫的钱财，均已挥霍。"寥寥数语的"情况说明"，就将作案工具、赃款等进行了定性，此类"情况说明"是不利于检察机关在控诉时固定证据并开展侦查监督工作。

除此之外，对于"情况说明"的分类，还可以按照制作机关分为公安机关制作、检察机关制作，按照证明力分类，可以分为独立发挥证明作用的"情况说明"和依附于其他证据组合发挥作用的"情况说明"等。

二、"情况说明"的证据属性分析

书写"情况说明"是公安机关在刑事司法实践中普遍使用的一种方式，然而，这一类"书面材料"是否属于证据？属于何种证据？法律依据何在？存在颇多争议。

（一）认为"情况说明"不具有法律属性

当前的刑事诉讼法规定了八种证据。① 《刑事诉讼法》不论是在修改前还是修改后，都没有明确规定"情况说明"作为证据的一类。而且作为刑事案件中的证据材料要作为证据使用，需要符合证据的客观性、关联性和合法性。第一，客观性强调证据必须以客观存在的事实为基础，而排斥单纯的主观判断及推测臆断。"情况说明"一方面并非直接来源于案件，而是事后的补充证明，另一方面附带了侦查人员大量的主观信息。第二，证据必须是与案件具有客观联系的事实，不存在客观联系，仅仅依凭主观臆测的事实，往往会导致案件误入歧途。第三，证据必须是法定人员依照法定程序或方法收集的，而"情况说明"是由侦查人员和单位自己出具的，也就是说，没有依照法定程序或方法收集，并且，未经质证的证据，不能作为定案的依据。将这样的材料当成判定取证是否合法的"证据"，对于非法证据的排除，不仅毫无益处，反而为非法证据的滋生提供了温床。② 这种由未出庭作证的侦查人员提交的极不规范的书面材料，被司法人员概括为一个形象的"专业术语"，即证据"白条"。糟糕的是，证据"白条"虽不具有法定证据的形式，但其证明力往往胜似法定证据。③ 法官仅凭"情况说明"的寥寥数语，也难以对取证的合法性问题作出准确判定，却要予以认定为证据，岂不是与法官认定证据依持的"内心确信"相悖？④

---

① 《刑事诉讼法》第五十条规定："证明案件真实情况的一切事实，都是证据，证据包括下列七种，（一）物证；（二）书证；（三）证人证言；（四）被害人陈述；（五）犯罪嫌疑人、被告人供述和辩解；（六）鉴定意见；（七）勘验、检查、辨认、侦查实验等笔录；（八）视听资料、电子数据。以上证据必须经过查证属实，才能作为定案的根据。"并没有把"情况说明"纳入证据种类。

② 王丹：《"情况说明"的证据越位——对〈非法证据排除规定〉第七条第三款的检讨》，载《人大研究》2011年第6期，第38页。

③ 刘品新：《证据'白条'当杜绝》，载《检察日报》2004年5月11日。

④ 王丹：《"情况说明"的证据越位——对〈非法证据排除规定〉第7条第3款的检讨》，载《人大研究》2011年第6期，第38页。

（二）认为可以有选择地将"情况说明"划入法定证据种类

与案件具有关联性的"情况说明"，根据内容和形式综合考虑应当保留的，可以分别归入相应的法定证据形式；对于未刑讯逼供的"情况说明"，应当通过办案警察或检察官出庭或者通过审讯时的同步录音录像以及其他旁证予以证明未刑讯逼供，因此应当分别归为证人证言和视听资料。对于查找未果的"情况说明"，无论是赃物还是凶器等等的查找，均属于案件的第二现场、第三现场，是对现场的勘查检验，故应当将其归为勘验检查笔录。对于案件来源的"情况说明"，根据其是电话报案、知情人报案、监听等，分别归为书证和视听资料。① 综上所述。② 目前广泛使用的"情况说明"可以作以下处理：与案件没有相关性的不能作为证据使用应当排除；其他"情况说明"应当归入相关证据形式并完善其内容和形式。大多数"情况说明"仅仅是证据材料而不是证明案件事实的证据，能成为刑事证据的情况证明大多数应归入证人证言，少数可归入视听资料；其他"情况说明"属于普通的说明，没有证明作用，仅仅是对案件中某些细节和问题加以说明，以帮助审查起诉阶段、审判阶段的承办人全面了解案情和侦查过程。③

---

① 黄维智："刑事案件中'情况说明'的适当定位"，载《法学》2007年第7期，第157~158页。

② 除此之外，黄维智还归纳出"关于指定管辖的'情况说明'，因为指定管辖属于根据法律相关规定的授权，因此其属于公文书，应当归为书证；关于主体身份的'情况说明'，由于主体身份是法律授权、任命或是国家相关部门的记录，也是属于公文书应当归为书证；关于挡获经过的'情况说明'，挡获人属于证人，因此应将其归为证人证言；关于不能鉴定、比对的'情况说明'，因为鉴定是法定的证据形式，不能鉴定比对专家也应分析具体原因，其意见应当归为鉴定结论；关于不能指认、辨认的'情况说明'，不能指认、辨认是指认、辨认的结果，自然是证人证言；关于通话记录的'情况说明'，电讯部门的通话记录或通话清单属于书证，由于各种原因导致无法提取通话记录，应当由相关的电信部门出具说明，属于公文书；关于自首、立功等的'情况说明'，应当以笔录形式真实完整记录犯罪嫌疑人、被告人的自白和供述，其表现由公诉部门的检察官或者法官根据相关情况认定，因此属于犯罪嫌疑人、被告人供述和辩解。"

③ 夏瑜、周东生：《刑事案件'情况说明'的证据属性》，载《检察日报》，2011年7月5日，第3版。

（三）认为"情况说明"具有法律属性

虽然我国的新旧刑事诉讼法都没有把"情况说明"列入法定证据种类，但是关于"情况说明"，最早的法律文件是最高人民法院 1998 年 9 月 2 日颁布的《关于执行〈中华人民共和国刑事诉讼法〉若干问题的解释》，该解释第 53 条规定："制作书证的副本、复制件、拍摄物证的照片、录像以及对有关证据录音时，制作人不得少于二人。提供证据的副本、复制件及照片、音像制品应当附有关于制作过程的文字说明及原件、原物存放何处的说明，并由制作人签名或者盖章。"此规定虽然仅仅是关于提供证据副本而非原件时的一个说明，与当前种类繁多的"情况说明"相距较大，但是明确规定应当附有关制作过程和原物存放何处的文字说明，无疑率先为"情况说明"开辟了渠道。

最高人民法院、最高人民检察院、公安部、国家安全部、司法部联合发布《关于办理刑事案件排除非法证据若干问题的规定》第 7 条第 3 款规定："公诉人提交加盖公章的说明材料，未经有关讯问人员签名或者盖章的，不能作为证明取证合法性的证据。"一般而言，公诉人认为可能存在非法证据或者法庭对于被告人审判前供述取得的合法性有疑问的，公诉人可以通过提供讯问笔录、提供原始讯问过程的录音录像、提请讯问时其他在场人员出庭作证以及提请讯问人员出庭作证等方式核查。[1] 这条的规则从证实取证合法性的角度，对"情况说明"进行了明确的规定，而且初步规定了"情况说明"的形式要件，否则不能作为证据合法性的依据，应该说《关于办理刑事案件排除非法证据的若干问题的规定》7 条第 3 款的规定，为"情况说明"合法性提供了一个前提，使其在法律依据上具备了适法的空间。

在 2012 年刑事诉讼法修改中，吸收了两个证据规定的成分，其中也包括

---

[1] 根据最高人民检察院 2012 年 11 月 22 日颁布出台的《人民检察院刑事诉讼规则（试行）》第 70 条规定：人民检察院可以采取以下方式对非法取证行为进行调查核实：（一）讯问犯罪嫌疑人；（二）询问办案人员；（三）询问在场人员及证人；（四）听取辩护律师意见；（五）调取讯问笔录、讯问录音、录像；（六）调取、查询犯罪嫌疑人出入看守所的身体检查记录及相关材料；（七）进行伤情、病情检查或者鉴定；（八）其他调查核实方式。不仅丰富了公诉人对于非法证据排除的方式，也为公诉人对非法证据排除进一步提供了法理依据。

"情况说明"。新刑事诉讼法第五十四条第一款规定:"采用刑讯逼供等非法方法收集的犯罪嫌疑人、被告人供述和采用暴力、威胁等非法方法收集的证人证言、被害人陈述、应当予以排除。收集物证、书证不符合法定程序,可能严重影响司法公正的,应当予以补正或者作出合理解释,不能补正或者作出合理解释的,对该证据予以排除。"第171条第一款规定:"人民检察院审查案件,可以要求公安机关提供法庭审理所必需的证据材料,认为可能存在本法第五十四条规定的以非法方法收集证据的情形的,可以要求其对证据收集的合法性作出说明。"根据最高人民检察院2012年11月22日颁布出台的《人民检察院刑事诉讼规则(试行)》第66条第1、2款的规定:"收集物证、书证不符合法定程序,可能严重影响司法公正的,人民检察院应当及时要求侦查机关补正或者作出书面解释;不能补正或者无法作出合理解释的,对该证据应当予以排除。对侦查机关的补正或者解释,人民检察院应当予以审查。经侦查机关补正或者作出合理解释的,可以作为批准或者决定逮捕、提起公诉的依据。"第72条规定:"人民检察院认为存在以非法方法收集证据情形的,可以书面要求侦查机关对证据收集的合法性进行说明。说明应当加盖单位公章,并由侦查人员签名"。由此可见,新刑事诉讼法及之后出台的刑事诉讼规则(试行),确定了对非法实物证据实行裁量排除的规则。① 也正是在这一规则下,对侦查机关证据收集的合法性有疑问,可以要求侦查机关进行"作出说明""补正或解释""进行说明",这就使得在实践中广泛使用的"情况说明"虽然不属于法定证据的种类,但是真正有了法律依据。值得关注的是,当前司法实践中广泛使用的"情况说明",与新刑事诉讼法和刑事诉讼规则(试行)要求的"情况说明"大相径庭。实践中的"情况说明"多为对证据证明力和证据链衔接上的补充、说明,存在大量制作、不规范使用的现象,而新刑事诉讼法和刑事诉讼规则规范下的"作出说明""补正或解释""进行说明"等虽然为书写"情况说明"提供了依据,但是这是一种对非法实物证据出现疑问,采取裁量排除的一种方式,明确规定了启动程序、对象、危害程度、补正方式和形式要件要求等。

----

① 参见孙谦、童建明主编:《新刑事诉讼法的理解与适用》,检察出版社2012年版,第82页。

三、"情况说明"存在问题与危害

(一) 存在问题

1. 存在的广泛性。"情况说明"在侦查阶段、审查起诉和法庭审理阶段大量出现,一定意义上,"情况说明"已经成为刑事案件的"标配"。如:笔者对 W 检察院某年的 234 件刑事案件中共计 518 份"情况说明"进行统计、梳理、分析:其中 218 个刑事案件由公安机关移送,16 个职务犯罪案件由检察院自侦部门移送,侦查阶段,公安机关出具"情况说明"367 份,检察院出具"情况说明"18 份,每个刑事案件平均拥有 2.21 份"情况说明",而每份"情况说明"又具有多个说明事项。所含"情况说明",侦查阶段占 74.3%,审查起诉和法庭审理阶段,分别占 14.2%、11.5%。又如:成都市人民检察院在抽样调查中就发现"情况说明"存在广泛使用的情况,在抽查的 98 件案件之中,每件案件均存在使用"情况说明"的现象,共有 89 件案件的情况说明是 1~3 份,占总数 90.81%,3~6 份的案件共有 5 件,仅占总数的 5.10%,6 份以上的共有 4 件,占总数的 4.08%。①

2. 适用的不规范性。称谓上不规范,既有:"工作说明""工作情况",又有"说明""关于……的情况说明"等,不仅不同案件使用的称谓不规范,甚至在同一案件的多份"情况说明"称谓上也不规范;出具主体上不规范,如:关于自首、立功、抓获经过等"情况说明",以公安机关刑侦支队、派出所出具较多,而鉴定结论、勘验检察笔录等证据进一步完善、补充的"情况说明",则通常由公安局物证鉴定所、物价鉴定中心等出具;签名和盖章不规范,很多"情况说明"的公章为"某某公安局预审支队""某某公安局经侦支队""某某公安局某某派出所",民警签名则多为打印体、仿真打印体甚至无签名。②

---

① 参见黄维智:《刑事案件中"情况说明"的适当定位》,载《法学》2007 年第 7 期,第 154 页。

② W 检察院在某年的 234 件刑事案件中共计 518 份情况说明中,以"某某公安局预审支队"名义出具的 75 份,以"某某公安局某某派出所"名义出具的 102 份,以"某某检察院反贪局"名义出具的 18 份,其中以电脑打印字体签名的 189 份,以电脑打印仿真字体签名的 123 份,手写签名 116 份,无签名 90 份,还有少数只有 1 位干警签名的说明。

3. 内容的随意性。既存在实体法事实的"情况说明",说明在侦查过程所具有的实体法上的法定或者酌定从重、从轻、减轻或者免除处罚情节,又有程序法事实的"情况说明",说明在侦查过程中所获取的证据是否具有可采性和犯罪嫌疑人的合法权益是否被侵害。还有大量由于存在笼统、模糊、遗漏等质量问题,侦查机关自动或者应要求而做的"情况说明"。甚至有的侦查机关不说明犯罪嫌疑人的具体归案情况,只是表示犯罪嫌疑人有或者没有主动投案因而属于或不属于自首;有的"情况说明"不说明具体事实,只给出结论;有的侦查机关在侦查阶段和审查起诉阶段或者一审、二审过程中针对同一个问题出具了两份截然不同的情况说明。①

4. 采纳的主观性。由于实践中广泛存在"情况说明",既包括实体法的"情况说明",又包括程序法的"情况说明",还有一些弥补性的"情况说明"。法院对于"情况说明"所证实的内容是否属实、程序是否违法,如何举证、质证,是否符合证据的客观性、关联性、合法性等,采纳的方式、方法不统一,不同法院、不同法官由于个人对于上述"证据"的认知不统一、有无统一要求,无规范可循,因而存在对"情况说明"的不规范、不严谨采纳,甚至任意采纳,凭个人意志和经验采纳,也不排除选择性采纳,出现定罪量刑畸轻畸重的情形。

(二)现实危害

1. 破坏证据规则。刑事诉讼法明确规定了证据的种类,对于不同证据种类,侦查机关在调取上述证据时,有着严格的技术和规格要求,不能附带大量个人主观信息,更不能凭主观臆测进行取证。审查起诉时,必须通过证据的形式要件等,审查其证据能力,是否具有证明力,法庭采纳也必须严格进行。作为刑事案件中的定罪量刑的证据,必须符合证据的客观性、关联性、合法性,符合证据的客观性、关联性、合法性才能作为证据使用,"情况说明"作为实践中常用的一类证明方式,在"身份不明"的情况下,已经被广泛使用,甚至被滥用,这种带有侦查人员主观臆想特征的"证据"已经严重地破坏了证据规则。

2. 为徇私枉法提供了空间。实践中,侦查机关出具"情况说明",在侦查人

---

① 参见吴杨泽:《规范刑事案件中的情况说明》,载《人民检察》2010年第14期,第78页。

员不出庭作证的情况下，出庭宣读"情况说明"的只能是公诉人，而这份"情况说明"只要符合签名加盖公章的形式要件，就能够作为公安机关取证合法性的"证据"，这样无法开展质证活动，实际上是变相地剥夺了辩方进行质证的权利。对于可能存在"钓鱼执法"等情况的关于案件来源的"情况说明"，若不能进行质证，则难以排出非法证据。而事关犯罪嫌疑人可以或者应当从轻、减轻处罚的法定或酌定情节的"情况说明"，如：自首、立功等"情况说明"，是徇私枉法的高发区，一旦办案人员经不起诱惑或者压力，很容易通过"情况说明"这个门槛极低的"证据"误入徇私枉法的歧途。

3. 充当非法证据的合法化的"转化器"。对于一份侦查机关出具的"情况说明"，特别是侦查机关关于取证过程中程序合法的"情况说明"，仅用寥寥数语，通过这样一种表面合法的方法把一个严格规范侦查行为的法定程序给代替了。事实上，即便侦查机关在取证过程中程序合法，程序合法的外衣下也并不能证明在具体案件中作为证据使用的实体本身的合法性，而公安机关一旦出具"情况说明"就可能把两个原本没有关联的证据粘合在一起，从而形成一种形式上完整的证据链。如：广为诟病的公安机关出具的"另案处理"情况说明，就可能充当了非法证据合法化的"转化器"。①

4. 助长了侦查机关的慵懒行为。公安机关或者检察院的自侦部门调取任何一份证据，都需要付出大量心血，是侦查人员体力和脑力成果的结晶。而"情况说明"的大量使用，则可能助长侦查机关的慵懒行为，比如：在"情况说明"中经常出现的关于作案工具无法调取、其他犯罪嫌疑人无法查找、相关报警电话无法查实等，不排除是公安机关个别干警在不愿查找、不想查找、懒于查找、一时查找有困难情绪下，采取的"金蝉脱壳"法，加之不需要接受质证，一旦书写相关的"情况说明"，则可能万事大吉。而且，实践中，侦查机关不加限制地通过书写"情况说明"对证据中的文字、数据、时间等错误、笼统、模糊、遗漏等质量问题进行修正，这种行为不仅破坏了执法行为的严肃性和规范性，还可能在一种宽松的环境下，降低了公安机关的执法办案能力与水平，助长侦查机关的慵懒行为。

---

① 对于"另案处理"类"情况说明"，已经引起了中央高度重视，采取了专项治理行动，取得了很好的社会效果、法律效果和政治效果。

5. 不利于检察机关进行审判监督。司法活动中，检察机关承担了对证据的审查工作，这种没有规范的"情况说明"当然地无法进行规范的审核，而出自检察机关已经核实却无从监督的"情况说明"被一旦法庭采纳，作为定罪量刑的证据，那么当然地可能影响了审判的公正，由于自身的监督"失力"，以致法庭"采纳"随意，导致监督"无力"，难免司法不公。加之，对于"情况说明"的采纳标准缺乏规范，法庭审理中，对"情况说明"的采纳往往取决于法官个人意志因素，采纳的随意性自然会增加，即便监督也缺乏行之有效的制度。

四、"情况说明"规范完善的路径

（一）认真梳理，捋顺证据

执法办案中，公诉人承担着对案件证据全面审查的职责，虽然新旧刑事诉讼法都没有把"情况说明"作为证据种类进行规定，但是整个刑事诉讼过程就是一个依靠证据不断揭示案件事实的过程，由于案发当时的情形不可能再现，人们对于案件的记忆和表述都有客观或主观的不可靠性，通过证据证明的法律事实和客观事实之间会存在一定的差异甚至相左之处。在复杂的现实面前和证据不能悉数以法定证据规范获取的情况下，侦查人员为了还原案件事实，必然出现"情况说明"等"实践产物"。因而，对于侦查机关书写有"工作说明""工作情况""说明""情况说明"等字样的证明材料，不应当一概地认为不符合证据种类的说明材料，一味地拒绝采纳，而应当严格、细致审查，做到明察秋毫，捋顺隐藏在"工作说明""工作情况""说明""情况说明"等字样下的书证、证人证言等证据，依法规范使用。

在刑事司法实践中，有关通话记录、主体身份、指定管辖、赔偿说明、特情办案等"情况说明"，其实就是属于书证。比如：在交通肇事、故意伤害等案件中经常出现的"关于犯罪嫌疑人某某或者家属已经代为赔偿受害人损失的说明"就属于书证一类。它通过里面的内容证明犯罪嫌疑人或者被告人已经赔偿被害人的事实，在一定程度上弥补了被害人的损失，证明了犯罪嫌疑人认罪、悔罪的态度，进行了赔偿，依法是可以酌定从轻处罚的。对于这类"情况说明"就应当归入书证。

对于那些为实现案件事实或者证据链的表面完整，而对案件事实及证据内容进行补充或者进一步说明的"情况说明"，包括案件来源、抓获经过、鉴定结论、勘验笔录等补充内容的"情况说明"则仅作参考辅助作用，不宜纳入证据种类。如：关于案件来源的"情况说明"，在实践中，公安机关一般会单独制作一份书面材料，对案件的来源进行说明，然而这只能算作是对整个案件中有关案件来源方面内容的综合归纳，这些内容可能反映在公安局 110 报警平台接警单、证人证言、犯罪嫌疑人供述、现场勘验检查笔录中。如果没有这份单独的案件来源"情况说明"，公诉人同样可以从案件的全部材料中归纳出案件来源的详细情况。因而对于这类"情况说明"，仅对公诉人起辅助参考作用，不宜单独地举证以作为指认犯罪嫌疑人或被告人的证据。

对于侦查机关或者检察院自侦部门移送到检察院或者法院的证据材料由于存在笼统、模糊、遗漏等质量问题，侦查机关自动或者应要求而做的"情况说明"。如："卷中'袁小明'应为'袁晓明'"等。这类"情况说明"是关于案卷中特定细节、问题所作的补充说明。可以允许公安机关或者检察院自侦部门对于此类问题进行说明，但是这类"情况说明"不属于证据学上规范和研究的，在实践中，应当多督促侦查人员增强责任心、尽量减少工作中出现的笔误、模糊、遗漏等情形的出现。

（二）严格限制、依法使用

实践中，大量存在"情况说明"并不利于侦办案件的规范化、法制化，也不利于公安机关查清案件事实、严格依法办事。如：对于实践中，经常出现的关于达成"赔偿协议"的"情况说明"，其实只要调取了嫌疑人方与被害方之间真实意思表达的赔偿协议，赔偿款收条、谅解书这几类主要的书证，就足以确实、充分地证明赔偿和达成谅解这一事实，无须公安机关再画蛇添足地另外出具一个无合法身份的"情况说明"。因而，有必要严格限制在司法实践中使用"情况说明"代替法定证据，尽可能最少地书写"情况说明"，除非有必要或者在实践中只能通过出具"情况说明"的方式才能固定证据、移送证据等。

新《刑事诉讼法》和刑事诉讼规则规范下，属于第 54 条和第 171 条因启动非法证据裁量排除，属于法律规定的证明证据合法性的"作出说明""补正或解释""进行说明"等，虽然法律没有明确在作出解释和说明时怎么使用称谓，但是使用"情况说明"的方式进行解释或说明是合理的，但是在书写的过程中，应当严格依法书写。1. 启动程序上，是人民检察院认为侦查机关收集物证、书证的情况下不符合法定程序，可能严重影响司法公正的，应当予以补正或者作出合理解释。这是一种非法证据裁量排除程序启动下的公安机关的证明义务。而对于侦查机关在侦查阶段主动书写的"情况说明"，法庭审理中，审判人员认为存在非法证据情形时，对收集证据合法性进行审查，或者当事人、辩护人、诉讼代理人申请人民法院对非法证据收集的证据依法予以排除，公安机关在此情况下，针对"非法证据"所作的"情况说明"都不属于此类"情况说明"的法定启动程序。2. 对象上，只包括物证、书证，不包括勘验、检查笔录及鉴定意见，因为物证、书证的收集通常采取搜查、扣押等手段，这些手段违法，就可能侵犯公民的人身权利、隐私权等基本人权，而勘验、检查笔录和鉴定意见的制作不存在侵犯人权的问题，因而不属于非法证据实物证据排除的适用范围。① 而对于非法言词证据则实行绝对排除，自然不存在要求侦查机关就合法性进行说明的情形。3. 危害程度上，是可能严重影响司法公正，既包括实体公正也包括程序公正，对于是否严重影响司法公正，要结合违法取证行为的违法程度、侵犯权利的性质和程度、非法取证行为的主观状态、取证手段造成的后果等因素进行权衡裁量。4. 方式上，是予以补正或者作出合理解释，就是先对违法行为进行纠正，再通过合法的程序予以收集，或者能够证明侦查过程中，采取的搜查、扣押等取证行为是在"紧急情况下"不得已而为之，则可以向检察机关提供相关"情况说明"。应该说对于非法证据，适当的方法是，先予以纠正，有合理理由的才可以以"情况说明"进行解释。这也进一步证明"情况说明"的使用是一种严格条件下、针对特定证据种类，必须达到一定危害程度才使用，而不是"万金油""万能贴膏"，不加限制、无规范地使用。

（三）加强协调、规范运行

对于侦查机关在复杂的现实面前和证据不能悉数以法定证据规范获取的情况

---

① 参见孙谦、童建明主编：《新刑事诉讼法的理解与适用》，检察出版社 2012 年版，第 82~83 页。

下，为了还原案件事实，而采取的"情况说明"和新刑事诉讼法规范下，因启动非法证据裁量排除而属于法律规定的合法性证明方式之一的"情况说明"，都有必要进行规范。可以通过召开公安、检察院、法院等多部门协调会、座谈会进行协调，制定相关规范，达成统一的工作方案。如：称谓上，虽然之前的《关于办理刑事案件排除非法证据若干问题的规定》第七条第三款和新刑事诉讼法第171条，人民检察院诉讼规则（试行）第66条、第71条都用了"提交加盖公章的说明材料""可以要求其对证据收集的合法性作出说明""可以书面要求侦查机关对证据收集的合法性进行说明。"等的表述，但是对于在实践中到底该怎么操作并没有明确的规范，因而才会有在司法司法中出现诸如"工作情况说明""说明""工作情况"等称谓不统一的情况，笔者认为有必要在称谓、签名和盖章、日期、格式体例等方面进行规范。称谓上使用"关于某某情况的说明"比简单地使用"情况说明"要规范具体，也符合其被动启动的司法实践。格式上，应当加盖单位公章，并由侦查人员签名，公章应当是一个具有法人主体资格的公安局的公章或者检察院的院章，对于加盖"某某公安局预审支队""某某公安局经侦支队""某某公安局某某派出所""某某检察院反贪局"等公章的"情况说明"予以排除，同时，必须由侦查人员签名，一般而言，应该是两名侦查人员的手写签名，不能是电脑打印签名，对于电脑打印仿真签名的方式也应当严格限制使用。

（四）认真核查、强化监督

检察机关在审查起诉时，同时承担着监督职责，应当加强监督职责，履行法定义务、维护司法公正。对于侦查机关出具的"情况说明"要结合全案证据综合分析判断，认真讯问犯罪嫌疑人，积极听取辩护人的意见，询问被害人、证人等，核实事关定罪却又出具了"情况说明"的重要证据，对于到案经过、审查自首、立功等事关量刑情节的"情况说明"，必要的时候，应当亲自调查取证，还应当积极查找相关作案工具、赃物等，确实不放过每一个证据，不遗漏每一个可能存在监督空白的角落。

非法证据裁量排除程序中，《刑事诉讼规则（试行）》第71条规定："人民检察院调查完毕后，应当制作调查报告，根据查明的情况提出处理意见，报请检察长决定后作出处理。办案人员在审查逮捕、审查起诉中经调查核实依法排除非法证据的，应当在调查报告中予以说明。被排除的非法证据应当随案移送。对于确有以非法方法收集证据情形，尚未构成犯罪的，应当依法向被调查人所在机关提出纠正意见。对于需要补正或者作出合理解释的，应当提出明确要求。经审查，认为非法取证行为构成犯罪需要追究刑事责任的，应当依法移送立案侦查。"司法实践中，人民检察院应当多通过讯问犯罪嫌疑人、询问办案人员、询问在场人员及证人、听取辩护律师意见、调取讯问笔录、讯问录音、录像、调取、查询犯罪嫌疑人出入看守所的身体检查记录及相关材料、进行伤情、病情检查或者鉴定等方式进行调查核实。要严格依法监督法庭对于可以依法划入证据种类的"情况说明"的采纳情况，防止由于举证、质证，采纳的方式、方法并不统一，不同法院、不同法官由于个人对"情况说明"认知不统一、要求不统一下不规范、不严谨采纳，甚至任意采纳的情形。

第十七篇　审查起诉阶段侦查监督问题研究

指控犯罪与诉讼监督是检察机关公诉职能的"一体两翼",立足检察职能和程序,严格开展侦查监督,是公诉工作题中应有之义。近年来,公诉部门坚持敢于监督、善于监督、依法监督、规范监督,把侦查监督作为公诉"主业"之一,积极构建新型"诉侦"关系。为规范侦查取证行为,源头提高公诉案件质量,保障人民群众合法权益、维护司法公正、促进社会和谐稳定,发挥了积极作用。

一、把监督体现在全过程

通过完善诉前主导作用、强化审前过滤功能、加强追诉漏罪漏犯力度、切实纠正侦查违法行为等方式,把监督体现在工作的全过程。

一是完善诉前主导作用。针对上级单位督办、舆论关注度高、社会影响重大的疑难复杂案件,不断完善介入公安机关侦查、引导取证工作机制。如某检察院办理的彭某等组织卖淫案。该案由省公安厅直接查办,涉案的酒店在当地有较大的知名度,本案被告人组织卖淫的时间长、数量多、金额大,社会影响恶劣,情节严重。公诉人员在侦查阶段就提前介入,引导公安机关确立正确的侦查方向。在仔细分析各被告人在案件中所起的作用、主观故意等基础上,变更了公安机关对其中 2 名被告人的指控,在依法起诉 8 名被告人的同时,发函要求公安机关追诉其余未到案的 29 人,其中 4 人已经成功起诉并获法院有罪判决。另外,将审查起诉过程中发现的一条涉及职务犯罪线索移送院反渎局侦查,反渎局据此对 2 名涉案的公安人员立案侦查并移送审查起诉,最终获得有罪判决。

二是强化审前过滤功能。能够准确把握起诉标准,注重亲历性原则的贯彻落

实，改变审查方式，实现由审查"在卷证据"向"在案证据"转变，切实把好
事实关、证据关、程序关和适用法律关，守住防范冤假错案底线。如某检察院办
理的刘某合同诈骗案。面对嫌疑人辩解根本没来过该市，而公安机关提供的科学
性证据又貌似确实充分的情况，对证据进行全面复核，并针对嫌疑人的辩解进行
调查取证：一是委托市院技术科对公安机关的笔迹鉴定结论进行复核，结果是得
不出同一笔迹的肯定结论；二是委托市院技术科对犯罪嫌疑人刘某进行测谎，结
果显示其陈述是真实的；三是要求公安机关组织之前做过人头像辨认的人对犯罪
嫌疑人刘某进行真人辨认，仅有 1 人在真人辨认中能辨认出；四是针对犯罪嫌疑
人刘某的辩解，赴其家乡山东省某市调查取证，有多名证人证实犯罪嫌疑人刘某
在本案案发期间确实在其家乡的某工地上做电焊工，并有犯罪嫌疑人刘某的银行
卡在案发期间多次在该市小金额存取款的记录相印证。经上述工作，承办检察官
认为认定刘某实施合同诈骗的证据不足，经提交院检委会研究，撤回了对刘某的
起诉，对其作不起诉处理，并按照规定给予其国家赔偿，避免了一宗冤假错案。

三是加大追诉漏罪漏犯力度。公诉部门不断加大追诉漏罪漏犯的力度。纠正
遗漏罪行和纠正遗漏同案犯等人数和件数不断上升，质量不断提高，做到了紧紧
围绕人民群众反映强烈的执法不严、司法不公问题，加大加强追诉漏罪漏犯工
作。如某检察院办理的犯罪嫌疑人高某等四人涉嫌寻衅滋事罪一案。经细致审
查，认为该案还有杨某等 8 人共同参与了寻衅滋事，故发出补充移送起诉通知
书，要求公安机关补充移送起诉另外 8 名同案犯。随后，分两次对 12 名犯罪嫌
疑人提起公诉，2016 年 3 月 16 日，高某等被判处有期徒刑八个月、缓刑一年；
杨某等 7 人被判处有期徒刑 6 个月、缓刑 1 年不等。

四是切实纠正侦查违法行为。及时发现和纠正侦查活动中的违法行为是公诉
部门侦查监督工作的一项重要内容，特别是要重点加强对刑讯逼供、暴力取证、
插手经济纠纷、越权办案等问题的监督，能够通过口头意见、书面检察建议、发
送纠正违法通知书等方式，及时纠正违法行为。如某检察院办理的朱某等二人盗
窃案。在一宗普通的盗窃案中，本着一丝不苟的精神，纠正了 4 宗具有典型性的
违法行为。（1）抓获经过反映在同一地点抓获朱某和姚某，但是搜查笔录却反映
在不同地点抓获二人；（2）搜查笔录里出现同样的两名侦查人员在同一时间但不
同地点对朱某和姚某分别进行搜查的情形；（3）刑拘后送看守所的时间超过 24

小时；（4）朱某被刑拘，也有讯问笔录，但是既未呈捕，也无关于如何处理的情况说明。

二、不断提升监督的影响力

坚持敢于监督、善于监督、依法监督、规范监督的工作方针，办理了一批有力度、有质量、有成效、有创新示范意义的案件，不断提升监督的影响力。

一是监督力度大。能够切实把好事实关、证据关、程序关和适用法律关，坚持严审细查，积极主动作为，并争取有关方面支持、配合，取得实实在在的侦查监督成效。如某院办理的王某绑架案，通过细心周全的讯问，发现了看守所管教将嫌疑人王某主动交代的余罪当作同仓毒贩检举揭发王某的材料，并据此被省法院认定立功，由死刑立即执行改判死缓的秘密，本着一丝不苟的精神，在几千条信息中逐一核实、甄别，查找出"沈某新"实为"岑某新"，掌握了看守所管教帮助搞假立功的证据，制定初查思路、目标、步骤、方案等，将线索移交刑事执行检察处，经过通力合作，一举突破了司法不公背后的职务犯罪。目前，检察机关已对某市看守所副所长陈某和民警李某、钟某以涉嫌帮助犯罪分子逃避处罚罪立案侦查，并对李某以涉嫌行贿罪立案侦查，对吴某以涉嫌受贿罪立案侦查。

二是监督质量高。能够严格执行罪刑法定、疑罪从无、非法证据排除等制度规则，准确把握起诉标准，注重亲历性原则的贯彻落实，做到办理刑事案件程序规范，侦查监督有章法。如某院办理的陈某等 13 人非法杀害珍贵、濒危野生动物、非法收购、运输、出售、珍贵、濒危野生动物、珍贵、濒危野生动物制品罪一案。此案系震惊全国的"杀老虎案"，案件较为复杂，舆论高度关注，承办人通过督促公安机关补充侦查并积极自行侦查，补充了陈某向其上家购买老虎的银行流水、银行汇款单、犯罪嫌疑人对银行汇款单的辨认材料、犯罪嫌疑人对购买、杀害老虎细节的供述等关键证据。最终，结合查扣的虎胆 24 只、虎尸 1 具及银行流水、犯罪嫌疑人的供述等证据，改变了公安机关对犯罪嫌疑人仅杀害 1 只老虎的事实认定，认定该犯罪团伙共收购老虎 25 只，杀害老虎 20 只，法院全部认定公诉机关的指控事实。同时，梳理犯罪结构图，准确界定罪名，依法对嫌疑人做起诉和不起诉处理，确保案件高质量办理。

三是监督效果好。"侦查监督点"选得准、选得实，法律权威得到切实维护，正确的监督理念得到较好体现，对促进有关部门严格公正执法、促进法律统一正确适用效果明显。如某院办理的李某等强奸案及系列案。承办人根据案件材料，自行发现疑点，并找到突破口，严格依照法定程序，自行侦查调取证据，排查出线索后和公安机关密切配合、共同努力，努力排除外界干扰，多次外出取证，成功挖出了 7 名漏犯。其中，4 名漏犯已经得到有罪判决，另外 3 名漏犯其中 2 名已经提起公诉。该系列案被告人中有 4 名警察或司法警察，身份敏感，社会影响大，承办人在诸多不利因素的情况下，将案件从无罪风险高、舆论风险大的案件办成了铁案。并及时向某监狱发出检察建议，促进某监狱对单位严格管理，此案在广东省内公安系统和监狱系统均产生了重大影响，不少单位将涉案干警作为反面教材警示教育单位干警。

四是具有创新和示范意义。侦查监督工作具有一定创新和示范意义，在本区域具有一定影响力，对类案办理，具有示范作用和指导意义，取得良好的法律效果和社会效果。如某院办理的刘某等贩卖毒品案。作为该市第一宗使用技侦证据定案的案件，主导并促使该市公检法五个办案部门签订了《关于刘某等毒品案件技术侦查措施收集的语音材料作为证据使用的会议纪要》，对技侦证据如何制作、提供、移送、使用等具体操作规程达成共识，强化了案件证据体系，成功追加两单毒品犯罪事实，两被告人分别被判处死刑立即执行、无期徒刑。突破了公安机关内部"技侦材料不公开"的硬性规定，首次获得广东省公安厅批复同意某市公安局向某市检察院提供相关技侦材料，在监督侦查机关提供关键性证据方面该作为而不作为、怠慢的取证不作为方面，取得突破性效果。此案之后，省公安厅又对另外 2 宗重大毒品案件批复某市公安局向某市人民检察院提供相关技侦材料，取得了很好的示范效应。

三、监督工作取得新突破

在监督中，把传统罪名与新型、疑难罪名并重，找准监督焦点、盲点精准发力，注重方式方法创新，实现"以点带面"效果，取得监督工作新的突破。

一是传统罪名与新型、疑难罪名并重监督。不仅在传统、多发型案件中注重侦查监督，对于一些新型、疑难、复杂、少发型案件，敢于监督、善于监督、依法监督。如某院办理的吴某坏计算机信息系统案。作为该区域内发生的第一宗类似案件，侦查机关缺乏办案经验，公诉人不仅提前介入，就如何收集、巩固客观证据与侦查机关做沟通，还邀请侦查人员、公安网络技术人员，电信部门技术人员参与联席会议，就本案的实施方法、原理做了详细讨论，明确思路、引导侦查。如某市办理的黄某污染环境案。在类案办理经验少、查证难度大的情况下。公诉人通过现场勘查，发现不应适用污染物超过排放标准一定倍数的定罪标准，而是属于通过暗管、坑塘等直接排放污染物污染环境，遂引导公安机关改变侦查取证方向，从直接排放污染物污染环境方面补充侦查；同时，调取某市环保局现场执法时的执法录像及现场勘查照片，通过认真筛选分析，从中发现并明确了涉案企业生产废水收集池、连接废水处理设施管道和1号坑塘连接口，被污染的水体及周边渗沟、采集水样等的位置情况，固定了涉案企业将生产废水直接排放坑塘的证据等。

二是找准监督焦点、盲点精准发力。能够针对办案中的一些焦点问题、盲点区域，找准突破口，精准发力，实现有效监督。如某市办理的邝某贩卖毒品案。在侦查监督过程中，以个案促类案，对于使用"特勤"和"技侦"手段类案件证据的合法性和客观性、全面性，提出类案证据收集标准，得到了公安机关采纳，极大地促进了此类案件执法规范化，倒逼侦查人员提高办案水平，保障刑事诉讼程序公平公正。某市办理的李某销售假冒注册商标的商品案。在成功追诉的基础上，联合公安机关召开专题联席会议，就贯彻落实《最高人民检察院、公安部关于规范刑事案件"另案处理"适用的指导意见》进行了讨论研究，将信息联络员制度，"另案处理"案件动态管理和核销制度具体化、常态化，形成追诉漏罪漏犯、另案处理等案件的办案方法的类案示范和指导作用。如某院办理的柳某销售假药案。通过申请传唤了5名参与侦查的民警及辅警出庭作证，就相关事实及问题进行陈述说明等手段，促进对辅警的规范使用，同时向某市公安局某分局发出《纠正违法通知书》，促进从四个方面进行了整改：①将本案存在的执法问题向全局民警进行了通报；②组织各办案单位民警参与本案庭审旁听，并开展执法教育学习活动；③对今后的同类执法问题提出了具体要求；④加大责任倒查问责力度，对责任民警和领导作出绩效扣分、通报批评等处分。

三是注重方式方法的创新。积极适应检察工作发展的新要求，注重监督方式方法的创新。如某市办理的曾某等 4 人贩卖、运输毒品案。①通过退查说理制度，监督侦查机关依法提取、扣押并移送重要物品。承办人不仅出具详细的退查提纲，而且当面说理，阐述四名嫌疑人的手机是作案通讯工具，有理有据地说明侦查机关应当作为物证依法提取、扣押并移送。②依托驻所平台开展专项监督。在案件起诉到法院公开开庭审理完毕后，利用检察官驻派出所平台与侦查机关承办人面对面交流，指出侦查机关存在的侦查疏忽、瑕疵及违法行为，形成案件质量报告，并与侦查人员一起学习交流《办理毒品犯罪案件工作座谈会纪要》《全国部分法院审理毒品犯罪案件工作座谈会纪要》。

四是积极实现"以点带面"的效应。能够结合类案的办理，做到"举一反三"，实现"以点带面"，达到办案一个案件，带动一片规范的效应。如某院办理的李某等 10 人走私普通货物案。在发现一单涉案 375 万余元的走私事实未认定系因为涉案的关键物品未移交的情况下，促成《某海关缉私局自管类涉案物品管理办法》的出台。如某院办理的施某等 10 人制造毒品案。针对现场查获大量毒品成品、半成品，品种多，现场状况复杂，相应物证的固定、提取、送检过程规范问题。结合本地发生的类似案件，联合公安、法院召开联合会议，签署了 2016〔1〕《公检法联席会议纪要》，以规范性文件指导类似案件的办理。如某院办理的李某等人聚众斗殴案。针对公安局将检察院已经作出批准逮捕决定的嫌疑人采取取保候审措施的行为，查明侦查机关是否具有包庇、渎职的情形，针对系李某敦促相关涉案嫌疑人员尽快投案自首以追究其相应刑事责任和尽快办结案件的目的，采取"变通"做法的行为。实现了对该局党委委员、副局长梁某、余某，党委委员、法制室主任黄某，刑侦大队队长关某、副大队长陈某，法制室副主任李某，环南派出所所长李某、办案民警林某予以诫勉谈话，并将检察建议以及该局处理情况向全市公安机关通报，实现以点带面、促进规范执法。

四、存在的问题

强化对侦查活动监督是法律赋予检察机关的重要职责，在审查起诉环节，侦查监督工作应当作为公诉"主业"之一，公诉人应当敢于监督、善于监督、依法监督、规范监督，积极构建新型"诉侦"关系。近年来，虽然在全面加强和改进侦查监督工作中，取得了一系列成绩、成效，但还存在一些问题，影响监督能力、监督质量、监督成效、监督创新的提升和实现。

一是"副业心态"。认为公诉部门的主要职责是指控犯罪，侦查监督只是"副业"，没必要耗费过多精力和时间进行侦查监督，存在"可有可无""可深可浅""可多可少"的心态。

二是"流于套路"。对侦查活动监督，目光仅仅停留在完善证据链，准确把握起诉标准，排除非法证据等传统层面，监督的方式多以退回补充侦查，发送纠正违法通知书等简单"套路"，监督视野单一、方式简单。

三是"一督了之"。存在"一督了之""'情况说明'走天下"的情形，没有结合监督点，对类案举一反三、归纳总结，实现以点带面，促成执法规范化，对背后可能存在的失职渎职线索，没有及时梳理、发现并移交移送。

四是"成效不够"。虽然追漏、追诉工作在不断提升和强化，保持总量和质量的增长，但是相比全省的办案总量和人民群众的期待，相比外省市的追漏、追诉成效，这项工作的量和质，还有较大的提升空间。

五是"迷信放任"。对一些科学证据鉴真，技术侦查的审查，电子证据的把关，等存在"迷信"心态，对"另案处理""情况说明"等的监督，存在"放任"心态，缺少有效举措。

六是"弱点明显"。对新型疑难复杂少发案件，尤其是涉及现代科技、财会经济、金融创新、生态环保的案件，对一些专业性、前沿性、科学性问题，了解不多、梳理不够、分析不足，难以找到合适的监督切入点、发力点，专家证人出庭上有效经验少。

七是"畏难情绪"。公诉部门应用现代科学技术，辅助侦查监督工作，提升监督效果、质量的手段不多，缺乏典型性、普适性的科技创新辅助监督工作的经验。一些公诉人对于现代科学手段不想用、不敢用、不会用、又不学的情形广泛存在，存在畏难情绪，科学的融合度不够，边缘化明显。

八是"评价面窄"。在公诉检察官业绩评价体系的设计中，将侦查监督工作纳入检察官业绩考核评价体系的分值不高、评价面窄，监督和办案量的矛盾协调不够，没有充分调动公诉人员侦查监督工作的积极性、主动性。

五、下一步工作的意见建议

侦查是审查起诉和法庭审判的前提和基础，公诉部门加强与侦查机关的衔接，既引导全面收集证据，又加强对刑讯逼供、非法取证的源头预防，严格依法认定证据，全力加强侦查监督，对于提升刑事案件质量、促进公正执法具有十分重要的作用。

一是树立"主业思维"。公诉从创设源起就肩负着侦查监督的重要职责，既依法指控犯罪，保证准确有效地打击犯罪，又严格把关和强化诉讼监督，坚守防止冤假错案底线，保障无罪的人不受刑事追究，保障犯罪嫌疑人、被告人的合法权益。指控犯罪和侦查监督就像是公诉品质的"一机两翼"，是保持公诉品质顺利、平稳起飞的关键，没有主业、副业之分，没必要有监督深浅、多寡的忧虑，都是公诉工作的应有之义、应然之举、应尽之事。

二是完善监督引导制度。提前介入、引导取证，都是加强对侦查取证规范指引和监督的重要途径。要特别注意研究探索建立强化对搜查、查封、扣押、冻结等强制性侦查措施和技术侦查措施的监督制度。完善同步录音录像案件审查机制，促进侦查机关严格依法收集、固定、保存、审查和运用证据。要注意加强对职务犯罪侦查取证工作的引导，既要强化法律监督，更要强化自身监督，领导要尽力支持、全力帮助干警监督能力提升。

三是加强审前过滤功能。审查起诉环节对案件进行过滤，既是全面贯彻宽严相济刑事政策的需要，也是坚决防止事实不清、证据不足或者违反法定程序的案件"带病"进入审判程序的重要保障。要正确行使起诉裁量权，完善不起诉制度，对达不到起诉标准的案件在审前依法进行分流。在认罪认罚从宽制度改革不断深化的背景下，要保持"严查细审"这根弦不放松，做到案件繁简分流，到案件质量不分流。

四是提升审查证据能力。要抓好关键证据的审查。要全面审查涉及定罪量刑的各种证据以及证据材料之间的客观性、关联性、合法性。对据以定罪的关键证据如时间、地点、人员、刑事责任能力、被害人等必须严格审查，对犯罪嫌疑人、被告人的无罪辩解必须高度重视，对定罪疑难且单一的言词证据必须认真复核，对矛盾证据必须严格甄别，对没有直接证据证实犯罪的，要综合审查判断间接证据是否形成完整证据链条；同时要树立自行侦查的意识，要以对案件高度负责的精神，转变存在的"等、靠、要"思想，进一步树立自行侦查的意识，对于可以通过自行侦查取得的证据，要创造条件，主动收集、固定和完善；要高度重视客观性证据的审查，不能把"鉴定意见"等科学证据当成铁证，必须树立鉴定意见证据同样需要鉴真的理念；要进一步加强学习，充实司法会计、法医、精神病、痕迹检验以及电子证据相关的专业性基础知识，掌握审查判断方法，对有疑问的，要多方请教、听取意见，全面掌握信息。

五是落实非法证据排除规则。要针对实践中对非法证据排除执行标准不统一、调查核实难的问题，要认真研究如何准确界定需要排除的"非法证据"范围、如何规范调查核实的具体程序。特别是要注意结合最新施行的《关于办理刑事案件严格排除非法证据若干问题的规定》，加强学习梳理，不断强化证据意识，严把审查起诉关，提高公诉人审查、判断和运用证据的能力，提升公诉案件的质量和效果。特别是对于侦查机关出具的"情况说明""证明"等要严格把关，逐条分析说明内容，挤压"说明"空间，能够用其他证据形式证明的，坚决杜绝"情况说明"，可以积极探索监督"说明"的方式方法。

六是利用科技实现工作创新。要树立科技网络思维，积极转变传统的重口供、重书面审查和传统出庭方式，要创造条件，推动公诉科技创新，善于运用智能语音识别和网络技术手段提升公诉效率；要注重掌握、运用电子数据等新型证据，增强客观性证据运用，提升案件认定的准确度和可靠性；要探索运用大数据技术构建分析平台与数据模型，促进证据标准可数据化；要充分运用同步录音录像技术，加强对证据合法性的审查，充分保障人权。

七是运用好退回补充侦查。首先要防止"退而不查""盲目退查""以退查换时间"等；其次要针对犯罪事实和证据情况，系统、规范地出具退查提纲，增强退查提纲的可操作性和公信力，避免以退查延长办案期限和浪费司法资源的行为。对于经过二次补充侦查仍然消极应对、拒不补查、拒不作出合理书面回复的案件，要及时运用各种法律监督手段，采取向相关部门和领导反映等方法，促使侦查部门补正。对于构成违法违纪的，应将相关线索移送纪检监察和反渎职侵权等有关部门。要强化与侦查部门的信息沟通，加强业务交流，举办不定期座谈会、联席会议，及时就有关案件和工作中遇到的问题进行沟通协调，要特别注重对新型犯罪的定罪标准达成统一认识，提高打击犯罪的合力。

八是完善业绩评价体系指标。要将侦查监督工作科学地纳入检察官业绩评价体系，不仅要把追漏追诉、排除非法证据、发送纠违、检察建议、移送线索等纳入，还要把提前介入、引导侦查、促进制度完善、促进社会治理完善、善于新技术、新手段等纳入，设定合理的分值，提升做好监督这篇大文章的积极性、主动性。主管领导要积极帮助、支持，关键时刻要力挺，做好后盾，提升干部监督的信心和决心，促进公诉环节侦查监督工作水平的不断提升。

重点举措篇

第十八篇　员额制改革中的重点问题及对策

习近平同志指出："深化司法体制改革是政治体制改革的重要组成部分，对推进国家治理体系和治理能力现代化具有十分重要的意义。"当前，中央正推行的完善司法责任制度、司法人员分类管理制度、健全司法人员职业保障制度、推动省以下检察院人财物统一管理四项改革举措，对于更好地解决司法不公和司法腐败，提升司法权威性和公信力，破除司法行政化、地方化等体制性弊端，具有关键作用。四项改革举措是紧密联系、环环相扣、互为支撑的，居于核心、贯穿其中的司法责任制改革是以员额制改革基础，员额制改革是顺利实现司法责任制改革进而顺利实现四项改革举措的关键。细致思考并直面员额制改革中的实际问题，对于顺利推进四项改革举措，实现改革目标，推进依法治国，实现国家治理现代化具有重要意义。

一、明晰员额制改革是实现改革目标的重要举措

党的十八届三中全会决定明确提出，要建立有别于普通公务员的司法人员管理制度。十八届四中全会也提出，要加快建立符合职业特点的法治工作人员管理制度，建立法官、检察官专业序列。员额制改革，就是围绕上述目标，为实现上述改革举措，推出的重要举措。

（一）员额制是检察人员管理制度改革的重大决策部署

员额制是按司法规律配置司法人力资源、实现检察官正规化、专业化、职业

化的重要制度，是司法责任制的基石。① 于检察院而言，员额制改革是以检察院内具有检察官资格的人员为基础，通过一定规则进行科学分类，合理确定检察官与检察辅助人员的比例，并通过建立健全检察机关办案组织、科学划分内部办案权限，切实凸显检察官在办案中的主体地位的改革。必须下决心实行法官、检察官员额制改革，敢于动真碰硬，有效改变法官、检察官素质良莠不齐的状况，真正让素质高的人进入员额，让高素质的人在一线办案。从这个意义上讲，员额制关系到这轮司法体制改革的成败，必须坚定不移地按照中央要求推进。②

实行检察官员额制，是探索建立符合司法职业特点的检察官管理制度的核心内容，这是检察官管理制度的一次重大变革，对于推进检察队伍正规化、专业化、职业化建设，提高检察队伍的整体素质和司法办案水平，具有深远意义。通过实现员额制，真正落实"谁办案谁决定，谁决定谁担责"的要求，最终形成权责明晰、权责统一、管理有序的司法权力运行机制。

中央确定的司法体制改革首批试点省市上海、广东、湖北、吉林、海南、青海、贵州这7个试点省市，已经根据中央全面深化改革领导小组通过的《关于深化司法体制和社会体制改革的意见及贯彻实施分工方案》、《关于司法体制改革试点若干问题的框架意见》和经中央批复的《司法改革试点工作方案》，通过科学测算，确定了检察官、检察辅助人员和司法行政人员的比例。除上海市将检察官、检察辅助人员、司法行政人员确定为33%、52%、15%的比例外，其他6省确定的三类人员员额比例皆为39%：46%：15%。这种比例的设置，确保按照中央的要求，将主要人力资源投入一线办案，实现了人员的分类管理。在整个办案队伍中，确保检察官属于少数，属于办案精英，检察官的人数远少于检察辅助人员，在整个检察队伍中，确保主要人员是办案人员，达85%，办案人员占整个检察队伍的绝大多数。

---

① 参见郭洪平：《孟建柱：以坚忍不拔的勇气 坚定不移推进司法体制改革》，载《检察日报》2015年4月18日，第1版。

② 参见郭洪平：《孟建柱：以坚忍不拔的勇气 坚定不移推进司法体制改革》，载《检察日报》2015年4月18日，第1版。

（二）员额制改革是实现检察官正规化、专业化、职业化的重要路径

加强正规化、专业化、职业化建设，是建设一支高素质检察队伍的必然要求，是确保司法公正、提升司法公信力的重要前提和坚实保障。党的十八届四中全会通过的《中共中央关于全面推进依法治国若干重大问题的决定》明确提出："推进法治专门队伍正规化、专业化、职业化。"

1. 员额制改革是检察队伍走向正规化的重要路径。"正规化"是符合正式规范与特定标准的模式。推进检察官正规化建设，就是从检察官录用、运行、考核、辞退等方面和环节实现正规化。当前，我国检察官的录用、运行、考核、辞退等环节还存在诸多与正规化要求相悖的情形。比如：在录用上，还存在不具备法学背景、没有司法实践经历的人员通过转业、任职交流等渠道进入检察院，从事检察工作，一部分人还担任检察院的重要领导，对检察决策产生重要影响；在运行上，国家实行的统一公务员招录考试中，检察官与普通公务员在录用运行程序上无差别，体现不了职业的特殊性；在管理上，对检察官、司法行政人员的管理，没有差别性，实行同一套管理体系，行政化色彩浓厚，不符合司法规律；在考核上，当前的考核评价体系是以行政考核模式为范本，难以体现检察官的专业性特点，也不利于准确甄别表现优秀的和表现一般的检察官，不利于检察官法治思维的培养和深化；在辞退上，还存在检察官职业保障不充分、不全面，非经法定事由、非经法定程序辞退检察官的情形依然存在等。

2. 员额制改革是检察队伍走向专业化的重要路径。"专业化"是让检察官能真正发挥专业特长，不断提升业务本领，留在一线办案岗位，只有具备长期一线实践经验的积累，才能以娴熟的业务能力，准确裁判各类案件，实现社会公平正义。这和对行政人员的要求是不一样的，对于行政人员，往往要求具备丰富的岗位锻炼经验，能处理、应对、解决各种复杂事务。由于当前确定检察官等级、薪级等的主要依据是行政级别，加之在检察院内部，检察官与行政人员不分，导致检察官与行政人员等其他人员在职级晋升、业绩考核、职业保障等方面没有太大区别，与检察官承担的职责任务和法律地位不匹配，检察官职业荣誉感不强。不仅法院、检察院内部难以吸收、留住优秀法律人才，留在法院、检察院的优秀法

律人才，也可能从个人职业发展、经济因素等考量离开法检系统。① 或者从组织需要、个人从政经验积累等角度出发，为提升行政级别和升职资本等而离开一线办案岗位，转到司法行政岗位或者其他行政部门。② 这种状况直接导致具备专业特长、专业能力突出的检察官长时间不从事具体的司法业务工作，甚至脱离一线办案岗位，难以坚守在一线实务部门从容办案。员额制的实行，能够让优秀的检察官在检察单独职务序列下，可以专注于办案，通过提升业务能力和水平，继而提升检察官级别，实现职业目标的提升，不必为了提升行政级别而必须转到其他岗位去丰富履历等。

3. 员额制改革是检察队伍走向职业化的重要路径。职业化是一种工作状态的标准化、规范化、制度化，职业化的目标是职业群体有着共同的职业道德、职业意识、职业心态。检察官职业化要求检察官群体遵循共同的职业道德，有着共同的职业意识和职业心态。从总体上而言，近年来检察官在职业道德建设上取得了突出成绩是无可厚非的，普遍能够遵守《检察官职业道德基本准则（试行）》《检察官职业行为基本规范（试行）》等，但是仍然存在一些检察官办理人情案、关系案、金钱案的情形，仍然存在检察官与律师、商人等不正当交往、接触，甚至充当司法掮客的行为。这些现象反映在职业意识上，就是检察官的职业尊荣感不强，把检察官当"官"的意识仍然存在，在职业心态上，追究行政职位上的晋升，仍然是一部分检察官的主要目标，在职业道德上，坚守职业道德底线的意识仍然不强等。检察官职业化要求检察官把守护公正正义、追求卓越的检察业务能力和扎实的检察理论水平，成为大多数检察官的职业心态。正是在职业化建设上仍然存在上述问题，才需要通过改革举措进一步完善。

---

① 北京市高院院长慕平介绍，5 年北京法院系统 500 多人辞职，且有增加趋势。另据有的代表提供的数据，上海 5 年流失法官 300 多人，江苏甚至有上千人。深圳市中院的数据也显示，5 年深圳法院系统辞职、调走的人数相当于两级法院政法编制人员的 15.5%。但是这些都是 2009 年至 2013 年个别地方的数据，能否从中归结出一个全国性的普遍现象，在逻辑上仍值得商榷。参见傅达林：《要让优秀法官检察官安心留下来》，载《中国青年报》2015 年 4 月 14日，第 2 版。

② "我在基层做了 15 年了，现在还是一个股级。不是我不努力，我努力了，但在这个通道上要更大的努力。"他说，公安机关派出所是正科级，他所在的法庭只有一两个是正科级，其他还是副科级。与其他机关的公务员相比，法官的级别晋升机会很少。参见李亚坤：《法官检察官为何辞职：工作压力大、收入不高、晋升困难》，载《南方都市报》2015 年 2 月12 日，第 3 版。

（三）员额制是破解当前司法难题的重要举措

当前的司法难题，或者说影响司法公信力提升的主要问题，综合而言，主要是司法地方化、司法行政化和司法不公。这些问题在法院和检察院都存在，都需要通过改革来实现改变。从国家结构上讲，我国是一个单一制国家，司法权从中央到地方都遵行统一的法制。地方各级人民法院、检察院是国家设在地方的法院、检察院，代表国家行使审判权、检察权，自上而下适用统一的法律规范，平等地保护各方当事人的利益。但在司法实践活动中，却存在司法权地方化倾向。比如，司法权存在地方保护主义、司法权被地方党委政府不当干预、司法机关被地方政府部门化等。

司法的行政化趋势主要体现在司法管理体制、业务管理体制行政化。典型的就是司法人员和政府公务员的行政级别完全一样，一律都参照普通公务员制度来管理，实行公务员的职务、级别、工资、考核、奖惩、退休等制度，而且在职务级别晋升、工资调整、考核等次的评定、退休的核准等人事事务方面也都是和政府公务员一样，都由政府人事部门来办理的。在业务管理体制上，实行的"案件审批制""审判委员会制""检察委员会制"，案件必须要经过领导审批才能决定，让法官、检察官有案件办理权，却没有决定权，无论大案小案，都要层层审批，造成"审者不判、判者不审"的司法尴尬情形。

同时，还存在部分检察人员办案人情案、关系案、金钱案的情形，还存在司法程序上不公等问题，比如，讯问职务犯罪嫌疑人同步录音录像制度落实不到位，指定居所监视居住强制措施适用不规范，对一些限制性规定变通执行等；不依法听取当事人和律师意见，对律师合法要求无故推诿、拖延甚至刁难，限制律师权利的现象；违法采取强制措施，违法取证，违法查封扣押冻结处理涉案财物，侵害当事人合法权益等行为；受人之托，过问、干预案件，甚至受利益驱动，越权办案，违规插手经济活动等。这些问题的解决，都需要通过制度顶层设计，在制度的不断完善中，逐步改善并最终消除。

（四）员额制改革是贯穿四项改革举措中的关键之举

中央部署的四项司法体制改革试点任务，完善司法责任制是核心，完善司法人员分类管理制度、健全司法人员职业保障制度、推动省以下法院检察院人财物统一管理等三项改革任务都是为了从内外部强化和保障司法责任制改革这个核心。完善司法责任制改革，目标就是通过建立健全司法机关办案组织、科学划分内部办案权限，凸显法官、检察官在办案中的主体地位，"让审理者裁判、由裁判者负责""谁办案谁决定，谁决定谁担责"，形成权责明晰、权责统一、管理有序的司法权力运行机制。当前，检察机关推行的一系列改革举措，如主任检察官办案责任制、改革检察委员会、权力清单制度、办案终身负责、错案追究等，都是就完善司法责任制改革这个改革事项而进行的实践探索。① 然而，要完善司法责任制，在检察层面而言，必须要有一批能够做好司法裁判工作、担当司法责任的优秀检察人员，实现检察人员的分类管理，通过严格的遴选，让优秀检察官进入员额，实际上就是解决改革中最重要的用什么"人"这个问题。当前，在各级检察院内，具有检察官资格的人比较多，在经济发达地区的检察院，检察官的比例普遍都能达到70%以上，但是并不是每个具有检察官资格的人都能够妥善地承办案件并承担办案责任，同样是办理案件，检察官的能力和水平也不一样，对于大要案、疑难复杂案件的把握能力也不一致，所以必须采取优中选中、精中选精等方式，遴选一批能够独立办案的人员，并赋予一般的办案决定权，在充分合理授权和有效监督制约下，真正推行司法责任制等改革。

二、认清检察"业务部门"和"办案部门"的区别

（一）"办案"部门才能配备检察官员额

习近平总书记指出："要紧紧牵住司法责任制这个牛鼻子，凡是进入法官、检察官员额的，要在司法一线办案，对案件质量终身负责。"这是对员额内法官、检察官提出的硬性要求，进入员额的检察官、法官，就必须要在一线办案，如果不办案，就不能进入员额。那么评判应当配置检察官员额的部门，也只能依据是否办案来定夺，如果不办案，则不属于应当配置检察官员额的部门。

---

① 参见余响铃：《紧紧牵住司法责任这个牛鼻子》，载《检察日报》2015年7月3日，第3版。

因为业务工作的多样性，即便在诸多业务部门中，业务岗位也具有多样性，有些属于业务事务类，有些则属于业务管理类、业务研究类。因而，即便是业务部门，也并不意味着就是办案部门，只有业务事务类的，才属于检察办案部门，员额必然要配备在检察业务部门，但并不是配备在所有的业务部门，只能是配备在业务部门中的办案部门，这是司法责任改革的目标和要求决定的。站在检察职能的视角上，准确认定"办案"的内涵，是科学配置检察官员额的关键问题。

依据我国宪法的规定，检察机关属于国家法律监督机关，依法行使检察权。包括对国家公职人员的职务犯罪侦查权、对刑事案件的批准逮捕权和审查起诉权，同时又包括对侦查机关、审判机关和监管执行场所行使法律职能的监督权，并由此衍生出立案监督权、审判监督程序上的抗诉权以及对上述机关职务行为的纠正违法行为建议权等一系列权力。是不是"办案"，最直接的体现就是是否依照法律依照程序行使检察权。概而言之，"办案"应当具备以下三个特征：

第一，行使对案件的处理、裁判等权能。是否属于办案部门，得考察是否需要行使对案件的处理、裁判等权能，"办案"的对象是具体的案件，要是只是对检察工作的大政方针或者有关案件刑事政策、法律适用等问题的分析，或者只是对案件采取一种综合管理、分析统计工作，则不属于对案件行使处理、裁判的权能，若只是一种行政管理权能而不是司法裁判权能，自然不属于办案。

第二，涉及对案件当事人人身、财产利益的调整。是否属于"办案"，得考察是否因为办案事项的处理，而可能对案件当事人人身、财产利益进行调整的可能，影响到其可能的利益。比如，因为办案权力的行使，导致案件当事人财产被扣押、冻结、被采取、变更强制措施、被司法部门判处一定的刑罚等，如果没有发生实际利益的调整，则不能属于办案。

第三，行使办案权能需要依据既定的法律程序。行使检察办案权，属于行使检察权能的范畴，行使检察权能就必须依据法律规定的方式、方法、步骤来进行，这是实现司法公正程序保障的需要。有些业务部门的工作，因为不涉及一定人身、财产利益的调整，行使权力并没有一定的法定程序支撑，只是一种行政化的工作模式和管理模式，因而不能定义为办案部门。

（二）检察院"办案"部门的准确认定

根据当前检察机关的实际，检察内设机构大致可以分为业务部门和行政部门，行政部门主要包括干部人事、计财装备、后勤保障、综合办公等，因为不直接从事具体的检察业务工作，主要职责体现为对检察业务工作的综合保障，因而定位为行政部门的争议不大，而业务部门的定位，则有所争议。

根据《人民检察院刑事诉讼规则（试行）》（以下简称：规则）第 5 条规定：人民检察院依照法律规定，在刑事诉讼中实行案件受理、立案侦查、侦查监督、公诉、控告、申诉、监所检察等业务分工，各司其职、相互制约，保证办案质量。根据上述条文的定义，检察院的业务部门主要包括案件受理、立案侦查、侦查监督、公诉、控告、申诉、监所检察等，上述部门也是目前大多数检察院普遍设立的内设部门。除此之外，虽然不属于《规则》第 5 条列举的部门，但是在检察院的内设机构中，还普遍设有检察理论研究、职务犯罪预防等部门，在检察实践中，一般也把上述部门当做业务部门。在员额制改革的背景下，认定被《规则》认定的业务部门和实践中被认为的"业务部门"属不属于检察办案部门，需要具体问题具体分析。

对于是否属于检察院的办案部门，一般而言，立案侦查、侦查监督、公诉、控告、申诉、监所、民事行政检察等部门没有争议。争议比较大的是在全国检察院普遍设立的又关涉重大的几个部门，比如，案件管理、检察理论研究和职务犯罪预防，对这三个部门是否属于"办案部门"的认定，直接关系到这三个部门能否配备检察官员额，也关系到这三个部门未来的发展方向。

对于案件管理部门，根据《人民检察院刑事诉讼规则（试行）》第 668 条规定：人民检察院案件管理部门对检察机关办理的案件实行统一受理、流程监控、案后评查、统计分析、信息查询、综合考评，对办案期限、办案程序、办案质量等进行管理、监督、预警。案件管理的八大业务范围为：统一负责案件受理、流转，统一负责办案流程监控，统一负责接待辩护人、诉讼代理人，统一负责组织办案质量评查和综合业务考评，统一负责业务统计、分析，统一负责扣押、冻结涉案财物的监管，统一负责以本院名义制发的案件文书的监管。① 由上述功能定位和业务范围可见，案件管理部门虽然"日常性业务"多，工作范围广，但是多数不属于行使案件处理、裁判权能的事项和涉及案件当事人人身、

---

① 最高人民检察院：《检察机关执法规范培训学程》，中国检察出版社 2013 年版，第659 页。

财产利益调整等，工作内容属于对与案件有关的业务进行的综合管理，比如管理、监督、预警、统计、分析、接待等，这些工作方式明显不属于司法裁判权，因而虽然属于检察业务部门，但只是业务管理部门，不能算作"办案"部门。

对于检察理论研究和职务犯罪预防部门，虽然在检察实践中，通常以检察业务部门或者综合类检察业务部门的身份出现，然而，这主要是出于检察工作管理需要出发而作出的一种"形式上认为"，但不属于"法律上认定"。在员额制改革的背景，从入额检察官必须在一线办案的硬性要求出发，理论研究部门和职务犯罪预防部门涉及的只是与案件有关的理论研究和宣讲教育工作，没有对案件行使处理、裁判的权能，也没有当事人人身、财物处理的行为，自然无法行使"办案权"，也无法担当"办案责"。不符合员额内检察官责权利统一的要求。而且《规则》第5条对业务部门的分工中，也没有列出上述部门，从制度上不仅难以定位为业务部门，定位为办案部门则更不适合。

虽然案件管理、检察理论研究和职务犯罪预防三个部门不能定位为"办案"部门，原则上是不应当分配检察官员额的。但是，在检察改革初期，尤其在5年过渡期，考虑到检察工作开展的实际需要，为了增强这些部门检察人员的工作积极性，让一部分有办案经验的人愿意留在上述部门，更好地引领上述部门的发展，适当地配备少量的检察官员额，在一定程度上，是可以减缓改革阻力，也是有利于检察工作发展的。但是随着改革的深入，要逐渐消除上述部门的检察官员额，才能真正引导检察工作科学发展。

三、理顺检察员额配置的考量因素及分配模式

（一）检察官形成机制的多重变化

当前的检察体制改革试点工作，是以省为单位确定检察官员额比例，39%是以中央政法专项编制数为测算基数的，在准确核定出一个省拥有的中央政法专项编制数后，一个省拥有的检察官员额，也就是一个确定的数目。假定广东省检察机关现中央政法专项编制数为10000名，那么在改革后，检察官员额数则为3900

名，在测算基数没有变化的情况下，这是一个原则上不能突破的数字。和改革前相比，检察官在选任方式、额数调配、补位模式上发生了三重变化：

检察官选任方式由"地方任命"变成了"遴选产生"。改革前，检察官的任命模式属于"地方任命"，比如，助理检察员的任命由检察长决定，检察员的任命由当地人大常委会决定，助理检察员和检察员统称为检察官，检察官是一种"地方官"。改革后，检察官由全省统一的检察官遴选委员会通过遴选产生，遴选委员会的组成人员中不仅有检察官，还有法官、律师、法学教授等，遴选工作是定期举行的，遴选的比例也是差额的，出席人数要符合一定比例，方可作出有效表决。检察官不再是"地方官"，一个检察人员只有经过了统一的省检察官遴选委员会的遴选，才能通过分级任命的方式被确定为检察官。

检察官额数调配由"变量调配"变成"定量分配"。改革前，一个检察院可以通过任命新的检察官来增加办案力量，以补充新鲜血液的方式来缓解不断增长的办案压力，通过检察官"存量"的增加，达到一种"变量调配"的效果。改革后，由于全省检察官额数的相对确定，根据区域、层级、办案任务等因素，分配到每个检察院的检察官额数也变得相对确定，实际上，在检察官额数上，形成了一种"定量分配"的机制。遇到"人案压力"时，检察院不能简单地通过增加检察官存量的方式，来缓解办案压力，必须要"做好内功"，通过完善办案流程、强化教育培训、提升办案技能、借助检察辅助力量等，来提升办案效率，增强办案效果。实际上，这也是检察官培养的科学模式，倒逼检察院不能还停留在过往"以量取胜"的年代，而应当走向"以质取胜"的时代。

检察官补位模式由"到点就任"变成了"空缺才任"。改革前，检察官的补位方式是"到点就任"。通过司法考试的检察人员，在检察院工作达到一定的年限，参加完初任检察官培训，就可以被任命为助理检察员，就可以独立地承办案件。在检察院人员匮乏，特别是法律科班检察官不多的情况下，这种任命方式很好地解决了专业人员不足和案件数量过快增长的矛盾。改革后，一个检察院要增补新的检察官，本院必须有空缺的检察官员额，或者通过全省性的检察官员额动态调整机制获得新员额，才能通过统一的遴选程序去增补检察官，如果没有检察官员额空缺，没经过遴选程序，是无法补位为检察官的。对于上级检察院而言，要补位新的检察官，必须要通过逐级遴选的方式，才能实现对检察官的增补。

（二）检察官员额分配机制考量要素

站在一个省的层面，如何科学分配检察官员额到每一个检察院，是一个关键问题。根据当前的改革政策，科学分配检察官员额，要统筹考虑三个层面的问题。

一是向基层倾斜。员额分配向基层、向案多人少的地区倾斜是中央一直强调的政策，这是保证检察工作持续和稳定的需要，也是应当遵循的司法规律。比如，广东省检察机关办案压力巨大，目前是以全国 1/20 的人力办理全国 1/10 强的案件，尤其是珠三角地区的基层检察院，"案多人少"的矛盾特别突出，深圳市连续 10 年每年批捕、起诉人数均高达 2 万多人，超过北京，接近上海，但是深圳市检察机关实有中央政法专项编制数仅为北京、上海的三分之一。在珠三角地区的大部门检察院，人均办理案件维持在 150～200 件，这是内地某些检察院人均办案数的三倍、四倍甚至更多，员额向基层倾斜，才能更好地应对"案多人少"等突出的矛盾问题，向基层倾斜，从全国的层面而言，检察官员额应当尽量向案多的省份倾斜，从省的层面，检察官员额应当多向基层检察院、市检察院倾斜。

二是向办案一线倾斜。如果说向基层倾斜主要是一种"纵向"的倾斜，更多的是从一个省内三级检察院功能定位、职责要求不同的角度而言，那么向一线倾斜则是一种"横向"的倾斜，是根据在不同层级检察院不同办案部门忙闲程度不同而作出的一种倾斜。通常而言，在基层检察院，公诉、侦查监督、自侦等部门因为案件多、程序复杂，往往面临较大的工作压力。而民行检察、控告申诉、监所检察等，因为职责定位和岗位情况的不同，相对公诉、侦查监督、自侦等部门而言，案件量不多，工作压力要小，因而，在基层检察院的层面，向办案一线倾斜，应当尽量地向公诉、侦查监督、自侦等部门倾斜。但越是在层级高的检察院，法律的规定和工作的属性决定了民行检察、控告申诉、监所检察等部门则面临的工作压力会增加，那么在检察官员额配备上，也应当反映这种一线办案情况的实际，尽量在各部门之间达到一种与工作量的平衡。

三是员额不能一次性用完，要留有余地。在严格遵循中央政法专项编制 39% 以下要求的基础上，要留有余地、宁缺毋滥，为暂时未能进入员额的优秀人才留下入额空间，这是中央在员额制改革这个问题上多次强调的。① 员额不一次性用完、要留有余地的决策，是从长远考虑，是留出空间给优秀人才，需要各地科学决策，特别是在办案压力原本较大特别是在珠三角等区域原本就"案多人少"矛盾十分突出的情况下，留下多大的空间才能平衡办案压力和年轻人才入额需要，目前中央没有统一的基调，需要各地结合实践来确定。目前，深圳市院已选任主任检察官仅占中央政法专项编制的23%，佛山市院、顺德区院、南海区院已选任主任检察官分别占编制的22%、25%、28.3%。茂名市院、茂南区院、高州区院已选任主任检察官分别占编制18.3%、22.5%、20%，均低于39%的员额比例，为暂时未入额的优秀检察官留下空间。从一个省的层面而言，还需要统筹全局来考虑这种留存的数额，做到分级核定、动态管理，才能保证员额制改革始终沿着检察工作发展的实际出发。

（三）检察官员额分配模式的利弊对比

检察官员额分配除了考虑向基层倾斜、向办案一线倾斜并且要留有余地这三个层面的原则之外，具体到每一个检察院应该分配多少个检察官员额、依据什么标准分配，怎么分配等，是一个矛盾、争议较为集中的问题。需要综合考虑各种分配方案的利弊，进行全面、统筹、长远考虑。

一是"以案定额"模式。案件数量是一个客观存在的数量，案件数量的多寡，直接决定工作量的多少，最直接地影响着检察官员额数实际需求量。检察机关案件管理统一软件实行后，案件"大数据"成为可能，可以较为方便地确定在一定年限内，某地检察院办理案件数量的实际情况，以此来核定的检察官员额，相对而言，是科学、客观的。但是也面临几个问题。（1）检察院的业务工作难以都通过案件数量来反映，难以全面体现工作量。检察院的多数部门都参与了大量社会综合治理、法治宣传教育等工作，这是保证中国特色社会主义事业顺利推进的需要，也是中国检察工作的特色和实际，在目前情况下，其中的大量工作不仅不能松解，而且要加强，故难以一概而全地通过案件数量反映检察工作量和所需要的检察员额。（2）很多检察工作本身就不是体现在量上，而且检察院在全面科

---

① 参见孟建柱：《让年轻骨干有进入法官、检察官员额机会》，载《新京报》2015年7月31日，第1版。

学发展的同时，不同检察院也根据地方工作实际，在不同业务领域进行了探索，创造了很多经验，比如社区检察、金融检察、未成年人检察等，而这些大量的探索和实践工作不一定都能通过案件数量反映，甚至反映在"量"上的仅仅是工作量中的小部分，要是单纯的"以案定额"难免打消上述工作的积极性，影响上述工作的有序健康发展。

二是"以人定额"。现有中央政法专项编制数是经过科学决策统筹分配的，经过多年的实践，已经证明具有科学性和合理性，在一定层面上也反映了现有各个检察院的工作量和员额需求数，以每个院现有的中央政法专项编制数为基础，分配检察官员额，也存在一定的科学性，这也是在改革期间，较为稳妥过渡的方法，然而，也存在一些问题。近年来，随着经济社会的不断发展，尤其是经济发达地区的检察院，案件数量增长过多过快，而中央政法专项编制是多年前的基数，实际上案件数量的增长和编制数的增长并未同步，在"人案矛盾"下，很多地方都是采取招聘政府雇员等方式来缓解办案压力，而这些人员的数量是无法作为检察官员额分配的基数，如果单纯"以人定额"，难以准确反映实际工作量，招聘雇员等较多的检察院，其办案压力会进一步加大。另外，从一个省的层面而言，统筹分配中央政法专项编制数，是结合当时检察工作量的实际，经过一段时间的发展变化，很多当年办案量少的地方，已经超越成了案件多的地方，如果仅仅"以人定案"，也难以反映这种区域间案件数量发展变化的真实情况。

三是"以检察官定额"。以每个院现有检察官的数量确定所需的检察官员额，是因为检察官员额的分配本来就是在现有检察官中的一种再分配过程，以现有检察官的实际人数为基数进行员额再分配，能够充分考虑不同检察院现在拥有、未来消化检察官的实际问题和困难。然而，这种分配也存在一定问题，因为现有检察官任命是通过司法考试、达到一定工作年限的"到点就任"模式，很多拥有检察官身份的人，根本不在检察业务岗位办案，检察官的实际数量不一定能科学反映员额实际需求量。而且，不同检察院人员素质的差异，导致通过司法考试人数的差异，最终影响检察官数额，经济发达地区检察院的检察人员由于法律素质相对高，任命为检察官的可能性和实际人数也普遍高于欠发达地区，但是这种检察官数量的差异与员额数需求的实际反映程度未必准确，很多检察官人数少的区域对员额的需求未必少于其他地区，甚至需求更大。

要在一个省的层面，去科学分配检察官员额，综合考虑案件数、中央政法专项编制数和现有检察官数这三个因素还是不够的，还需要考虑经济发展水平、人口基数、案件增长幅度等，然而要综合上述各种考虑因素，去设计一套科学的计算方法，在现有的条件下，确实存在巨大的困难。目前，只能选择最具有代表性和关键性的因素，以此设计不同的权重比例，进行综合考虑，对比分析。比如，在案件数、编制数和现有检察官数三因素的基础上，设置 5：3：2 的比例，或者 4：4：2 的比例，在不同比例下，测算出不同的分配方案，最终选择一个大多数人可以接受的方案，这在一定程度上是属于员额分配的合理方案。

四、妥善选择领导干部入员额方式方法

（一）领导干部入员额的难题

通过公平公开公正的程序，坚持标准、严格条件让真正能办案、会裁判的检察官进入员额，做到择优录取、宁缺毋滥，这在一定程度上体现了检察官入额的实体要求和程序要求。这个要求对所有检察官而言，都是开放的，不仅包括普通检察官，也包括担任领导干部的检察官。

应该说，大多数担任领导干部的检察官都是资深的检察官，有着扎实的业务能力和丰富的办案经验，是员额内检察官的理想人选。然而，由于领导干部担任了一定的职务，在入额问题上具有先天的优势，让具有先天优势的领导干部和不具有优势的普通检察官同台竞争，更加需要公平公正，更需要考虑现行领导干部管理体制的实际问题，科学设定领导干部入额的条件和程序。

检察院现行的管理体制是实行检察长统一领导检察院工作的模式。在检察院领导班子成员中，除了检察长、副检察长之外，还包括政治部（处）主任、纪委派驻纪检组组长。同时，在领导班子之外，设置了一定数量的相当于同级副检察长行政级别的检察委员会专职委员，正副调研员（巡视员）、主任副主任科员等。在领导干部这一层面，政治部（处）主任专管人事方面的事宜，纪检组组长专管纪律检查工作，不涉及检察业务工作，其他的副检察长，可能根据职责的分工，专管或者分管一定的业务工作和行政工作，在工作上，表现为既不是一种纯粹的

业务领导，也不是一种完全的行政领导。

除了院领导这一层面，在一个检察院内部，还有大量的中层干部暨科（处）长，除了业务部门的领导，还有非业务部门的中层领导，由于工作的需要，存在一定的任职交流，有些现任非业务部门的领导原本是业务部门领导干部交流的，也存在一些业务部门领导由非业务部门领导担任的情况。具有检察官资格的非业务部门领导和担任业务部门的非检察官领导，都可能或者有意愿参与检察官的遴选。

在有限的员额数下，如果院领导班子成员和中层干部与一线检察官争员额，则会带来以下问题：一是行政工作与办案任务相矛盾。领导干部难以亲自办理大量案件，由于入员额必须亲自办案，而领导干部担任了大量行政工作，在行政工作一时难以退出，办案任务又不得不完成的情况下，领导干部必须两头兼顾，则不可避免存在行政工作与办案任务相矛盾。二是影响改革的积极性。对于改革，中央多次强调必须要打破论资排辈，进行择优录取，要是领导干部多数能进入员额，即便是在公平公正的程序之下进入的，也不可避免在广大检察人员心中产生"换汤不换药""论资排辈"的印象，影响干警参与改革的积极性，难以达到改革的预期效果。三是优秀的年轻检察官没有机会。由于员额的有限性，在一些人数较少的检察院，员额数甚至达不到现有领导干部的人数，如果领导干部都入员额，员额制改革就成了领导干部集体的"华丽转身"，入额的权威性面临挑战。加之员额的空缺必须等待占据员额的检察官退出，而等到退休的持续时间长，优秀年轻检察官可能长期处于等待的过程中，如不能顺利进入员额，不仅影响检察工作的科学发展，也影响到队伍的稳定健康、积极性和长远进步。

（二）领导干部入员额的方法

对于领导干部入员额要有严格规定，领导干部要进入员额的，必须依照统一的程序和标准进行遴选，并亲自办案，对案件终身负责，有的地方在试点中提出，法院、检察院领导不能和一线法官、检察官争员额，这有道理，领导干部应当有这样的觉悟和境界。① 员额制改革中，领导干部入员额是一个十分敏感又十

---

① 参见孟建柱：《员额制关系到司法体制改革成败》，载《北京青年报》2015 年 4 月 18 日，第 1 版。

分关键的问题，对于领导干部入员额，既要不折不扣地按照中央的有关要求进行，又要科学设计具体制度，保证入额的领导干部经得起办案工作的检验，不入额的领导干部更要保持好的心态，继续发挥作用，不影响现有的检察工作。领导干部入员额，可以在普通检察官入员额标准的基础上，设定更为严格的条件，比如设定一定"准入""缓入""禁入"的标准。

"准入"是纳入员额管理的检察官，应当具备的条件。一般而言，应当具备：①良好的政治素质和职业素养；②较高的法律政策水平；③依法处理各项检察事务的能力；④相应的检察办案经历；⑤具备正常履职的身体条件和学历条件；⑥年度考核达到一定的标准。对于领导干部选择入额的，一般应当在此基础上设置更为严格的条件，比如，还要求领导干部有过一定办理大要案的经验、获评业务工作的技能奖项、具有长期管理业务工作的经验等。

"禁入"是指检察官具备一定的情形，是不能进入检察官员额的。比如在办案质量上，因为故意或者重大过失等，影响到案件办理效果的，或者职业操守存在问题，社会评价不高的，因为违纪受过警告以上处分的，配偶从事律师、司法审计、司法拍卖等职业不愿意退出，领导干部需要任职回避的，"裸官"的、身体健康欠佳影响工作开展的，等等，都应当设置为一定的"禁入"条件。这是对检察官充分授权和有效监督的需要，也符合当前国家对公务人员任职管理的实际需要和政策要求。

"缓入"是指领导干部虽然符合遴选条件，但是暂缓参与检察官入额遴选。改革初期，很多工作机制尚未形成有效的制度，还需要探索和磨合，关键时刻，特别需要具备丰富管理经验的领导干部继续留在综合管理岗位，以保证改革的顺利推进，要是领导干部大都选择入额，留下的行政管理工作可能会受到影响，而行政管理工作又是检察业务工作的重要保障。所以，对于领导干部入额这个问题上，要从整个检察事业发展全局来考虑，要发挥党性觉悟，在利益调整面前，确实需要继续待在非检察官岗位上的领导干部，还是应当继续留任，直到工作稳定妥善过渡。同时，对于一些担任非领导职务的干部、临近退休年龄的、业务工作经验有限等，也可以设定为"缓入"情形。

五、发挥遴选委员会在检察官选拔上的作用

（一）首批检察官遴选如何发挥遴选委员会的作用

目前，首批 7 个试点省市大多已经选拔了首批员额内检察官，在选拔首批入额检察官的过程中，都不同程度地发挥了检察官遴选委员会的作用。从湖北省司法体制改革领导小组办公室获悉，历经考试、考核、审查，该省 24 个试点法院、检察院首批 1189 名员额制法官、检察官结束遴选公示，其中法官 673 名、检察官 516 名。① 湖北省法官检察官遴选委员会召开第二次会议，对全省首批拟确定计入员额法官、检察官人选进行专业资格审查，涉及武汉市、黄石市、襄阳市、恩施州等 4 个地区的 24 个试点法院、检察院共计 1300 人。首批入员额法官、检察官专业资格审查严格按程序进行，15 名委员以无记名投票方式表决，试点院按照每人得票数从高到低产生遴选人员。② 上海市法官、检察官遴选（惩戒）委员会 8 月 31 日举行第五次全体会议，投票表决确认 1475 名审判员以及 1023 名检察员纳入法官、检察官员额管理建议名单；并按照差额约 1.2∶1 的比例，从参加陈述答辩的助理审判员和助理检察员中，分别投票遴选出 296 人和 240 人纳入法官、检察官员额管理建议名单。经法定程序后，将由同级人大常委会任命，成为上海市司法体制改革试点全面推开后首批入额法官、检察官。③

从湖北省、上海市两个试点省市的试点情况看，首批检察官拟任人选都是经过严格程序遴选出来的，比如上海市的入额检察官就历经了制定方案、确定名额、组织报名和笔试、组织面试、实绩考评、拟任人选、考核测评、省级院把关，遴选委员会审核，决定人选、分级任命等 11 个程序。但是就首批入额检察官的产生与发挥检察官遴选委员的作用上而言，目前检察官遴选委员会发挥的作

① 参见刘志月：《湖北首批 1189 名员额法官检察官公示结束》，载《法制日报》，2015 年 8 月 8 日，第 1 版。
② 参见刘志月：《湖北首批 1189 名员额法官检察官公示结束》，载《法制日报》，2015 年 8 月 8 日，第 1 版。
③ 参见林中明：《上海遴选出首批入员额检察官建议人选》，载《检察日报》，2015 年 9 月 2 日，第 1 版。

用不够充分，只是在其中一个程序或者环节发挥作用，不能体现其在决定检察官人选上的权威性和公信力，当然，这也是存在一定客观原因的：一是试点省市的检察官遴选委员会大多刚组建，其运行模式、程序、方式等需要进一步磨合、适应、规范；二是首批检察官涉及的人数众多，遴选委员会的成员大多属于兼职人员，工作量的巨大导致难以全程进行考核筛选；三是首批入额检察官的标准尚不统一、明确，尊重检察院提出拟任人选建议是比较稳妥的选择，有利于保证当前检察工作顺利开展和稳定推进的。

（二）未来充分发挥遴选委员会作用的途径

在员额制改革全面铺开之后，对于试点院之外的检察官和其他批次检察官的遴选，应当更加充分地发挥遴选委员会的作用，为此，还需要在如下几个方面加以完善。

一是加快遴选委员会办公室的组建及运行。作为遴选委员会的日常办事机构，办公室的组建及运行对于保证检察官遴选工作的顺利进行意义重大。目前的改革方向是在省一级法院和检察院分别设立遴选委员会办公室。作为常设办事机构，应当保证固定的办事人员、科学的运转模式和工作方式，探索办公室作为一个独立内设机构或是一个挂靠于检察院内设部门机构的科学性和实用性，在现有行政人员的基础上，发掘内力，完成办公室的运转。

二是遴选委员会要加大遴选程序的参与层面。遴选委员会要更好地选拔出优秀的检察官，充分发挥应有的作用，提高遴选委员会的权威性和公信力，就不应当只是停留于对拟任人选的审核与评测，要尽量多层级参与检察官的遴选。同时，对遴选上的人员进行跟踪考察，关注其成长，进一步提升选人任人的科学性。

三是尽快制定入额检察官的国家标准。司法权是中央事权，在全国而言，原则上对入额检察官的基本要求应该是统一的，这样才能保证法治的健全和统一，也有利于检察人才的合理流动。未来有必要从中央层面出台有关入额检察官统一的任职要求和条件，以便遴选委员会更好地开展检察官遴选工作。

第十九篇 "捕诉合一"是案件质量的"牛鼻子"

"捕诉合一",从检察职权配置角度而言,最核心的内容就是同一案件的批准逮捕、审查起诉,由同一检察官或者检察官办案组办理。检察机关自 1978 年复建至今,已经走过 40 年的历程,作为检察机关的两大核心职能"批捕""起诉",经历了由合到分、分合并立,再到即将启动"捕诉合一"的历程。检察机关"捕、诉"职能的合分、分合历史,实际上是检察机关随着国家经济社会不断发展,司法体制改革不断深入,人民群众对司法的需要日益变化的大背景下,"顺天应时接地气"之举,是与时俱进、改革创新的写照。新时代,检察机关的批捕、起诉职能重新合一,更利于实现对侦查活动的源头引导、更符合以审判为中心诉讼制度改革的现实需要,更能够发挥法律监督合力,更能倒逼司法责任制有效落实。可以说,"捕诉合一"机制的推进,牵住了新时代案件质量管控的"牛鼻子"。

一、"捕诉合一"更利于实现对侦查活动的源头引导

"源头治理"一直以来都是我国实现国家体系和治理能力现代化的一条重要经验,通过治理于前端、防范于源头,实现"为之于未有、治之于未乱",通过"正本清源"达到"良医治未病""防患于未然"的效果,在国家治理和社会治理中,发挥了重要作用,取得了良好效果。"捕诉合一",能够实现对侦查活动监督前移,责任前置、介入提前,更利于实现对侦查活动的源头引导。

一是更高要求的理念引导。在"捕诉分离"的情况下,批捕部门可以对侦查

活动先行提出侦查指导意见，在案件移送审查起诉后，公诉部门再根据具体情况提出对侦查活动的意见建议，由于诉讼环节、继续侦查的情况不同，批捕和起诉把握的条件、标准也不同，对案件证据等的指导意见出现经常不一，到了案件后期，侦查机关又难免消极应对。理念是行动的先导，"捕诉合一"使检察官以起诉甚至庭审的理念严格把握批捕标准，实现更加全面、更严质量、更高要求把握批捕的证明标准，而不仅仅只停留在"有证据证明有犯罪事实，可能判处徒刑以上刑罚"，也不再习惯于"有一个罪可以判处徒刑以上刑罚，就可以捕了，其他可以不用管"的历史惯性。

二是更明晰的责任体系。责任是最好的监督，让承担批捕职能的检察官或者检察官办案组还要承担审查起诉职能，实际上也是让承担审查起诉职能的检察官或检察官办案组也承办批捕职能，也就确保了在案件一进入检察环节，就有检察官或者检察官办案组被明确下来要一跟到底，要承担好案件质量把关人的任务，而且必须全程负责，有了"从头到尾都要负责"的责任心态，也有了"批捕关没把好，起诉关自己难办"的工作忧虑，必然在工作态度和责任感上更加负责和严格。

三是更好地倒逼侦查人员的责任心。从另外一个角度而言，侦查人员也会明白，案件不仅要经过同一个检察官批捕，还要经过同一个检察官审查起诉，不像之前，过了批捕关，就万事大吉了，到了审查起诉关，既成的批捕事实，还可能会倒逼起诉的"硬上弓"。"捕诉合一"之后，完全不可能再有"过关完事"的心态，侦查人员必须从源头上完整搜集、固定、移送证据，从一开始就以经得起审判的标准才去移送批捕，否则即便闯过第一关，审查起诉的第二关也不好过，真正对侦查活动实现源头引导作用，监督影响前置。

需要指出的是，公检法队伍结构的存在状况、工作使命、能力特长等，决定了公安机关在打击犯罪、承办案件上处于绝对主力的地位。如果"菜已经做好了"，再拿出菜谱来挑"菜的香甜苦辣"，甚至"让做菜的返工重做""甚至做好的菜别上了"，不仅浪费司法资源，也影响效率和积极性，更不符合我们这样一种循序渐进、层层过滤、步步推进的案件质量管控的刑事诉讼模式。既有的经验也证明，倘若仅仅指望通过庭审的制约作用达到规范诉讼全程的目的，将个案的裁判效果传导到侦查前段，引导侦查人员规范取证，这种效果往往不理想，传导的影响有限、气力不足，前端侦查人员的态度往往是消极的、被动的，需要补充侦查的，往往一纸"情况说明"应对，不能满足检察和审判的殷切希望。而且，侦查人员往往在既有既成的工作成果面前，认为一点点瑕疵无关紧要，也不会轻易接受庭审对工作成果的否定。只有从"做菜"一开始，就把做菜的标准和要求提上来，有把关程序提上来，才是质量管控最好的方式。做到前后端双管齐下、双面出击，才能使我国刑事诉讼法所要求的打击犯罪与保障人权的双重职责，得到落地生根。事实上，更严格的标准，意味着犯罪嫌疑人不被批捕的可能性大大增加，审前羁押率必然下降，更有利实现人权保障。

二、"捕诉合一"更符合以审判为中心诉讼制度改革的现实需要

以审判为中心，是在我国宪法规定的"分工负责、相互配合、相互制约"的前提下，诉讼各阶段都以法院的庭审和裁决关于事实的认定和法律适用的要求和标准进行，确保案件质量，防止错案发生。

根据法律规定，批准逮捕的条件是"有证据证明有犯罪事实，可能判处有期徒刑以上刑罚"，提起公诉的标准则是"犯罪事实已经查清，证据确实、充分"。虽然"捕"与"诉"是一个层级递增的过程，理论和实践需要上，标准可以有不同，对侦查监督的要求自然也可以不同。在以审判为中心的诉讼制度改革背景下，"捕诉合一"使得批捕工作必须从一开始就建立证明犯罪的证据体系，就应该对侦查中的问题提前作出反应，包括补充完善证据、羁押必要性审查、违法行为纠正等。在一定意义上而言，就是把对犯罪嫌疑人人身自由等强制措施的处理按照司法裁判的标准来进行，而不仅仅停留在是否有必要羁押的简单判断上，这自然更加靠近以审判为中心的诉讼制度改革要求。实际上，我们的未成年人检察，已经由丰富的"捕诉合一"实践经验，在全国范围内形成了独具特色的办案机制，而在北京、上海等地，建立的知识产权检察、金融检察等实践，均取得了很好的实践效果。

当前我国的刑事诉讼模式，有叫"铁路警察各管一段"的，也有叫"一个车间，三道工序"的。这种模式符合中国国情，是目前最好的选择，但是存在的

一个缺点就是刑事审前程序追诉的行政化色彩较重，审前程序缺乏中立的法官或者体现中立裁判标准的程序参与其中。这样一来，审前程序中就只有追诉机关与被追诉人，对不法的追诉行为缺乏有效的司法控制。加之，侦查权具有明显的行政属性，具有国家垄断性、暴力强制性、秘密封闭性、追诉的倾向性、诉讼的积极主动性和诉讼的程序性等特征，侦查权难免可能存在着权力膨胀、权力滥用、刑讯逼供、侦查违法、非法证据等问题。推进"捕诉合一"，实际上为这道程序提供了更高质全面的保障，有利于通过强化监督制约，化"软监督"为"硬监督"推进以审判为中心的诉讼制度改革。加之，长期以来，我们使用的起诉证明标准是"事实清楚，证据确实、充分"，相对原则、概括，公检法在实际理解上，也存在标准不一，缺乏统一遵循的情况，各自在证据标准和证明标准各有侧重，"捕诉合一"也更有利于明晰标准、强化理解。

我国传统的法庭审理模式是"卷宗中心主义"，即法官对案件事实的调查和对相关证据的认定，主要不是通过法庭审理来完成的，而是通过庭前或庭后对案卷笔录的审查来完成的，换言之，法官的内心确信或自由心证，不是通过法庭审理形成的，而是通过闭庭阅卷形成的，庭审在刑事诉讼过程中没有起到实质性作用，法院不经过庭审程序也照样可以作出判决，这就导致了庭审虚化和庭审走过场现象。这种模式的形成，有诸多客观因素，其中最重要的因素是队伍的专业化程度不够。当前，全国法检系统队伍专业化程度越来越高，有条件也有能力实现更高标准和要求的诉讼模式。"捕诉合一"的"捕诉一体、捕诉衔接、责任归一"的效果，让承担起诉职能的检察官更加了解案情、更加知会证据、更明白过程的，对于已经批准逮捕并移交法庭审理的案件，更有指控成功的欲望，可以更加从容地面对辩护人各种质问。在庭审中，这种更为激烈的交锋，实际上就是直接言词原则、集中审理原则、辩论原则、证据裁判原则在法庭上更直接、更真实地彰显，间接地促成法官内心确信或自由心证的形成重新回归到庭审环节，摒弃对案卷笔录的依赖，从而强化庭审的功能和作用，保障被告人的质证权和辩护权。最终实现以诉讼证据质证在法庭，案件事实查明在法庭，诉辩意见发表在法庭，裁判理由形成在法庭，不断强化各方的庭审中心意识。

三、"捕诉合一"更有利于发挥法律监督合力

目前，反对"捕诉合一"的观点认为，刑事案件涉及公民财产、自由甚至生命的剥夺，必须通过一道道程序的设置，使得案件一步步接近案件的客观真实，捕、诉合为一体，案件实行谁批捕谁起诉，减少了一道程序把关，也就相应减少了一道质量保障。在审查案件过程中，稍有不慎，可能造成案件质量问题甚至酿成"冤假错案"。要是同一个案件由两个部门的不同人员办理，思维、立场、认识的差异，考虑的全面性和翔实度必然有提升，使得案件多一道把关，案件质量自然有保障。

实际上，"捕""诉"本身是检察权内部的工作分工，本身就是检察权运行机制的内部构造问题，"捕诉合一"没有改变检察权由检察机关统一行使的事实，"捕""诉"都是法律监督权的重要支撑，就是"手指"和"拳头"的关系，分开用"手指"还是并拢用"拳头"，力度效果显而易见，"捕诉合一"并不意味着监督缺位，更不意味着案件质量可能缺少把关，会降低案件质量，实际上，"捕诉合一"更有利于发现法律监督的合力。

一是时限上的延展有利于发挥侦查监督的合力。受批捕 7 日时限的限制，侦查监督部门要完成对一个相对复杂案件的犯罪严重程度、社会危害性程度、羁押必要性等内容的审查，往往心有余而力不足，还没开始时限就要结束了，难以做到具体周延。审查起诉的办案时限，短则一个月，一个半月，长则六个半月，可以较为从容地在案件办理过程中，通过审查、讯问、询问等方式完成《人民检察院刑事诉讼规则》第 565 条列举的包括采用刑讯逼供以及其他非法方法收集犯罪嫌疑人供述的等 20 类应予发现或者纠正侦查监督的事项，还可以通过退回补充侦查等措施，监督侦查机关完善证据、纠正违法行为。而且由于批准逮捕和审查起诉都将由同一个检察官或者检察官办案组办理，即便已经完成了批捕工作，对于批捕过程中发现的监督事项，依然可以跟进，一旦案件进入审查起诉环节，检察官居于对案件的前期了解，对于一些证据的审查可以无须花费太多精力，而对于一些关键证据和有疑问的证据，则可以通过阅读案卷、熟悉案件、核实材料、补充证据等，进行精细化操作。

二是畅通了环节壁垒。受审查逮捕所处诉讼环节的影响，审查逮捕时，案件尚处于侦查、取证过程中，侦查监督部门在审查批准逮捕工作中也难以对《诉讼规则》第 565 条规定的"在侦查过程中不应当撤案而撤案""讯问嫌疑人依法应当录音或者录像而没有录音或者录像"等情形实施监督。公诉处于侦查监督终结移送审查起诉环节，而此时侦查已经终了，对侦查活动和侦查结果可以有一个全方位、全过程的审视。受捕诉分离的影响，犯罪嫌疑人被批准逮捕后或者不批准逮捕后，侦查机关对案件的侦查仍将继续，而此时侦查监督部门对监督已无具体的工作载体，难以完成对侦查监督的无缝衔接，理想的模式就是"捕诉合一"，将一个案件在检察环节的法律监督，全程串联起来，有空间也有时间更好地完成案件的各项工作。

三是更好地激发内生动力。审查批准逮捕与审查起诉构造的影响，审查批准逮捕是人民检察院对侦查机关提请批准逮捕的案件作出批准与不批准的决定，是检察机关对侦查机关的单向决定，而审查起诉在提起公诉后还应当出席法庭向人民法院证明指控主张的成立，公诉部门不仅要自向证明还要他向证明，需要他向证明的公诉最了解法庭审判所需，对侦查监督行为监督也最为直接并具有内生动力。

值得注意的是，就审查起诉而言，日本的检控制度是在检控官有百分之百把握的情况下才会起诉，随后进行的法庭审判不过是对侦查、起诉的结果加以检验、对侦查的结果加以检验而已。有数据统计，日本在一年里作出确定判决的刑事案件数，包括简易起诉的轻微案件在内，最近达到 110 万件。其中，确定无罪的案件每年有 50 余件，所占比率是 0.005%。从统计学上来说，这几乎是可以忽略的极小数目。日本法学家松尾浩也教授称这种现象为"精密司法"。对比之下，欧美很多国家刑事司法案件的侦查终结与审查起诉并无明确界限，提起诉讼的证明要求通常是有"合理的根据"（probablecause）即可，英国《皇家检察官准则》将起诉标准定为"预期可予定罪"，亦即定罪的可能性在 50% 以上便可以终止侦查并提起诉讼。因此，法庭审判成为对案件进行全面、实质调查的场合，无罪判决率甚至可以高达 30% 左右，大家司空见惯，习以为常。我国刑事检控制度更类似日本的，和西方刑事检控制度有着天然的鸿沟，我们没必要过多地忧虑"捕诉合一"之后，检察官是否存在权力过大，以至于在行使权力过程中主观臆断过多，影响裁判公正的情形，更何况现在办案的各种监督制约机制非常完善有力。

四、"捕诉合一"更能倒逼司法责任制有效落实

习近平总书记强调，司法体制改革要紧紧牵住司法责任制这个牛鼻子，突出强调了司法责任制改革在深化司法体制改革中的核心地位。就检察机关而言，深化司法体制改革，关键是通过构建科学的检察机关办案组织、完善检察内设机构设置、明晰检察官权力清单、划清办案人员职责界限、完善检察官惩戒办法、发挥检察官绩效评价办法的牵引作用等，建立起权责统一、权责明晰、权力制约的检察权运行机制，真正实现"谁办案、谁负责"的责任机制。

作为检察机关的核心职能，"审查批捕"和"审查起诉"是检察机关落实司法责任制的主要环节，也是检验检察机关司法责任制是否落到实处的关键关口。随着司法责任制改革的深入，要是检察机关还是沿用旧的"捕诉分离"办理机制，实际上就如同在"在新的司法责任制高速公路上，依然顽固地开着老式拖拉机"，要实现对"高速公路"新型运行规则的适应，必须启动能够适应其速度、安全、吨位要求的新车，而"捕诉合一"的新机制，就是这辆"新车"。

一是有利于实现人力资源的整合。承办批捕和承办起诉工作的检察官传统上都是属于刑检口，工作内容相近、司法责任相当，整合在一起，工作上手快，工作互补强。

二是有利于提升工作效率。目前，检察机关的"刑检口"，普遍人案矛盾突出，"捕诉合一"使得公诉人在批捕阶段就可以对案件进行初步审查，减少了审查起诉的时间，从而减少了补充完善证据、退回补充侦查的次数和时间，减少了重复工作，提升了工作效率，产生了1+1？2的效果。如深圳、佛山等地，较早就实验了"捕诉合一"的办案机制，普遍提升了效率30%以上。

三是有利于检察官权力清单的统一。"捕诉合一"统一的检察院内部的办案标准，避免了对同一事实产生不同决断，也避免了事实判断下的连环助推效应，也通过将两个环节的办案责任明确至同一个检察官或者检察官办案组，避免了检察权完整性的分割，从而解决了因办案环节多、司法责任难以明确和追究的难题，从而为在"刑检口"统一检察官权力清单等，打下基础，有效落实"谁办

案谁负责、谁决定谁负责"的检察官办案责任制。

四是更好地落实司法责任。职责和任务的清晰明确，有助力责任的落实和追责，当前对检察官办案实行终身负责，对于在司法办案中，出现的如因不履行或者不正确履行职责，在认定事实、适用法律错误，或案件被错误处理的，遗漏重要犯罪嫌疑人或者重大罪行的、错误羁押或者超期羁押犯罪嫌疑人、被告人等重大过失的，不能因前后环节存在承续性，为承担司法责任找到开脱借口。

纵观 40 年的检察发展史，虽然检察机关有过"捕诉合一"的历史，有过"捕诉合一"的运行经验。但是今时已不同往日，沧海桑田、历史巨变。在新时代，"捕诉合一"可以说既是一个老机制，更是一种新模式。在改革推进过程中，不可能一蹴而就，就能把各种关联事项全部厘清、想尽，就能把各种机制健全、完善，涉及的如批捕和不同审查起诉层级的衔接，检察官和辅助人员的内部分工、厘清繁简案件的分别办理，认罪认罚案件高效办理、庭前会议的再改革，检察官考核机制的完善等，都是具体而现实的关联问题，除此之外，还有很多实践中的新问题需要思考、研究、实践、再实践，需要发挥检察官改革创新、勇于实践的精神。只有不断积累经验、不断完善机制，在正确方向的指引下，我们的检察权运行机制和司法责任制机制才能更加行稳致远，更好地满足人民对新时代司法的需要，不断提升检察公信力。

第二十篇　检察官业绩评价的体系构建与发展

检察机关是国家的法律监督机关，履行审查批捕、公诉、侦查犯罪、刑事执行监督、控告申诉等各项职能，是平安中国、法治中国建设的重要力量。检察官是检察机关开展各项检察业务工作和履行各项职能的主体和中坚力量，建立对检察官科学合理的业绩评价体系，不仅能够充分调动检察官工作的积极性，提高检察官工作效率，促进各项检察工作顺利开展。在司法责任改革背景下，既是检察官任职能力、晋职晋级、绩效工资等的重要依据，又是激励导向检察工作、发掘培养检察人才，保证检察事业平稳发展的重要制度。

一、检察官业绩评价体系构建的重要意义

2015 年 9 月 25 日，最高人民检察院印发了《关于完善人民检察院司法责任制的若干意见》，明确提出，要建立以履职情况、办案数量、办案质效、司法技能、外部评价等为主要内容的检察官业绩评价体系，评价结果作为检察官任职和晋职晋级的重要依据。[1] 检察官业绩评价体系是既独立又相互关联，能较完整表达评价要求，是由一定的考核指标而组成的评价体系。完整有效地实施考核指标的要求，有利于客观评价被考核人员的工作状况，反映业绩目标的完成情况、工作态度、能力等级等，直接与工作人员晋职晋升、绩效工资等密切相关。司法责任制背景下，检察官业绩评价评价体系以考核入额检察官为主，和改革前既考核检察官、又考核书记员、行政人员不同，改革后建立的业绩评价体系，其考核对

---

[1]　参见最高人民检察院：《关于完善人民检察院司法责任制的若干意见》，载《检察日报》2015 年 9 月 29 日。

象相对单一、工作属性高度一致、工作技能要求均衡，不仅本身就是检察工作的重要内容，也是激励引导检察工作顺利开展、培养和发现检察人才的重要制度，也是检察官晋职晋级的重要依据。

（一）业绩评价是检察工作的重要内容

根据现代管理理念，业绩评价的首要目的是对管理过程的一种控制，其核心管理目标是通过了解和检验现职工作人员以及组织的绩效，并通过结果反馈实现人员绩效的提升和组织管理的改善，提高整体工作质量和工作效率，对组织成员而言，通过公平合理的业绩评价，得到组织的认可，可以满足自我价值和成就感。

一直以来，检察机关高度重视业绩评价，业绩评价工作也是各级检察机关工作的重要内容。最高人民检察院于 1995 年 8 月通过的《检察官考核暂行规定》和 2001 年修订的《中华人民共和国检察官法》对检察官的考核内容作出了规定，2002 年 3 月 1 日最高人民检察院颁布的《人民检察院基层建设纲要》明确指出："以考核干警的能力，绩效为核心，探索建立能级管理机制。在明确内设机构和工作岗位职责的基础上，分类分级明确工作目标，以动态考核为主、定性与定量相结合，实行全员能力和绩效考核，奖优罚劣。"最高人民检察院还制定了《检察官考评委员会章程（试行）》，对检察官考评的机构和程序作了一些具体的规定。① 对检察人员业绩评价作出了一系列探索。

在这一轮司法改革中，2015 年 9 月 25 日，最高人民检察院印发了《关于完善人民检察院司法责任制的若干意见》，提出要建立以履职情况、办案数量、办案质效、司法技能、外部评价等为主要内容的检察官业绩评价体系，评价结果作为检察官任职和晋职晋级的重要依据。可见，业绩评价工作不仅是检察工作的重要内容，也是保障检察事业平稳发展的重要制度。

（二）检察官业绩评价体系激励导向检察工作顺利开展

从管理学的角度而言，组织制定宏观的履职业绩目标，个人履职紧紧围绕组

---

① 转引自刘妍、潘丽：《关于如何完善检察人员绩效考核管理机制的探讨》，载《中国刑事法杂志》2011 年第 12 期。

织的业绩目标进行设计和实施，将整体目标层层分解后落实到职位和个人，理论上只要每一个人都完成了业绩目标，组织的业绩目标也就实现了。如果业绩评价制度设计科学，实施到位，将有利于促进部门、全院完成各项目标任务，如果业绩评价制度设计不科学，实施不到位，将不利于各部门完成目标任务，影响各项工作顺利开展。目前，各级人民检察院普遍面临异常繁重、日益增长的工作压力，在检察官人数不可能大幅度增加的情况下，靠正确运用考核评价机制，充分发掘内部潜力，不断提高检察官业务素养，才能更好地为转型期的改革、发展、稳定大局提供有力的司法保障和法律服务。

在检察工作中，构建一整套切实、有效、可行的履职、评价、激励为一体的业绩评价机制，通过一定的指标体系和科学的评价方法，对检察院及检察官完成既定工作目标进行的全方位的科学评判，不仅可以成为对检察工作进行督导、检测、评价与激励的重要手段，也是引导检察院及检察官前行的"风向标"与"指南针"，是检察院各项工作全面发展的重要保障。

（三）业绩评价体系是培养和发掘检察人才的重要制度

党的十八大提出，要加快人才发展体制机制改革和政策创新，形成激发人才创造活力、具有国际竞争力的人才制度优势，开创人人皆可成才、人人尽展其才的生动局面。更加重视拓宽人才评价发现的途径，研究建立各类人才能力素质标准体系，通过业绩和贡献评价人才，依靠实践和群众发现人才。① 检察职业是受到法律严格规范的法律职业，检察人员所从事的工作必然要体现检察工作的职业特点和检察权的司法属性。业绩评价体系作为一种业绩和贡献的评价模式，是立足于检察工作实践，业绩评价的目的在于评价检察人员的办案成果和工作业绩，实际上，检察人员在努力达到组织制定的工作目标的过程中，本身就是培养提升自己能力的过程，往往达到能力要求的，一般都是合格的，如果能够超额完成目标，往往都是优秀的。因而，既是培养检察人才的制度，也是发掘检察人才的制度。

---

① 参见赵乐际：《为全面建成小康社会提供有力人才支撑》，载《学习时报》2013 年 1 月 28 日。

（四）检察官业绩评价体系是检察官晋职晋级、绩效工资等的重要依据

十八届四中全会通过的《中共中央关于全面深化改革若干重大问题的决定》，对深化司法体制改革作出明确部署，提出要建立符合职业特点的司法人员管理制度，健全法官、检察官、人民警察职业保障制度。当前，关于检察官职业保障的制度，主要体现在《检察官法》，比如，1995 年颁布的《检察官法》第 39 条规定："检察官的工资制度和工资标准，根据检察工作特点，由国家规定"；第 40 条规定："检察官实行定期增资制度，经考核确定为优秀、称职的，可以按照规定晋升工资；有特殊贡献的，可以按照规定提前晋升工资"；第 41 条规定："检察官享受国家规定的检察津贴、地区津贴、其他津贴以及保险和福利待遇"。关于检察官薪酬的内容虽然比较原则和笼统，但是框架和脉络比较清晰，目前仍然是检察官获取薪酬的法律依据和保障。司法责任制改革后，检察官的等级晋升将主要依靠工作业绩，工作业绩决定了检察官等级晋升的速度，同时，与工作业绩挂钩的是绩效工资，因而业绩评价体系直接决定了检察官的切身利益。

二、当前检察官业绩评价体系存在的问题

（一）考核内容行政化

国家实行统一的公务员招录考试，检察官与普通公务员的招录、管理、考核、培训、任免上，几乎没有差别性，实行同一套管理体系，在检察院内部，检察官与书记员、司法行政人员甚至机关中具有编制的后勤勤杂人员一样，在考核上也几乎没有差别，这种依托行政管理体系而接承下来的管理体系行政化色彩浓厚，不符合司法规律。考核评价体系是以行政考核模式为范本，难以体现检察官的专业性特点，也不利于准确甄别表现优秀的和表现一般的检察官，不利于检察官法治思维的培养和深化。在考核内容上，通常采用行政人员的德、能、勤、绩、廉等五项内容，或者是采用《检察官考评暂行规定》中规定的检察工作实绩、思想品德、检察业务水平、法学理论水平、工作态度和工作作风六个方面。

但是这些考核内容都较为简单笼统，政治色彩浓厚，不考虑对象的多样性、特殊性、缺乏可操作性的考评指标体系，实践中考核结果难以真实反映检察人员的工作实绩。① 考核内容的行政化，加之考核主观性强，由此产生的考核结果的公信力就大大降低。

（二）考核等次简单化

在考核等次上，往往是"优秀、合格、不及格"或者"好、较好、一般、较差"，这种考核等次的设置，对"较好"的比例有限制，比如总数的15%、20%等，但是对于"较差"的比例，则没有限定，可有可无，导致在实践中，如果没有发生违法违纪行为，通常不会给被考核人"不及格""较差"，达不到一种业绩的倒逼效果。"优秀"或者"较好"的比例设置虽有一定限制，但是领导往往从均衡的角度出发，努力让每个人都保持工作的积极性，尽量让每个人都有机会成为考核优秀者，于是优秀的等次不是"论功行赏"，而是演变成一种"乱流坐庄"的模式，平均三五年，都可以轮到。实际上，这种状况下的考核，就沦为了一种形式，停留于表面。对于考核结果用来干什么，对管理和解决工作中存在的问题产生哪些导向作用，很多单位并不明确，最后，往往成为部门评价先进、发奖金等工具，对于引导工作、培养人才、提升工作水平等，没有发挥更好的指引作用。

（三）考核工作形式化

考核工作事关每个检察官切实利益，是检验一个检察官能否胜任工作的最重要评价方式。然而，实践中，考核工作还只是年底总结评价工作的一项例行公事，考核引导、激励检察工作的力度和效果还不够，发现和培养检察人才的指向性和引导性还不强，这本质上源于，对于考核结果的应用处于一个"兜底"层面，只要没有"不合格""较差"等次，对于检察官晋升、工资、评优评先等都没有任何负面作用，而一般情况下，"不合格""较差"的人几乎没有，于是这项工作就成了大多数人可以通过的"过场"，久而久之，就形式化了。虽然在考

---

① 参见刘妍、潘丽：《关于如何完善检察人员绩效考核管理机制的探讨》，载《中国刑事法杂志》2011 年第 12 期。

核中，引入了民主测评、民主推荐、民主投票等方式，这些看似民主的考核方式，对检察官的评价依据却不是完全根据从事的检察业务情况，不是取决于业务水平，而主要是看"政治思想表现"和"与群众关系"，为了维护这一块的得分，很多检察官就得在人际关系的维护上，特别下一些工夫，而一些真才实学的，往往因业务工作繁重而疲于应付。

（四）考核效果纸面化

虽然高检院制定的《检察官考评委员会章程（试行）》，对检察官考评的机构和程序作了一些具体规定，但从全国检察机关的执行情况看，绝大部分检察院都没有设立专门、长期、固定的检察官考评机构，也没有相对固定的考评程序，只是为了考评的临时需要，设立检察官考评领导小组，临时的组织，缺乏过程的管控和数据的有效掌握，无法从定性定量上对检察官的工作业绩进行全面科学的评价。而且根据绩效管理理论，只有将绩效评价的结果与人们所获得的回报挂钩，才能真正使绩效管理发挥应有的作用。[①] 当前，检察官的考核还没有与工资待遇、选拔调配、奖励惩罚、教育培训、等级晋升等结合起来，与检察官的自身利益没有形成紧密的联系，考核制度也没有规定如何解决考核中反映出来的问题，致使难以对检察官产生激励和促进作用，考核评价工作难免流于纸面化。

三、国外检察官考核评价制度

（一）英国检察官业绩考评制度

英国法律要求所有的检察官都必须是法律工作者，必须具有律师资格。而英国法律对律师资格的取得规定了严格的条件，成为律师的程序是：第一，大学本科毕业后必须到律师学院学习两年；第二，通过律师资格考试并取得律师资格；第三，取得律师资格后须实习一年，才能独立接案。因此，英国检察官独立办案的能力强，素质普遍较高，英国检察机关考核按照对公务员的考核标准来进行，

---

① 孙柏英、祁光华著：《公共部门人力资源开发与管理》，中国人民大学出版社 2004 年版，第 164 页。

绩效考核的内容主要包括观察和分析问题的能力、沟通和交流的能力、宏观决策能力、人际关系处理能力、领导管理能力、组织协调能力、高效率工作能力、计划与执行能力、全局意识等多个方面。绩效考核的结果分为三到七个不同的等级、职务晋升与加薪与考核结果直接挂钩。①

（二）德国检察官考核考评制度

德国是实行立法、行政和司法三权分立的国家，检察机关隶属于司法部，德国检察官的身份为国家公务员。德国对于检察官的遴选极其严格，要成为合格的检察官，必须通过两次国家考试，最终录取率仅在 5% 左右。德国对检察官的考评遵循公开、客观的原则，并具有权威性和决定性。德国检察机关除了对检察官进行每四年一次的定期考核外，还包括对检察官的实习考核、空缺职位临时考核、更换岗位的中期考核在内的多种考核方式。德国检察机关绩效考核涉及的指标分为三个大类 15 个项目，第一类是专业成绩，分为工作成绩和工作方式两个大类，内容包括：被考核对象履行职务的工作业绩、工作责任心和团队精神等；第二类是个人素质，包括身体素质、职业素质等；第三类是综合能力，主要包括决策能力、组织计划能力、专业运用能力、社会处置能力、领导能力、口头表达和文字写作能力等。主考领导根据被考核人的各项得分，完成对其工作能力的总体评估材料。德国对检察官的业绩考评体系，充分体现了以人为本、能力优先的特征，并且业绩考评结果与检察官工资和工作晋升密切挂钩，对业绩优秀的检察官进行绩效奖励，对业绩一般或者较差的检察官给予教育训诫、调动岗位，甚至是进行免职处理。②

（三）美国检察官考核考评制度

美国联邦检察系统由联邦司法部中具有检察职能的部门和联邦地区检察官办事处组成，职能主要包括调查、起诉违反联邦法律的行为，并在联邦作为当事人

---

① 参见姜海如：《中外公务员制度比较》，商务印书馆 2003 年版；曹志：《各国工职人员考核奖惩制度》，中国劳动出版社 1990 年版，第 68 页。

② 参见严忠华、吴华蓉：《试论检察机关绩效考评制度的完善——以德国检察官绩效考评制度为鉴》，载《法治与社会》2010 年第 5 期。

的民事案件中代表联邦政府参与诉讼，美国检察机关考评采用与公务员类似的方式。① 美国对检察官的考核包括平时的日常考核和每年的年度考核，年度考核内容包括工作质量、工作数量和工作适应力，主要对工作完成情况，潜在能力、具体工作职责、完成的工作结果进行评价，对工作内容和效率进行数量和质量分析。考核结果分为优异、满意、不满意等不同等级，与奖金、荣誉、表彰、休假等奖励内容挂钩，但并不直接与晋升挂钩。②

（四）日本检察官考核考评制度

日本检察制度受大陆法系国家的影响较深，明治维新以后，日本参照法国的检察制度，在各级审判厅配置检察官，后又参照德国的检察制度，在各级法院附设检事局，实行"审检合置"制度。但在"二战"后，日本检察机关从法院体系中完全独立出来，检察官不再是司法官，而是属于国家公务员系列，是国家的行政官吏。但是检察官与一般的行政官吏仍有所区别，是具有法官特征和职能的特殊类型的公务员。③ 日本设立专门的检察官合格审查会，每三年就对检察官是否合格进行审查。在具体考评细则上，参照对公务员的考评制度实行。日本对检察官的考核内容包括工作成绩、工作能力、性格和工作适应性。考核结果分为A、B、C、D、E五个等级。A级为工作成绩卓越，一般不超过10%；B级为工作成绩优秀，一般不超过30%；C级为工作成绩良好；D级为工作成绩较差；E级为工作成绩低劣。被评为A级可以越级提工资；被评为BCD三个等级可以提薪；E级不能提薪，甚至还要受处分，考核结果要存入档案，并以此作为职务晋升和人员奖惩的重要依据。④

从上述四个域外国家的检察官业绩评价的制度可以看出，在检察官履职业绩评价制度上，普遍具有以下几个特征：

第一，几乎都按照公务员的考核标准进行。虽然各个国家的历史因素、检

---

① 参见吴国庆、袁东：《美国公务员的工作考评》，载《中国行政管理》2003年第3期。

② 转引自王欣、黄永茂：《国外检察官考核考评制度之比较及启示》，载《江苏大学学报（社会科学版）》，2013年3月第15卷，第2期。

③ 参见王杰：《日本检察官遴选制度考察》，载《法治与社会》2009年第5期。

④ 参见张剑虹：《中日检察官制度比较》，载《法学杂志》2002年第6期。

察模式等不同，但是在考核上，大多借鉴并统一于各自国家的公务员考核考评制度，公务员考核制度是基础，司法属性为特点。虽然检察官是司法官，和行政人员有区别，但是检察官是公职人员，面对的是服务不特定的纳税人，因而立足于公务员的基本要求进行考核是科学客观的，但是不能混同于普通公务员。

第二，考核对象以检察官为主。上述四国对于检察官的选拔有着严格的程序，条件极其苛刻，因而能够成为检察官的，都是经过精挑细选的，具有卓越的司法技能和履职能力，在制定考核指标时，能够统一标准、确定要求。但是我国的检察官业绩考核受行政思维影响，一套考核体系不仅考核检察官，也要考核书记员、行政人员，指标体系专业特征不明显。

第三，既重视对检察官业务能力、履职素养、职业操守的考核，也注重对检察官综合能力、潜力毅力、敬业精神等的考核，考核内容覆盖面广、重点突出。对于检察官业务方面的考核，主要是现阶段履职能力，而对于检察官的决策、组织、社会处置、领导等能力，则是对一个检察官潜力的预判，除此之外，还有身体素质、敬业精神等，虽然这种内容都可以统归到我们考核的"德、能、勤、绩、廉"之中，但是德、能、勤、绩、廉"这几个指标显得过于简单，而且内容不够明晰，指引性不强。

第四，注重过程的管控。这四个国家的业绩评价体系，体现过程管控的思维非常明显，比如英国的日常考评和年终考评相结合，德国的定期考核、临时考核和中期考核相结合，其目的都在于通过持续、不间断的考核，发现检察工作中存在的问题，及时提出改进措施。这也是符合现代绩效管理观点的，认为考核考评是一种过程控制，通过考核，诊断出检察机关各业务部门和工作人员存在的问题，进而设计改进方案，促使绩效水平提高。

第五，能够与各种直接利益挂钩。考核对于检察官的职务晋升、人员奖惩，工作评定等切身利益都密切相关，不仅直接影响了加薪与不加薪，加薪多少，荣誉与表彰、休假等，还直接影响到晋升的速度、退休金数额等，可以说考核达到了"牵一发而动全身"的效果，考核结果的运用，对于强化检察官责任意识，调动检察官工作的积极性、进而提升检察工作整体水平非常有推动作用。

四、中国检察官业绩评价体系的内容

关于业绩评价体系，最重要的就是建立考评的内容，确定能够体现中国检察官价值期望的指标参数，确保中国检察官的业绩发展方向符合司法责任制的要求，达到法治中国建设的人才需求，并且能够传承接续人才。建立中国检察官业绩评价体系的主要内容，要在客观评价并有序传接现阶段公务员考评体系的基础上，严格按照最高人民检察院印发的《关于完善人民检察院司法责任制的若干意见》的要求，以履职情况、办案数量、办案质效、司法技能、外部评价等为主要内容，以这些主要内容的评价结果作为检察官任职和晋职晋级的重要依据，并适度借鉴国外的有益经验。

（一）履职情况

《若干意见》对于业绩评价体系的内容，首要条目就是履职情况，"履职情况"从字面意义上看，可以理解为一个综合概况用语。换言之，是集合了办案数量、办案质效、司法技能、外部评价等综合考评而成的一个总体评价。然而根据《若干意见》的条文规定，可以看出，"履职情况"是并列于办案数量、办案质量、司法技能、外部评价的一个条目。准确理解"履职情况"的含义，并在考核指标中，和其他条目进行合理区分，是十分必要的。

第一，检察官"履职情况"的首要考核目标就是检察官的政德。当前，公务员的考核首要讲究的是"德"。党的十八大提出，在选人用人上要坚持"德才兼备、以德为先"。这体现的就是政德的重要性，政德即从政之德或为"官"之道。检察官是公务员，国家对公务员的政德要求是检察官作为一名公务员的基本遵循，检察官的政德是检察官作为一名公务员在行使司法权力、履行工作职责中所体现出的政治思想、道德品质等的总和。其静态载体在于检察官所在具体岗位所赋予的工作职责，动态表现形式是检察官所展现出来具体的工作行为。其本质在于是否贯彻落实全心全意为人民服务的宗旨意识，是否按照习近平总书记提出的"让人民群众在每一个司法案件中感受到公平正义"的要求要开展工作。因而，检察官"履职情况"的首要考核目标就是检察官的政德，是检察官运用司法权力从事司法工作所表现出来的政治思想和道德品质。

第二，检察官"履职情况"的另外一个考核目标就是检察官的私德。当前大多数检察官都具有党员的身份，党员是公民中的先进分子，是有共产主义觉悟的先锋战士。邓小平同志很早就指出，共产党员，第一，他是普通人，第二，他是普通人中的先进分子。党员是普通群众中的一员，但不能把自己等同于普通群众。对党员的要求，理应更加严格。《中共中央关于全面推进依法治国若干重大问题的决定》明确指出："党规党纪严于国家法律，党的各级组织和广大党员干部不仅要模范遵守国家法律，而且要按照党规党纪以更高标准严格要求自己。"这不仅对党组织和党员，还对公权力机关和公职人员提出了严于国法的要求。著名法学家富勒说："如果说愿望的道德是以人类所能达致的最高境界作为出发点的话，那么义务的道德则是从最低出发。"可以说，党的要求体现了"愿望道德"，是社会高标准的道德，而国家法律则体现了"义务的道德"，是社会最低限度的道德。对于党员和公职人员的要求在方方面面都应该更严格，不仅要求检察官政德要好，私德也一定要好，实际上对党员的高要求是体现在多方面的，比如《中国共产党纪律处分条例》专门对严重违反社会主义道德的行为进行了相应规范，与此同时，国家法律对一些纯道德行为并不规范。《关于领导干部报告个人事项的规定》对领导干部报告个人事项进行了规定，但国家法律对普通公民个人事项的报告义务并不作要求。对于领导干部子女经商等问题，也都有比一般公民更严格的要求。所以"履职情况"还得考察检察官的"私德"，是否严格遵守"检察官八小时之外的规定"，是否践行社会主义核心价值观等。

（二）办案质效

中共中央办公厅、国务院办公厅印发的《保护司法人员依法履行法定职责规定》，其中第四条明确规定，法官检察官依法履行法定职责受法律保护，非因法定事由、非经法定程序、不得将法官、检察官调离、免职、辞退或者作出降级、撤职等处分。① 其中第六条规定，经考核确定为不称职的，可以将检察官免职，

---

① 参见中共中央办公厅、国务院办公厅：《保护司法人员依法履行法定职责规定》，2016年7月28日。

第七条规定，在年度考核中，连续两年被确定为不称职的，可以将检察官辞退。① 可见业绩考核的结果是检察官可否辞退的一个法定理由。根据《若干意见》的规定，检察人员应当对其履行检察职责的行为承担司法责任，在职责范围内对办案质量终身负责，司法责任分为四种：故意违反法律法规责任、重大过失责任和监督管理责任。检察官承担司法责任的情形和种类，实际上直接关系到考核的情况。

其中故意违反法律法规责任，包括：（1）包庇、放纵被举报人、犯罪嫌疑人、被告人，或使无罪的人受到刑事追究的；（2）刑讯逼供、暴力取证或者以其他非法方法获取证据的；（3）违反规定剥夺、限制当事人、证人人身自由的；（4）违反规定限制诉讼参与人行使诉讼权利，造成严重后果或恶劣影响的；（5）超越刑事案件管辖范围初查、立案的；（6）非法搜查或者损毁当事人财物的；（7）违法违规查封、扣押、冻结、保管、处理涉案财物的；（8）对已经决定给予刑事赔偿的案件拒不赔偿或者拖延赔偿的；（9）违法违规使用武器、警械的；（10）其他违反诉讼程序或司法办案规定的，造成严重后果或者恶劣影响的。② 从上述条文可知，故意违反法律法规责任，不仅是检察官在办案中存在主观上的故意，而且要造成实际的危害后果，这是严重危害办案质量的行为，属于"因违纪违法犯罪不能继续任职的"的情况。③ 可以将检察官进行免职，检察官一旦发生这种情况，根本不存在参加年度考核的可能，实行一票否决制，还应当移送纪检监察、渎职等部门处理。

重大过失责任的情形，主要表现为检察官在司法办案中有重大过失，怠于履行或不正确履行职责，造成下列后果之一的，应当承担法律责任：（1）认定事实、适用法律错误，或案件被错误处理的；（2）遗漏重要犯罪嫌疑人或者重大罪行的；（3）错误羁押或者超期羁押犯罪嫌疑人、被告人的；（4）涉案人员自杀、自伤、行凶的；（5）犯罪嫌疑人、被告人串供、毁证、逃跑的；（6）举报控告

---

① 参见中共中央办公厅、国务院办公厅：《保护司法人员依法履行法定职责规定》，2016 年 7 月 28 日。

② 最高人民检察院：《关于完善人民检察院司法责任制的若干意见》，载《检察日报》2015 年 9 月 29 日。

③ 中共中央办公厅、国务院办公厅：《保护司法人员依法履行法定职责规定》，2016 年 7 月 28 日。

材料或者其他案件材料、扣押财物遗失、损毁的；（7）举报控告材料内容或者其他案件秘密泄露的；（8）其他严重后果或恶劣影响的。由上述条文可以看出，重大过失责任和故意违反法律法规责任的首要区别在于主观态度上，前者主观上是故意，后者主观上则是放任和过失，后者造成的损害后果相比前者也要轻一些，这种损害是可以容忍但是绝不能纵容的行为，造成重大过失责任的，必须承担一定的司法责任，这种责任的承担方式和故意违反法律法规责任不同，重大过失责任应当轻一些，笔者认为，对于这种情形，可以结合《保护司法人员依法履行法定职责规定》第七条的规定，在年度考核中，连续两年确定为不称职的。① 对于这种情形，可以作为年度考核中的一种不称职的情形，如果连续两年发生类似情形，是可以将检察官辞退的。

负有监督管理职责的检察人员因故意或者重大过失怠于行使或不当行使监督管理权，导致司法办案工作出现严重错误的，应当承担相应的司法责任。② 这种情形主要发生在联合办案组之中，要准确区别好监督管理人员和承办人之间的司法责任情形，笔者认为，监督管理人员因故意或者重大过失怠于行使或不当行使监督管理权，导致司法办案工作出现严重错误的司法责任情形应当轻于故意违反违规办案和重大过失办案，这是谁办案谁负责的司法责任制精神决定。

除此之外，还规定了事实认定瑕疵：包括（1）认定事实或情节有遗漏、表述不准确，不影响定罪量刑或全案处理的；（2）证据采信瑕疵。证据的收集、调取、保存、移送、使用等程序不符合法律和有关规定的，但依法可以补正或作出合理解释，并且不属于依法应当排除的非法证据的；（3）法律适用瑕疵。引用法律条文不准确、不完整、不规范，但不影响定罪量刑的；（4）法律程序瑕疵。受理、办理、告知、听取意见、送达等程序不符合法律和有关规定的；（5）法律文书瑕疵。法律文书的名称、类型、文号、格式、文字、数字、语法、符号等存在不规范、遗漏、错误等情形，或存在未依照法律规定签名、盖章、摁手印、注明时间等情形；（6）司法作风瑕疵。检察人员在司法办案工作中有态度不文明、作风拖沓、语言不当等不规范行为的；（7）其他司法瑕疵，对于这种司法瑕疵情

---

① 参见中共中央办公厅、国务院办公厅：《保护司法人员依法履行法定职责规定》，2016 年 7 月 28 日。

② 最高人民检察院：《关于完善人民检察院司法责任制的若干意见》，载《检察日报》2015 年 9 月 29 日。

形，属于有违司法质量的行为，但是不属于司法责任，为了进一步提升工作质量，让人民群众在每一个司法案件中感受到公平正义，可以对此采取适当方式，将司法瑕疵纳入考核之中，确实严格管理检察官，防止蝼蚁之穴溃千里之堤的情形出现。

（三）办案数量

一个检察官一个考核年度内，应当办理多少案件，现行的有关司法改革文件没有明确的规定，但是入额的检察官必须办理一定数量的案件，这是一条底线。实行检察人员分类管理，落实检察官员额制，检察官必须在司法一线办案，并对办案质量终身负责。担任院领导职务的检察官办案要达到一定的数量。业务部门负责人须由检察官担任。① 同时，办案数量指标也是检察官业绩考评的一个重要方面，司法不仅要公正，还要兼顾效率，没有效率的公正是不可持续性的，保证每个检察官都办理一定数量的案件，则有利于保证及时有效完成有关案件的办理，在检察系统内，从全国而言，中西部和东部沿海等地区的办案压力不一样，从一个省而言，比如广东省内，珠三角地区和粤东西北地区的检察官面临的办案压力也不一样，在一个检察院内部，公诉、侦查监督的案件大多能够逐个统计，但是控告、申诉、案件管理、刑事执行检察等部门的案件则不容易以数据论，同时，公诉、侦查监督的案件可以均衡到每一个承办人名下，但是自侦部门的案件，则不容易均衡到每一个人名下，因为自侦案件的办理，大多要靠集团作战，特别需要发挥检察一体的优势。担任院领导职务的检察官和担任部门负责人、部分协助负责人的工作内容不一样，因而也得均衡办案数量的考核。

笔者认为，一个合格的检察官每年办案数量一般应当达到所在部门当年办案的平均数。检察官一个办案年度内的办案数量达不到平均数的，在办案数量考核上，应当从分值上予以减少。但是在实践中，平均数的统计，一般是一个考核年度内的年底才能统计，由于案件调配的客观因素，不可能每个人都刚好达到平均数，一定会存在一定的差异，所以在实践中，可以设置达到平均数的80%、90%等作为合格的标准，这样更有利于实践。当然有些特殊情况也得充

---

① 最高人民检察院：《关于完善人民检察院司法责任制的若干意见》，载《检察日报》2015 年 9 月 29 日。

分考虑：（1）经组织选派承担重大、疑难、复杂案件等而影响到办案数量的；（2）因组织安排，离开原办案岗位较长时间的；（3）因患有重大疾病等需要进行医疗、调理的，经组织批准休假较长时间的；（4）其他特殊原因，导致要离开原工作岗位较长时间且经组织批准的。

　　除此之外，对于担任检察长、副检察长、检察委员会专职委员、部门负责人、部门协助负责人的，如何科学确定办案数量？笔者认为，检察长办理案件主要是起引领作用，在现阶段，要积极推进检察长亲自办案，但是数额上，应当以实际切实可行的数量为准，保证每年亲自办理；副检察长由于可能同时协管多个部门，则可以选择其中一个部门的案件进行办理，达到一定的数量即可；兼任检委会专职委员的检察官，业务工作相对纯粹，在办案数量上应当比副检察长多一些。对于部分负责人，除了办案之外，还可能兼任部门的党支部书记，负责一个部门的综合事务管理，在办案数量上可以相较普通检察官有所减少。这是现阶段中国检察系统现阶段的工作特征决定的，作出案件数量上的部分调整，其实是为了更好地落实办案责任制。

（四）司法技能

　　技能一般是掌握并熟练运用技术的能力，司法技能实际上就是掌握并熟练运用法律知识、法律经验、法律技巧的能力。如何评价一个检察官的司法技能水平，采取哪些标准，怎么纳入业绩考核、如何达到一个客观有效、人人认可的标准，既是一个理论问题，又是一个实践问题。

　　当前，在全国检察系统内，反映司法技能的形式，包括业务竞赛，专门人才评比、业务立功等。如各业务条线都举行了相应的业务竞赛，包括全国、全省、全市范围内的"公诉业务标兵"比赛、"民行业务标兵""侦查监督业务标兵"竞赛等，这些竞赛的权威性强、业内认可度高，竞赛内容全面，在一定程度上，业务竞赛的名次，充分反映了业务技能的高低。除此之外，各级检察院都会组织一定的人才评选计划，比如"全国检察业务专家""全国检察理论专家"等，在省一级，也会评比"全省检察业务专家""全省检察理论专家"等。或者指定各业务条线的专门人才计划。对于在大要案办理、重大专项行动过程中，表现优秀的，通常会给予立功受奖，虽然立功受奖的考量出发点不仅包括业务考量，也包括政治考量、思想品德考量等，但是总体上还是体现了业务技能。对司法技能进行考评，可以结合业务竞赛、专家评审、立功受奖等，制定一定的分次等级，这不仅能够对检察官进行考评，还能够引领人才的走向。

除上述宏观层面的司法技能反映形式外，司法技能的体现还表现在各业务条线的具体工作中。比如，公诉工作中，除了依法指控犯罪、进行诉讼监督之外，在工作中，追诉漏罪漏犯、移送线索情况、发出检察建议、纠正违法数，综合办案开展法治宣传教育的情况，都是司法技能的表现，在侦查监督工作中，比如追捕数、提前介入数、监督立案数、监督撤案数等，都属于司法技能的综合表现，在业绩考核中，都应当以一定的形式，纳入业绩考核评价，并激发检察官工作的积极性和主动性，防止检察官在司法办案中，只做表面功夫的情形出现。

（五）理论水平

调查研究是马克思主义认识论的基本观点，是我们党的优良作风和传统，是一项基本的工作方法，毛泽东同志指出："没有调查就没有发言权""谁不调查研究，就剥夺谁的发言权。"检察调研是提高检察工作水平、实现科学决策的基本方法，体现一个干部总结实践经验、探索工作规律的水平。在一部分检察官的思想中，觉得调研是务虚，不是业务工作，跟业务工作无关，实际上，国外很多著名的法官、检察官不仅是法律事务方面的专家，也是理论专家，是引领法治理论者，如果不调研，就难以及时掌握信息、发现情况，及时解决问题，很难提高统揽全局、驾驭局势的能力，尤其是上级检察机关，在自身办案的同时，还承担了对下级指导的功能，如果不及时对工作中的情况进行总结分析，则很难提升对下级院指导的力度和水平，更不利于检察权的统一行使。

在业绩考核中，理论水平的体现，应当不仅仅是撰写调研文章的能力，还体现为获评各类典型案例，撰写业务分析报告，获取理论课题，参与立法与司法解释建议，制定规范性文件等。这些都是检察理论水平的体现，都需要理论结合实践，在实践的基础上，都需要归纳分析、总结提炼。在业绩考核中，应当分门别类，围绕不同的类别，设定不同的加分分值，发挥考核的引领作用，提升检察官的理论调研能力。

因为是针对检察官的业绩考核，对于检察官理论水平的展现，应当以撰写业务类文章为基准，如果不是撰写业务类文章，则无法体现业务属性，也不利于引导检察理论的发展。在制定考核方案时，还应当综合考虑业务文章的呈现形式，比如，对于获取检察理论研究课题的，应当结合国家级、省级、市级等不同层次，制定不同的分值，对于发表文章的层次，现阶段，期刊的权威层级是比较明晰的，"三大核心""二十一种权威期刊""国家中心核心期刊"等，属于不同的层次，在纳入业绩评价时，享受的分值应当不同。

实际上，最难考核的是撰写业务分析报告，参与立法与司法解释建议，制定规范性文件等。由于这类理论成果的载体和呈现形式和研究课题不一样，如何确定分值等次，如何把好重要性，当前没有一个权威的判断标准，实践中，很多出自基层的一线调研报告，论述充分、建议合理，具有很强的针对性和操作性，而有些层次高的即便是规范性文件，可能对实践的指导反而不强。因而可以考核吸收第三方进行评估，成立独立于检察官的兼职的第三方理论评估小组，由专家教授、律师、人大代表组成，对有关的理论成果进行评价，获取一定的考核加分值。

（六）外部评价

检察官代表国家行使法律监督权，关系到社会公平与正义的维护和实现，是与人民群众利益最密切的公职人员。虽然检察官的业绩考评总体上而言是检察系统内部管理和监督的一项重要制度，通过业绩考核了解检察官及所在检察院贯彻部署国家政策、促进社会公平正义等情况，但也不能"闭门搞考核"。借助外部力量，全方位地评价检察官，可以避免自己监督自己、自己考评自己的弊端，能够强化外部监督，提升业绩评价的客观性。

当前，体现外部评价的方式主要有两种，一种是系统外、体制内评价，主要是各级党委、政府等部门给予的评价，如各级党委和政府授予的"五一劳动奖章""劳动模范""先进工作者""三八红旗手"等。这种评价权威性强，群众认可度高，大多是组织经过认真筛选、严格把关确定的，实行司法责任制后，对于各级党和政府给予的各种荣誉等，应当纳入检察官的业绩考评，实际上，这是对检察官政治素养、职业操守、业务能力的一种综合体现，也是最重要的一种肯定。另外一种则来自人民群众，在司法办案中，人民群众对于检察官的工作，会自发给予一定的评价，比如赠送锦旗、撰写感谢信等，对于人民群众的呼声，在检察官的业绩考评中，应当给予重视，纳入考核内容，提升对外部信息的收纳度。同时，对于反映检察官在司法办案中，存在不良作风、行为的评价，也应当通过有关渠道及时收纳，通过认真的调查核实，及时给予回应，切实有损检察官职业操守的，应当在考核中予以负面评价。可以适当纳入人大代表、政协委员、律师、法学教授等，作为检察官业绩的兼职外部监督员，提升外部评价的权威性。

五、结语

检察官业绩评价制度的构建是司法责任制改革的重要一环，是相关配套制度的中关注度最高、实践性最强、综合性最强的一个制度，检察官业绩评价制度也是加强检察官管理、规范检察官业务考核、落实司法责任制最为重要的制度，要制定好这个制度，涉及方方面面的大量工作，可谓是整个配套制度中最为困难和棘手的，即便制定了有关制度，也需要在执行中设定科学有效的程序、实行专人负责，加强配套制度建设，及时进行修改完善，方可逐步实现检察官业绩考核的标准化、规范化、实效化。

第二十一篇　有效降低"案-件比"的五种路径

在"案-件比"的计算方式中，将 16 项为当事人带来负面评价的业务活动，作为统计"件"的项目。根据 2019 年全年统计数据，排第 1 的，是延长审查起诉期限和法院延期审理，占 16 项业务活动总量的 48%，接近一半；排第 2 的，是退回补充侦查，占 31.7%，接近三分之一；排第 3 的，二审上诉，占 10.2%，超过十分之一；排第 4 的，延长侦查羁押期限，占 8.1%；这 4 项业务活动的"件"，占 16 项业务活动总量的比例，高达 97.9%。其余 11 项业务活动，仅占比 2.1%。有效降低"案-件比"，主要矛盾在于前 4 项，关键也在于做好上述 4 项业务的管控、管理工作。

一、严格执行审查起诉"延期"规定

《刑事诉讼法》第 172 条规定，人民检察院对监察机关、公安机关移送起诉的案件，应当在一个月内作出决定，重大、复杂的案件，可以延长 15 日。一个月内作出决定是原则，"重大、复杂"的案件可以延长 15 日是例外。

目前存在的问题：一是延期具有随意性。存在事实简单清晰、证据充分、嫌疑人认罪的轻微刑事案件延期的情况，有的只是为了变相增加办案时间进行延期，这与法律规定的"重大、复杂"的案件才可以延期的规定，明显不符，"例外"变成了原则，"原则"变成了"例外"。二是对延期把关不够。根据司法责任制的要求和检察官权力清单的规定，案件延期的决定权一般在检察官，有的部门负责人因而放手不管或者少管延期这项业务，缺少监督管理，没有履行好应当履行的行政管理职责。三是"重大、疑难、复杂"案件界定不清。对于什么是重大、疑难、复杂案件，各地标准不一，不同检察院在实践中掌握的松紧也不一，也确实存在难以通过比较明确的规范进行统一的现实情况。

很多检察院尤其是基层检察院，存在严重的"人案矛盾"，办案压力非常大，但"压力大"并不是案件可以延期换办案时间的理由。不按规定延期，会变相导致嫌疑人被羁押时间变长，有些被告人本可以早点判无罪、缓刑出来，如果延期15日，可能导致变相多羁押了15日，实际上，这也是一种不规范办案的情形。因此：

一是要严格按照法律的规定延期。要严格遵循重大、复杂的案件，才可以延期的规定，虽然对什么是重大、疑难、复杂案件，现有的司法解释，规定不一，实践中掌握的尺度，层级不同，尺度也不一，但是根据办案惯性、规律，都能有一个大致的掌握，对于延期案件的范围，尽量从严掌握。

二是要把延期的情况纳入检察官业绩评价指标体系。延期虽然不涉及具体的司法裁判权事项，但是本身属于司法的有机组成，作为一个业务指标，各地检察院应当做到内部对延期情况要有统计，定期公布数据，办理延期多的，在评优评先、检察官绩效等级评定上，要慎重考虑。

三是完善办案组的配备。要根据办案组人员的特点、区域发案频率等，科学配备办案组的力量，实现"1+1>2"的效果，通过激活办案组的效能，提升办案的效率，减少延期的情况出现。

四是要严格落实《人民检察院刑事诉讼规则》新规定的告知义务。修改后的《规则》对审查起诉期限等作出改变的情形，要求应当及时将变更后的期限通知看守所，看守所也应当对久押不决的案件，及时进行反查，倒逼案件的快速有效办理。

二、规范退回补充侦查"补查"质量

退回补充侦查是法律监督重要手段，是刑事案件办理过程中的一道"安全阀"。当前，运用退查程序时，大部分检察人员都是严格、规范，切实履行法律监督职责的。存在的问题，基本上还是一些具有普遍性的问题，如，退查提纲针对性、指导性不强，退查后和公安人员沟通不够不到位，也存在检察机关以退查换时间的情况等。但退查一次，就多一个"件"，严重影响"案-件比"。如果重大、疑难、复杂案件，涉黑、金融、网络等犯罪，证据欠缺，卷宗多，时间确实紧，不得不退查，也要遵循办案规定，应当允许退查的。如果只是单纯的为了变相增加办案时间，搞"技术性退查"，不应当允许。相比延长审查起诉期限15日，这给嫌疑人变相延长羁押期间将近2个月！退两次，是4个月。

张军检察长多次提出要求，必须高度重视退回补充侦查提纲，要求补充侦查提纲必须入卷。《规则》第257条的新规定，人民检察院制作继续侦查提纲或者补充侦查提纲，要写明需要继续侦查或者补充侦查的事项、理由、侦查方向、需补充收集的证据及其证明作用等。新《规则》对退查提纲提出了明确而具体的要求，还要通过不定期抽查、公布优秀退查提纲书等方式落实规定。除此之外，还应当：

一是坚决杜绝"空退""虚退"。一定要正确认识，明确这不是走办案捷径，这是不规范办案，不规范办案违反检察官职业操守，严重的可能违法违纪。

二是学会自行补充侦查。有些案件就缺个小材料，检察人员完全可以自己补查，时间上也允许，非得退查一次，公安不满意、不耐烦，也不利于检察人员综合能力特别是取证能力的提升。

三是要学会在审查起诉的同时及时补查。要根据积累的办案经验，对于容易出现证据问题的案件和属于"老补查户"的公安人员，要及早做好准备，早点发现问题，一次性列明、列出需要补查的问题清单，可以在审查起诉期限内，同步通知公安人员补充完善材料。

四是及时总结侦查机关办案中的问题。尤其要对涉及某一类证据、某一个罪名的共性问题，形成针对性意见、有效的方法，提供给侦查机关，有理有据，有招有法，多沟通交流，侦查机关自然乐意接受。

五是完善请示管辖案件的报送流程。当前请示指定管辖的案件多，由于时间跨度长，一些检察人员采取退查等方式，以避免出现超期的情况。对于跨区、跨省需要请示指定管辖的案件，要完善上下级检察院、检法之间的对接流程，减少报批环节和"在途"时间，避免因请示时间长而倒逼下级院以"退查"换时间的情形。

三、发挥"捕诉一体"强化引导侦查

引导侦查取证是检察机关监督职责的体现，也是有效指控和追诉犯罪的需要，"捕诉一体"后，把审查逮捕到审查起诉阶段对侦查取证的引导连贯起来。有助于将起诉和审判的证据要求向前端传导，消除"捕后诉前"监督盲区，尽可能把证据问题解决在移送审查起诉之前。这对切实提高侦查效率、有效收集证据、避免贻误时机和降低"案-件比"具有直接效果。

修改后《规则》第256条，对引导侦查的发动，明确了公安商请和检察机关认为确有必要两种情况，为检察机关主动介入提供了指引。发挥"捕诉一体"办案优势，强化引导侦查取证，要做好以下几点：

一是减少不必要的延押。延押是为了保障、支持侦查工作的切实需要，严格掌握延押案件的审批条件，压缩不必要的延押，倒逼侦查机关提高侦查效率，特别是加强羁押必要性审查。如有的案件，公安机关提前半个月就开始报延押，就应当不予批准，对没有继续羁押必要的，要及时提出变更强制措施的建议。

二是掌握好"延押"主动权。侦查机关对于延押非常看重，延押与否，直接关系到侦查时间充足、侦查任务完成，在审批延押的时候，检察机关主动性强，侦查机关配合程度高，要利用好有利时机，尽量要求侦查机关在报送延押的同时，补充完善好证据，掌握好主动权。

三是要提高文书质量。要提高《继续侦查意见书》等文书的制作水平，要列明补查目的，细化补查意见，明确补查思路和方向，对收集证据、完善事实提出指引，实现了"源头有效治理"。

四、积极推进认罪认罚从宽制度

认罪认罚从宽制度对及时惩治犯罪，强化人权保障，优化司法资源配置，纾解社会对抗，化解社会矛盾等方面有重要意义。对降低"案-件比"，也有直接、积极效果。

一是要有"一把锁开多扇门"认识宽度。《人民检察院刑事诉讼规则》已经对认罪认罚作出全面、系统、明确的规定，"两高"三部也出台了《关于适用认罪认罚从宽制度的指导意见》，认真执行落实好这些规定，发挥好检察主导作用，不仅能真正把认罪认罚从宽制度落到实处，达到目标要求，也直接作用并有助于案件—比的降低，减少诉累，提高诉讼效率，降低司法成本。二者的功效、作用，在一定程度上是高度统一的，实际上是"一把锁开了多扇门"，要提高认识的宽度，全面认识其意义，促进工作一体推进、一通百通。

二是要抢抓有利时机、前位阶段推进工作。办理认罪认罚案件，在刑罚评价上，主动认罪优于被动认罪，早认罪优于晚认罪。作为承办人，要抢抓有利时机、前位阶段，通过有效的释法说理，促进被告人早认罪、真认罪、主动认罪、真诚认罪。实践证明，越早认罪，事后反悔率越低，越是主动认罪，悔罪态度更加彻底，因而越早开展认罪认罚程序，诉讼过程就会越顺畅，案-件比也会降低。

三是客观评判认罪反悔的情况。签署协议自然就有违背协议的情形，这是人性使然，实践中虽然反悔的比例不高，但对于反转的情形要客观评判，有些被告人是对法律认知水平不够，有些对裁判结果预判有误，有些可能确实一审裁判有误，不能认为被告人反悔就认为是存在侥幸心理，不尊重协议，要客观查明认罪的自愿性、真实性和定罪、量刑的准确性，让被告人口服心服。如果判断不准、不全，错误使用抗诉等手段，不仅不能舒缓对抗，可能会增加被告人的消极对立情绪，引发后期不断申诉等，使案件徒增更多程序。

五、坚持以"人民为中心"的办案理念

降低"案-件比"，就是降低当事人对司法活动的负面评价。要是一个案件一拖再拖，一延再延，即使结果是公正的，程序也是合法的，实体公正和程序公正都有了，人民群众也不能"感受到"公平正义。让人民群众真真切切感受到公正，是一种更高的要求和责任担当。

一是检察机关要树立好文明、理性、规范的执法办案形象。《规则》对检察机关新增了一系列告知、提示、提醒的义务，以前可做可不做的，现在是要做，以前可快做可慢做的，现在是在规定的时间内要做好。

二是着力提升释法说理能力。除了对案件的事实、证据、法律规定有准确把

握外，对犯罪嫌疑人的心理、所处的家庭和社会环境、受过的教育等，也要有准确了解，特别是不能机械办案、就案办案，要用群众听得懂的语言、能接受的方式办案。

三是妥善做好被害方救助帮扶的工作。不仅有效打击犯罪，还要站在被害方立场考虑案件，让被害方感受到、能认同、可接受，用好用足现有规定，及时对被害方进行帮扶、帮助。

张军检察长提出，要通过每季度、半年同类型的"案-件比"考评，看看哪个检察院、哪个检察部、哪个检察官的"案-件比"高、"环节"办案粗糙、严重不负责任，徒增下一个案件办理程序，就要晒出。降低"案-件比"其实就是更新检察办案理念，在办案过程中，以问题为导向，抓住、攻克薄弱环节，不断提高检察机关办案的质量和效率。

第二十二篇　提升"两项监督"的策略与方法

立案监督和侦查活动监督是检察机关开展诉讼监督最基础、常态化的工作。如果说认罪认罚从宽和"案-件比"是新业务，那么"两项监督"就是"老家底"。在审查逮捕和审查起诉案件总体数量同比总体变化不大的情况下，"两项监督"数据的呈现明显持续下降的趋势，特别需要引起高度重视，对于"老家底"，只能不断筑牢，不断强化，绝不能减弱！造成"两项监督"有关数据下降的原因，主要是三个方面的原因：

一是调整期的"阵痛"。当前正处在内设机构改革调整期、司法责任制改革消化期、检察职能调整磨合期，"三重改革""三期叠加"，受人员调整、权责不清、等待观望等因素的影响，监督数据持续下滑，工作局面未能打开。如，在立案监督上，属于被害人控告、当事人申请的，变化不大，但通过调研发现，在办案中发现的还不到同期的一半，而办案中发现的立案监督事项，是最能体现刑事检察工作状态和水平的。

二是理念陈旧的"老病"。有罪推定、重打击轻保护、重实体轻程序、重言词证据轻客观证据、重批捕起诉轻监督等理念陈旧的"老病"依然存在。部分检察人员对法律法规、司法解释、刑事政策把握不到位，受维稳、被害方诉求、社会舆情等案外因素影响。落实新时代检察办案新理念不到位、不及时，化解社会矛盾、促进社会和谐的积极作用，未能充分发挥。

三是监督机制不完善"现状"。目前，监督难、监督刚性弱等问题未能得到有效破解，检察建议、纠正违法强制性不够，办案人员主动开展刑事诉讼监督的内生动力不足。比如，立案监督，无论是之前，还是现在，监督的主要来源，靠被害人控告、当事人申请、行政执法机关移送，检察机关自己发现，仅在20%~

30%之间，这与新时期，提升法律监督能力的要求还不相符。

除了上述三方面的原因，还存在领导重视不够、谋划不够、拓展渠道不够等问题。如何做好"两项监督"工作，建议：

（一）把"两项监督"作为一把手工程来抓

"两项监督"工作能否有效开展并不断深化，关键在党组，关键在检察长。各级院党组特别是"一把手"，要站在"做优做强刑事检察"的高度，认识立案监督与侦查活动监督的重要性，将"两项监督"工作作为刑事检察工作的重中之重来抓，切实做到认识到位、部署到位、行动到位。分管副检察长要亲自研究部署、靠前指挥，针对"两项监督"中数据下滑的情况，逐个研究，拿出对策，逐个提升；部门负责人要具体抓落实，搭建工作专班专门负责督导"两项监督"工作。要高度重视"捕诉一体"办案机制运行中出现的问题，有针对性地强化工作措施，坚决防止只重视审捕工作，忽视"两项监督"的倾向，充分发挥捕诉监一体优势，更加自觉将"两项监督"融入捕、诉工作中，坚持"在办案中监督、在监督中办案"。

（二）以前瞻性谋划减缓调整期"阵痛"

"三期叠加"带来的"阵痛"，不可避免。但"两项监督"是老生常谈的工作，和认罪认罚从宽制度、"案-件比"等新业务不一样，这项工作有经验、有基础、有人才，不能"等靠要"，要用"前瞻性"的谋划，最大限度地减少"三期叠加"带来的影响。一是要加快捕诉一体改革进程。已经运行捕诉一体的，要准确把握"捕诉一体"后承担的各项职能，突出重点，着手推进工作合理布局。尚未运行捕诉一体的，要进一步加快进程，做好工作谋划部署。二是防止出现"空档期"。改革完成前，"两项监督"业务的牵头负责部门、人员，对改革到位后的工作衔接，要加强前瞻性考虑，防止改革出现"空档期"。对于按改革要求先期调整到位的，要加强"两项监督"工作的人力配置、机制建设和标准设置，为"两项监督"工作的顺利开展，提供坚实的组织基础和人员保障。三是要拓宽线索来源。拓宽线索来源是做强"两项监督"工作的重要手段，要结合案卷审查，从新闻媒体、网络舆情、提前介入、"两法衔接"、查阅公安机关台账等方面，发现立案监督线索。针对刑事案件治安化处理，农村治保会掌握大量的刑事案件线索的情况，要学会把这些线索，作为提高立案监督数量的抓手；要有针对性地对受案登记而没有立案的案件进行排查，特别是有重点地排查故意伤害、交通肇事、危险驾驶等案件；要从公安交警职务犯罪案件中倒查，发现有无该立案而不立案的行为；从行政案件卷宗中发现构成刑事犯罪而降格处理的案件；面对当事人控告、申诉，又无法提供不予立案通知书时，应当建议控申部门应依职权主动到公安机关询问是否立案的情况，发挥主观能动性。

（三）进一步推进派驻检察工作

侦查工作开展到哪里，监督工作就应当延伸到哪里。加强对侦查活动的监督，既是履行法律监督职责的要求，也是有效指控犯罪的需要，要稳妥推进派驻检察工作：

一是继续做好的对派出所刑事侦查活动监督工作。派出所侦查的案件，是侦查活动监督的主要来源，要秉持"参与不干预、监督不失职、配合不越位"的要求，做到"两提高、一常态"。要提高监督的效率。以立案和搜查、扣押、冻结、查封等财产性强制侦查措施为重点，防止发生"该立不立"或"不该立而立"的情形，防止滥用强制措施；以复杂疑难及重大、有影响案件为重点，加强对侦查取证活动合法性监督和有效性引导，着力提高侦查质量和办案效果；以有无社会危险性、捕前刑事和解、捕后变更强制措施等为重点，加强对宽严相济刑事政策贯彻落实的监督和引导，维护法律的正确实施；以不构成犯罪不捕、证据不足不捕案件、追捕案件为重点，加强对公安机关后续侦查措施的监督和引导，保障刑事诉讼的顺利进行。要提高覆盖率。覆盖率较低的市，要想办法继续推进，覆盖率较高的市，要进一步提高覆盖率。要形成常态化的年度工作报告制度，抄送至政法委、公安机关、检察院的主要领导，既实现对我们工作的总结梳理，也帮助公安机关了解存在的问题。

二是稳步推进公安执法办案管理中心派驻检察工作。《中共中央关于加强新时代公安工作的意见》中明确提出："加强公安执法办案场所建设，因地制宜建设执法办案管理中心""深化执法办案公开，主动接受检察机关法律监督"。最高检负责领导也认为，公安执法办案管理中心建设给检察机关"两项监督"提供了新的平台,通过派驻检察,可以实时掌握执法办案信息,也为及时介入重大疑难复杂案件侦查提供了条件。

(四) 发挥好侦查活动监督平台优势

侦查活动监督平台建设具有先发优势,要通过开展侦查活动监督平台适用专项检查调研活动,检查办案人员在办理审查逮捕案件中,是否依托平台履行好监督职责、书面纠违及侦查活动监督通知书等文书是否准确适用、司法改革后平台适用是否受影响等问题并及时督促整改,确保平台的有效使用。要善于以专项监督为抓手带动提升"两项监督"的质效,要从本地的实际出发,摸清公安机关执法办案存在的突出问题,开展立案刑拘未报捕等专项监督,有效促进刑事执法活动规范化。对于当前,"两法衔接"平台的数据量大,难以每个案件都进行查看,要积极协调,升级"两法衔接"平台,进行数据筛选,筛选出达到立案标准的案件。

(五) 加强业务培训和数据通报工作

内设机构改革后,侦监、公诉、刑申等部门办案人员合在一起,有些同志不熟悉"两项监督"工作的情况,要有步骤地采取专门举办培训班、检察官教检察官等方式,开展业务培训。在各办案部门,可以通过月报、季报的形式,采取上墙的形式,定期公布各检察官"两项监督"的数据,对这项工作做得好的,年底评优评先的时候,予以重点考虑。上级检察院也要加强对"两项监督"个案和类案指导,及时制定和下发监督工作指引,为执法办案提供参照和指导。

第二十三篇 认罪认罚制度推进中的"七寸"

自 2018 年 10 月 26 日，第十三届全国人民代表大会常务委员会第六次会议作出《关于修改〈中华人民共和国刑事诉讼法〉的决定》，在立法上正式确定了认罪认罚从宽制度，最高人民检察院在全国刑检工作会议上，也明确提出，要用一年左右的时间，适用率达到 70% 左右。对适用率低的省份，要进行问责。广东省作为全国改革开放前沿阵地地位，必须积极推进认罪认罚从宽制度改革。

（一）充分认识重要意义

一是充分认识其政治意义。认罪认罚从宽制度，是党的十八届四中全会作出的重大改革部署，是在中央政法委领导下，最高人民检察院会同最高人民法院、公安部、司法部、国家安全部等部门，反复磋商协调，广泛征求意见，形成《试点方案》，经中央深改组审议通过，并经全国人大常委会通过《授权决定》，"两高"三部印发《试点办法》，是一个国家决策。我们讲"四个意识""两个维护"，要是对中央部署的重大改革举措，都不去积极推进、竭力落实，谈什么牢固树立"四个意识"，自觉践行"两个维护"。对于认罪认罚从宽制度改革，一定要立即推、马上推，不能观望，不能不落实。

二是充分认识其法律意义。新刑事诉讼法中，涉及认罪认罚从宽制度有 19 个条款，分布在任务、基本原则、辩护和代理、强制措施，以及侦查和提起公诉、审判等各章节。在立法上，认罪认罚从宽是独立于其他体现认罪从宽制度的一项全新制度；在诉讼流程上，它涵盖侦、诉、审在内的整个刑事诉讼过程；在实体上，涉及所有的法定、酌定的从宽情节以及规范化量刑；在程序上，可适用于速裁程序、简易程序、普通程序，在多层次的诉讼体系中均得到了体现。我们要充分认识其法律意义，这符合我国司法实践需要、刑事诉讼制度发展规律、全面依法治国总要求。

三是充分认识其时代意义。当前，广东省和全国的形势一样，就是严重危害社会治安犯罪案件和暴力犯罪案件，呈现下降趋势，轻微刑事案件的数量，仍在高位徘徊，"人案矛盾"依然突出，刑事诉讼效率依然不高，案件程序存在千篇一律、拖沓繁琐的情况。认罪认罚从宽制度就是平衡公正与效率的一个有益探索实践，制度的基本价值之一就是程序从简，我省目前的工作实践，也充分印证了这一点，认罪认罚从宽制度一定程度上缓解了"人案矛盾"，推动了简案快办、繁案精办、庭审实质化。

（二）提升检察人员适用积极性的问题

检察机关办理认罪认罚案件，增加了讯问被告人的次数，要听取被害人意见、促成刑事和解，还要提出具体的定罪量刑意见，签署具结书。还有一些到了庭审阶段不认罪的程序回转案件。这与办理其他案件的程序相比，一定程度上增加工作量。一些检察人员存在适用积极性不高的问题，一定要转变观念，从"让我用"到"我要用"。一是要正确认识。作为一个新事物、新机制，在运行初期，必然还存在一些问题，这符合事物发展的基本规律，正是有问题，所以要去研究、探索、解决问题，不能"等靠要"，不能"坐以待毙"，要特别注意发挥基层的创新精神。二是要探索简化文书。可以探索简化审查报告，将审查报告的重点，放在事实认定的理由说明与最终处理意见的论述，也可以探索将简单案件的审结报告，改成表格式打勾，或只制作证据目录，不再撰写审结报告，对于告知文书过多的情况，也可以探索将《权利告知书》与认罪认罚的文书合并，"多书"变"一书"，三是要组建专业办案组。各地办案部门要根据自身的案件量、案件发展趋势，结合员额检察官个人意愿和能力水平，从实际出发来考虑组建办案团队或设立认罪认罚专办组的问题。不仅提升专业能力、娴熟度、确保办案质量，还有利于办案人员的全面发展，避免产生工作倦怠感。四是要有效监督下对检察官充分授权。认罪认罚从宽制度要和司法责任制改革结合起来用，实现有效监督下对检察官充分授权，一般的认罪认罚案件，可以放权由检察官独立审查，直接决定起诉。同时，授权检察官有自主的量刑协商权，检察官可以根据事实、情节、认罪情况，直接作出精准的量刑建议。五是要强化信息技术运用。探索引进电子签章技术，结合远程视频，实现律师也可以远程视频见证，免去繁琐的律师入所手续和路途耗时。通过建立运行"三远一网"，实现远程提审、远程开庭、远程送达、网上办案，不仅降低诉讼成本，而且远程提审系统"边提审边录像"，使认罪认罚过程更加直观，也有据可查。

（三）关于值班律师的问题

值班律师是犯罪嫌疑人、被告人获得法律帮助的最主要途径，认罪认罚具结书的签署需要律师在场。当前很多看守所提讯区未设置值班律师工作站，没有专门场所开展见证，律师进入看守所参与见证，程序繁琐。犯罪嫌疑人没有委托或者指定辩护人的案件适用认罪认罚制度，必须由案件承办人带律师进入看守所参与见证。有值班律师反馈，值班律师前往看守所见证需要提前3至5天预约，因为值班律师需要报告律所，律所再上报法援，再由法援制作援助公函、法律帮助通知书，手续繁琐。同时，由于看守所没有设置值班律师工作站，导致案件承办人要跑两次看守所，第一次问犯罪嫌疑人是否认罪认罚，第二次带律师入所见证，才能办下一个认罪认罚案件，耗时且增加人力、物力。

要做好这项工作，一是要规范入所手续。对于值班律师入所的手续，各地要积极与行政部门、看守所协商，尽量简化律师入所手续，出台有关规范，把这一块规范下来。二是争取设立值班律师工作点。要和看守所协商，在看守所审讯区内设立值班律师工作点，采取"坐诊式"，实现提讯并签署具结书，办案人员不再为签署具结书多跑一次看守所。三是探索将值班律师工作"打包"。要积极与律协进行积极沟通，在律师资源丰富的地区，可以探索打包方式给律所的方式，要注意加强管理，以避免出现执业冲突的情况。四是要充分保障律师阅卷权。使辩护律师和值班律师得以随时查阅所需案件的电子卷宗，及时全面了解案情，为提高实质法律帮助奠定基础。

（四）关于精准量刑的问题

在认罪认罚从宽制度下，检察机关的量刑建议从单纯的程序性权力向实体性权力转变，虽然法院仍然拥有最终的定罪量刑权，但是这一权力受到法律的规制，明确了法院"一般应当采纳检察机关的指控罪名和量刑建议"。"一般应当"意味着以采纳为原则，不采纳为例外。这实际上意味着法院审判权的部分让渡，这也对我们量刑工作提出了更高的要求。

实现捕诉合一办案后，很多侦监部门的同志才逐步开始接触公诉案件，而公诉案件的量刑需要综合衡量很多因素，需要一定的公诉经验，不可避免出现经验不足、量刑不精准的情况。加之财产刑、附加刑的量刑建议，长期被检察人员忽略，一些案件的量刑标准，检法之间目前还存在认识分歧。最高人民法院虽然已经发布了 23 个常见罪名的量刑指导意见，但该意见还需要结合各地办案实践、办案经验，才更有实操性，才能更加精准。对于精准量刑：一是要细化、统一量刑标准。要通过定期举行法检联席会议，交流统一适用的量刑方法和标准指引，做到量刑统一，各市可以先选择一些常见罪名，精耕细作，不仅量刑建议有据可查，从宽幅度也心中有数。二是要引入量刑智能化辅助软件协助办案。一些地方在这方面已经有比较成熟的做法，南沙区的做法还在全国的量刑工作会议上被推广介绍，这次会议上也做了介绍，各地要学习借鉴。

（五）关于廉政风险防控的问题

廉政风险防控是任何时候都不能放松的！一是要进行廉政风险点排查。认罪认罚从宽制度是一项新业务，尤其是其中的量刑协商、精准量刑，是事关嫌疑人人身财产自由的重大事项，因为法官是"一般应当采纳"，因而具有了准法官的角色，廉政风险还是很大的，要对认罪认罚从宽制度全流程，进行细致分析、仔细排查，找出其中可能存在廉政风险点和司法办案风险点。二是要避免通过引导、不当许诺等方式获得认罪认罚表示。保障嫌疑人、被告人在自愿的前提下认罪认罚，是认罪认罚从宽制度能否取得实效的关键。要在权利告知、听取意见、信息交流等方面做好工作，防止形式化，避免通过引导、不当许诺等方式获得认罪认罚表示。三是要避免与律师不当交往。避免和律师不当交往的道德风险和廉政风险，是一个老生常谈的问题，最高人民检察院已经出台了比较详尽的规定，大家一定严格按照规定的要求，认真执行，尤其是在认罪认罚从宽案件中，与律师沟通、协调多了，要避免出现"不分彼此""利益交换"的情形出现。四是要落实好"三个规定"。要对过问、插手、干预司法办案的情况，如实记载，对违法违纪的，严肃追究。

第二十四篇 对派出所监督工作现状与建议

侦查监督是宪法和法律赋予检察机关的一项重要法律监督职责，有利于及时发现、纠正、预防侦查活动违法行为，保证侦查活动的正确、依法进行。推进对公安派出所刑事侦查活动监督工作是深化检察改革、强化法律监督的一项重大举措，张军检察长多次强调要"在办案中监督，在监督中办案"。有关部门也出台了指导意见，部署了有关工作。当前对公安机关执法办案中心和派出所监督工作还存在一些问题。

一、对派出所刑事侦查活动监督的情况

广东省作为经济大省，也是治安大省，社会治安形势复杂，刑事案件总量占了全国的十分之一强。全省2400多个公安派出所承担了80%以上的刑事案件办理任务，广州、深圳、东莞等地派出所承担了超过90%。各地顺势而为、因地制宜，通过设立侦查监督工作室、巡回监督、联签文件、联席会议等形式，加大力度推进对派出所刑事侦查活动监督工作。

一是常驻"侦查监督工作室"模式。由派出所提供办公场所和设备，设立侦查监督工作室，检察机关定期到派出所提前介入侦查、查询办案情况、参加案件讨论、召开联席会议，整体提升执法水平。侦查监督工作室模式是我省对派出所刑事侦查活动监督的主要模式之一。除了驻所检察室定点监督外，还定期或不定期地对公安派出所办案情况开展巡查工作。包括通过查阅公安机关警综平台、派出所办案基础台账、调阅案件卷宗、查看办案录音录像，掌握派出所办理的刑事案件情况；对公安派出所办案进行规范化检查，主要针对公安民警在侦查过程中

是否存在违规扣押、违法采取、变更强制措施进行监督。

二是检察官或者工作室巡回模式。通过划片区检查、定期巡查等方式，每个片区确定一名检察官，采取实地走访巡查、查阅案件台账、调阅卷宗、接受当事人投诉等多项措施开展监督。既包括巡回侦查监督工作室的方式，也有采用刑事检察官挂钩形式，即检察官巡回的方式，如采用1名检察官挂钩2~4个派出所巡回检察，实行检察官轮流进行，每名检察官每次轮值三个月，每周最少半个工作日到"侦查监督工作室"值班工作。

三是镇街检察室模式。利用已有的检察室，充分发挥检察室的作用，做好监督工作。如有的市按辖区管辖的原则，对区公安分局下属全部派出所开展刑事侦查活动监督，并与区院侦监科密切配合开展监督工作，有的还在派出所设立"公检联络室"作为专门工作场所，并制定了相关工作制度。

二、存在的问题

对派出所监督工作，虽然做了很多工作，也取得了一定成绩，尤其是侦查监督工作室设立、覆盖面提升、文件联签上，提升非常明显。但与新时期对这项工作新要求和人民群众的新期待相比，还存在很多需要改进的问题和提升的空间，具体包括：

一是内容庞杂、抓手不够。对派出所刑事侦查活动监督涉及的内容，包括立案监督、撤案监督、侦查活动监督、提前介入、疑案会商、案后监督等，内容庞杂、条目众多、点多面广、线长事杂。各地在实践中，也建立了部门会商、联席会议、巡查走访、查看数据、走访调查、信息共享等监督方式、手段。但越是条目繁多，手段多样，越是抓手不够，中心不明，最终工作的力度逐步削减，甚至流于形式。比如，虽然可以查看公安机关的警综系统，但是只能借用公安人员的账号、密码，不仅查看的权限受限，而且使用不便；虽然可以巡查走访，但是基本上都是公安投什么食，检察吃什么饭，一个上午或者一个下午，根本也巡查不出什么线索；虽然都建立了联席会议制度，但大多都流于形式，联签文件的时候开会了，之后就鲜有联席会议，涉及对侦查活动中具有普遍性、同类型问题梳理不多，解决不够。

二是模式多样、谋划不足。各地检察机关根据本地人力、物力、精力的情况，实事求是、因地制宜，探索了很多务实监督模式，但是这种监督模式，主要体现在"覆盖面"的提升上，尽量从形式上做到检察监督的触角能够到达各个派出所和关键办案部门。对于如何开展具体工作，总体上缺乏规划，形式上缺少指引，时间和力量配给上也不足，比如禅城区院与区公安分局联签了关于建立刑事案件侦查监督和执法监督相衔接工作机制的意见。但都不是针对加强派出所刑事侦查活动监督的专门性文件，监督职责定位不明，难以有效开展工作。虽然各地也制定、联签了诸多工作办法、实施细则，但是真正落地生效，形成刚性、长效制度的不多。大多数地方还停留在"摆一张桌子、放一台电脑、贴几项规章制度"的阶段。

三是能力不足、人力不齐。要实现对侦查活动有效有力监督，尤其是对非常"接地气"的派出所侦查活动进行监督，检察官自身必须监督经验丰富、能力过硬，很多检察人员本身专业能力就缺乏，对法律、司法解释、办案规定、工作实践缺乏了解，又缺少公安侦查人员办案取证的实战经验。就好比一个从来没有制作过讯问笔录的检察人员去监督一个制作过百千份笔录的老公安民警。司法责任制改革之后，很多基层检察院员额非常少，有的县市，整个刑检口就 1~2 个员额，或者仅分管的检察长才是员额检察官，人员只有 5~6 个，而一个县基本各乡镇设有派出所，人员又多，要覆盖都难，更难以实现有效监督。

四是配合有余、方式简单。"重配合、轻监督"等观念仍然是主流，对监督的必要性认识不足、动力不够，驻所检察人员变成派出所后备"预审员"，甚至变案件逮捕"促办员"，容易成为公安派出所的"拐棍"和依赖对象。作为相对方的公安派出所也因对监督存在一定的抵触情绪，制约了监督工作的开展。如对检察机关发出的《侦查活动监督通知书》和《纠正违法通知书》置之不理，不回复、不反馈、不纠正；对监督立案案件，立而不侦，懈怠侦查，久侦不结；随意变更强制措施，变更强制措施不依法报备。各地监督方式主要以"软性"的指导办案为主，在审查逮捕环节外的诉讼阶段中，"刚性"的监督措施较为欠缺，对侦查活动监督，目光仅仅停留在完善证据链，准确把握批捕、起诉标准，排除非法证据等传统层面，监督的方式多以不批准逮捕、退回补充侦查，发送纠正违法通知书等传统"套路"，监督视野单一、方式简单。

五是副业心态、一督了之。实行捕诉合一办案之后，很多检察官认为刑检部门主要职责是审查批捕、审查起诉，认为监督只是"副业"，没必要耗费过多精力和时间进行监督，本身存在"可有可无""可深可浅""可多可少"的心态。而对派出所的监督，本身又自带"兼职"属性，大多数工作停留在机动式走访、例行式坐班，发现问题很难，即便是发现问题，不少检察人员也存在"一督了之""'情况说明'走天下"的情形，没有结合监督点，对类案深挖细挖、举一反三、归纳总结，实现以点带面，促成执法规范化，对背后可能存在的失职渎职线索，没有及时梳理、发现并移交移送。即便想监督，也受制于权限，检察官顾忌因为监督带来今后各种工作的不便，影响今后工作配合和领导的评价，检察官助理根本没有决定权，乐于"旁观"。

六是迷信放任、弱点明显。对派出所侦查活动监督过程中，对一些科学证据、技术侦查、电子证据等，检察官等存在"迷信"心态，觉得就是铁证，不会出问题，放松了监督；对"另案处理""情况说明"等的监督，存在"放任"心态，觉得难以监督；对新型疑难复杂少发案件，尤其是涉及现代科技、财会经济、金融创新、生态环保的案件，对其中专业性、前沿性、科学性问题，了解不多、梳理不够、分析不足，难以找到合适的监督切入点、发力点。虽然各地检察机关都向科技要智慧，通过应用现代科学技术，研发软件辅助侦查监督工作，提升监督效果，但真正有实用价值的不多。现代科技更新换代速度加快，一些检察人员对于现代科学手段存在不想用、不敢用、不会用、又不学的情形。

七是责任不清、目标不明。在内设机构改革前，负责这项工作有的是侦监部门，有的是镇街检察室，有的是派驻派出所工作室和镇街检察室共同负责，有的是以侦监部门为主，公诉、未检部门协助的模式。改革之后，由于各刑检部门职责分工按照管辖罪名范围划分，具体由哪个部门牵头负责派出所监督工作，或者各刑检部门之间如何分工协作履行派出所监督职责这一工作，目前尚未理顺。省院、市院、基层院的刑检机构，呈现倒三角，汇集到基层院，大多只有一两个刑检部门，多疲于案件消化和应付上级院的各种调研。而且当前对公安派出所刑事侦查活动监督采取的多是通过审查批捕时审查卷宗材料和定期对重点地区的重点案件进行抽查实现，多停留于事后监督，难以做到主动和同步监督，未能形成全方位的监督体系，监督方式较为单一、弹性较大，在一定程度上也影响了监督效果。

八是线索不畅、激励面窄。各地对派出所监督的线索主要来源为控申、信访部门受理和办案件中发现，线索来源渠道单一，局限性大。而经济犯罪案件多数没有特定的被害人，如金融、税务犯罪侵害的是国家或者社会公共利益，而没有特定被害人，该类经济犯罪案件不立案线索比较隐蔽，难以发现。一些刑民交叉的经济犯罪案件，定性难以界定，少数派出所受利益驱动，利用刑事手段插手经济纠纷，对当事人违法采取刑事拘留强制措施或者违法查封扣押冻结当事人财产的现象在一些地方派出所仍然存在，线索来源狭窄，难以发现。在检察官业绩评价体系的设计中，将侦查监督工作纳入检察官业绩考核评价体系的分值不高、评价面窄，不能充分调动检察人员对监督工作的积极性、主动性，而且一些派出所路途遥远，很多同志对驻所甚至出差巡查，存在一定的抵制心理。

三、下一步工作建议

一是分节分点分区着力监督。已探索建立了侦查监督工作室、巡回、会商等多种工作模式。还需要秉持因地制宜、实事求是的原则，采取适合自己的模式，以公安机关刑事侦查的主体在哪里，监督触角就要延伸到哪里为原则。对于规模较大、办案任务较重的派出所或刑侦队，积极采取建立侦查监督工作室、案件会商的方式。对于边远地区、规模较小、办案量较少的派出所，可以采取定期巡回的方式或者发挥派驻镇街检察室的力量。对于执法办案中心已经承担了主要刑事办案任务的，要及时将工作的中心，转移过去。要有规划，通过实施三年、五年一轮回的巡查，分时间分节点分重点地对派出所实现监督，特别是加强公安内部执法监督和检察机关侦查监督的良性互动，形成工作合力。

二是把监督意见转化为公安考评依据。要健全和完善提前介入、联席会议、侦捕诉衔接等工作机制。结合实际，制定对派出所刑事侦查活动监督工作的具体实施办法，建立刑事案件信息共享平台，给检察人员固定的、权限期权的查询账户，公安机关要根据检察机关的要求实时推送警综平台的刑事案件信息，检察机关也要定期向公安机关通报审查逮捕、审查起诉等相关情况，在符合有关规定的前提下实现检警信息最大限度的开放共享，提升信息化水平。通过协商，切实把检察机关的监督情况和监督意见，作为公安机关内部执法质量考评、执法过错责任追究、执法档案管理等工作的参考依据。和公安机关可以联合开展案件质量评查、执法质量考评和专项监督行动，推动监督工作向纵深发展。

三是在监督意识、监督能力上提升。要在监督意识上坚定，明晰监督就是刑检工作的"腿脚"，缺了就是"残"，弱了就是"疾"，没有主业、副业之分，刑检口的检察人员要减少监督深浅、多寡的忧虑，把监督当做刑检工作的应有之义、应然之举、应尽之事。要在监督能力上提升，监督者只有对法律、司法解释、规范掌握得更熟悉、更精准，监督工作才能更有底气，监督者只有自身具有调查取证的经验，明晰调查取证的基本要求，监督工作才能更加专业，要加强队伍专业化职业化建设，特别是要积极利用自身补充侦查，提升调查取证的实战能力，以此倒逼监督能力的提升。通过开展理论研究、业务培训、岗位练兵等方式，培养一批专家型、专门型检察人才。

四是破除等、靠、要的思维。对派出所的监督，很多工作最终还是要转化在对证据的审查上，在审查批捕、审查起诉环节，要抓好关键证据的审查。全面审查涉及定罪量刑的各种证据以及证据材料之间的客观性、关联性、合法性。对据以定罪的关键证据，如时间、地点、人员、刑事责任能力、被害人等必须严格审查，对犯罪嫌疑人、被告人的无罪辩解必须高度重视，对定罪疑难且单一的言词证据必须认真复核，对矛盾证据必须严格甄别，对没有直接证据证实犯罪的，要综合审查判断间接证据是否形成完整证据链条。要树立自行侦查的意识，要以对案件高度负责的精神，转变存在的"等、靠、要"思想，对于可以通过自行侦查取得的证据，要创造条件，主动收集、固定和完善；不能把"鉴定意见"等科学证据当成铁证，必须树立鉴定意见证据同样需要鉴真的理念；要充实司法会计、法医、精神病、痕迹检验以及电子证据相关的专业性基础知识，掌握审查判断方法，对有疑问的，要多方请教、听取意见，全面掌握信息。

五是完善业绩评价这个抓手。要明确内设机构改革后，具体负责这项工作的部门，而且要作为刑事检察工作的重要工作来抓，进一步明确统筹这项工作的责任主体，加大人力资源投入，搭建工作专班与公安机关对接，指派有经验、会办案的检察官开展这项工作。要将对驻派出所监督工作科学地纳入检察官业绩评价体系，不仅要把立案监督和侦查活动监督纳入，还要把提前介入、引导侦查、促进制度完善、促进社会治理完善、善于新技术、新手段等纳入，设定合理的分值，提升做好监督这篇大文章的积极性、主动性。领导要积极帮助、支持，关键时刻要力挺，做好后盾，提升干部监督的信心和决心，促进监督工作水平的不断提升。

第二十五篇　介入引导侦查彰显检察担当

根据《人民检察院刑事诉讼规则》第 256 条的规定，经公安机关商请或者人民检察院认为确有必要时，可以派员适时介入重大、疑难、复杂案件的侦查活动，参加公安机关对于重大案件的讨论，对案件性质、收集证据、适用法律等提出意见，监督侦查活动是否合法。截至 2020 年 3 月 3 日，全国检察机关共介入侦查引导取证涉疫情刑事犯罪 6428 件 8595 人，涉及妨害传染病防治罪、以危险方法危害公共安全罪、诈骗罪等 20 余个罪名。

在依法严惩疫情防控期间刑事犯罪的背景下，检察机关积极发挥自身优势，介入引导侦查取证的案件数，接近全部案件总数 90%。办理了一批有影响力、人民群众拍手叫好的案件，有效实现了打击犯罪行为、震慑犯罪分子的目的。介入引导侦查是检察机关履行法律监督职责的重要手段和方式，不仅彰显了检察机关作为法律监督机关的职责和使命，更体现了检察机关在疫情防控期间的担当和作为。

一、彰显了检察机关法律监督属性

介入引导侦查是重大、疑难、复杂案件正式移送批捕和起诉前，经公安机关商请或检察机关认为确有必要时，主动及时介入公安机关的侦查活动，参加公安机关对重大案件的讨论，引导公安机关进行侦查取证，并对案件定性提出意见，对侦查活动是否违反法定程序、是否符合诉讼要求、是否侵犯犯罪嫌疑人合法权利等，进行法律监督的活动。介入引导侦查在性质上属于检察权引导、监督侦查权的一种方式，通过引导，就具体案件中证据的采纳标准和采信标准，向侦查人员提供指导性意见，特别是就证据的合法性和证明的充分性，提供指导性意见，提高办案的质量。通过监督、预防侦查活动违法，并对已经发生的侦查违法行为进行纠正，防止侦查工作步入违法的误区或者把案件做成"夹生饭"。一般而言，侦查违法行为越早得到纠正，越能保障案件质量，介入引导侦查第一时间对案件实行监督纠正，实现对侦查活动违法行为的早发现、早处理，从源头上保障了案件质量。

二、遵循了刑事诉讼相互配合原则

介入引导侦查并不是"捞过界"，也不是"联合办案"。一般是在侦查活动开始的早期阶段，经公安机关主动商请或者检察机关认为确有必要的时候，对侦查活动的方向和重点提出建议，对容易被忽视的证据，如定罪之外的、从轻减轻的、难以把握的、有歧义的证据等予以提示。特别是站在批捕、起诉的视角，对公安取证程序的合法性、规范性予以引导，对已获取的证据材料等，从证明力、证据能力上予以分析，并有针对性地提出补充、完善意见，确保证据的确实、充分与合法。但"介入"不是"干预"侦查，"介入"只是"引导"侦查，更不是指挥、领导侦查，"介入"秉持的原则是"参与但不干预、参谋而不代替"。在介入引导侦查阶段，对案件发表的意见，属于"良药苦口""忠言逆耳"，具有建议属性，供侦查参考所用，一般没有强制性的要求。在实践中，合理有效、有理有据的建议，往往都被侦查机关及时采纳采用。

三、不与客观公正立场相冲突

秉持客观公正立场，是检察机关办理案件的基本立场。在参与诉讼过程中，既注重对被追诉者不利的方面，又注重对被追诉者有利的因素，既维护被害人的合法权益，又不单纯地站在被害人的立场，做到兼顾惩罚犯罪与保障人权的统一。对于介入引导侦查的案件，检察机关在审查批捕、审查起诉阶段，并不因为前期有过"介入"，在后期就可以"放松"，结果"耕了别的田，荒了自己的地"。也不因前期"介入"，后期就"自缚手脚"，影响对捕、诉与否的独立判断。对公安机关移送证据材料，依然要全面、客观地审查，对证明嫌疑人有罪和无罪、罪轻和罪重、此罪与彼罪，以及有无社会危险性的证据，都要认真核实，对被告人有利或者不利的全部证据材料，都应当向法庭出示，不得刻意隐瞒或者搞"证据突袭"。检察官认为不能排除以非法方法收集证据的可能，可以决定撤回有关证据，对于在出庭过程中发现不应当追究被告人刑事责任的，应当撤回起诉。

四、体现了检察担当和作为

这次新冠疫情，是新中国成立以来在我国发生的传播速度最快、感染范围最广、防控难度最大的一次重大突发公共卫生事件。与此同时，涉疫情防控的犯罪突发、多发，政策性、敏感性都强，公安侦查取证难度大、时效性又强，涉及的一些罪名，如妨害传染病防治罪、以危险方法危害公共安全罪等少见、敏感，一些侦查人员没办过此类案件，确实存在经验不足，不好把握的情况。如，生产销售"三无口罩"，一般是定生产销售伪劣产品罪，如果行为人宣称为"医用口罩"并通过仿制证明材料、包装、标识等，让人误以为是"医用口罩"出售，或者购买人明确购买"医用口罩"而行为人默认的，则可能认定为生产、销售伪劣医用器材罪。如果是高价销售、牟取暴利，违法所得数额较大或者有其他严重情节，严重扰乱市场秩序的，也可能构成非法经营罪。还有，在疫情防控期间，如何把握以危险方式危害公共安全罪的主体、主观和客观方面的情形，也是实践中的难点，舆论关注度高，把握不好可能违背人民群众朴素的正义感。检察机关介入引导侦查，而不是"坐等送饭"，充分发挥"捕诉一体"办案的优势，不仅能实现案件办理的快速收集固定证据、准确定性，进而快捕快诉，达到依法严惩、震慑犯罪的目的，体现了以人民为中心的办案理念，展现了检察机关的担当和作为。

第二十六篇　准确把握"涉刑民企"案件的独特性和争议点

民营经济是我国经济制度的内在要素，是社会主义市场经济发展的重要成果。作为民营经济大省，广东民营经济贡献了全省50%以上的GDP、60%左右的投资、70%以上的创新成果、80%以上的新增就业和95%以上的市场主体。近年来，检察机关更加自觉服务保障民营经济发展，审慎认定涉民营企业犯罪，积极落实"少捕慎诉"的理念，依法合理采取灵活务实的司法举措，对"涉刑民企"负责人，坚持能不捕的不捕、能不诉的不诉，通过精准有力的司法手段，做好服务保障民营经济发展的重要工作。

一、妥善保障"涉刑民企"健康发展是检察之责

党的十八大以来，习近平总书记多次重申坚持基本经济制度，特别是在2018年11月的民营企业座谈会上，明确指出，我国民营经济只能壮大、不能弱化，不仅不能"离场"，而且要走向更加广阔的舞台。突出强调了"两个毫不动摇"和"三个没有变"。充分表明了党中央毫不动摇鼓励、支持、引导非公有制经济发展的坚定决心和鲜明态度，为民营企业健康发展注入了强大信心和强劲动力。

（一）属于检察机关的重大政治责任

检察机关作为党领导下的专政机关，贯彻落实党的基本经济制度，服务保障民营经济发展，既是政治责任，也是社会责任、法律责任。深刻认识服务民营经济发展的重大责任，坚决贯彻落实习近平总书记重要讲话精神，拿出实实在在的

工作举措，把对民营经济的"平等"保护落到实处，为民营经济高质量发展提供有力司法保障，是检验检察机关增强"四个意识"，落实"两个维护"的重要体现，是体现检察机关维护基本经济制度的重要举措。

近年来，中央政法委印发了《关于依法保障和服务民营企业健康发展的指导意见》，最高人民检察院也出台了保障民营经济健康发展一系列举措，要求全国检察机关更有针对性地把握司法政策。最高人民检察院《"十四五"时期检察工作发展规划》的总体要求，以及 2020 年下发的《关于充分发挥检察职能服务保障"六稳""六保"的意见》，进一步强调了加大对涉民营企业各类案件的保护力度，检察机关是政治性极强的业务机关，也是业务性极强的政治机关，在各项检察履职中，落实好这些政策要求，是检察机关义不容辞的政治责任。

（二）属于检察机关的重点履职事项

在"重打击、轻保护"的理念影响下，检察机关主要采取积极的追诉模式，批捕率、起诉率较高，以追诉权、求刑权为核心的传统刑事追诉模式，缺乏经济调控力，难以有效应对新形势下涉民营企业犯罪问题。容易产生"构罪即捕""一捕了之"的简单、机械做法。[①] 民营企业尤其是中小微企业大多依靠企业负责人的个人管理、能力、信誉等来维持企业生产经营活动，负责人一旦被羁押，容易导致雇员失业、融资受阻、信誉受损等系列问题，甚至"人一羁押，厂子就垮"的情形。从保障诉讼的角度而言，和暴力型犯罪不同，民营企业负责人涉嫌的多为法定罪名，证据大多已经固定，人身危险性已经消除，诉讼正常进行得到保障，羁押的必要性大多已消除。

近年来，检察机关积极调整刑事追诉模式，对涉民营企业犯罪采取相对宽缓的捕诉政策。强调要把控舆论影响和准备风险预案，采取合法的办案方式和有效的治理措施，避免给企业正常生产和工作秩序造成影响，尽可能维护民营企业的声誉。对民营企业负责人涉嫌犯罪的，可捕可不捕的，政策倾向于不捕，可诉可不诉的，政策倾向于不诉。通过对传统积极追诉模式的有效矫正，避免批捕、起诉给企业造成负面的社会影响，积极营造良好的营商环境，这些都已经成为检察履职的重点事项。以广东省检察机关为例，仅在 2020 年，全省检察机关对涉民

---

① 参见霍敏：《探索企业犯罪司法治理新模式》，载《人民检察》2020 年第 12 期。

营企业等案件不起诉 1031 人，同比上升 40.5%，不诉率高于普通刑事犯罪 8.3 个百分点，对 2617 人适用认罪认罚从宽制度，有 1726 人得到从宽处理，从宽人数同比上升 40.8%。

（三）迫切需要司法系统发力

检察机关服务保障民营经济发展，并不是追赶"时髦"的"一时之举"，而是有其必要性和必然性，是政治属性决定的，是制度逻辑和法律逻辑下的必然选择。在我国法律体系中，刑法作为其他法律的保障法，它的介入程度和逻辑集中反映着国家的官方态度以及经济社会发展的真实水平。由于所有制性质的不同，以及历史原因及认识上的局限等，我国刑事立法对国有企业和民营企业保护采取了各异的态度，衍生出"二元规制"模式，同类行为不同定性、同类犯罪不同刑罚等现象较为普遍。与国有企业相比，对待民营企业的刑事立法逻辑是重在"防"，而不在于"保"。①

在我国刑事立法和司法实践中，民营企业自身的一系列犯罪问题，也没有受到应有的重视，缺乏从刑事立法与司法角度及犯罪预防层面的系统有效研究，仍是一个"被遗忘的角落"或者"没有被重视的角落"。法治是最好的营商环境，运用法治思维和法治方式，高度关注并有效应对民营企业犯罪问题、犯罪现象，服务保障民营企业健康发展，是贯彻落实习近平法治思想的重要体现，迫切需要包括检察机关在内的司法机关系统发力，通过有侧重的举措，确实优化民营企业发展环境。

（四）面临更多刑事法律风险

相比国有企业，民事企业面临更多的刑事法律风险，在《刑法修正案（十一）》出台前的刑法体系中，规制民营企业及其负责人的罪名就达 70 余个，而规范国有企业负责人的罪名只有 33 个，相较而言，民营企业家面临的刑事风险要比国有企业负责人高出 212%。从罪名分布看，从注册成立到消亡清算，民营企业生产经营的全周期，遍布刑法规制身影：设立时有虚报注册资本罪，虚假出

---

① 参见贾宇：《民营企业内部腐败犯罪治理的体系性构建——以刑法〈修正案十一〉的相关修改为契机》，载《法学》2021 年第 5 期。

资、抽逃出资罪；经营过程中有非法吸收公众存款罪、集资诈骗罪、非法经营罪、拒不支付劳动报酬罪，以及职务侵占罪、挪用资金罪；消亡时有妨害清算罪等。实践中，非法经营罪、集资诈骗罪、拒不支付劳动报酬罪等几近成为民营企业的专属罪名。① 特别是非法经营罪，近年来不断被法律理论界和工商业界诟病，认为此罪在司法实践中被不断扩充，日益有"口袋"罪的趋势，被认为成为制约民营企业经营发展的"紧箍咒"。

在罪名配置上也有一定的空白之处，比如：现行刑法设置了国有公司、企业、事业单位人员失职罪，国有公司、企业、事业单位人员滥用职权罪，徇私舞弊低价折股、出售国有资产罪，签订、履行合同失职被骗罪，而对于民营企业财产权而言，刑法上却没有设置相应罪名，实践中只能寻求其他有关罪名的适用与保护。在入罪门槛上，相关罪名的设置也有一些不合理之处。如：在骗取贷款、票据承兑、金融票证罪等入罪门槛的设置上，也没有充分考虑民营企业融资难等实际困难，一味追求从严打击的基本导向，而没有予以区别对待之考虑。

服务保障民营企业健康发展的政治属性、履职特点、制度逻辑、法律逻辑等特征，决定了在新形势下，检察机关在办理涉民营企业犯罪案件中，必须牢固树立平等保护、谦抑审慎、精准服务的理念，综合发挥检察职能作用，准确把握法律政策界限，切实改进办案方式方法，积极延伸检察职能，为民营经济持续健康发展营造良好的法治环境。

二、妥善保障的"涉刑民企"有自身独特性

检察机关充分应用司法政策，重点关照"涉刑民企"的健康发展，并不是选择性执法。也不是对所有"涉刑"的民营企业和民营企业负责人都一律要"网开一面""另眼相看"。重点服务保障的对象，是由"涉刑"行为性质、危害性特点和经济规律决定的。需要妥善保障的"涉刑民企"大多属于触犯市场经济秩序类犯罪，社会危害更具可修复性，人民群众对这类犯罪的社会容忍度较高，企业纠错挽损较易实现，而且大多不属于自然犯，除此之外，一些涉罪行为属于行

---

① 参见贾宇：《民营企业内部腐败犯罪治理的体系性构建——以刑法〈修正案十一〉的相关修改为契机》，载《法学》2021 年第 5 期。

业"普遍做法"、缺乏职能部门"有效指引"、具有法律认同的"危害减损"、存在"法律争议"、再做刑事处理"不合理念"等特征。

（一）涉罪行为属于行业"普遍做法"

在一些民营企业涉及的犯罪中，其犯罪行为具有一定的行业"普遍性"，虽然明显触犯了刑法的规定，但是因行业的特殊性，使得行业内长期以来形成了类似"行业惯性"，行为人习以为常，执法中也常被忽视。如，2018 年 1 月至 2019 年 4 月间，某集团以明显低于实际成交价格的方式，向海关申报进口 419 柜榴莲。经海关计核，核定该集团偷逃税款共计人民币 300 余万元。经调查，水果行业普遍存在低报价格进口水果的行为，具体由代理报关公司按期发布"报关指导价"，其他货主公司则根据该价格，制作相应单证委托代理进口水果，低于真实交易价格。虽然存在一定的低报行为，但这与水果易腐烂、价格变化快等行业特性有重要关系，衍生出快速报关的需求，市场长期以来形成了根据平台指导价进行报关的惯例机制，并非单纯为了偷逃税款，类似行为几乎涉及整个水果进口行业。

类似行为并不只是发生在水果进口行业，在海鲜水产行业等也存在。如，从 2012 年 4 月起，A 公司从南亚国家进口螃蟹，并委托代理商依行业惯例拼单报关。因拼单情形杂乱，实际通关情况遂简化为，企业以约 5 美元/千克的成交价格申报，海关经与企业磋商后按约 8 美元/千克的完税价格征税。又因螃蟹价格实时波动且季节差较大，故企业申报的成交价格与实际的成交价格基本脱钩，存在普遍偏低的现象，实际成交价格与完税价格相比也时高时低。最后的结果是，企业在旱季会少缴税款赚一些便宜，在雨季则会多缴税款也不提出异议。①

对于这种具有行业"普遍性"的犯罪行为，为更好地保护民营企业发展，检察机关应当把重点放在对行业及相关人员进行规范和整顿上，不扩大打击面，慎用羁押强制措施。相关案件在移送审查起诉后，检察院认为该系列案具有一定的特殊性，无论平台还是货主走私故意都不明显。在走私普通货物、物品案中，认定行为性质不仅要看伪报、瞒报行为，也要看完税价格到底是如何得出的，其

---

① 最高人民检察院关于印发《检察机关关于涉民营企业司法保护典型案例选编（第二辑）》的通知，"A 公司、阮某兵走私普通货物物品罪"。

中海关认可申报价格与依职权确定新的完税价格，引起的后果并不相同。① 针对涉嫌犯罪的民营企业家，综合考虑其主观恶性、危害后果、犯罪情节、认罪认罚、社会危险性等因素，依法适用取保候审等非羁押性强制措施。

（二）涉罪行为缺乏职能部门"有效指引"

在一些社会知悉面较窄的行业，因为法律规范的调整，导致相关行业准入、管理制度变更，而相关企业的管理行为没有及时跟上。如，2020 年 9 月 17 日，因某船随意丢弃过期的海上救生烟火信号发生伤人事件，公安机关调查上述烟火信号出售单位时，发现涉案公司未办理民用爆炸物相关许可，涉嫌非法买卖、储存爆炸物罪，遂以刑事案件立案。经调查，涉案公司系对船舶救生筏设备进行检查、维护的公司。因 1984 年国际海上人命安全公约要求，船舶出海必须配备载有海上救生烟火信号的救生筏，故该公司在检查、维护船舶救生筏时，如发现海上救生烟火信号过期，也会购买该烟火信号给其有偿更换。广东地区同类筏站共有几十家，自 20 世纪 80 年代起，一直都从事着更换救生筏内过期海上烟火救生信号的业务。2006 年 11 月，海上救生烟火信号被纳入《民用爆炸物品品名表》，根据相关法律法规，民用爆炸物的生产、销售、运输、购买等作业均需得到相关许可，按照严格的流程管理，而上述企业一直不知海上救生烟火信号已被列为民用爆炸物，仍依旧例未经许可使用至今，案发之前也无相关单位监管。

涉案公司法定代表人在审查逮捕阶段反映，此类未经许可使用海上救生烟火信号的现象，因缺乏相关职能部门指引，在全国同行业内大范围存在。在涉案公司主要负责人被刑事拘留后，该公司已向有关职能部门尝试申请海上救生烟火信号购买许可证，但申请过程并不顺畅。案件发生后，因相关民营企业均未办理许可，救生筏的检修业务已停滞，持续的状况可能影响省内航运业运行，全省已有十余家企业联名写信给省海事局、省海洋综合执法总队等单位，请求尽快出台相关指示和规则。

因海上救生烟火信号的销售许可和购买许可分由不同的单位办理，相关职能部门对于筏站这种有偿给救生筏更换海上救生烟火信号的行为，到底是需要办理

---

① 最高人民检察院关于印发《检察机关关于涉民营企业司法保护典型案例选编（第二辑）》的通知，"A 公司、阮某兵走私普通货物物品罪"。

销售许可，还是需要办理购买许可存有争议，甚至有个别部门对于海上烟火信号已列入《民用爆炸物品品名表》还不太了解，2006 年至案发前，该地区确实尚未办理过有关海上救生烟火信号的许可证。秉着"对经营中涉嫌犯罪的民营企业负责人要慎捕慎诉，最大限度保证民营企业正常生产经营"的理念，2020 年 11 月，检察机关对涉案公司负责人作出不批准逮捕的决定。后检察机关进一步跟踪落实，明确了此类物品相关的购买、运输指引，海洋综合执法部门也积极督促、跟进、辅导筏站等民企、渔船办理相关许可证申请手续，海事部门等考虑将海上救生烟火信号列入监管范围，对海上救生烟火信号建立规范性指引。

（三）涉罪行为具有法律认同的"危害减损"

企业对于其犯罪行为，及时减损、补救，使得危害行为、危害后果等得到及时消减，在法律层面，对于相关减损的举动，也作为从宽情节予以考量。如，某荣公司是一家由台湾法人独资投资的民营企业，经营范围为生产经营农副土特产食品。2014 年 7 月至 2016 年 3 月间，某荣公司因经营不善，拖欠 15 名员工工资 29 万元。公司员工向人力资源和社会保障局投诉公司欠薪事情。后人社局向该公司发出《劳动保障监察限期改正指令书》，责令该公司在 2016 年 5 月前支付欠薪，某荣公司逾期未支付。2016 年 5 月，公司法定代表人吴某以筹集资金为由返回台湾，此后，一直未回来大陆处理欠薪事宜。直到 2019 年 2 月吴某在某口岸从台湾往大陆通关时被抓获。2016—2017 年，某荣公司因与他人的借款纠纷，被申请拍卖其厂房土地以偿还债务，其间，两次拍卖所得款项分别为 55 万元、1387 万元。后县人社局将县法院转来的拍卖该公司厂房土地所得其中的 29 万向被欠薪员工全额发放。

一般而言，对于多次欠薪、被行政处罚后仍然欠薪，影响恶劣的民营企业及其负责人，应当依法追究刑事责任，对于真诚认罪悔罪、知错改正，在提起公诉前支付劳动报酬，危害后果减轻或者消除，被损害的法律关系修复的，依法从宽处理。在该案中，对于吴某返回台湾省筹集资金且未再回来广东省处理欠薪的行为能否认定为"以逃匿方式逃避支付劳动者的劳动报酬"？检察官经审查认为，吴某虽然声称回台湾省是为了筹集资金维持某荣公司的经营，但在筹集资金无望的情况下，且知道公司厂房及土地因与他人借款纠纷被拍卖的情况下，依然没有回广东省或委托他人处理欠薪事宜，对公司拖欠员工工资问题不闻不问，应认定犯罪嫌疑人吴某以逃匿方式逃避支付劳动者的劳动报酬。考虑到吴某认罪认罚、劳动报酬已经支付等，检察院决定对吴某不起诉。

（四）涉罪行为具有一定"法律争议"

民营企业负责人的犯罪行为，是否构成犯罪，以及构成何罪具有一定争议性，甚至有的只是采取了行政处罚，本着宽严相济的原则，检察机关作非罪处理。如，2015 年至 2018 年期间，陈某欲将个人资产 3702 万元人民币汇往美国，因个人及家人的外汇账户被外汇管理局管控而无法实现。后陈某找到其公司的员工杨某、吴某，通过二人找其各自的亲朋好友或者手下员工，利用他们的个人年度购汇额度，将自己个人的资金分拆购汇后再汇往境外账户。陈某共计非法转移美元 5578643 元。对于这种行为，是否符合犯罪构成，本身存在一定争议。国家对境内个人购汇实行年度总额管理，即每人每年等值 5 万美元，在年度总额内凭个人身份证件在银行办理，同时规定不得以分拆方式逃避限额监管，利用他人的外汇限额购汇后汇往境外的行为，直接造成了外汇资金的流失，符合骗购外汇罪的构成要件。

从国家外汇局定期发布的关于外汇违规案例的通报来看，其中 2018 年 12 月 6 日、2019 年 5 月 20 日发布的两批违规案例中，广东籍孙某利用 34 名境内个人年度购汇限额，非法转移资金 244.62 万美元；吉林籍隋某利用 173 名境内个人年度购汇限额，非法转移加元 1205.65 万元，国家外汇管理局对上述二人均认定其违反《个人外汇管理办法》第七条，属于逃汇，对二人作出的是行政处罚，并未追究刑事责任。在本案中，陈某所购买的外汇额度是他人受让所得，并不是使用伪造、变造的进出口凭证、报关单骗取所得，其社会危害性及手段恶劣性，低于《关于惩治骗购外汇、逃汇合非法买卖外汇犯罪的决定》第 1 条第 2 款第 1、2 项规定的犯罪行为。而该条第 1 款第 3 项规定的"以其他方式骗购外汇"的行为，应当与前两项具有相当的社会危害性。在本案中，陈某所购买的外汇额度本身是真实存在的，是国家授予给个人购买的，客观上并没有虚增外汇额度，与"使用伪造、变造的进出口凭证、报关单骗购外汇"的行为，在客观上有本质区别，其行为符合逃汇罪的特征，但逃汇罪是单位犯罪，因而，认定陈某构成骗购外汇罪的证据不足，遂作出不批准逮捕决定。

（五）涉罪行为再做刑事处理"不合理念"

典型的就是涉食盐类犯罪，当前，我国食盐生产能力远大于消费量，对于依托现代流通方式创新经营激发盐业市场活力的，应当宽容对待，对于违规买卖正品食盐涉嫌非法经营的，也应当严格审查侵犯食盐专营制度的构成要件事实，审慎认定扰乱市场秩序，防止把非法经营罪办成"口袋罪"。盐业体制改革，特别是《食盐专营办法》于2017年12月修订后，办理涉食盐刑事案件，出现了明显的变化：（1）盐业体制改革的重要目标就是发挥市场在资源配置中的决定性作用，打破区域限制、释放市场活力，对于继续搞地方壁垒限制流通的案件，必须监督过滤；（2）突出食盐安全、维护竞争秩序，对于以工业盐、矿井卤水盐冒充食用盐等危害食盐安全类犯罪和假冒品牌盐的侵犯注册商标类犯罪，依法打击；（3）食盐准运证取消，有关司法解释关于储运环节可按非法经营罪追究刑事责任的规定自然失效。①

如，杨某系A公司的法定代表人、B公司的销售人员。2017年1月，杨某在内蒙古自治区准格尔旗成立A公司并任法定代表人。A公司的经营范围是食盐销售及仓储物流服务，公司取得了道路运输许可证，但没有取得食盐批发许可证。2017年4月，河北省黄骅市B公司聘任杨某为业务员，负责内蒙古西部地区的食盐销售工作。B公司系食盐定点生产企业且有省级食盐批发许可证，可以跨省销售食盐。为此，B公司与杨某签订了劳动合同，与A公司签订了仓储和物流配送合同。2017年4月至6月，杨某从B公司运走食盐约200吨，部分销售给本旗及邻近旗县的零售商，部分直接销售给最终消费者。杨某取得货款后上交B公司，从中赚取一定比例的销售提成。2017年6月，准格尔旗盐务管理局向公安机关报案，称在市场检查过程中，发现杨某违反国家规定销售食盐。公安机关经立案侦查，认定杨某非法批发食盐，在本旗的经营数量是购入97吨、售出53.44吨。对杨某未售出的食盐（精纯盐2121袋、雪花盐65箱、低钠雪花盐28

---

① 最高人民检察院关于印发《检察机关关于涉民营企业司法保护典型案例选编（第二辑）》的通知，"杨某非法经营案"。

箱），公安机关作了扣押。①

盐业体制改革后，涉嫌非法经营的案件反而增多。主要原因是，改革后，食盐定点批发企业包括获得许可的生产企业，省级的可以跨省，省级以下的可以跨市县开展批发销售业务，食盐批发需要许可证，零售不需要，而食盐由定点批发企业到零售商手中，经常要经过转批发环节，这些转批发环节没有许可证，所以在这种情形下，本省食盐可被视为"现有销售网络"，外省食盐则可被视为无证经营，有些非法经营案件由此产生。

办案中，应当把握好几点：（1）《食盐专营办法》第 14 条第 2 款明确规定，"食盐定点批发企业在国家规定的范围内销售食盐，任何单位或者个人不得阻止或者限制"。食盐是生活必需品，历史形成的转批发分销网络，特别是小包装食盐，对于稳定价格、方便购买和保障供应至关重要；（2）经营者具有食盐批发许可证但超出地域范围开展批发业务的，属于超范围经营，这种情形与无证经营不同，不能认定为属于"未经许可经营法律、行政法规规定的专营、专卖物品或者其他限制买卖的物品"的行为。

三、在实体审查上保障"涉刑民企"健康发展

办理涉民营企业刑事案件，要在刑事实体审查上，妥善保障"涉刑民企"健康发展，坚决防止将经济纠纷作为犯罪处理，将民事责任变为刑事责任。严格区分经济纠纷与经济犯罪的界限、个人犯罪与企业违规的界限、企业正当融资与非法集资的界限、经济活动中的不正之风与违法犯罪的界限、执行和利用国家政策谋发展中的偏差与钻改革空子实施犯罪的界限、合法的经营收入与违法犯罪所得的界限、民营企业参与国企兼并重组中涉及的产权纠纷与恶意侵占国有资产的界限等。

（一）准确判断"以非法占有为目的"

要准确把握经济纠纷与经济犯罪的界限，准确判断是诈骗犯罪还是民事欺

---

① 最高人民检察院关于印发《检察机关关于涉民营企业司法保护典型案例选编（第二辑）》的通知，"杨某非法经营案"。

诈，通过客观行为，严格认定"以非法占有为目的"。如，最高人民法院指定案件第 1372 号——"黄金章诈骗案"。[1] 其中判决认定黄金章无罪的理由是非法占有为目的证据不足。一是黄金章在借款当时。公司资产和扣除银行抵押贷款外，公司资产的余值及个人房产价值与借款金额基本持平，黄金章具有还款能力；二是黄金章将借款资金用于股市投资和偿还银行贷款等合法活动，所欠借款无法及时还清，系股票投资经营亏损和续贷手续出差错等原因造成，并非因个人挥霍或其他违法犯罪活动；三是黄金章除了向薛雄辉所借 560 万元尚未付利息外，均有支付他人利息，说明黄有还款意愿；四是黄金章系在得知薛某报案后才逃往外地，与获取资金后即逃匿的情形有所不同。虽然黄金章有虚构事实、隐瞒真相行为，但是其欺诈行为无论从内容上、程度上、欺诈对被害人错误认识影响上，都尚未达到诈骗罪的程度，不应当作为犯罪处理。[2] 对于"没有实际履行能力，以先履行小额合同或者部分履行合同的方法，诱骗对方当事人继续签订和履行合同的"的认定，要根据企业实际履行能力，进行动态分析，遵循市场经营成败、亏盈变化的客观规律。

一般而言，对虚构事实、隐瞒真相背后非法占有目的推定，可以综合分析以下要素：（1）行为人主体身份是否真实，行为人实施对象是陌生人群还是熟悉的人甚至朋友、亲戚；（2）行为人在行为当时是否具有履约能力，有无归还能力；（3）行为人有无采取诈骗的行为手段，有无实施虚构事实、隐瞒真相的行为；（4）行为人有无履约的实际行动，有无积极准备相应工作；（5）行为人未履约的原因，是否属于因意外事件、行为人过失等原因造成不能履约，还是根本不想履约；（6）履约态度是否积极，是否按时、按计划履约；（7）行为人对财物的主要处置形式，如有无挥霍，有无使用资金进行违法活动，或者抽逃等行为。

---

① 黄金章与陈某等于 2000 年成立黄金鞋模公司，该公司由黄金章负责日常监管和生产，因经营管理不善，经营状况逐渐恶化，自 2009 年起，该公司长期负债 100 多万元，2012 年 4 月 27 日，黄金章等以股权协议等方式将股权转让给王某等为新股东，黄金章在公司经营不善、生产停滞，无法扩大经营的情况下，以伪造的公司、个人房地产证为抵押，诈骗林某等人钱财共计 1349 万元。

② 《黄金章诈骗案——诈骗犯罪与民事欺诈行为的界限》，载《刑事审判参考》第 124 集，2020 年 12 月。

（二）准确把握"虚构事实"和"隐瞒真相"

到底是诈骗犯罪还是民事欺诈，在司法实践中，二者有诸多相同点，包括行为人主观上都具有欺骗故意，意图使对方陷入错误认识，以谋取一定的非法利益；客观上都采取了捏造事实、歪曲事实、隐瞒事实真相的手段，都具有欺骗当事人的行为，都发生在日常经济交往过程中，两者都对受害人的财产不法占有等。

要准确区分刑事诈骗和民事欺诈，要从欺骗内容、欺骗程度和欺骗结果三个方面予以界分。一是民事欺诈是个别事实或局部事实的欺诈，而诈骗犯罪则是整体事实或全部事实的欺诈；二是民事欺诈是行为人虽然采取了欺骗手段，但并没有达到使他人达到无对价交付财物的程度。而刑事诈骗则是行为人采用的欺骗手段达到了使他人产生错误认识并处分财物的程度；三是民事欺诈和刑事诈骗都有谋取不正当利益的目的，但是民事欺诈在于通过民事行为，实现合同目的，而刑事诈骗则是以非法占有为目的，谋取的不是民事对价利益，而是对方当事人的财物，即使行为人表面上履约，也只是掩人耳目或者迷惑对方的行为，是为了犯罪顺利实施而付出的成本。

如浙江省嘉兴市中级人民法院办理的邹晓霞诈骗案，① 检方认为其行为符合诈骗罪的主观要件。一是邹晓霞通过自己的积极行为实施了诈骗行为，邹在负债装修酒店时，业已欠下巨额高利贷本息，这是邹在借款之前的真实经济状况，但因急需资金用于填补不断扩大的高利贷黑洞，邹隐瞒了个人和公司的真实资金状况，虚构了在外地投资、归还银行借款等事实，并通过承诺以高息作诱饵向张某等多个债权人借得大笔款项，用于偿还高利贷本息。二是邹具有非法占有他人财物的主观故意，邹明知自己及公司的资金状况严重恶化，深陷巨额高利贷，根本不可能再有能力履行借款合同时，通过欺骗手段向他人借款的结果只能导致出借人财产损失，但为了填补不断扩大的高利贷黑洞，邹只好不断地拆东墙补西墙，任凭损失不断降临到各出借人身上，虽然邹没有挥霍的行为，但是将借款用于填补巨额高利贷本息，和挥霍的区别仅仅在于处理方式，两种处分行为导致的结果

---

① 《邹晓霞诈骗案——不具备还款能力高息借款的构成诈骗》，载《人民司法·案例》2011 年第 14 期。

都是借款无法归还。

对于在被害人遭受较小财产损失的案件中，对嫌疑人慎重羁押性强制措施。严格把握非法集资"非法性"的认定，对于国家金融管理法律法规未作明确禁止规定的，不得认定具有非法性。严格把握正当融资行为与非法吸收公众存款罪的界限，合理界定集资用途，对于主要用于生产经营活动，能及时清退所吸收资金的，要慎重适用，要结合企业经营、经营状况、所投资项目的风险等综合判断。

（三）准确把握刑法中的"违反国家规定"

司法办案中，要及时关注行政法规的变化、发展、存废等，防止将已经废止的行政法规作为现行的执法依据，避免对刑法中的"国家规定"作扩大化的解释，根据最高人民法院《关于准确理解和适用刑法中"国家规定"的有关问题的通知》的明确规定，刑法中的"国家规定"一般仅指"全国人大及其常委会制定的法律和决定，国务院制定的行政法规、规定的行政措施、发布的决定和命令等。"

"国务院规定的行政措施"应当由国务院决定，通常以行政法规或国务院制发的文件形式加以规定，对以国务院办公厅名义制发的文件，符合三个条件，也可以视为刑法中的"国家规定"。一是有明确的法律依据或者同相关行政法规不相抵触；二是经国务院常务会议讨论通过或者经国务院批准；三是在国务院公报上公开发表。对于国务院所属部门制定的部门规章，地方性法规，不应当视为"国家规定"。对于社团法人行政的行业协会的相关规定，属于行业自律性规范，对其他法人组织和个人没有约束力，不是《刑法》第96条中的"国家规定"。

（四）注意区分"单位犯罪"和"个人犯罪"

对于以单位名义实施但是以自然人名义处理的，要注意把握"盗用单位名义实施犯罪""个人财产与公司财产界分不明""法定代表人以公司名义实施犯罪但所获得违法收益用于公司经营或者个人使用仅为小部分""挂名股东""以家庭成员为股东注册但实际经营人分离的"等情形，区分好单位犯罪和个人犯罪。尤其是在民营企业中。如民营企业"挂名股东"现象，很多企业表面上是股份有限公司或有限责任公司，但实际上却是自然人股东单独出资的一人公司，需要准确认定企业真实股东。还有的家族式企业，其家族成员看似对公司并无管理职权，但实际上却能影响甚至支配企业的经营发展。①

司法办案中，对于民营企业实施的犯罪行为，但刑法分则和其他法律未规定追究单位刑事责任的，不能以单位犯罪追究民营企业的刑事责任；同时也要区分好企业财产和企业经营者个人财产，不能将企业财产和个人财产混在一起，也不能将对企业判处罚金和对民营企业直接负责人或其他直接责任人员判处的罚金相混在一起。

（五）严格对待"企业分支机构"犯罪问题

准确认定分支机构犯罪的法人主体资格问题，对于不具有法人资格的分支机构以本机构名义实施犯罪但违法所得全部归属于机构时，对分支机构是否具备法人主体资格要客观认定。根据《全国法院审理金融犯罪案件工作座谈会纪要》的相关规定，以单位的分支机构或者内设机构、部门的名义实施犯罪，违法所得亦归分支机构或者内设机构、部门所有的，应当认定为单位犯罪，不能因为单位的分支机构或者内设机构、部门没有可供执行的财产，就不将其认定为单位犯罪。如，非法集资人设立合作社进行非法吸储，后又聘请人员作为"负责人"登记设立分支机构，分支机构的"负责人"按上级单位要求以分支机构名义进行宣传、非法吸储，下级单位的集资款全额上缴，后被非法集资人用于合法的投资办厂、购置盘活不良资产和非法放贷等活动，上级单位虽承诺给予"负责人"的"提成"未兑现仅按月发放固定工资。

根据 2019 年 1 月 30 日《"两高"一部关于办理非法集资刑事案件若干问题的意见》："单位实施非法集资犯罪活动，全部或者大部分违法所得归单位所有的，应当认定为单位犯罪。"国务院 2020 年 12 月 21 日通过的《防范和处置非法集资条例》，非法集资人，是指发起、主导或者组织实施非法集资的单位和个人；非法集资协助人，是指明知是非法集资而为其提供帮助并获取经济利益的单位和个人。在该案件中，分支机构及其"负责人"其实质是总社领导下进行宣传、办理吸储业务、汇总上缴等终端业务的角色，是非法集资协助人、其他积极参加者

---

① 参见贾宇：《民营企业内部腐败犯罪治理的体系性构建——以刑法〈修正案十一〉的相关修改为契机》，载《法学》2021 年第 5 期。

身份的从犯。

（六）准确区分"企业违规经营"和"非法经营"

对于法律和司法解释没有作出明确禁止性规定的，一般不得以非法经营罪追究刑事责任，在适用"违反国家规定"时，要严格限制，要严格依照法律和司法解释，慎用《刑法》第 225 条第 4 款"其他严重扰乱市场秩序的非法经营行为"的兜底性条款，对于法律和司法解释没有明确规定的，办案中对是否认定为非法经营行为存在分歧的，要及时向最高人民检察院请示。一般而言，对于法律界限不明、罪与非罪不清的，应当做有利于被告人的处理；对企业家在生产、经营、融资活动中创新创业行为，不违反刑事法律规定的，不得以犯罪论处，对非公有制企业经营发展过程中存在违法违规、但不构成犯罪的，一般应当认为无罪。

比如，按照有关司法解释的规定，无危险废物经营许可证从事危险废物经营活动，严重污染环境的，以污染环境罪定罪处罚，同时构成非法经营罪的，依照处罚较重的规定定罪处罚。但是，这并不意味着无证经营危险废物没有严重污染环境不构成污染环境罪的，可直接按非法经营罪处理。对此，最高人民法院、最高人民检察院《关于办理环境污染刑事案件适用法律若干问题的解释》第 6 条第 2 款规定"实施前款规定的行为（无证经营危险废物），不具有超标排放污染物、非法倾倒污染物或者其他违法造成环境污染的情形的，可以认定为非法经营情节显著轻微危害不大，不认为是犯罪"。

最高人民法院、最高人民检察院、公安部、司法部、生态环境部《关于办理环境污染刑事案件有关问题座谈会纪要》进一步明确规定"……对行为人非法经营危险废物行为的社会危害性作实质性判断。比如，一些单位或者个人虽未依法取得危险废物经营许可证，但其收集、贮存、利用、处置危险废物经营活动，没有超标排放污染物、非法倾倒污染物或者其他违法造成环境污染情形的，则不宜以非法经营罪论处。"① 该案经检测，查明不具有违法造成环境污染的情形，故作不起诉处理是正确的。

---

① 最高人民检察院关于印发《检察机关关于涉民营企业司法保护典型案例选编（第三辑）》的通知，"唐某非法经营案——未取得许可证经营危险废物但未违法造成环境污染的，不宜认定非法经营罪"。

（七）综合评判行为的"社会危害性"

一些企业负责人涉嫌的犯罪行为虽然具有一定的犯罪社会危害性，也应当进行刑罚处罚，但是这种危害行为、危害后果体现在企业具体的经营发展之中，职能部门在管理上存在一些漏洞，企业也有"找漏洞"行为，相比而言，其社会危害性较小。如，欧某某、谭某某共同管理某环保科技有限公司期间，串通A公司以虚报材料的方式成功为环保科技有限公司申报了高新企业认定，并于2018年6月获得高新企业认定的财政补贴70万元。欧某某、谭某某收到该笔款项后，支付给了A公司分成款30万元，剩下的40万元已被全部用于公司经营的日常经营。

另外一个案例，如陈某是某造刀有限公司法定代表人，因其向其他供货商购买原材料时没有取得相应的发票，于2019年向张某购买了28份由A贸易有限公司、B贸易有限公司虚开的增值税专用发票用于抵扣税款。该28份增值税专用发票税额人民币40余万元，价税合计人民币300余万元。后陈某通过进项转出、补缴、缴交滞纳金的方式挽回国家的经济损失，并主动到公安机关投案，如实交代犯罪事实，后检察机关决定对其不起诉。

综合而言，对民营企业在生产、经营、融资活动中的经济行为，以及民营企业创新商业模式、投资模式和经营管理模式过程中涉嫌的违法犯罪行为，要从经济安全、公共利益、市场秩序等方面综合考虑其社会危害性，兼顾政策调整、经营不善、市场风险等市场主体意志以外的客观因素，准确把握法律政策适用。

四、在程序选择上保障"涉刑民企"健康发展

涉民营企业的刑事犯罪，大多案件具有"刑民交叉"特点，不仅要从实体上准确判断刑事犯罪还是民事不法等，而且在刑民关联、交织时，要妥善选择司法程序的顺利，顺序的先后直接影响结果的判断，尤其是要对民事事实作出准确分析和认定，再作是否触犯刑法的性质判断，防止刑事程序当作施压讨债的工具等。

（一）"刑民关联"时妥善选择"刑民顺序"

我国刑法中的犯罪，尤其是财产犯罪，与民事法律关系之间存在密切的关联性。对于这些财产犯罪来说，准确地认定民事法律关系对于犯罪性质的判断，包括区分此罪与彼罪之间的界限具有重要意义。① 办理"刑民关联"案件，对于刑事程序和民事程序的顺序，应立足于如何更有利于保护当事人合法权益以及更公正有效解决问题的基本立场。具体把握可参考以下几点：（1）根据现行司法文件规定，总体采取"先刑后民"原则，即刑事案件与民事案件涉及"同一事实"的，原则上应通过刑事诉讼方式解决；（2）当刑民关联案件中民事诉讼和刑事诉讼的处理不会产生矛盾，两者之间也不存在相互依赖关系的，可考虑并行审理；（3）当民事诉讼和刑事诉讼可能发生冲突，相互之间需以另一方的审理结果为前提时，应根据上述前提程序来选择"先刑后民"还是"先民后刑"。②

例如，2016 年 7 月，简某将本公司的一辆营业用轻型货车挂靠在江苏 B 配送公司名下，并以 B 公司名义与某保险公司签订了机动车商业保险合同，保险期 1 年。该保险合同为格式合同，其中部分免责条款如下："下列情况下……保险人均不负责赔偿：（驾驶人）驾驶出租机动车或营业性机动车无交通运输管理部门核发的许可证书或其他必备证书"。经查，该保险合同要求手写的免责事项为空白。2017 年 2 月 16 日，韩某驾驶投保货车发生交通事故，致 1 人死亡。在处理交通事故、咨询保险理赔手续过程中，韩某被告知其需要提供营运性道路驾驶员从业资格证。该证书由市级道路运输管理机构核发，韩某于 2017 年 3 月 3 日紧急办理了该证书。但韩某的证书系事发后取得，无法用于之前事故的理赔。为此，简某、韩某经商议，从社会上的"办证"渠道购买了一份未加盖印章的证书，并提供给了保险公司。保险公司审核通过后，支付理赔款 26.27 万元。后保险公司复查发现韩某提供的证书系伪造，于 2017 年 12 月向公安机关报案，公安机关随后立案侦查。

简某、韩某到案后被取保候审，简某向保险公司全额退还了理赔款。2019

---

① 陈兴良：《刑民交叉案件的刑法适用》，载《法律科学》2019 年第 2 期。
② 最高人民检察院关于印发《检察机关关于涉民营企业司法保护典型案例选编（第三辑）》的通知，"简某等 2 人保险诈骗案——刑事案件认定需要以民事判决为基础的，优先按'先民后刑'来处理"。

年3月19日，公安机关以简某、韩某涉嫌保险诈骗罪移送审查起诉。在审查起诉期间，B公司以相关免责条款要求的证书指向不具体，保险合同中手写的免责事项为空白，保险公司未尽到合理提示说明义务等为由，认为免责条款无效，于2019年5月对保险公司提起民事诉讼，请求法院判令保险公司赔偿理赔款。案件经一审、二审法院审理，2019年12月23日二审法院作出终审民事判决，认定保险公司未能向投保人明确说明"许可证书或其他必备证书"的具体证书种类和名称并经投保人确认，该免责条款不发生法律效力，判决保险公司支付理赔款。①

检察机关审查刑事案件认为，根据终审民事判决的认定，保险合同中相关免责条款不发生法律效力，而不发生法律效力的条款自始没有法律约束力，故简某、韩某的行为不会造成保险公司的财产损失，二人不构成保险诈骗罪。另外，二人购买伪造的空白从业证书的行为，应受治安管理处罚，亦不构成刑事犯罪。

（二）"刑民并行"时防止刑事程序手段化

对于当事人以经济纠纷为由提起民事诉讼，人民法院经审理未作为犯罪线索移送的，表明当事人优先的性质判断和程序选择均为民事，也表明审理法院未发现争议事实涉嫌经济犯罪。当事人随后又提出刑事控告，意图通过刑事手段解决问题的，除有合理原因或有新证据支持的以外，应当甄别以下情形：1. 滥用权利并恶意利用司法资源，把刑事程序当作施压讨债的工具；2. 因对方陷入困境一时难以挽回损失，希望借助判刑来报复；3. 寻求办案机关插手经济纠纷，谋取不法保护。② 对此应予明辨，对于不应当流入刑事程序的案件，应当通过立案监督、不批准逮捕或不起诉等，切实履行把关过滤职责，发现插手经济纠纷或诬告陷害线索的，应当及时移送主管机关处理。

如，2015年，B公司提起民事诉讼，主张A公司返还合作款2000万元、返还双倍定金4000万元，企业负责人蒋某承担连带责任，并于2015年8月获胜诉判决。在此期间，B公司又于2015年6月以蒋某诈骗为由向公安机关报案，公

---

① 最高人民检察院关于印发《检察机关关于涉民营企业司法保护典型案例选编（第三辑）》的通知，"简某等2人保险诈骗案——刑事案件认定需要以民事判决为基础的，优先按'先民后刑'来处理"。
② 最高人民检察院关于印发《检察机关关于涉民营企业司法保护典型案例选编（第二辑）》的通知，"蒋某合同诈骗案"。

安机关经立案追逃，于 2016 年 12 月将蒋某抓获。被抓获时，蒋某正在上海与他人合作开展地产项目。2017 年 9 月，B 公司与蒋某就执行民事判决达成协议，至审查起诉时蒋某已偿还 2200 万元，余款按约定至 2019 年 9 月 30 日前偿清即可。检察机关经审查认为，蒋某在履行合同过程中没有做到专款专用，确有欺骗行为，但合同款大部分已用于偿还公司的经营债务，A 公司有正常的经营活动且有固定资产，现有证据不足以证明其具有非法占有目的或完全不具备履约能力，蒋某与 B 公司已就民事判决的执行达成和解并已开始履行，涉案款项属于投资还是融资也存在疑问。

在实践中，办理这类案件，可以参考以下几点：（1）在事实与性质的判断层次上，应当先对民事事实作出准确分析和认定，再作是否触犯刑法的性质判断，而不应先作有罪推定，再用刑事法律解释民事事实；（2）刑事法律侧重保护财产安全秩序，民事法律侧重界分财产具体归属。办案过程中，应当注意这种侧重在办案思维方式和定分止争效率上的重大区别，本着以最小成本恢复秩序、对经济最小伤害的原则，在维护财产秩序与平等处理私权利益上取得平衡；（3）对于人民法院已经立案审理的经济纠纷案件，有关部门函告要求作为刑事案件移交，人民法院依据《最高人民法院关于在审理经济纠纷案件中涉及经济犯罪嫌疑若干问题的规定》，认为确属经济纠纷继续审理的，检察机关应当依法支持。检察机关还应当从自身做起，并结合履行监督职责，不受不当干涉，防止以先刑后民为由插手经济纠纷甚至进行地方保护。

（三）适时引入"企业合规"监督考察程序

我国司法对企业的刑事违法犯罪的管控，当前主要还是"威慑型"，即建立企业违法犯罪的刑事法网，设定罚金刑等，通过严刑峻法的方式，防止企业犯罪，当企业行为被定性为违法犯罪时，则按照法律规定进行"刑事买单"，对于企业职工、退休员工、股东、债权人、客户、消费者等与企业密切相关的人员关注度不够，一旦企业犯罪，殃及一片利益攸关方，不得不"连带买单"。这种单一的"威慑型"管控方式，对于企业治理，成效越来不明显。实现追诉犯罪的同时，尽量避免无辜第三方承担额外成本，让市场主体在损失最小的情况下，正常生产、经营，才是新形势下更为科学的企业犯罪管控之路。

2021 年 3 月 17 日，最高人民检察院下发《关于开展企业合规改革试点工作方案》，明确开展企业合规改革试点的基本内涵、主要目标和基本原则，并提出工作部署和具体要求。6 月 3 日，最高人民检察院会同国务院国资委、财政部、全国工商联等部门联合发布《关于建立涉案企业合规第三方监督评估机制的指导意见（试行）》，对在依法推进企业合规改革试点中建立健全第三方监督评估机制作出具体规定，《方案》和《意见》已经成为当前开展企业合规改革试点工作的重要依据。

企业合规是为避免因企业或企业员工相关行为给企业带来的刑事责任，国家通过刑事政策上的正向激励和责任归咎，推动企业以刑事法律的标准来识别、评估和预防公司的刑事风险，制定并实施遵守刑事法律的计划和措施。企业合规是实体规则与形式规则的整体，在法定可罚性领域的前置领域内，确保企业的员工遵守现行的刑法规定，同时前瞻性地避免企业的刑事责任风险。其实质是企业自身对刑事犯罪风险的监管、防控与应对。首先，企业以刑事法律为基础，制定确保企业及其员工履行刑事义务，从而规避刑事责任的合规计划或合规措施；其次，企业的高层人员监督合规计划的执行，并配套相应的惩戒机制和补救措施，增强犯罪风险的防控能力；最后，在刑事法律回应合规的视角下，适当的刑罚激励机制能够促进企业识别自身遗留的问题、完善合规计划以及构建企业文化，进而使企业持续健康地发展。

如，某公司是一家主营软件技术开发、技术咨询等技术服务的综合性高科技公司。该公司已通过国家高新企业认证，拥有数十项软件著作权，发展前景较好。2019 年，因该公司法定代表人法律意识淡薄，公司治理结构混乱，内部管理存在重大漏洞，导致公司在没有取得相关资质的情况下，非法从事资金支付结算业务，违规使用单位银行结算账户为他人提供向个人账户转账的服务，并从中盈利，涉嫌构成非法经营罪。检察机关对企业进行了深入了解，调查认为，该企业存在正常合法的主营主业，而且具有较高的科技水平和发展潜力，仅在一段时间内存在开展非法资金结算业务的行为。案发后，公司及相关嫌疑人认罪认罚，悔罪态度良好，第一时间全面停止了违法业务并积极退赃，综合考虑该公司的涉案情节、社会危害性、主营业务、经营规模、纳税金额及未来规划等情况，决定启动刑事合规监督考察程序。

五、在执法方式上保障"涉刑民企"健康发展

除了在实体上、程序上，要有所举措，在具体的执法方式上，检察机关也应当注意方式方法，在强制措施适用上，要有"梯次感"，对"民营企业负责人"的判断，不能围绕政策文件进行简单"概念判断"，而要进行"实质判断"，要不断强化法律监督，慎重使用对财产查扣的措施。

（一）强制措施适用上要有"梯次感"

办理涉民营企业刑事案件，必然伴随强制措施适用的问题，这对民营企业负责人是一个关键问题。随着侦查技术水平的提升，信息化手段等侦查技术的大量使用，大大降低了对口供的依赖程度和对逮捕措施的需要程度。加之实名制推广、路面监控、手机定位、移动支付等现代科技广泛使用，社会治理的安全系数大幅提升。很多嫌疑人尤其是民营企业负责人，大多有家有口、有房有车、有产有业，罪行相对较轻，不愿意跑路，更愿意积极配合司法机关办案。

在司法办案中，对于侦查机关提请批准逮捕的涉民营企业犯罪案件，要充分考虑案件和犯罪嫌疑人的具体情况，从案件性质、犯罪情节、证据收集和事实查证情况，以及嫌疑人的主观恶性、人身危险性大小，在犯罪中的地位、作用以及犯罪后的表现等方面，综合评判是否具有社会危险性，将是否认罪认罚、修复社会关系、积极赔偿和解等作为社会危险性的重要考量因素。总体上，在刑事强错措施适用上，应当体现"梯次感"。

在办理涉民营企业负责人的审查逮捕案件时，应当对企业经营状况、对企业发展的影响等进行综合评估，必要时听取企业、职工代表、行业主管部门的意见。对需要处理生产经营紧急事务应当提供便利。对民营企业负责人羁押中需要处理生产经营活动紧急事务的，可以根据案件办理情况，为当事人提供适当便利。

根据刑法和刑诉法的规定，以及长期的司法实践、司法惯性，对于所涉罪行最高刑期为三年以下有期徒刑，属于预备犯、中止犯、从犯、胁从犯，或者有自首、立功情节的，属于过失犯罪，悔罪表现明显，积极有效控制危害后果或者积

极赔偿损失的,涉及的罪行较轻,且犯罪嫌疑人为年满七十五周岁以上老年人的,羁押期限届满,案件尚未办结,需要继续侦查的,一般应当直接适用非羁押性强制措施。

对于涉嫌情节较轻的侵犯人身权利犯罪,积极赔偿,已经取得被害人谅解,双方达成和解协议,或者就民事赔偿达成调解协议的,涉嫌经济犯罪或侵犯财产犯罪,可能判处十年有期徒刑以下刑罚,积极退赃,全额退赔,采取取保候审能够保证诉讼顺利进行的,以及属于预备犯、中止犯,或者防卫过当、避险过当等情节轻微,主观恶性较小的,一般可以采取非羁押性强制措施。

对于危害国家安全、公共安全,严重扰乱社会治安,严重侵犯公民人身权利的故意犯罪,非法吸收公众存款、集资诈骗、传销、非法经营等涉众型经济犯罪的首要分子和骨干成员,可能毁灭、伪造证据,干扰证人作证或者串供,对被害人、举报人、控告人实施打击报复,企图自杀、逃跑,或者拒绝配合监管的,不能提出保证人,也不交纳保证金的,一般不得直接取保候审。

(二) 对"民企负责人"要进行实质判断

检察在服务保障民营经济发展过程中,要准确认定"民营企业""民营企业负责人"等需要"偏向"保护的对象,这并不是一个围绕政策文件进行简单"概念判断"就可以的,而是要进行"实质判断",关键在于其作为市场主体,切实需要司法的关照,能够真正为市场、就业等提供有效供给,作为企业负责人,其个人作用直接影响企业发展乃至生死存亡。

作为社会主义市场经济的内在要素,民营经济在稳定增长、促进创新、增加就业、改善民生等服务党和国家中心工作中发挥了重要作用。民营企业是指具有一定经营规模的民营或民营控股企业,包括股份有限公司、有限责任公司、个人独资企业、合伙企业等。根据《中小企业划型标准规定》,企业规模分为五档,分别为特大型、大型、中型、小型、微型。具体标准从企业从业人员、营业收入、资产总额等指标进行划分。在司法办案中,司法政策应当平等适用,所有民营企业应当一律平等保护,不应当因企业的大小等,而有所区别对待。对于有证据证实为实施违法犯罪而设立民营企业或者民营企业以实施犯罪为主要活动的,则应当排除在外,这才真正符合服务保障民营企业发展的本质精神。

"民营企业负责人"一般包括企业所有者、实际控制人、重要股东以及主要经营管理人等对企业生产经营具有支配、引领作用的人员。在司法实践中，对于涉嫌刑事犯罪的民营企业负责人进行批捕等时，经办人一般仅能核实其头衔、职位等，关于其在企业中的实际作用，对其采取强制措施是否影响企业正常经营运作，往往缺乏具体证明材料。尤其是对于民营企业负责人涉嫌的是与其身份无太大关联的犯罪，办案人员可能未能及时发现其民营企业家的身份，难以在有限的时间内全面掌握涉案民营企业的经营情况，综合评估逮捕民营企业家对企业发展的影响。对此，检察机关需要做实有关工作，总体上把握政策从宽的基调，确实从实质作用上考虑，对于一些仅仅是挂名的、没有参与实际经营活动法定代表人等，要慎重考虑。

对于涉嫌危害国家安全、公共安全，严重扰乱社会治安，严重侵犯公民人身权利的故意犯罪的，涉嫌非法吸收公众存款、集资诈骗、传销、非法经营等涉众型经济犯罪的首要分子和骨干成员，可能毁灭、伪造证据，干扰证人作证或者串供，对被害人、举报人、控告人实施打击报复的，企图自杀、逃跑，或者拒绝配合监管的，不能提出保证人，也不交纳保证金的。则不应当采取非羁押性强制措施。

（三）充分发挥法律监督职能

作为法律监督机关，要积极发挥法律监督职能，通过精准实施法律监督举措，强化监督功效。对于涉案民营企业认为公安机关不应当立案而立案，向人民检察院提出申诉的，人民检察院应当受理并进行审查。对违规插手经济纠纷，随意采取强制措施，违法查封、扣押、冻结民营企业财产的侦查行为，特别是将民商事纠纷作为刑事案件处理的侦查活动，应当依法监督纠正。

与此同时，检察机关要结合当前的重点工作，努力推进涉民营企业刑事诉讼"挂案"清理工作，加大对民事虚假诉讼、恶意诉讼的监督力度，防止恶意利用诉讼打击竞争对手、破坏市场主体声誉的违法犯罪行为发生。妥善办理涉及税收征管、工伤认定等行政申诉案件，加强释法说理和法治宣传，综合运用调处手段及时有效化解矛盾。对涉企行政非诉执行案件的监督，对确有错误的裁定依法提出检察建议，督促予以纠正。畅通民营企业申诉渠道，对于涉及重大财产处置的产权纠纷申诉案件、涉民营企业经营者犯罪的申诉案件要坚持有错必纠，依法保障涉案企业、人员的合法权益。严格落实 7 日内程序回复、3 个月内办理过程或结果答复的要求，对法院确有错误的判决、裁定，依法提出抗诉或者再审检察建议。对于涉及被害人的，要注意保护民营企业负责人与保护被害人等相结合，不可顾此失彼。

（四）慎重使用对财产查扣措施

在司法办案中，严格区分违法所得、其他涉案财产与合法财产，严格区分涉案市场主体法人财产与个人财产、涉案市场主体负责人个人财产与家庭成员财产，确保合法财产不受牵连。加强对财产性强制措施，以及生效判决、裁定执行活动的监督。依法监督纠正违法或超标的查封扣押冻结，应当执行而不执行、不应当执行而执行，非法处置被执行人或者案外人财产等侵犯当事人或利害关系人财产权的违法情形，加强与公安、法院、金融监管等部门的协作配合。依法及时追缴、发还涉案财产，防止因强制措施适用不得当、财产返还不及时而导致市场主体资金链、物流链、产业链中断的情况发生。妥善查封扣押冻结涉案民营企业的设备等。对于涉案民营企业正在投入生产运营或者正在用于科技创新、产品研发的设备、资金和技术资料等，原则上不予查封、扣押、冻结；确需查封、扣押、冻结的，要为其预留必要的流动资金和往来账户。高度重视追赃挽损工作。配合、监督公安机关、人民法院依法追赃挽损、处置涉案财物，最大限度减少民营企业因犯罪遭受的损失。

专项问诊篇

第二十七篇　村委会是否属于单位犯罪主体

单位犯罪一般是公司、企业、事业单位、机关、团体为本单位谋取非法利益或者以单位名义为本单位全体成员或多数成员谋取非法利益，由单位的决策机构按照单位的决策程序决定，由直接责任人员具体实施的，且刑法有明文规定的犯罪。对于村委会是否属于单位犯罪主体，在司法实践中争议较大。

支持的一方认为，2008 年 11 月 20 日《最高人民法院、最高人民检察院关于办理商业贿赂刑事案件适用法律若干问题的意见》第 2 条规定："刑法第 163 条、第 164 条规定的其他单位，既包括事业单位、社会团体、村民委员会、居民委员会、村民小组等常设性的组织，也包括为组织体育赛事、文艺演出或者其他正当活动而成立的组委会、筹委会、工程承包队等非常设性的组织"。由此认为明确了村民委员会《刑法》意义上的"单位"的性质。在法院的裁判中，也已经存在为数不少的把村委会甚至村民小组作为单位犯罪主体的判决。

不支持的一方认为，《刑法》第 30 条明确规定：公司、企业、事业单位、机关、团体实施的危害社会的行为，法律规定为单位犯罪的，应当负刑事责任。在法条表述时并没有"等"字，村民委员会不属于公司、企业、事业单位、机关、团体中的任何一个类别，不能做扩大解释，因而不属于单位犯罪的主体。而且，在 1999 年 6 月 25 日最高人民法院《关于审理单位犯罪案件具体应用法律有关问题的解释》中，也不包括村委会。2007 年 3 月 1 日公安部《关于村民委员会可否构成单位犯罪主体问题的批复》中也明确指出，对以村民委员会名义实施犯罪的，不应以单位犯罪论。需要指出的是，2018 年 4 月 12 日，公安部公布《公安部规章和规范性文件目录以及公安部决定废止的规范性文件目录》，已决定废止该批复，但未公布废止的具体理由。

一般而言，犯罪主体是指达到法定的刑事责任年龄，具有刑事责任能力，实施了犯罪行为，依法应当负刑事责任的自然人。刑法上的"单位"并非严格意义上的法律概念，仅在其与"犯罪"一词相组合方成为具有特定意义的法律用语。我国《刑法》第30条仅仅列举了单位的法定形式，没有对单位犯罪概念的规定，没有揭示单位犯罪之所以成为单位犯罪而不是其他犯罪的本质属性。并不符合定义的逻辑结构，也不具备定义的实质内容，不能认为此条文是对单位犯罪下定义，因而认为犯罪的主体仅限于此，应当认为这是立法者对惩治单位犯罪原则的一个宣告。

判断单位犯罪与否，其核心在于是否具备刑事责任能力，能否负刑事责任，也就是作为单位，具备合法性和独立性。合法性是指依法设立的组织，独立性是指具有独立支配的财产，独立作出决定的权利，独立为或不为一定行为的权利以及独立承担法律责任的能力。根据《村民委员会组织法》的规定："村民委员会是村民自我管理、自我教育、自我服务的基层群众性自治组织，实行民主选举、民主决策、民主管理、民主监督。"村委会属于依法设立的组织，具有独立支配的财产，独立作出决定的权利。本身符合公司、企业、事业单位、机关、团体等单位设立的合法性和独立性运行等特征，从上述层面，不能否定村委会作为成为单位犯罪的主体。

单位是由众多的自然人组成的有机整体，它的思想或意思，是通过作为其构成要素的自然人以一定的方式结合形成的，它的行为也是通过作为其构成要素的自然人以业务活动的形式实施的。作为单位成员的自然人，一方面作为单位的构成要素，思想和行为是单位的现实组成部分，从属并服从于单位的整体意思；另一方面，又是具有自己独立人格和思想的个体，完全可以作为区别于单位并独立于单位的社会关系主体，独立处理自己的事务。单位成员的这种双重身份决定了在单位犯罪活动中，其行为既可能是单位犯罪的组成部分，也可能是他本人意思的体现。因而，判断单位业务活动中自然人的行为到底是单位行为还是自然人本人的行为时，最为关键的是看该行为所体现的是单位意思还是自然人本人的意思。

实践中，到底是单位的意思还是单位主要领导的意思，并不好区分。在很多情况下，是主要领导的意思，还是主要领导意思单位化，在村委会决策中比较明显，尤其是村支书和村主任一肩挑或者村支书具有较高威望的情况下，要看决策程序，决策事项是否履行了必须的手续，不能本属于村民大会才能通过的，几个村干部就拍板决定了，也不能实际上就是村委会书记的利益，只是假借村委会名义实施而已。

2014年4月24日全国人大常委会通过的《关于〈中华人民共和国刑法〉第三十条的解释》规定，刑法分则或者其他法律未规定追究单位的刑事责任的，对组织、策划实施该危害社会行为的人依法追究刑事责任。虽然对单位犯罪明确了双罚制，对于不属于单位犯罪的，也要追究组织、策划实施危害行为的人。在《民法总则》第101条，已经明确规定了村委会具有基层群众性自治法人资格，可以从事为履行职能所需要的民事活动。一个行为被定性为单位犯罪，会相对缩小自然人本应刑事责任。在司法办案中，对于涉及以村委会名义犯罪的，还是应当慎重，尽量避免和减少把村委会作为单位犯罪的主体。在未来的司法解释中，建议通过适当形式，明确村委会单位犯罪主体资格，更好地引导实践。

第二十八篇 分清刑事诉讼中的"退回"和"撤回"

《人民检察院刑事诉讼规则》（以下简称《规则》）第 424 条规定了人民检察院撤回起诉的七种情形。《最高人民法院关于适用〈中华人民共和国刑事诉讼法〉的解释》（以下简称《解释》）第 181 条规定了人民法院应当退回人民检察院的情形。刑事诉讼的过程，一般是顺向进行，"撤回"和"退回"都是把案件从审判环节回到审查起诉环节的倒流程序，二者虽不具有终结案件的效力，但是都具有程序救济的能力，都有其独特价值所在。在司法实践中，检察院和法院对于"撤回"和"退回"的区别，以及二者的后续处理程序等，还存在一定的分歧，需要进一步明晰。

一、二者法律渊源不同

撤回起诉是人民检察院在案件提起公诉后、人民法院作出判决前，因出现法定事由，决定对提起公诉的全部或部分被告人撤回处理的诉讼活动。撤回起诉在我国立法上，经历了从有到无，从无到有的过程。1979 年《刑事诉讼法》第 108 条规定，人民法院对于提起公诉的案件进行审查后，对于不需要判刑的可以要求人民检察院撤回起诉。1996 年的刑事诉讼法，则取消了关于撤回起诉的规定。到 2012 年刑事诉讼法修改时，依然没有关于撤回起诉的规定，但是在新修订的《人民检察院刑事诉讼规则》中作了规定，相比刑事诉讼法的位阶而言，《规则》作为司法解释，其位阶相比而言降低。人民法院将案件退回检察院，则是人民检察院提起公诉后，法院在庭前准备程序中，对案件是否受理进行审查，对于不符

合规定的，应当退回人民检察院，对案件是否受理，应当在七日内审查完毕。在
1997 年的刑事诉讼法和 2012 年修改后的刑事诉讼法中，同样没有明确人民法院
退回检察院的规定，但是最高人民法院 1996 年印发的《关于执行〈中华人民共
和国刑事诉讼法〉若干问题的解释》第 118 条和 2012 年印发的《关于适用〈中
华人民共和国刑事诉讼法〉的解释》第 181 条，都对退回人民检察院作了规定，
应该说，对于"撤回"和"退回"这种刑事程序倒流的规定，"两高"都采取了
在司法解释中作出规定的模式，确定了其在刑事诉讼中的独特价值。

二、二者适用情形不同

根据《规则》的规定，检察院撤回起诉的情形，包括七种：（1）不存在犯
罪事实的；（2）犯罪事实并非被告人所为的；（3）情节显著轻微、危害不大的，
不认为是犯罪的；（4）证据不足或者证据发生变化，不符合起诉条件的；（5）
被告人因未达到刑事责任年龄，不负刑事责任的；（6）法律、司法解释发生变化
导致不应当追究被告人刑事责任的；（7）其他不应当追究被告人刑事责任的。司
法实践中，证据因素、司法解释变化和法检分歧是撤回起诉的主要原因。根据统
计，其中因为证据不足或者证据发生变化的占 65.2%，因法律、司法解释发生变
化的占 10%，因为法检之间在法律理解、法律适用、证据采纳等方面存在分歧，
导致定罪意见不统一，检察院为避免无罪判决而撤回起诉的占 17.4%。法检分歧
虽不是上述七种情形之一，但事实上已经成为影响公诉案件撤回起诉的重要原
因。

根据《解释》的规定，法院将案件退回检察院的情形，主要包括以下四
种：（1）属于告诉才处理的案件；（2）不属于本院管辖或者被告人不在案的；
（3）裁定准许撤诉的案件，没有新的事实、证据，重新起诉的；（4）符合刑
事诉讼法第 15 条第 2 项至第 6 项规定情形的，即犯罪已过追诉时效期限的；
经特赦令免除刑罚的；依照刑法告诉才处理的犯罪，没有告诉或者撤回告诉
的；犯罪嫌疑人、被告人死亡的；其他法律规定免予追究刑事责任的。法院将
案件退回检察院主要体现的是程序救济功能，因为这种退回程序大多都发生在
案件受理时，属于对案件进行初步审查时而作出的程序性处理决定，其不同于

撤回起诉，撤回起诉不仅包括程序上的救济，也包括实体上的救济。对于已经开庭审理的案件，人民法院是否可以退回检察院，在《解释》和《规则》中都没有明确规定，笔者认为"退回"的规定应当只出现在审查受理和庭前准备环节，对于已经开庭审理的案件，不应当适用，否则极易造成司法资源的浪费和诉讼程序的拖延。

三、二者的适用后果不同

最高人民检察院公诉厅于 2007 年 2 月制定并下发的《关于公诉案件撤回起诉若干问题的指导意见》（以下简称《指导意见》），对撤回起诉的事由、时间、处理方式等都做了详尽的规定，这是指导全国撤回起诉的一个重要文件，2012 年刑诉法修改后，《人民检察院刑事诉讼规则》也相继出台，新《规则》和旧《指导意见》之间，还存在一些不一致，要进一步明确、规范。比如《规则》和《意见》相比，少规定了一种事由，即被告人是精神病人，在不能辨认或者不能控制自己行为的时候造成危害结果，经法定程序鉴定确认，不负刑事责任的，除此之外，对于单位犯罪的，单位的破产、注销是否可以成为撤诉的理由，也需要进一步明确。在处理程序上，《意见》第 11 条规定，对于撤回起诉的案件，人民检察院应当在撤回起诉后七日内作不起诉决定，或者署名说明理由将案卷退回侦查机关（部门）处理，并提出重新侦查或者撤销案件的建议。修改后的《规则》第 424 条第 2 款明确规定，对于撤回起诉的案件，人民检察院应当在撤回起诉后 30 日以内作出不起诉决定，需要重新侦查的，应当在作出不起诉决定后将案卷材料退回公安机关，建议公安机关重新侦查并书面说明理由。当然，根据《规则》第 684 条的规定，最高人民检察院以前发布的司法解释和规范性文件与本规则不一致的，以本规则为准。由此可见，在撤诉理由和撤诉后处理方式上，应当以《规则》的有关规定为准，各地目前还存在不一致的地方，应当及时调整。

人民法院将案件退回人民检察院，后续处理程序需要检察院根据具体案件分类处理，比如对于属于告诉才处理的，没有告诉，则不应当提起公诉，要遵循不告不理的原则；对于管辖错误的，则应当根据规定，移送具有管辖权的法院审判管辖；对于撤诉后，有新的事实、证据，可以重新起诉，法院应当受理。对于属于犯罪已过追诉时效期限的、经特赦令免除刑罚的、依照刑法告诉才处理的犯罪，没有告诉或者撤回告诉的、犯罪嫌疑人、被告人死亡的、其他法律规定免予追究刑事责任的，则不应当启动诉讼程序。

第二十九篇 九问九评余金平交通肇事案

努力让人民群众在每一个案件中感受到公平正义，是习近平总书记对司法工作提出的要求。司法工作最直接的产品，就是一个个案件的有效办理。在刑事诉讼过程中，对刑事案件的办理，公检法分工，各自在不同阶段出产不同的司法产品，相互配合，相互监督，对于各自出产的司法产品，在职责范围内进行监督检验。司法人员自身，只能算是司法产品的质检员，对自身产品负责。人民群众作为司法产品的最终消费者、体验者，能否在一个个案件中感受到公平正义，是检验司法工作、司法成效、司法产品试金石、安全线。

一、余金平交通肇事案办案过程是否严格规范？

2019 年 6 月 5 日 21 时许，余金平酒后驾驶白色丰田牌小型普通客车由南向北行驶至北京市门头沟区河堤路 1 千米处时，车辆前部右侧撞到被害人宋某致其死亡，撞人后余金平驾车逃逸。2019 年 6 月 6 日 5 时许，余金平到公安机关自动投案，如实供述了自己的罪行。2019 年 6 月 17 日，余金平的家属赔偿被害人宋某的近亲属各项经济损失共计人民币 160 万元，获得了被害人近亲属的谅解。

余金平案发前系中国中铁股份有限公司总部纪检干部。案发当晚，其酒后驾车从海淀区五棵松附近回门头沟区居住地时发生交通事故。交通肇事后，驾车逃逸，擦拭车身血迹，回现场观望，之后逃离。2019 年 6 月 6 日 5 时 30 分许，余金平经呼吸式酒精检测，血液酒精浓度为 8.6mg/100ml。

一审阶段，北京市门头沟区人民检察院指控余金平犯交通肇事罪，鉴于其认罪认罚，积极赔偿被害方，取得被害方谅解，有自首、初犯等情节，建议判三缓四。

门头沟区人民法院认为，余金平作为一名纪检干部，本应严格要求自己，其明知酒后不能驾车，但仍酒后驾车从海淀区回门头沟区住所，且在发生交通事故后逃逸，特别是逃逸后擦拭车身血迹，回现场附近观望后仍逃离，意图逃避法律追究，表明其主观恶性较大，判处缓刑不足以惩戒犯罪，因此公诉机关建议判处缓刑的量刑建议，不予采纳。判处有徒刑二年。

余金平不服一审判决，提出上诉。与此同时，门头沟区人民检察院认为本案不属于法定改判情况，一审法院改判属程序违法，不采纳量刑建议的理由不能成立，对余金平提出适用缓刑的量刑建议适当，一审法院对类似案件曾判处缓刑，对本案判处实行属于同案不同判。

北京市人民检察院第一分院支持抗诉意见，主要理由包括：余金平符合适用缓刑的条件，门头沟区人民检察院提出的量刑建议适当，一审法院不采纳量刑建议无法定理由，一审法院曾判处类似案件的被告人缓刑，本案判处实行属同案不同判，对余金平宣告缓刑更符合诉讼经济原则，也能取得更好社会效果。

北京市第一中级人民法院审理认为，余金平不构成自首、主观恶性较小的意见不能成立、其行为应当综合评价为犯罪情节特别恶劣等，判处被告人有期徒刑三年六个月。

本案属于日常生活中最常见、最普通的案件，事实简单，证据清晰，争议不大，当事人积极赔偿被害人家属，取得被害人家属谅解，在侦查阶段认罪认罚。纵观整个刑事诉讼过程，无论在侦查、审查、审判阶段，各办案部门都是严格、规范、依法履行职责、行使职权。

二、严格、规范的司法过程下的裁判结果是否满意？

交通肇事罪属于常见罪名，历经一、二审程序，被告人上诉、检察院抗诉，从整个刑事诉讼的过程而言，这是一个严格、规范的司法产品生产过程，控辩审和当事人各司其职，各尽其能，围绕定罪量刑等各抒己见。作为司法产品而言，是在"正规司法流水线"下的规范产品。虽然经历了一个严格、规范的司法过程，没有任何违规、违法办案的情形出现，但从社会评价看，似乎并不是一个令人满意的司法产品。

首先是当事人不满意，案发后，余金平自首了，竭尽全力赔偿了160万元，被害人家属也谅解了，达成了认罪认罚从宽协议，检察院的量刑建议是判三缓四，在一审的时候变成二年有期徒刑。上诉后，二审改判为有期徒刑三年六个月。

作为控方的检察院也不满意，一审法院在无法定理由情况下予以改判，没想到二审法院改判得更重，认罪认罚从宽的协议被打破，上诉不加刑的原则被否，一审阶段检法都认可的自首也被否定了。一审法院曾对与本案案情相似、量刑情节相同、案发时间相近的交通肇事案适用了缓刑，而对本案却判处实刑，属同案不同判的情形，到了二审，反而加重，这种情况在司法实践中更是少见。

与此同时，一审法院也不满意，一审判了两年有期徒刑，二审改判三年半有期徒刑，从量刑上否定了一审判决，也否定了一审认定的自首。

人民群众可能也不满意。人民群众可能会说，赔了160万元就建议判缓刑，要是没钱赔，可能就得蹲监狱了，这是不是"花钱买刑"？明明检察院都建议判处缓刑了，法院却判了实刑，是不是只给检察院"打点"，却没有给法院"打点"才导致这种结果的呢？

作为律师可能也不满意，心想，自己在被告人与被害人家属之间做了那么多工作，让被告人家属积极赔偿被害人家属，双方之间达成调解协议，也谅解了，也竭尽全力做了辩护工作，本来检察院建议判三缓四，法院"一般采纳"，这个量刑应该八九不离十，却是两年有期徒刑，上诉后，又变成三年半有期徒刑。当事人不满意，可能说律师骗子，没水平，花钱打官司，人进去了，还不如当初不赔钱。

三、本案的争议焦点问题有哪些？

对于此案件中的争议问题，相对比较集中，法律界专家学者讨论较多，主要的争议点有四个：

一是"违反上诉不加刑"原则与否。本案上诉、抗诉都属于同一理由，即协议基础上的量刑建议应当尊重，而法院改判实刑，缺乏法律依据。一般认为，因抗诉和上诉均为被告人利益，具有同质性，在这种情况下应当进行实质性判断，仍然适用"上诉不加刑"原则，虽然没有法律明确的规定，但检察机关为了被告人利益抗诉的情况下，也不得加重刑罚，这是法律界的主流观点。全国人大常委会法制工作委员会刑法室所编的资料，对此也有论述。

然而，这些毕竟只是法理。目前而言，中国的立法和司法解释对此均没有明确的规定。于法官而言，只能要求其根据现行法来做裁判，不能要求其根据法理来做裁判。在上诉和抗诉同时出现的时候，法官认为可以突破上诉不加刑的限制，是可以理解的。

联合国《公民权利和政治权利公约》中第 14 条第 7 款关于禁止双重危险原则，即任何人已经依照一个国家的法律和刑事程序被最后定罪或者宣告无罪的，就不得以同一罪名再予审判和惩罚，虽然本案二审判决与上述规定相悖，但至少符合罪刑法定的基本原则。

二是本案"自首"能否认定。根据 2010 年最高人民法院《关于处理自首和立功若干具体问题的意见》中关于"如实供述自己罪行"的认定，规定"虽然投案后没有交代全部犯罪事实，但如实交代的犯罪情节重于未交代的犯罪情节，或者如实交代的犯罪数额多于未交代的犯罪数额，一般应认定为如实供述自己的主要犯罪事实。无法区分已交代的与未交代的犯罪情节的严重程度，或者已交代的犯罪数额与未交代的犯罪数额相当，一般不认定为如实供述自己的主要犯罪事实。"

通过上述关于自首的司法解释，可知，对"供述主要犯罪事实"的认定，要对已供认和未供认的进行比较，判断孰轻孰重。

本案被告人对当时有无认识到撞人存在一定的辩解，该细节虽影响量刑，也属于关键的细节之一，但与已供述的大量事实和大量与案件相关联的细节相比较，不能因为对这一个细节的"辩解"，就认为是未对主要事实供认。这也是本案的一个核心和关键问题，按照 2010 年的司法解释，进行比较，根据现有的证据，应当认定为构成自首。

而且本案在"投案"时存在交通肇事罪的基本犯（处 3 年以下有期徒刑）和第一档加重犯（处 3 年以上 7 年以下有期徒刑）的可能。本案作为交通肇事罪的基本犯，"主要犯罪事实"则为"撞死人"和"负事故全部责任"。余金平是否如实供述发生事故时明知撞的是人，不影响犯罪成立。而且二审判决书记载的余金平供述，已经说明余金平在投案时如实供述自己"撞死了一个人"。这意味着，余金平投案和供述完全符合刑法第 67 条关于交通肇事罪的基本犯自首的条件。即便是第一档加重犯，余金平是否"如实供述发生事故时是否明知撞的是人"也不影响加重犯甚至基本犯的成立。而且在一审各程序均认为自首成立，二审检察机关也未否定的情况下，二审法院在裁判中直接否定，属于"突袭裁判"，没有给余金平辩解和修正供述的机会，在程序法上也是欠妥的。

三是"主观恶性"应当如何理解。二审法院认为，对余金平主观恶性的评价对象应确定为其犯罪过程中的主观心理，而非其案发 8 小时后的投案行为及案发 11 天后的赔偿并获得谅解行为。

一般而言，犯罪人的主观恶性主要体现在其罪过心理，通常指犯罪主体对自己行为及社会危害性所持的心理态度。余金平在案发后确实投案，且在家属的协助下积极赔偿被害人亲属并取得谅解，但这些均应属于认罪悔罪的评价对象，而非主观恶性的评价对象。

对于二审法院认为的主观恶性指的是犯罪时的主观心态，不包括赔偿情节。按照不法对应法益侵害，责任对应主观恶性，将主观恶性理解只是主观罪过，范围实在是太窄太偏，也不符合法理。这样会导致的直接后果就是"积极赔偿被害人"无法归位，现实中大量的损害赔偿得不到落实。

实际上，赔偿等情节作为"主观恶性"评价的重要内容，已经在实践中被广为认同，实际上也是考察被告人作为预防必要性大小情节，在我国刑法话语体系，也一直是归入"主观恶性大小"进行判断。

交通肇事罪本身属于过失犯，160 万元的赔偿，在一定程度上可以减损已经造成的伤害，这个赔偿不仅是认罪认罚成立的重要体现，也是认罪认罚协商中的重要期待和重要内容。按照北京市人身损害赔偿的标准，此数额属于相对较大的，本身也体现了诚意，如果被告人知道自己要判三年实刑，可能不会赔偿这个数额。

四是"情节恶劣"和"情节较轻"之间的关系。二审法院认为，根据《刑法》第 133 条有关"交通运输肇事后逃逸或者有其他特别恶劣情节的，处 3 年以上 7 年以下有期徒刑"的规定，"交通运输肇事后逃逸"即属交通肇事犯罪中情节特别恶劣的一种，刑法在罪状中对此予以特别明示并据此升格法定刑幅度。本案中，余金平的行为属典型的交通运输肇事后逃逸行为，因而依法应被评价为情节特别恶劣。"

一般来说，适用缓刑的前提"情节较轻"指的是基准刑，而不是指本罪的法定刑。过多强调"肇事后逃逸"对本案宣告刑的影响，但该情节的性质是法定救助义务的违反抑或事故认定湮灭，本身也存在争议。合议庭更应该查明的是，被告人逃逸是否实质影响了前两点。

而且，被告人的职业、身份与所犯的交通肇事罪无关，不应当成为影响罪行轻重的依据，"知法犯法"可以成为道德上谴责的理由，但不能成为刑罚量刑上的考虑，而且作为一名公务员，本身所受到的惩罚更重，不仅要面对刑事处罚，而且被开除公职等，可谓"一醉毁终生"。

在二审阶段，如果二审法院采取维持一审 2 年有期徒刑的判决，可能会相对合理，不一定会引发检法之间的认识分歧。

四、刑事诉讼是一个什么样的生态？

在刑事诉讼的过程中，有人把公检法之间的互动，比喻成炒菜、端菜、尝菜。刑事案件上的罪与非罪、此罪与彼罪、罪轻与罪重、缓刑与实刑等，其实都只是外在，在这种互动的深处，是夹杂在刑事司法的过程是各种利益和价值并存、竞合、纠结乃至冲突，当社会矛盾以刑事案件的形式进入司法领域，于司法者而言，绝不是仅仅是一门"厨艺展示"，其深处，是一个价值、利益、秩序比较、取舍、融合的过程，这种比较与取舍，"小"的方面，可以直接到影响一个人、一个家庭的人生走向、生活冷暖，"大"的方面，直接影响社会、国家的价值观念、风气习气。

五、严格司法是否会遇到"情理"难兼的情形？

《政法论坛》2016 年第 4 期发表《论严格司法》一文，指出严格司法"主要涉及三个层面的要求：一是罪刑法定、无罪推定、程序公正等法治原则有配套法律制度作为支撑，解决法治原则在司法适用层面的有法可依问题。二是现有法律制度和法律规定在司法实践中得到不折不扣的执行。三是对违反法律规定和法定程序的情形要给予严厉的制裁，对权利遭到侵犯的情形要给予必要的救济，有效维护法律规定和法定程序的权威性和拘束力"。

在具体案件中，严格司法当然并不排除自由裁量，但常面临"情理难兼"的情形。比如，故意毁坏财物罪，根据刑事立案追诉标准，其中之一是造成公私财物损失五千元以上的。在实践中，因为邻里纠纷、感情纠葛等琐事，平时关系较好、较亲的亲朋好友之间可能一气之下，把电脑、相机等砸坏了，鉴定损失达5000元以上。

要是相互之间能和解，或者就是琐事一件，调解和解就把矛盾化解了，要是一方拧着，和解达不成，赔偿落实不了，最终只能走刑事司法程序，可能判处3年以下有期徒刑，可能"一生气成千古恨"，在符合规范的情况下，没有缓和处理的切口，只能"严格司法"，难兼情理，成为一个多输的判决裁定。

比如"天津大妈非法持有枪支案"，被告人在海河亲水平台附近摆设射击游艺摊位进行营利活动，民警在巡查过程中当场从其经营的摊位上查获枪形物9支及配件、朔料袋等，经鉴定，现场查获的9支枪形物中6支为能正常发射、以压缩气体为动力的枪支。根据现行法律规定，足以判处3年以上7年以下有期徒刑。然而，大多数群众接受不了，刑法是最严厉的处理，惩罚严重危害社会的人，虽然本案符合现行法律的规范，但是觉得"冤"，强行下判，可能违背大众的朴素的正义心理。

六、秩序维持中如何尊重多元的价值观？

法的本质和目的在于维护公平正义，法本身是国家主流价值观、社会公序良俗和个人行为准则的体现。公众之所以会对一个裁判认同，在于裁判维护了大多数人心中朴素的价值观、共同认可的社会秩序。然而，丰富传统文化积淀的人文基础，融合在每个人心中朴素的价值观下，对天理国法人情，对秩序规范价值的理解与领会，莫衷一是。

比如，对于余金平的行为，到底是怎么一个结果才真正符合人们心中对秩序、对公平、对正义的需求呢？是把他判处二年或者三年半有期徒刑，关进监狱去严厉惩罚，就符合"罪有应得"的理念？但是余金平出来估计也就毁掉了，对社会再做贡献的可能性可能没有了，其家庭可能因此造成重创，难道判处余金平缓刑就合理吗？人民群众最反感"花钱买刑"，对于余金平赔了 160 万元，肇事后逃逸，这算不算"花钱买刑"呢？有钱就可以缓刑吗？要是余金平拿不出钱，被害人不谅解，加之他具有撞死人之后逃离，逃离之后又回来观看，估计是觉得没法逃了，第二天一大早就去自首了，这个案件无疑要判实刑，恐怕没什么争议。

比如醉驾，大家都反对这种行为，对醉驾的危险性也有足够的认知。自2011年 5 月 1 日，《刑法修正案（八）》增设危险驾驶罪，把"醉酒驾驶机动车"的情形，列为危险驾驶罪的四种规制范围之一，至今已经 9 年。在全国大部分省市，"醉驾"已经超越传统的第一大罪名"盗窃"，成为新的第一大类型的案件。醉驾也是持续增长时间最长、增长速度最快的案件类型，几乎两三年就翻一番，有的地方，甚至一年翻一番。在很多省市，六分之一、五分之一甚至更多的刑事案件，都属于醉驾案件。

对于"醉驾"案件的办理，在司法实践之中，却有很多纠结、无奈和惋惜。抓多了，抓密了，有打击面过宽的嫌疑；抓少了、抓松了，又是对公共安全的不负责；判多了、判重了，对醉驾者声誉和自由形成巨大、长远的影响，对社会整体管控、法治建设成效也不好；判少了、判轻了，心存侥幸者还是那么多，屡试不爽，接踵而至，谁敢说现在醉驾可以放松一点了？

七、执行国家追诉中如何顾全和保护被害人利益？

在任何一个刑事案件中，法律尊严、社会秩序都是当然的、广义上的"被害人"。通过打击犯罪，维护国家的正常秩序，也通过打击犯罪，发挥法律预防作用。但如何在维护好"国家被害人"的情况下，更好地保护案件中具体受损害的人，不让犯罪者被追诉了，而被害人却在一旁哭泣，独自抚慰伤痛、黯然孤独面对创伤的情形出现。

就余金平交通肇事案而言，被害人的生命本是无价的，但既然事故已经发生，伤痕已经造成，痛苦无法挽回。于被害人家属而言，除了依法惩治犯罪，维护公平正义，更现实的，可能就是尽量通过物质上的赔偿，抚平心中的伤痛，弥补因失去家庭支柱受损而带来的二次损伤。

余金平自身也有缓刑的预期，愿意通过积极尽力的赔偿，达到法律上主观恶性较小，罪责较轻，可以符合判处缓刑的条件，并主动认罪认罚、投案自首，为自己的罪责买单。

国家站在追诉者的角度，并不是一味地追求打击效果，实现惩治目的，并不排斥余金平这种"买单"行为，这符合恢复性司法的理念，能够有效化解社会矛盾，在实现法律效果的前提下，达到较好的社会效果。

这种情形，不只是在余金平交通肇事的个案中，在类似的交通肇事案件中，大多这么处理，已经是一种"惯例"。通过司法大数据，将交通肇事罪检索条件设置为"全部责任、死亡1人、逃逸情节、酒后驾驶、积极赔偿、取得谅解"6个关键词，可以检索到1860个类案，其中无自首情节的646个，有452个被判处缓刑，占比69.9%。有"自首情节"的，1214个类案，其中852个案件适用缓刑，占70.18%。刑期分布范围为7个月至5年2个月，集中于36个月，占比57.25%，平均刑期为31个月。在整个1860个类案中，只有27个进入二审程序，主要上诉理由为请求不承担附带民事责任、一审量刑过重、一审事实认定不正确、请求依法撤销裁判，在二审阶段，维持占88.89%。实践中，仅有一个案件上诉改判，被告人上诉并主张应当适用缓刑，二审法院认为上诉理由成立，在一审判处三年有期徒刑的基础上，适用缓刑四年。

八、价值指引下如何更好地弘扬社会正义正气？

任何一个裁判都是反复逻辑推理、利益权衡、价值衡量的基础上作出的抉择。一个刑事案件一旦走入舆论中心，其社会效应可能将扩大千倍、万倍，其裁判走向，其实就是一堂法治公开课，是社会价值观、正义观的具体指引。

比较著名的就是"李启铭交通肇事案"。2010年10月16日晚，一辆轿车在河北大学校区内撞倒两名女生，一死一伤，司机不但没有停车，反而继续去校内宿舍楼送女友。返回途中被学生和保安拦下，该肇事者不但没有关心伤者，甚至态度冷漠嚣张，高喊："有本事你们告去，我爸是李刚！"后经证实了解，该男子名为李启铭，父亲李刚是保定市某公安分局副局长。此事一出迅速成为网友和媒体热议的焦点，"我爸是李刚"语句也迅速成为网络最火的流行语。后李启铭被判有期徒刑 6 年。

10 年前的刑事诉讼制度和现在的刑事司法制度相比，有很大的不同，还没有认罪认罚从宽制度。肇事者不仅停车救人，反而嚣张的态度，构成交通肇事逃逸，造成一死一伤的严重后果。着实刺痛了公众善良的内心，对其进行严厉处罚，展现了社会正确的价值取向，否则公众误以为"我爸是李刚"真发挥了功效，可能助长社会戾气，引发公众不满，人民群众难以感受到公平正义。

除此之外，比如，昆山龙哥案，真正激活了正当防卫条款，一个案件同时 4 亿人在线观看，一个案件的办理，让"合法没有必要向不法让步"深入人心，彰显了人身安全是每个公民最基本的要求，面对来自不法行为的严重紧急危害，法律应当引导鼓励公民勇于自我救济，坚持同不法侵害作斗争。裁判真正负起了倡导风尚、弘扬正气的责任。

九、余金平交通肇事案中的认罪认罚从宽制度是焦点，该如何评判？

余金平交通肇事案在法律圈引发一定关注，涉及其中的认罪认罚从宽制度成为焦点。当前，认罪认罚从宽制度已经是切切实实写入刑事诉讼法的一项基本刑事制度，其走向、发展，对整个刑事诉讼都极其重要。

纵观世界刑事诉讼发展史，随着有罪必罚的报应刑理念让位于预防主义的刑罚理念，随着犯罪的高涨和诉讼经济思想的勃兴，检察机关的自由裁量权都呈扩大之势，在英美法系国家特别是美国，由于当事人处分主义的诉讼理念，检察官的自由裁量权几乎不受限制；在大陆法系国家，则由法定起诉主义转变为起诉法定主义与起诉便宜主义相结合。在德国，三分之二的刑事案件是由检察官终结诉讼的；在法国，不起诉案件占刑事案件总数的 30%～70%。国家设置认罪认罚从宽制度，初衷是落实宽严相济刑事政策，优化司法资源配置，提高诉讼效率。

一是协商程序有助于减少社会戾气。在认罪认罚案件中，设立控辩协商程序，使得嫌疑人对"从宽"的内容和程度看得见、摸得着，在明晰的预判面前，认罪的态度和决心往往会更加坚决，比单纯的"坦白从宽"等政策教育，更具有画面感和实操性，嫌疑人能够明晰地知道到底怎么从宽、能宽到什么程度，渐渐打消警惕心理和半信半疑心态。

由于是协商，改变了以往控方居高临下的姿态，转向合作式，换取嫌疑人认罪认罚，最终处理的结果，也是犯罪嫌疑人自己之前确认过的，比审判机关单纯下判，更容易接受，也有利于嫌疑人改过自新，回归社会，减少社会对抗，促进社会和谐。

否则，控辩协商、律师见证、犯罪嫌疑人具结等工作做了许多，耗费了巨大的司法成本和情感倾注，最后对协商的结果不当一回事，那么这种协商就失去了意义？司法的权威性也受到损伤。这种损害不仅是司法资源的损耗，由于检察机关是代表了国家，实际上也是损耗国家的信誉。

二是优化资源的供给配置。司法资源是有限的，但是实现司法公正，任何国家都必须为司法资源提供有效供给，在供给能力有限的情况下，怎么样最优最佳配置司法资源显得尤其重要。当前，为了节约司法资源，各国都通过诉讼程序的分类，对不同案件进行繁简分流、难易分流。

实行"繁案精审、简案快办"，把优质司法资源集中到处理疑难、复杂案件上来。检察官出庭公诉时，主要任务不再是指控、证明犯罪、反驳无罪辩解，而是向法庭证明被告人认罪认罚的自愿性，具结书内容的真实性、合法性。法庭的任务也实现了有效的繁简分流，对于80%认罪认罚的案件，主要对被告人认罪的自愿性、真实性、明智性、合法性以及检察官的量刑建议进行司法审查，而对于20%不认罪的案件，对新型、疑难、复杂案件，则可以集中审判资源、精力、智慧进行细密审查。

三是更好达到预防犯罪效果。著名刑法学家贝卡利亚在名著《论犯罪与刑罚》中，写道："刑罚的目的既不是要摧残折磨一个感知者，也不是要消除业已犯下的罪行，难道一个堕落者的惨叫，可以从不可逆转的时间中赎回已经完成的行为吗？刑罚的目的仅仅在于，阻止罪犯重新侵害公民，并规诫其他人不要重蹈覆辙。"古人也讲"夫迷途知反，往哲是与；不远而复，先典攸高"。意思是走错了路而知道回头，古代的圣贤也会给予赞赏。

在刑事案件办理过程中，始终不能回避、必须面对的一个问题是，刑罚的目的是什么？一个怎么裁判既可以对被告人达到惩戒罪恶、预防犯罪，又可以让他接受处罚后较好地回归社会，不至于自暴自弃，与社会对抗？如果脑子里只有惩罚犯罪，没有预防犯罪、回归社会，一判了事，在社会上大量产生标注"前科人员"的标签的人，对于社会而言，未必是一件好事，一个人因为犯罪，付出了名誉毁损、自由受限、财产尽失的代价，终身背前科，还可能影响子女前景等。

这种前科影响产生的后果，最典型的就是醉驾，作为一种抽象危险犯，大部分人只是具有触发某种危险的可能性，并没有真正发生危险，但根据"罪刑法定"的原则，就是切切实实地触犯了法律，应当受刑法处罚。在刑法上，醉驾者虽然受到的刑事处罚相对而言，是最轻微的，但毕竟是触犯了最严重的"刑罚"，就算是最轻的，也是最重的里面的最轻的。所以，无论罪责情况如何，对于前科人员的很多不利后果，都得全盘接受。

在整个国家治理体系中，刑事诉讼制度只是其中的一个方面，认罪认罚从宽制度也只是刑事诉讼制度中的一个小而新的方面，放在整个刑事诉讼制度和国家治理体系中，认罪认罚从宽制度可以说是微乎其微。但"一粒沙子可以折射太阳的光辉"，认罪认罚从宽制度在融通疏解刑事诉讼过程、助力国家治理体系现代化中，其功效、作用不可忽视，也不容忽视，其成果本身就属于国家治理现代化。

在奔向国家治理体系和治理能力现代化滔滔大流中，任何一朵浪花的激起，都属于洪流过程中的自然现象，不足惊奇、不足畏惧，这也符合一个新鲜制度出产、发展、完善、壮大的过程和规律，只有在坚持中完善，在完善中坚持，最终必然走向胜利！

第三十篇　入户盗窃转化抢劫的实践探讨

一、基本案情

2013 年某日夜间，甲在一村庄内，趁无人之机，打开窗户、撕破门窗，进入乙出租给丙住宿的平房内盗窃，行窃过程被正在附近溜达的乙发现，乙从窗户外边问甲在这里干什么的，甲没说话，乙让甲先别出来，之后，甲听到乙打电话说抓小偷，赶快来人，甲害怕被抓住后要挨揍，于是就要从窗户上跳出来逃跑，乙就在附近捡了一把铁锹，堵在窗户口，并用手里的铁锹吓唬甲，不让甲从窗户跳出来，于是甲就从乙手中抢夺铁锹，当乙把铁锹往窗户里面捅的时候，甲拽住铁锹头，用力向前一推，然后顺势从窗户上跳了下来，之后拼命往外跑。乙在后面追，跑出一百米远，乙追上甲，之后按住甲，并使劲用拳头殴打甲，嘴里喊着"打死你、打死你"，甲被乙殴打后，甲翻转身，抓起乙身边的铁锹打乙，造成乙轻伤。甲后被赶来的群众抓获。经价格认定中心鉴定，被盗物品价值 35 元。

二、分歧意见

第一种意见认为：甲的行为转化为抢劫罪。由于甲在盗窃过程中，被乙发现，为抗拒抓捕，当场使用暴力对乙进行殴打，由于甲的暴力行为发生在户外，所以转化为普通抢劫，不认定为"入户抢劫"。

第二种意见认为：甲的行为转化为抢劫罪。由于甲入户盗窃过程中，被乙发现，为抗拒抓捕，当场使用暴力对乙进行殴打，甲的暴力行为从户内一直持续到户外，从其在户内就开始使用暴力，也就转化为抢劫，应当认定为"入户抢劫"。

第三种意见认为：甲的行为不转化为抢劫罪，只能认定为故意伤害罪。虽然甲入户盗窃过程中，被乙当场发现，为抗拒抓捕，甲对乙使用了暴力，但是在户内的行为不属于暴力，故不能转化，在户外的暴力行为不是为了抗拒抓捕、窝藏赃物、毁灭罪证而实施，只是为了制服乙的殴打行为，不符合转化抢劫的主观条件，故不能转化为抢劫罪，由于甲盗窃的数额太小，达不到"数额较大"的规定，也不构成盗窃罪，因而只能认定甲构成故意伤害罪。

三、评析意见

《中华人民共和国刑法》第 269 条规定："犯盗窃、诈骗、抢夺罪，为窝藏赃物、抗拒抓捕或者毁灭罪证而当场使用暴力或者以暴力相威胁的，依照本法第263 条的规定定罪处罚。"刑法理论界称之为转化型抢劫罪，又称准抢劫罪，一般认为，转化型抢劫虽不完全具备刑法第 263 条的规定，但实质上与之相当，因而法律规定是同罪同罚。从法律规定可以看出，适用第 269 条认定准抢劫罪，需要符合三个条件：1. 行为人必须是先"犯盗窃、诈骗、抢夺罪"，这是向抢劫转化的前提条件；2. 当场使用暴力或以暴力相威胁，这是向抢劫罪转化的客观条件；3. 当场实施暴力或暴力相威胁，目的是窝藏赃物、抗拒抓捕或毁灭罪证，这是向抢劫罪转化的主观条件。具体在本案中，甲的行为怎么定性呢？

（一）作为向抢劫转化的前提条件，是否要求"数额较大"，构成盗窃、诈骗、抢夺罪

抢劫是司法实践中多发性的财产犯罪，转化抢劫罪是抢劫罪中的一种特殊形式。实践中，案情的多样性，使得我们必须准确把握转化抢劫的立法意图、适用条件和适用的具体问题的处理。

关于转化抢劫罪，是否要求其盗窃、诈骗、抢夺等行为必须达到"数额较大"的定罪程度。对此有不同的意见，第一种观点认为，必须达到定上述三罪的

标准，即非法占有财物"数额较大"，因为刑法规定的犯盗窃、诈骗、抢夺不是数额较大，属于一般的违法行为，当然不具备转化的前提条件。第二种观点认为，虽然财物的数额不是较大，但是暴力行为严重，甚至造成严重后果的，应认为具备了转化的条件，但是如果先实行小偷小摸行为，不能转化为抢劫罪，其暴力行为致人伤害的定故意伤害罪，杀人的定故意杀人罪。第三种观点认为，只要先实施盗窃、诈骗、抢夺行为，综合全案不属于"情节显著轻微危害不大的"，无论财产数额大小，既遂或者未遂，都可转化为抢劫罪。

本案中，虽然甲盗窃的数额仅仅35元，没有达到盗窃罪规定的"数额较大"的标准。但是根据最高人民法院《关于审理抢劫案件具体应用法律若干问题的解释》第5条规定：行为人实施盗窃、诈骗、抢夺行为，未达到"数额较大"，为窝藏赃物、抗拒抓捕或者毁灭罪证当场使用暴力或者以暴力相威胁，情节较轻、危害不大的，一般不以犯罪论处；但具有下列情节之一的，可依照刑法第269条的规定，以抢劫罪定罪处罚。（1）盗窃、诈骗、抢夺接近"数额较大"标准的；（2）入户或在公共交通工具上盗窃、诈骗、抢夺后在户外或交通工具外实施上述行为的；（3）使用暴力致人轻微伤以上后果的；（4）使用凶器或以凶器相威胁的；（5）具有其他严重情节的。

本案中，甲进入丙租住的平房内，实施盗窃行为，虽然盗窃的数额没有达到"数额较大"，明显也不属于"接近数额较大"，但是甲实施的是"入户"盗窃，符合第五条规定的2项的规定，因而，虽然没有达到"数额较大"，盗窃行为不构成犯罪，但是依然具备向抢劫罪转化的前提条件。

（二）是否属于"户内"当场使用暴力或者暴力相威胁

1. 是否属于"当场"。如何理解"当场"，对于认定是否转化为抢劫罪，至关重要。一种意见认为："当场"是指窝藏赃物、抗拒抓捕、毁灭证据的当场。另一种意见认为："当场"理解为从盗窃、诈骗、抢夺行为发生到窝藏赃物、抗拒抓捕、毁灭罪证之间的整个时间段。我们可以想象，这个时间段因被告人行为的不同而有各种不同的可能性，有的罪犯实施犯罪行为后立即有窝藏、赃物抗拒抓捕、毁灭罪证的行为，有的罪犯则可能在实施犯罪行为后的若干不特定的时间段内方有窝藏、赃物抗拒抓捕、毁灭罪证的行为，简单地说，这个时间段可能是几分钟，也可能是几十年，差别非常大。目前，通说一般指实施盗窃、诈骗、抢夺行为的现场，以及行为人刚一离开现场就被人及时发觉而立即被追捕的场所。①"当场"是指行为人实施盗窃、诈骗、抢夺的行为的现场以及被人抓捕的整个过程与现场，行为人实施盗窃等行为后，离开现场的时间短暂而被警察、被害人等发现的，也应认定为当场，但是，实施盗窃等行为后，离开现场一定距离，基于其他原因偶然被警察或者被害人等发现的，不宜认定为"当场"。②所谓当场，是指犯罪分子实施盗窃、诈骗、抢夺罪的现场或者虽然离开了现场，但还处在被追捕的过程中，如果作案后，在其他时间和地点实施了暴力或以暴力相威胁，则不应按刑法第269条处理。③

在本案之中，从甲在盗窃过程中被乙发现直至甲跳窗逃跑并被乙追至100米外，并被乙抓获。在整个过程，甲都处于被抓捕的状态下，而且从未离开过乙的视线、也未发生任何中断。因而可以认定为甲的行为皆系当场实施。

2. 两次行为是否都属于暴力。暴力，通常是指具有公然性、攻击性、强制性的行动，包括对人的暴力和对物的暴力。抢劫罪的暴力，一般是指对被害人身体实施的强烈打击或者强制（如捆绑），实施暴力的目的，是为了排除或者压制被害人的反抗，迫使其交出财物，或者当场夺走其财物。④抢劫罪的暴力，是指犯罪分子对被害人身体实行的打击强制手段，如殴打、捆绑、禁闭、伤害等，由于行为人使用暴力的目的是排除被害人的反抗以劫取财物，所以暴力的程度一般不影响抢劫罪的成立，具体而言，对暴力可以从四个方面来理解：1. 暴力必须是在取得财物的当场实施，如果不是当场实施暴力而夺取财物，而是以将来要对之实施暴力相威胁，而迫使对方限期交出财物，不构成抢劫罪。2. 暴力必须是针对被害人的身体而采取的打击或者强制，暴力方法有多种表现形式，但暴力的作用对象必须是针对人身。暴力不要求必须达到危及人身健康、生命或者使被害人不能抗拒的程度，只要达到使被害人恐惧、反抗能力受到一定程度的抑制即可。3. 暴力是向财物持有人为之，暴力作为一种常见的抢劫方法，通常是指向财物持有人，意在抢走财物，如果是对财物持有人同行的第三者实施暴力，应视

① 参见高铭暄主编：《中国刑法学》，中国人民大学出版社1998年版，第509页。
② 张明楷著：《刑法学》，法律出版社2011年版，第856页。
③ 参见赵秉志主编：《刑法新教程》，中国人民大学出版社2012年版，第490页。
④ 参见王作富主编：《刑法分则实务研究》，中国方正出版社2009年版，第1126页。

为胁迫。4.暴力是犯罪分子有意识实施的，也就是说，犯罪分子自觉、积极地利用暴力手段为排除被害人反抗并抢走财物制造条件。①

就本案而言，甲一共实施了两次行为，第一次是甲被发现后，当乙把铁锹往窗户里面捅的时候，甲和乙抢铁锹并拽住铁锹头，用力一推，然后顺势从窗户上跳了下来。第二次是乙追甲，之后按住甲，并使劲用拳头殴打甲，嘴里喊着"打死你、打死你"，甲被乙殴打后，甲翻转身，抓起乙身边的铁锹打乙，并造成乙轻伤。对于这两次行为，第二次行为属于暴力的争议不大，甲抢过铁锹并持铁锹对乙的头部进行殴打，并将头部砍至轻伤。其行为是在取得财物的当场实施并针对被害人的身体而实施，并且是有意识而实施，最终把乙的头部砍成轻伤。而第一次行为是否属于暴力，存在一定争议，笔者以为，甲在盗窃过程中，被发现后，准备跳窗逃离现场，当乙把铁锹往窗户里面捅的时候，甲和乙抢铁锹并拽住铁锹头，用力一推，虽然是当场实施，但是其针对的是铁锹而不是被害人的身体，主要是排除了铁锹的阻挡，方便逃离。其主观目的不在于排除或者压制被害人的反抗，而在于逃离现场，因而，第一次的行为不属于暴力。

3.暴力行为是否发生在户内。对于"户"的理解，有几种不同的观点，（1）"户"指居民住宅（包括住宅和宅院），不包括其他场所。②（2）"户"指固定住所，即以此为家的场所，如私宅及学生宿舍等，但不包括宾馆房间及值班宿舍等临时居住场所。③（3）"户"指人长期或固定生活、起居或者栖息的场所，包括私人住宅以及宾馆房间、固定值班人员的宿舍等场所。④（4）"户"指私人住宅，以及其他供人们生活、学习的建筑物，例如，国家机关、企事业单位、人民团体、社会团体的办公场所、公众生产、生活的封闭性场所。⑤从上不难看出，对于"户"的理解范围相差很大，按照第一种观点，入户仅指进入私人住宅，而按第四种观点，不仅进入私人住宅，而且进入办公室、教室、浴室、餐厅、歌厅、车间等封闭性建筑物抢劫的，都是入户抢劫，明显范围过大。

最高人民法院《关于审理抢劫案件具体应用法律若干问题的解释》第一条规

---

① 参见赵秉志主编：《刑法新教程》，中国人民大学出版社2012年版，第488~489页。
② 参见周道鸾、张军主编：《刑法罪名精释》，人民出版社1998年版，第547页。
③ 参见熊洪文：《再谈对抢劫罪加重情形的认定》，载《人民检察》1999年第7期。
④ 参见周振想、林维：《抢劫罪特别类型研究》，载《人民检察》1999年第1期。
⑤ 参见肖中华：《论抢劫罪适用的几个问题》，载《法律科学》1998年第5期。

定：认定"入户抢劫"时，应当注意以下三个问题：一是"户"的范围。"户"在这里是指住所，其特征表现为供他人家庭生活和与外界相对隔离两个方面，前者为功能特征，后者为场所特征。一般情况下，集体宿舍、旅店宾馆、临时搭建工棚等不应认定为"户"，但在特定情况下，如果确实具有上述两个特征的，也可以认定为"户"。二是"入户"目的的非法性。进入他人住所须以实施抢劫等犯罪为目的。抢劫行为虽然发生在户内，但行为人不以实施抢劫等犯罪为目的进入他人住所，而是在户内临时起意实施抢劫的，不属于"入户抢劫"。三是暴力或者暴力胁迫行为必须发生在户内。入户实施盗窃被发现，行为人为窝藏赃物、抗拒抓捕或者毁灭罪证而当场使用暴力或者以暴力相威胁的，如果暴力或者暴力胁迫行为发生在户内，可以认定为"入户抢劫"；如果发生在户外，不能认定为"入户抢劫"。根据词典解释，"户"指"人家"，即私人住宅之意，"户"与"室"是不同的概念，立法者规定"入户抢劫"而不规定"入室抢劫"，显然是取"户"的严格意义。应当具备供他人家庭生活和与外界相对隔离两个特征，缺一不可。

具体在本案中，甲进入的是乙出租给丙住宿的平房内盗窃，换句话而言，丙租住的是乙之前用于家庭居住的房屋的一间，丙租住的目的也是为了家庭居住，事实上也是供他和妻子在打工时长期居住，虽然春节假期回家了，但是依然不影响用于供家庭生活的目的，加之，丙在离开的时候，通过上锁、关窗等方式使之与外界隔离，如果甲不是通过打开窗户、撕破门窗的方式，是无法正常进入的。因而，丙租住的房屋属于刑法规范的"户"，甲一开始的行为当然地属于入户盗窃。

司法解释明确规定："如果暴力或者暴力胁迫行为发生在户内，可以认定为'入户抢劫'；如果发生在户外，不能认定为'入户抢劫'。"对于"入户"的认定上。司法实践中，有的审判员认为，第一次和第二次行为具有一种延续性，应当结合起来看待，不应当进行明显的切割。甲被发现后，一开始，采取推开铁锹的行为，就是为了抗拒抓捕，即便不是一种严格意义上的"暴力"，也属于一种"亚暴力"，之后一直处于逃离的状态，这种被追捕的状态一直未消失，之后采取了更为严重的暴力行为，所以，甲一开始实施的是入户盗窃，并在户内被发现，开始抗拒抓捕，没有出现任何中断，因而，这属于一种暴力的延伸。所以转化为入户抢劫。

暴力、胁迫行为与获取财物当场性的牵连构成抢劫罪的主要行为特征，该行为特征与其侵犯人身和财产权利双重客体共同显示了抢劫罪的社会危害性。这也是抢劫罪的本质特征，转化型抢劫应当具备与普通抢劫共同的本质特质，则不仅仅是在侵犯客体上应包括人身权利和财产权利，在行为特征上也应当具有暴力、胁迫行为与获取财产行为目的的牵连关系。① 入户盗窃是秘密潜入户内，在户主不察觉的情况下把财物占为己有，稍有惊动便落荒而逃，而入户抢劫大多具有事先预谋，做好周密的准备，为占有财物而不择手段，入户盗窃的人在被发现后而使用暴力和暴力相威胁手段，心理上往往是为了逃离，这与入户抢劫使用暴力、胁迫手段在心理上是有很大差异的。

根据刑法的规定，转化为普通抢劫，其法定刑为三年以上十年以下有期徒刑，并处罚金。入户抢劫则属于加重情节，其法定刑为十年以上有期徒刑、无期徒刑或者死刑，并处罚金或者没收财产。"入户抢劫"作为普通抢劫的加重情节之一，二者的法定刑幅度差别是很大的，说明其社会危险性的差距也是巨大的，严格地审查是否转化为"入户抢劫"显得十分重要，不能解释为是一种延伸，这明显存在扩大解释的嫌疑，即便是解释，对于由入室盗窃转化为入室抢劫的案件，也应当从更有利于嫌疑人的角度去解释，这样才能体现罪责刑相一致的原则。

（三）是否符合向抢劫转化的主观条件

根据刑法规定，当场实施暴力或以暴力相威胁、目的是窝藏赃物、抗拒抓捕或者毁灭罪证，这是转化为抢劫罪的主观条件。

窝藏赃物，是指保护已经取得的赃物不被恢复应有状态；抗拒抓捕，是指拒绝司法人员的拘留、逮捕和一般公民的扭送；毁灭罪证，是指毁灭、消灭其盗窃、诈骗、抢夺罪的证据，只要行为人实施暴力或者以暴力相威胁出于上述目的即可，目的是否实现，不影响事后抢劫罪的成立与既遂的认定，倘若行为人在实行盗窃、诈骗、抢夺过程中，尚未取得财物时被人发现，为了非法取得财物，而

---

① 参见熊劲松：《转化型抢劫的立法重构》，载《河海大学学报（哲学社会科学版）》2007 年第 9 卷第 1 期，第 27 页。

使用暴力或者以暴力相威胁的，应当直接认定为抢劫罪，不适用《刑法》第 269 条。①

对于行为人因实施盗窃、诈骗、抢夺被当场发现，并被一般公民当场抓获后，在公安干警到来之前，公民实施了殴打、辱骂等行为，行为人因为无法忍受被殴打、辱骂，而采取暴力或以暴力相威胁，笔者以为不符合转化为抢劫罪的主观条件，因而不能认定。

具体在本案中，乙追甲，之后按住甲，并使劲用拳头殴打甲，甲被乙殴打后，甲翻转身，抓起乙身边的铁锹打甲，造成乙轻伤。笔者以为虽然在这种情形下，甲的行为虽然符合在实施盗窃、诈骗、抢夺等行为后，当场实施暴力或者暴力相威胁，但是目的不是为窝藏赃物、抗拒抓捕或者毁灭罪证，而是因为被乙殴打、辱骂，无法忍受这种殴打、辱骂行为，而实施的暴力或者暴力相威胁，在甲的供述中，甲也提到，自己被乙控制住之后，乙不断地用拳头朝自己打去，并且嘴里喊着"打死你、打死你"的言语，所以为了制止乙的行为，才使用暴力将乙打伤，之后也没有抗拒抓捕、窝藏赃物、毁灭罪证的行为。因不符合转化的主观条件，根据罪刑法定的原则，故不能转化为抢劫罪。

在实践中，如何区分行为人的当时主观心理状态，以及区分的标准如何，属于一个值得注意的问题。笔者以为认定行为人实施暴力或者暴力相威胁时的主观心理状态，可以依托嫌疑人供述、被害人陈述和证人证言等言辞证据并结合以下几个方面综合判断：（1）犯罪的场所；（2）殴打的程度；（3）人员的多寡；（4）反抗的力度；（5）反抗后是否仍然具有窝藏赃物、抗拒抓捕、毁灭罪证的行为等。如果行为人供述自己被当场抓获后，因为公民的殴打无法忍受，而实施了暴力反击，仅仅在于制止这种行为，也确实在制止了之后，没有再行暴力行为，那么可以认定实施暴力的行为不符合转化抢劫的主观条件，依法不认定转化为抢劫罪。

（四）定罪分析

在整个案件事实中，甲除了之前实施的盗窃行为外，之后一共实施了两次行

---

① 参见张明楷著：《刑法学》，法律出版社 2011 年版，第 856~857 页。

为，第一次是甲被发现后，当乙把铁锹往窗户里面捅的时候，甲和乙抢铁锹并拽住铁锹头，用力一推，然后顺势从窗户上跳了下来。关于这次行为，笔者已经论述了，由于不属于刑法意义上的"暴力"，那么即便发生在"户内"，那么当然地不转化为抢劫罪。

第二次是乙追甲，追上之后按住甲，并使劲用拳头殴打甲，甲被乙殴打后，甲翻转身，抓起乙身边的铁锹打甲，造成乙轻伤。这次行为虽然是在甲犯盗窃之后当场实施的，也属于"暴力"行为，发生在"户外"、但是其使用暴力的主观目的不在于抗拒抓捕、窝藏赃物、毁灭罪证，而在于制止住乙的殴打行为，不符合向转化抢劫的主观条件，那么根据上述规定的精神，当然地也不能认定为转化为抢劫罪、更不会转化为入户抢劫。

在本案中，甲盗窃的数额虽然未达到"数额较大"的标准，不构成盗窃罪。但是甲的殴打行为，造成乙轻伤的后果，依法可以追究其故意伤害罪的刑事责任。如果甲盗窃的数额达到"数额较大"，那么甲依法构成盗窃罪和故意伤害罪，实行数罪并罚。

第三十一篇 "性贿赂"入罪的两种路径

随着反腐败力度的不断加大、腐败官员连续曝光,隐藏在官员背后的"权色交易"屡见媒体,如何认识、界定、打击、预防相关行为,能否入罪、怎么入罪,随之成为焦点话题。在对贪腐分子的审判过程中,如果不对"权色交易"的行为摆在法庭上公开审理,容易引起公众质疑,影响司法公信力。

一、"性贿赂"的概念及特点

"贿赂"在《汉代汉语词典》中一般指用财物收买或者是用来收买的财物,我国《刑法》第385条规定:"国家工作人员利用职务上的便利,索取他人财物的,或者非法收受他人财物,为他人谋取利益,是受贿罪。"第389条规定:"为谋取不正当利益,给予国家工作人员以财物的,是行贿罪。"可见,在我国的刑法规范中,贿赂一般泛指财物。《左传·昭公六年》曰:"乱狱滋丰,贿赂并行。"《北史·柳彧传》曰:"前在赵州暗于职务,政由群小,贿赂公行。"再者,从贿赂一词出现的时代可知,在生产力水平极度低下时,人们的首要需求是生存,因而贿赂也主要是满足生产、生活需要的财物。随着社会的不断发展,生产力水平的日益提高,行贿者行贿的方式、手段、媒介也花样百出、应有尽有,如为行贿对象提供商业秘密、内幕交易信息、制造商业机会、给行贿对象一定社会荣誉称号、为行贿对象提供性服务等,出现所谓的"雅贿""性贿"等。行贿者使用的手段不同,但是却达到了和财物行贿一样的效果。

"性贿赂"顾名思义,通常指国家工作人员接受、索取他人提供的性服务、性利益,为他人谋取利益的行为。与权财交易、权物交易不同,"性贿赂"是以权谋色、权色交易，一般而言，"性贿赂"具有以下几个特征：

（1）交易性。"性贿赂"的性行为是以交换一定利益为目的，具有一定功利性的，性是行贿者给出的交易砝码，为了得到受贿者可以提供的权力或者其他的利益，这种交易有可能是及时兑现的，也有可能是假以时日才能完成的。

（2）隐秘性。隐秘性是所有贿赂罪在手段上都具有的特征，而"性贿赂"较其他贿赂方式而言，其隐秘性更甚。"性贿赂"通常只有交易双方两个人在场，表现为一对一的外在特质。而且，性行为本身的私密性也使得当事人对此精心策划，审慎选择极其隐蔽的场所。

（3）自愿性。自愿性是指"性贿赂"的双方都是心知肚明，或存在事前协议，行贿方的性服务是为了换取一定的利益，受贿方接受行贿方的性服务是以自己可以利用手中权力为行贿者提供一定利益为回报。如果利用手中职权强迫他人提供性服务则不属于"性贿赂"。"性贿赂"的自愿性特征决定了"性贿赂"不可能出现索贿的情形。[①]

从"性贿赂"交易的方式看。一般分为两种：一种是"亲为式性贿赂"，也称"直接性贿赂"，其自愿性表现为单一性和直接性。"亲为式性贿赂"一般是指行贿者利用自身姿色，投怀送抱，自荐枕席，与受贿对象发生性行为，目的是谋求不法或不正当利益。"亲为式性贿赂"只涉及双方当事人，有时甚至知情人也仅此两人，一是行贿方，自愿提供性服务以满足受贿对象心理欲望或感情需要，既是行贿者又是"行贿物"，并以性服务为交易筹码让受贿对象利用自身职务便利为其谋求不正当利益，目的性明确。二是受贿对象，接受性服务并以提供一定利益作为回报。另外一种是"雇佣式性贿赂"，也称"非付费式间接性贿赂"。其自愿性表现为双重性和间接性，即行贿人和性提供者都是基于自愿。"雇佣式性贿赂"是指行贿者出资雇佣专门的卖淫人员为受贿对象提供性服务、为受贿对象包养固定的情人或者为其支付性服务的相关费用。显然"雇佣式性贿赂"涉及三方主体，其一是行贿者，也就是性服务的间接提供方，为了达到行贿目的，投受贿对象之所好，出资雇佣第三者为行贿对象提供性服务，目的是获取一定的不法或不正当利益回报，或以受贿对象接受性服务的事实相要挟，从中获取

---

① 参见康均心：《新问题还是老问题：性贿赂的入罪与出罪》，载《法治研究》2013年第2期，第25页。

利益。其二是性服务的直接提供者，只收取行贿方的一定物质利益，为受贿对象提供一定时间或一定次数的性服务，对于性服务的直接提供者来说，达到事前约定的物质回报，也如期付出性服务的时候就是交易结束的时候，性服务的直接提供者不是行贿、受贿双方的其他交易的相关人。最后就是受贿方—接受"性贿赂"，给出一定利益回报，知晓接受性服务是要以一定利益作为回报的，或是事前约定或是事后商量。①

二、"性贿赂"入罪的必要性和可行性

关于"性贿赂"入罪与出罪问题，一直以来存在争议。反对者认为"性贿赂"不宜入罪，主要是理由是"性贿赂"提法不科学、"性贿赂"入罪取证难、"性贿赂"入罪违反刑法谦抑性等。② 还有学者认为从法律观念上看，随着社会文明的进步发展，人类对性的问题是否需要纳入刑法领域通过刑事手段进行调节变得越来越谨慎。"性贿赂"之所以屡屡成功，在于权力得不到有效的制约和监控。而得不到制约和监控的权力必然自觉地要"寻租"和"寻色"，这事乃古今皆同中外相通，只是表现程度的强弱、花样翻新的手法不同而已。所以，真正需要预防和惩治的是利用职务之便的犯罪，而不是在于惩治"性"本身。加之"性贿赂"与通奸、性乱为等其他性违法行为具有性质上的相似性和关联性。所以"性贿赂"一旦入刑，那就得应当一罪俱罪。这实际上是刑法的一种倒退。③

对于"性贿赂"应否入罪，有必要看一个行为纳入刑法调整范围的标准是什么。美国刑法学家帕克教授在《刑事制裁的界限》中明确地提出了犯罪化的6项准则：（1）这种行为在大多数人看来，对社会的危害性是显著的，从社会的各重要部分来看是不能容忍的；（2）对这种行为科处刑罚符合刑罚的目的；（3）对这种行为进行控制不会导致禁止对社会有利的行为；（4）对这种行为能够进行公

---

① 参见康均心：《新问题还是老问题：性贿赂的入罪与出罪》，载《法治研究》2013年第2期，第25页。
② 参见康均心：《新问题还是老问题：性贿赂的入罪与出罪》，载《法治研究》2013年第2期，第26页。
③ 参见杨兴培：《性贿赂不宜入罪的三个理由》，载《检察日报》2008年8月14日，第三版。

平的、无差别的处理；（5）对这种行为进行刑事诉讼上的处理时，不产生质与量的负担；（6）对这种行为的处理不存在代替刑罚的适当方法。①

（1）"性贿赂"的社会危害性是巨大的。和普通的贿赂案件相比，"性贿赂"这种权色交易往往策划于密室，行事于床，处心积虑，手段隐蔽，不留痕迹，作用持久，它滋生腐败，导致权力变质，使国有资产大量流失，"性贿赂"有时要比一般的钱物更具有诱惑力和杀伤力。正因为如此，实施"性贿赂"成为一些人谋取利益的法宝，且屡试不爽，"性贿赂"已成为当前职务犯罪的新动向。"性贿赂"直接影响国家工作人员职务的廉洁性，极大地败坏社会风气，给国家机关形象造成恶劣影响。2004年12月25日，最高人民检察院副检察长赵登举明确表示："性贿赂也是犯罪，滋生腐败，导致国家权力变质，国有资产流失，未来修改《刑法》时应考虑把'性贿赂'纳入《刑法》。"② 另外，根据中国社会调查所2002年的一项专项调查显示，84.7%的公众认为应该增加"性贿赂罪"。③ 可见，将"性贿赂"予以刑事制裁也是广大民众的迫切愿望。近年来，所办案件显示，近90%的贪污腐败案件，都涉及到权色交易，可以说，"性贿赂"不断地挑战社会和公众忍耐极限，已经产生了巨大的社会危害性。

（2）"性贿赂"入罪符合刑法的目的。刑法的主要目的是预防犯罪，将"性贿赂"入罪能够达到遏制或者减少贿赂犯罪的效果。"性贿赂"颠覆的是全社会都遵守的党纪国法，一旦"性贿赂"成功就不仅仅是个体的利益受到伤害，而是一群人、一类人的利益受到伤害，这样巨大的社会危害是道德规范鞭长莫及的。有必要将这种具有严重社会危害性的行为纳入刑法规制的视野，并且纳入刑法规制，与刑法的谦抑性并不相矛盾。

（3）对"性贿赂"进行控制不会损害对社会有利的行为。虽然有学者认为，性是个人的隐私，法律不应该加以调整，然而隐私权的界定在于公民自己的不会危及他人或社会利益的一些信息或行为，"性贿赂"中的性已经突破隐私权的保护网，成为可以和权力交易的筹码，是商品化了的性行为，已经不仅仅只有自然

---

① 参见 Herbert L. Packer, The Limits of the Criminal Sanction, Stanford University Press, 1968, p. 296。

② 参见邵道生：《法律当向色贿"问斩"》，载《法制日报》2002年11月18日。

③ 参见凡启新：《对受贿行为对象的再思考》，转引自中国法律教育网2013年2月12日。

属性,在某种程度上可以说"性贿赂"中的性已经变成了一种具有社会属性的交换物。这种性行为严重颠覆了人们的道德观念。对这种行为的有效规则,不仅不会损坏对社会有利的行为,而且有利于对潜伏在这种行为背后的危害行为可以进行有效打击。

(4)"性贿赂"入罪符合国际潮流。第58届联合国大会通过了《联合国反腐败公约》,该公约第十五条、第十六条将贿赂罪的对象规定为"好处",这自然包括非物质利益,"性贿赂"亦当然在其范围之内。《联合国打击跨国有组织犯罪公约》第八条第一款规定,行贿罪是指"直接或间接向公职人员许诺、提议给予或给予该公职人员或其他人员或实体不应有的好处,以使公职人员在执行公务时作为或不作为"。受贿罪则是指"公职人员为其本人或其他人员或实体直接或间接索取或接受不应有的好处,以作为其在执行公务时作为或不作为的条件"。可见,其规定的"贿赂"不仅包括财物、财产性利益,也包括非财产性利益,性服务作为一种非财产性利益当然也包含在其中。我国政府已分别于2000年12月12日和2003年12月10日签署了上述两个公约。在国内法规范上及时与之对接,符合当前反腐败国际合作的趋势,也有利于进一步打击腐败犯罪。

(5)必须纳入刑法规范加以严厉惩治。刑法的谦抑性和经济性要求我们考察刑法以外的方法能否规制"性贿赂"行为,犯罪化只能是最后的不得已的选择。以往我们的做法是以"性贿赂"入罪内涵不确定、缺乏可操作性、定罪量刑都有困难为由,而将其纳入党政纪律的规制范围之内。不可否认,对"性贿赂"予以党政纪律处置,有其历史的意义。然而,党纪管辖的狭窄和处罚力度上的弱小,决定了以党纪规制"性贿赂"行为是不对等的。特别是经济社会不断发展、娱乐服务业的发展,人们性观念的不断开放等,这种违法乱纪行为呈现大量涌现之势,必须科以最严厉的刑罚处罚才能震慑犯罪分子。

三、"性贿赂"入罪的路径

对于"性贿赂",笔者以为不能简单地就这种具有严重社会危害性的行为讨论入罪或者出罪,而要根据这种危害行为的特点,具体问题具体分析,对症下药。由于"性贿赂"主要表现出两种方式，一种是"亲为式性贿赂"，一种是"雇佣式性贿赂"，二者的社会危害性、实施者的主观恶性、侵犯的法益、社会影响等都有所不同。加之，一旦入罪，作为刑法上的一个罪名，这不仅给人看，起警示作用，还得具体运用，要是不能运用合理有效，那么打击的效果自然打折扣。

（1）"亲为式性贿赂"的入罪方式。就受贿者而言，可以考虑渎职罪来惩罚。渎职罪是指国家机关工作人员滥用职权、玩忽职守，破坏国家公务的正当性和有效性，致使公共财产或者国家和人民的利益遭受重大损失的行为。该罪的客观方面表现为滥用职权、玩忽职守等犯罪，在渎职犯罪中，大多数都规定了"徇私舞弊""徇私""徇情"情节，只要国家机关工作人员存在滥用职权的行为，或不公正不客观履行职务，或故意不履行职务，并且国家机关工作人员与请托人本人或者其提供的性服务者有不正常的性关系，就可以推定国家工作人员符合"徇私舞弊""徇私""徇情"的客观表现方式，并就此作进一步侦查，虽然"性贿赂"者双方的性行为私密性很大，不利于侦查，但是对于二者之间的关系，在这个过程中是否具有"徇私舞弊""徇私""徇情"情节，在当前职务犯罪侦查已经进入一个较高的水平后，未必多难。当然对于某些不需要以"徇私舞弊""徇私""徇情"作为犯罪构成要件的渎职犯罪，"性贿赂"可以考虑作量刑时的从重情节。

对于行贿者，由于性行贿者与性受贿者容易形成一种情妇或情夫关系，性行贿者极易养成利用性受贿者即国家工作人员的职权的便利条件为请托人谋取不正当利益，索取或收受财物的恶习。对于性受贿者与性行贿者存在共谋，由性行贿者接受请托人的财物并为他人谋取不正当利益的，则可以根据现行刑法对贿赂犯罪的相关规定进行处罚，如《最高人民法院、最高人民检察院关于办理受贿刑事案件适用法律若干问题的意见》第七条规定："国家工作人员利用职务上的便利为请托人谋取利益，授意请托人以本意见所列形式，将有关财物给予特定关系人的，以受贿论处。特定关系人与国家工作人员通谋，共同实施前款行为的，对特定关系人以受贿罪的共犯论处。特定关系人以外的其他人与国家工作人员通谋，由国家工作人员利用职务上的便利为请托人谋取利益，收受请托人财物后双方共同占有的，以受贿罪的共犯论处。"第十一条规定："本意见所称'特定关系人',是指与国家工作人员有近亲属、情妇（夫）以及其他共同利益关系的人。"① 虽然该《意见》对于性行贿者单独利用其与性受贿者的特定关系收取请托人的财物并为之谋取不正当利益而国家工作人员并不知情的情形没有规定，但是根据《刑法修正案（七）》，对于性行贿者利用性受贿者职权的便利条件为请托人谋取不正当利益并索取或收受其财物的行为，可以以利用影响力受贿罪处罚。

在处理"亲为式性贿赂"犯罪时，有必要处理好以下几个问题：（1）道德问题。有些不具备正当夫妻关系的人之间的性行为，二者之间可能是早就存在的情妇与情夫的关系，虽然二者有不正当的性行为，但是并不涉及不正当利益，只是满足双方心理和生理的需要，也没有因此而滥用职权或徇私枉法等，那么这仅仅是个道德问题，只适用党纪处理处理，进行道德谴责。（2）性侵害问题。"性贿赂"的一个显著特征是自愿性，一旦违背自愿性可能就涉及其他的性侵害犯罪，如：强奸罪、强制猥亵妇女罪等，在处理相关案件时，有必要具体分析、仔细侦查。对于有些性行为的发生可能并非"郎有情、妾有意"，而且其中一方利用职权、影响力所行的"潜规则"甚至采取了违背妇女意志，采取暴力、胁迫或者其他手段强迫发生性关系，另外一方迫于自身的境况或者羞耻心不敢揭露。这种行为可能不仅涉及到职务犯罪，相关部门应当对其涉嫌的其他刑事犯罪进行侦查，予以严惩。

（2）"雇佣式性贿赂"的入罪方式。司法实践中"性贿赂"大多体现的是行贿人支付钱款雇佣他人提供性服务，以便受托人在权力运作过程中为其谋取利益。在"金钱—'性贿赂'—谋取利益"的整个行为流程内部，权钱交易的本质完全没有变化。行贿人付出的是金钱，得到的是受托人通过职务行为赋予的交易机会；受贿人付出的是利用职务便利后的帮助行为，得到的是请托人提供的以一定金钱为代价的性服务。对于请托人代替受托人支付性服务、包养情妇（情夫）费用的，更是属于直接权钱交易的典型贿赂。应当以受贿罪定罪处罚，受贿的数额则以行贿者为此支付的金钱计算。透过"性贿赂"的表面现象来看其实质，可见"性贿赂"并非单纯的生物学意义上的男女关系问题，而是贯穿或体现

---

① 参见王东明：《性贿赂的刑事司法对策》，载《社科纵横》2012年3月，总第27卷第3期。

着"权色交易"的本质属性。行贿者是以"性"作为贿赂而换取受贿者的"权",即由"性贿赂"的表面现象反映出来的则是"性"与"权"的交易属性。如浙江省丽水市景宁县人民法院审理的一起案件,被告人温某系丽水市城市建设发展有限公司副总经理,在结识包工头丁某后,由其带领先后到杭州、厦门、温州和丽水等地嫖娼,费用均由丁某支付。起初,丁某将嫖娼费预先支付给卖淫者,计20次1.2万元。后来,丁某为温某找来卖淫者后,将钱放在温某所住宾馆房间的枕头下,让温某自行支付给卖淫者,计13次9500元。为此,温某为丁某争取了数个工程项目,使丁某获取巨额利润。景宁县人民检察院在审查起诉时认为,起初的1.2万元,给付对象为卖淫者,不属温某所获贿赂;后来放在温某枕头下的9500元,给付对象为温某,应当计入受贿数额。景宁县人民法院也赞同这种观点,认定温某对其中9500元嫖资构成受贿罪。事实上,这两笔钱的给付对象虽然不同,但是本质上都是属于"雇佣式性贿赂"的款项,都是用于支付嫖资,造成的损坏后果是一致的,笔者以为温某的受贿数额应当是2.15万元。

有观点认为"性贿赂"入罪取证困难,因为"性贿赂"的隐秘性决定了"性贿赂"入罪取证存在困难,取证的着眼点、切入点较少,通常而言,犯罪的证据搜集有以下几个方面:嫌疑人供述、证人证言、物证、书证、勘验检查笔录、鉴定结论、视听资料、电子证据等,一般的犯罪都可以从这些方面搜集证据,但是对于"性贿赂"犯罪来说,物证、书证、勘验检查笔录、鉴定结论、视听资料等都难以取得,甚至有的根本就不存在。"性贿赂"的当事双方进行性行为是自愿的,且都不想为外界所知,性行为的场所通常是精心挑选,极具隐蔽性,现场也会在性行为结束后处理干净,做到不留痕迹,所以,在"性贿赂"案件中就很少能得到犯罪现场的相关证据,除了当事人的供述难以有其他证据支持,不能形成证据链,造成"孤证"难以证明的局面,倘若将"性贿赂"入罪只会导致付出大量司法资源而收效甚微。当"性贿赂"的性行为不能得到证实的时候,就不能按照"性贿赂"定罪。因此,"性贿赂"的取证困难会导致"性贿赂"入罪的意义不大。① 事实上,对于"雇佣式性贿赂"而言,其取证的难度相

---

① 参见康均心:《新问题还是老问题:性贿赂的入罪与出罪》,载《法治研究》2013年第2期,第26页。

对是要小的，而且作为一种严重危害社会、影响公务行为廉洁性的行为，绝对不能因为一时的取证困难而放弃对这种行为的打击。

对"雇佣式性贿赂"进行打击时，有必要厘清几个问题：（1）贿赂的认定。由于我国对于贿赂的界定采取"财物说"，即认为贿赂仅指金钱和可以用金钱计算的财物。其主要理由是从立法沿革的角度说，我国的刑事立法自古以来都将贿赂视为财物；从语义学上分析，贿赂一词就是指用来买通别人的财物；对贿赂犯罪的处理，采取计赃论罪的原则，如果不是财物，就难以计赃，也就难以定罪。对于受贿者而言，他并没有得到实际的财物，而只是享受了免费的性服务，如果苟以刑罚处罚的话，则可能违背罪刑法定原则。事实上，对于贿赂的界定，法学界普遍的共识是：贿赂必须是一种利益，即必须是能够满足人的欲望或者需要的利益，如果不是一种利益就不可成为贿赂。① 我国的刑法虽然没有明确采取上述解释，但是从近年来的司法解释和刑法修正案可以看出，我国的刑法正在与国际上相关规定接轨。（2）是否只是个道德问题。有人认为，无论是性行贿者还是性受贿者，这只是一个道德问题，适用党纪处罚就可以了，也可以依据公安部《卖淫嫖娼管理办法》和《治安管理处罚法》给予行政处罚。博登海默指出："法律和道德代表着不同的规范性命令，然而它们控制的领域都在部分上是重叠的。从另一角度来看，道德中有些领域是位于法律管辖范围之外的，而法律中有些部分在很大程度上是不受道德判断影响的。但是，实质性的法律规范制度仍然是存在的，其目的就在于强化和使人们对一个健全的社会所必不可少的道德规则的遵守。"② 当某种行为具有严重的社会危害性、扰乱社会公共秩序时，我们再僵化保守，对它视而不见，势必会放纵犯罪的发生。目前，我国腐败犯罪中，90%与女色有关，这绝不仅仅只是一个道德问题，而是一个迫在眉睫需要解决的法律问题。

四、结语

自古以来，以"性贿赂"而导致国破家亡、冤假错案的事例屡见不鲜。改革

---

① 林山田：《刑法各罪论》，北京大学出版社1995年版，第53页。

② 博登海默：《法理学·法哲学与法律方法》，邓正来译，中国政法大学出版社1999年版，第379页。

开放后，绝大多数查处的贪腐案件都与女色相关。① "性贿赂"是随着生产力的发展而产生并不断发展的，对"性贿赂"的打击和预防也应当随着生产力的不断发展而与时俱进。以笔者所见，鉴于目前"性贿赂"给社会所带来的严重危害性，将其纳入刑法而予以治罪，这是完全有必要的明智立法之举，从目前刑法的相关规定和解释，也是完全可以用刑法对相关人科以刑罚处罚的。当然，徒法不足以自行，对这种具有严重社会危害性的行为，还有必要通过社会舆论谴责、党纪政纪约束、行政处罚等非刑罚的手段来减少和预防。同时加强各种监督措施，完善各项制度，通过多渠道、全方面的监管，才能确实减少和预防"性贿赂"的发生。

---

① 如：胡长清、宋晨光、陈良宇、陈同海案等都与女色有关。

第三十二篇　司法办案中侮辱国旗罪疑难问题研究

五星红旗是中华人民共和国的象征和标志，每个公民和组织，都应当尊重和爱护国旗。《刑法》第 299 条和《国旗法》第 23 条都规定了在公共场所，故意以焚烧、毁损、涂划、玷污、践踏等方式侮辱中华人民共和国国旗的，应当依法追究刑事责任。实践中，发生的侮辱国旗案件数量虽然不多，但是行为方式多种多样，罪与非罪边缘类案件较多。在生活中，各种不规范使用国旗的方式也大量存在，准确把握该罪的行为目的、场合要素、方式手段、危害程度等，区别好侮辱国旗和不当使用国旗等，不仅有利于更好地打击犯罪，更能切实维护国旗尊严。

一、准确理解侮辱国旗罪保护的法益

我国《刑法》第 299 条集中规定了刑法保护的国家符号类型，在 1997 年《刑法》规定保护国旗、国徽的基础上，2017 年《刑法修正案（十）》增加了对国歌的刑法保护，2021 年《刑法修正案（十一）》又增加了对英雄烈士名誉、荣誉的保护，拓展了刑法对国家符号的保护。国家符号具有符号化的象征功能，关联着国家的运行条件，国家运行条件是个人自由及发展不可或缺的制度条件，是刑法保护的集体法益。[①] 五星红旗是中华人民共和国的象征和标志，是国家的主要标志性符号。任何国家要发挥其保障自由和秩序的功能，就必须具有保障国家制度功能实现的基本运行条件，否则，当国家运行条件受到侵害，就会导致国

---

① 参见高巍：《国家符号的刑法保护》，载《中国法学》2022 年第 1 期。

家无法正常发挥功能，无法有效保护个体的自由和安全。

（一）国旗的保护在于其象征意义、社会意义

国家符号可表现为图案，也可表现为文字，还可表现为人物形象等形式，图案、文字、人物形象都具有经验事实的基础。以国旗为例，布料、颜料为其经验事实，但是布料和颜料只是国旗的质料，布料和颜料根据某种特定比例的形式化结构和意义赋予，才使国旗的质料根据特定形式成为国家符号。因此，国家符号的意义来源并不在于其质料，而在于其形式和意义，正是通过形式化的形塑，才使平淡无奇的质料具有了社会意义、象征意义，成为社会事实。①

我国刑法规定的侵害国家符号的犯罪，其保护的法益都不聚焦于国家符号所可能关联的个体利益，如特定个体人身利益或者财产利益，而是国家符号所表征的国家运行条件。换言之，在侵害国家符号的犯罪中，即使存在特定个体的人身利益或财产利益受损，也属于其他法律部门或其他犯罪构成要件的领域，不应当在侵害国家符号犯罪的禁止规范中予以评价。比如，在公共场所对他人所有的国旗进行损毁，可能符合侮辱国旗罪的犯罪构成，也侵犯了国旗所有人的财产所有权，后者可以根据侵害财产的情节纳入民法、行政法的规制。如果造成大量国旗受损，符合故意毁坏财物罪的构成，应该将该行为作为侮辱国旗罪与故意毁坏财物罪的想象竞合犯处理。

（二）设置禁止性规范在于保障国家存续功能发挥

刑事立法者设置禁止性规范，对特定国家符号进行保护，并不着眼于国家符号的物理属性或者美学价值，而在于保护国家符号所关联的维持国家存续和功能发挥的运行条件，该运行条件是一种集体法益。尽管国家的任务在于保护公民自由，但国家任务的实现也依赖于国家自身的存续和运作能力，这种存续和运作能力就体现为功能性条件或架构。换言之，国家符号作为承载国家运行条件的社会事实，有利于促进社会公众的国家认同。②

---

① 参见高巍:《国家符号的刑法保护》，载《中国法学》2022年第1期。
② 参加钟宏彬:《法益理论的宪法基础》，台湾元照出版有限公司2012年版，第287页。

除了刑法保护外，我国的法律体系对诸如国旗等国家符号，规定了多元的保护规则。如行政法、民法等，各自都居于不同的规范目的，确定了不同部门法的保护范围。刑法是最严厉的手段，也是最后的手段，当行政、民事或者其他法律手段，足以进行有效保护时，刑法就不应当介入对该种法益的保护。如《国旗法》对侮辱国旗的，明确规定了刑事处罚和行政处罚两种方式，其中对于情节较轻的，由公安机关处以十五日以下拘留。

国家符号承载着民族国家的集体意向和集体情感，形塑了国家和共同体的基本架构，国家符号的刑法保护，并非外在的纯粹价值对个体行为的强化，而是内在于共同体和国家之中的集体意向和确认。这种集体意向和刑法规制相互约束、相互补充，形成了国家运行条件这种集体法益和轮廓和边界。①

（三）国旗的刑法保护是国际惯例、普遍做法

用刑法手段惩罚各种侮辱、破坏国家象征物和标志物的行为，是各国刑事立法的国际惯例、普遍做法。例如，《德意志联邦共和国刑法》第 90 条规定："公然侮辱或者恶意轻蔑、毁坏德意志联邦或其一邦之代表色彩、旗帜、徽章或国歌、邦歌者，对公开悬挂的德意志联邦共和国或其一邦之旗帜或由官署公设之德意志共和国或其一邦之国权表章，加以除去、破损、毁损或者使其不堪使用、不能识别或加以侮辱之不当行当者，处三年以下自由刑或并科罚金。"除此之外，《瑞士刑法典》第 270 条也规定："恶意除去、毁坏或者侮辱官署设置之瑞士主权标志，尤其是联邦或者各邦之徽章、旗帜者，处轻惩罚或罚金。"《意大利刑法典》第 292 条侮辱国旗国徽罪规定："侮辱国旗或其他国徽者，处一年以上三年以下徒刑。"并且规定退役军人犯此罪，得加重处罚。

维护国旗的尊严，就是维护国家的尊严，是每一个公民的神圣职责，运用法律武器，预防和打击各类侮辱国旗的行为，是维护国旗尊严的必要手段。

二、客观判断侮辱国旗罪的行为方式

侮辱国旗罪属于行为犯，放置在妨害社会管理秩序这一章节，在刑法第 299

---

① 参见高巍：《国家符号的刑法保护》，载《中国法学》2022 年第 1 期。

条中，明确规定了焚烧、毁损、涂划、玷污、践踏等 5 种行为方式。司法实践中，侮辱国旗罪案件数量并不多，经统计，某省 2020 年 1 月—2022 年 6 月，全省共发生起诉侮辱国旗罪 7 件 7 人。全国其他省市也有一些公开的案例，综合分析有关案件事实、行为方式，该罪的犯罪手段主要表现为以下几种方式。

（一）故意焚烧以达到侮辱目的

焚烧是指使国旗燃烧的行为，一般是指用火烧毁、烧掉，以达到侮辱的目的，以焚烧方式侮辱国旗是实践中出现较多的犯罪方式。比如，2020 年 3 月 5 日，镇某因新冠疫情期间交通管制，致其无法外出务工，心生恼怒。次日 7 时许，镇某为发泄不满情绪，骑车来到该市沧水镇火连坪村八组与花园洲村交界处卡口，将该卡口帐篷顶的国旗拔下后扔在地上，采取践踏、焚烧等方式对国旗进行损毁，并言语辱骂。其间，镇某用其手机对践踏、焚烧国旗及言语辱骂的全过程进行视频录制，形成 2 分 43 秒的视频文件。随后，镇某将该文件通过 QQ 发送至 19 个 QQ 群，共计群成员 8064 名，通过微信发送 14 人次，上述人员均能接收该文件并观看。案发后，镇某如实供述自己的犯罪事实，自愿认罪认罚，人民法院依法判处镇某犯侮辱国旗罪，并判处有期徒刑六个月。

对于焚烧国旗的，并没有数量的限制，只要焚烧国旗，无论焚烧国旗的数量多少，都构成犯罪。对于焚烧国旗，也不因国旗受损面积多少，而影响定罪，只要焚烧造成国旗受损，就符合侮辱国旗罪的犯罪构成。实践中，有的人故意在国家假日烧毁沿街悬挂国旗，虽然焚烧造成国旗的受损面积较小，但焚烧国旗的行为已经构成侮辱国旗罪。如，2019 年 10 月 7 日凌晨，在北京工作的张某，因工作不顺、心情郁闷，在朝阳区的大街上闲逛。因正值国庆期间，街上的商店门口纷纷悬挂五星红旗。张某看着周围到处洋溢着节日的喜庆气氛，再联想到发生在自己身上的各种不顺遭遇，心中极不平衡。为发泄心中不满，张某便用打火机将某钢琴城商店门口的国旗点燃，国旗被烧得只剩一个大五角星，之后，当他走到某烟酒商店门口，又将悬挂在店门口的另一面国旗点燃，国旗被烧掉了一个大角。第二天，张某被公安机关抓获归案，北京市朝阳区人民法院审理认为，张某在公共场所，故意以焚烧的方式侮辱中华人民共和国国旗，其行为已构成侮辱国旗罪，依法应予惩处。

（二）故意毁损以达到侮辱目的

毁损就是毁坏、破坏，就是从物理上毁坏、破坏国旗的行为。根据国旗法的规定，国旗的形状、颜色、尺寸、比例等都有严格的规定，公民或组织也应当在适宜的场合使用国旗及其图案，表达爱国情感，也应当妥当正确使用国旗，不能在不适宜的场所随便使用国旗，更不能毁坏国旗。比如，2020 年 6 月 25 日 20 时许，王某因琐事与达拉特旗树林召镇某工厂发生纠纷，遂持菜刀到该工厂，看到工厂门口处的国旗时，为泄愤将国旗拔下，并用菜刀进行砍划，致使国旗严重损毁。达拉特旗人民检察院王某涉嫌侮辱国旗罪，依法对其提起公诉，人民法院依法判处王某构成侮辱国旗罪，并判处有期徒刑。王某这种砍划国旗的行为，就属于典型的毁损行为。

实践中，如行为人发现众多网民在浏览市政府的网站，为了发泄对政府的不满，故意使用网络技术对该网站上的国旗实施丑化，对于这种行为，如何评价？在网络上涂划、玷污国旗、国徽的行为是否构成本罪，涉及对两个要素的理解：一是国旗、国徽是否限于物理性质的国旗、国徽？本书持否定回答，二是网络是否属于公共场合？本书持肯定回答。要之，本书认为上述行为成立犯罪。①《中华人民共和国国旗法》是 1990 年制定的，当时网络技术并不发达，政府官方网站还没出现，随着网络技术的发展和普及，政府官方网站已经成为各地政府形象的标配，政府官方网站上的国旗如同政府大楼门前的国旗一样，具有明确的象征意义，代表中华人民共和国的各级政府，不得进行任何形式的侮辱、丑化、毁损等。使用网络技术进行丑化，实际上就是改变国旗原有形态的行为，造成浏览网站的人看到被毁损的国旗，实际上就是一种公开毁损国旗的行为，应当认为符合侮辱国旗罪的犯罪构成。

除此之外，有的人使用国旗作为微信头像，而微信头像上的国旗长高比例明显不符合国旗法的规定。根据《国旗法》的规定，国旗的长高具有一定比例，其长与高之比为三比二，旗面左上方缀五颗黄色五角星，一星较大，其外接圆直径为旗高十分之三，居左，四星较小，其外接圆直径为旗高十分之一，环供于大星之右。对于以国旗作为微信头像的行为，要结合证据进行客观判断，一般而言，

---

① 参见张明楷：《刑法学》，法律出版社 2021 年版，第 1410 页。

使用国旗作为微信头像，主要是为了表达爱国热情，不具有侮辱的目的，不认为是违法犯罪行为。如果在具有侮辱性质的微信头像中，配以国旗，以此变相地达到侮辱目的，比如头像是撒尿拉屎，下面配以国旗，并公开使用，这就明显是侮辱性质，就属于违法犯罪行为。

（三）故意涂划以达到侮辱目的

"涂划"是指将色彩、颜料等附着在国旗、国徽上或者在国旗、国徽上刻印不应有的文字、图形、符号。①

实践中，"涂划"并不仅仅指故意在国旗上乱涂乱画，从而达到对国旗进行侮辱的目的。更严厉谴责的行为是故意"划破"国旗，划破是国旗形状上部分受到损坏，而毁坏是国旗的整体形状已经被破坏。例如，2017年10月3日至10月6日晚间，被告人吴某某为发泄对政府的不满，携带剪刀至河西区两小区内，剪破、损毁悬挂于各楼栋门前的中华人民共和国国旗，并将部分损毁的国旗、旗杆丢弃在小区道路及垃圾桶等处。后经统计，被损毁的国旗共计66面。法院审理认为，被告人吴某某在公共场合以剪刀剪坏、损毁中华人民共和国国旗，其行为已构成侮辱国旗罪。河西区检察院指控被告人吴某某犯侮辱国旗罪事实清楚，证据充分，罪名成立，为严肃国家法律，维护社会公共秩序，作出上述判决。

实践中，在国旗上签名的行为，实际上也属于一种"涂划"行为，是应当禁止的。即便签名行为是出于爱国热情，这也是一种并不妥当的行为，应当予以制止。特别是一些体育明星，在一些比赛场合，有的观众会递国旗让明星在国旗上签名，这种方式并不是妥当追星方式，更不是合理的爱国方式，作为观众和明星都应当深明大义，不能把侮辱国旗的违法行为反而当成了爱国行为。

实践中，有的国旗制作并不符合国旗法的标准，从严格意义上而言，并不属于规范的国旗。对于涂划此类国旗的行为如何处理？一般而言，国旗的制作有严格的标准，出现在社会上的国旗大多数符合标准的国旗，有些在尺寸、颜色上不符合标准，是产品质量存在瑕疵，而国旗的象征意义、社会意义，作为中华人民共和国的国家符号，并不因产品质量瑕疵而受到任何影响，因而既不能因为产品的瑕疵而否认国旗的属性，更不能因此而认为不是标准国旗就可以涂划、毁损

---

① 参见张明楷：《刑法学》，法律出版社2021年版，第1410页。

等，对于符合犯罪构成的，也应当依法认定为犯罪行为。对于生产制作不符合标准国旗的一方，可以根据情节，追究相关的假冒伪劣产品责任。

（四）故意玷污国旗以达到侮辱目的

玷污一般是指通过故意弄脏、污损的方式，达到侮辱目的，造成国旗不光彩的事实。比如，2018年10月7日清晨6时40分许，犯罪嫌疑人李某某醉酒后，为发泄不满情绪，爬上上城区孝子坊19号小区铁门，折断悬挂此处的中华人民共和国国旗旗杆，后将国旗扔于地上，以撒尿、吐痰、脚踩等方式玷污、践踏国旗。比如，未成年人谢某和三名同伴抽签打赌，在同伴的挑唆和怂恿下，法律意识淡薄的谢某将墨水泼向烈士园林的国旗，事后认识到事态严重性的谢某主动投案自首。因谢某系未成年人且有自首情节，加之初犯偶犯，对其进行不起诉处理。

实践中常见的玷污方式，一般是使用具有侮辱性质的物品，如屎、尿、粪便、墨水等，对国旗进行泼洒，或者采取具有侮辱性质的方式，如故意公开对国旗做出下流的举动，比如撒尿、拉屎动作，或者将鸡蛋砸向国旗等，以达到对国旗侮辱的目的，也属于典型的玷污行为。除此之外，比如在公开出版物中，故意把国旗倒印，以达到侮辱目的，实际上也是一种玷污国旗的方式。

对于实践中有的餐厅把国旗当门帘，或者把国旗印制在衣服、包包上，根据《广告法》的规定，广告不得使用或者变相使用中华人民共和国国旗。将国旗印制在衣服、包包上可能是变相使用国旗的行为。办案中要综合客观行为，进行全面判断，有的餐厅业主可能是出于无知，把国旗当做一块普通的布来使用，本意上没有侮辱的目的，不符合主观要件，只是不当使用，对此，不能认为是故意侮辱国旗。

（五）故意践踏以达到侮辱目的

践踏一般是乱踩乱踏，通常是故意为之，常用的如践踏法律，这是形式意义的一种表达，而践踏国旗主要是物理意义的。如，2018年2月7日上午，钟某在县城经营的武馆开张，在开业仪式上，钟某亲自进行了为新狮头点睛的开坛仪式，并把一面用过的国旗反铺在地面上，把点睛仪式要用的物品摆放在国旗上，在仪式进行过程中，多次踩踏国旗，有关视频被人拍摄上传到网上。后被告人钟某主动到公安机关投案并如实供述其罪行。检察机关依法认定了钟某的自首行为，建议对被告人钟某判处八个月以下有期徒刑或者拘役。

实践中，有的人没有认识到是国旗，无意中踩踏国旗的行为，由于其没有故意的主观要素，一般不认为是"故意践踏"，要结合证据，依法进行客观判断。比如，在一些大型庆祝场所或庆典仪式上，有的主办方会给参与者分发手拿的小国旗，有的人在使用完毕后，就随手扔掉了，导致国旗在地上被多人脚踩的情况出现，这种行为，显然是不规范使用国旗的行为，应当予以谴责，但是随手扔和无意踩的人，主观上并不一定具备侮辱的目的，大多数人只是国旗意识不强，自身修养不够，在这种场所没有妥当保护国旗，一般不认为是侮辱国旗罪。

三、妥善把握侮辱国旗罪的关键因素

实践中侮辱国旗罪时有发生，发生的形态也多样，在生活中，各种不规范使用国旗的方式也大量存在，除了准确判断五种行为方式外，还需要准确把握行为目的、场合、方式、危害程度、竞合关系等，区别好侮辱国旗和不当使用国旗等，不仅有利于更好地打击犯罪，而且切实能维护国旗尊严。

（一）把握好主观要素，从客观行为判断侮辱目的

侮辱国旗罪要求行为人已经认识到是中华人民共和国国旗，主观上出于故意。虽然条文上没有对目的、动机的具体描述，但是行为人一般存在与客观事实相符合的主观内容，而且焚烧、毁损、涂划、玷污、践踏等行为，本身就包含了是贬损、歪曲等侮辱目的。如果本身并不具有侮辱、贬损国旗的目的，而出于贪图小利等，在构罪判断上，不能简单看行为的"表面相符"，要综合客观行为的具体表现，去准确判断其主观目的。实践中，有的农民工图方便，将国旗当红布，撕毁成小片，用于在施工工地等场所作标示，或者出于无知，在国旗上进行了简单涂画等，虽然客观上实施了刑法规定的行为，但不一定具有侮辱目的。在是否构罪上，要结合撕毁、涂划的动机、方式、次数等进行综合评判。如在一些

案件中，嫌疑人因生活不如意，酒后为发泄情绪，将国旗丢进垃圾桶，实际上就是把个人怨气发泄在象征国家尊严的国旗上，主观上明显具有侮辱目的。

（二）把握好公共性，区分"公共场所"与"公众场所"

《刑法修正案（十）》将侮辱国旗罪中的"公众场合"修改为"公共场合"。"公众场合"是一个生活概念，突出人员的不特定性。"公共场合"是一个法律概念，更加注重从场所角度，强调场合的开放性。所谓"公共场合"一般是指大家都有权进入的场合，而"公众场合"包括两个方面，即除了前者所指之外，还包括某些受邀才能进入的场合，例如宴会、论坛等。①《公共场所卫生管理条例》对 7 类 28 种公共场所进行了详细列举，包括农贸市场、医院等。侮辱国旗罪要求在"公共场所"发生，有些地方虽然允许不特定人进入，但是未必属于公共场所。办案中，不能把"公共场所"等同于"公众场所"。《国旗法》也明确规定了应当每日升挂国旗、工作日升挂国旗，以及在举行重大庆祝、纪念活动，大型文化、体育活动、大型文化展览会等可以升挂国旗的地方，同时规定，村委会、居委会、居民楼等有条件的也应当升挂国旗，这些属于国旗法中重点强调的"公共场所"，对于发生在上述场所侮辱国旗的行为，应当依法重点打击。

（三）准确判断有关行为，注意把握"玷污"行为

对于焚烧、毁损、涂划、践踏国旗的行为，实践中易把握。对于"玷污"，在办案中，相对比较难把握，要注意结合《国旗法》的有关规定来准确理解，比如，《国旗法》规定，不得升挂或者使用破损、污损、褪色或者不合格的国旗，不得倒挂、倒插或者以其他有损国旗尊严的方式升挂、使用国旗，不得随意丢弃国旗，上述 3 种方式是法律明确禁止的行为。倒挂、倒插被明确为有损国旗尊严的方式，实际上，就是典型的"玷污"国旗行为。国旗禁止被随意丢弃，更何况丢弃进垃圾桶。《国旗法》也明确规定，国旗及其图案不得用作商标、授予专利权的外观设计和商业广告，不得用于私人丧事等不适宜的情形。实践中，有的在公开的祭祀、丧事活动中，把国旗当红布，用于摆放祭品，或者用在内衣等物品

---

①　蔡士林：《侮辱国歌罪"情节严重"的解释立场与司法认定》，载《政法学刊》2018年第 35 卷 01 期。

的外包装上，这种行为不仅是"不适宜"的，而且还是违法的，是"玷污"国旗的行为，应当进行打击。

（四）综合危害程度分层次处罚

对于以歪曲、贬损奏唱国歌，或者以其他方式侮辱国歌的，刑法规定了"情节严重"构罪要件。对于侮辱国旗的，刑法中没有"情节严重"的要件要求，虽然刑法中没有"情节严重"的入罪要求，但是并不是不考虑行为的社会危害性，在司法实践中，要从社会危害性的角度，综合客观方面的行为表现，准确判断危害程度，如，综合评判侮辱的手段、次数、动机、场合、时间节点，对公共场所秩序造成的影响、认罪态度、前科劣迹等。需要注意的是，《国旗法》对侮辱国旗的，规定了刑事处罚和行政处罚两种方式，其中对于情节较轻的，由公安机关处以十五日以下拘留。实践中，要综合发挥打击与预防的作用，落实宽严相济刑事司法政策，注意教育和挽救，对于情节轻微、主观恶性不强、只实施了1次、没有前科劣迹、年龄较轻、受人蛊惑、认罪认罚等的，符合条件的，可以进行治安处罚。对于目的卑鄙恶劣、次数多、认罪差、在重大节庆日场所作案的，应定罪处罚，进行严厉打击。

（五）准确辨识与寻衅滋事罪的竞合关系

《刑法》对于公共秩序的保护不仅限于侮辱国旗罪等，第293条还规定了寻衅滋事罪，二者之间存在一种竞合关系。例如在杨某寻衅滋事罪一案中，法院认定："被告人杨某因其暂住地停电，多次拨打诏安县供电有限公司电话均无人接听，为了发泄不满，独自到诏安县供电有限公司门口，现将公司门口旗杆上悬挂的国旗解下来，进行燃烧、撕扯，其破坏社会秩序，任意损毁公私财物，情节严重，其行为已构成寻衅滋事罪。① 在王春华侮辱国旗罪一案中，法院认为大量群众因反映垃圾焚烧发电厂的建设问题而聚众冲击南县人民政府办公楼，其间被告人王春花将该政府院内前坪悬挂在国旗旗杆上的中华人民共和国国旗私自降下后，对国旗肆意挥舞，并扔在地上踩踏数次，构成侮辱国旗罪。② 从案情描述

---

① 参见福建省漳州市中级人民法院（2016）闽06刑终36号刑事裁定书。
② 参见湖南省南县人民法院（2017）湘0921刑初19号刑事判决书。

看，二者在行为方式上几乎相同，但是出现了不同的定罪判决。除了判断是否对公共秩序造成侵害，还要从主观方面的倾向进行判断，实施撕扯行为，主要是为了侮辱国旗，还是破坏社会秩序，如果主要目的是破坏社会秩序，则应当选择寻衅滋事罪定罪处罚。

第三十三篇　合理怀疑，如何怀疑才合理

我国法律规定，认定被告人有罪应当适用确实、充分的证明标准，包含三个条件：定罪量刑的事实都有证据证明；据以定案的证据均经法定程序查证属实；综合全案证据，对所认定事实已排除合理怀疑。

司法实践中，对于"综合全案证据，所认定事实已排除合理怀疑"，存在不同理解。有的认为是在每一个证据的基础上，经过审查，已经没有符合常理的、有根据的怀疑，达到确信的程度，要求在案证据表现出一致性。也有的认为没有穷尽补证手段、充分论证说理，就作出存在合理怀疑判断。事实上，这些都没有体现合理怀疑的合理性要求。

比如，某市派出所接到举报，称有人从某地带回一批毒品，准备于当天中午通过举报人将毒品卖出。经警方布控，在约定地点现场抓获刘某，从其车上副驾驶座位下查获"冰毒"1000克，并现场扣押手机两部及银行卡等物品。审判机关认为，公安机关在案发一年后才向关键证人周某取证，其证言中对于刘某向谁贩卖、贩卖多少毒品等陈述前后不一，证据存在瑕疵。毒品所在位置是周某下车前所坐的副驾驶位，现有证据无法排除刘某提出的毒品归周某所有、自己是一名做燕窝生意微商的辩解，存在合理怀疑。检察机关则认为，现有证据足以证实刘某的犯罪行为，怀疑能够得到解释或说明，一审判决确有错误。

一、合理怀疑是综合全案证据之后的怀疑

司法人员首先要确认定罪量刑的事实都有证据证明、据以定案的证据均经法定程序查证属实，在此基础上，需要综合全案证据，对所认定的案件事实达到内

心确信的程度，不应该站在单一、个别证据的基础上。

比如，对于毒品是否归周某所有的怀疑，除了被告人辩解之外，并无其他证据证明周某确实曾经坐过副驾驶位置。虽然周某的证言前后存在矛盾，和微信记录也有不一致的地方。从单一、部分证据的角度看，这种怀疑似乎合理，但是综合全案证据，则不合理。侦破经过、现场勘查笔录、照片、鉴定意见、物证等证据，足以证实刘某实施了贩卖毒品的客观行为；手机通话时间、地点、次数、主被叫联系人、漫游区域等，印证刘某案发前购买毒品和案发当天交易毒品的行踪轨迹；微信聊天记录显示刘某与多人之间有大量毒品交易的行话、黑话内容，反映刘某对毒品有高度认知和贩卖故意，具有主观故意；其熟悉毒品交易惯例，有较强的反侦查意识。实际上，在案证据能够排除毒品归周某所有的辩解。

二、合理怀疑是穷尽补证空间之后的怀疑

对于存在合理怀疑的案件，首先要做的是通过补充侦查等方式，最大限度地收集完善证据，对于存在收集证据余地、空间的案件，要先尽力收集完善，不能未补证就作出裁判。在刘某案中，实际上还存在补证的空间，比如，另一部手机的通信信息未恢复，举报人证言前后出现反复原因未查明、举报人资金流水情况没掌握等。有关证据进一步补证都可以从正面或者反面证明毒品是否为周某所有。

事实上，在进一步办案中，就是通过补充完善证据，查实了其毒品上家从未经营燕窝生意，拆穿了刘某购买燕窝的狡辩；通过下家证言，证实了刘某购买毒品回来即与其联系贩卖，反映刘某贩卖毒品的主观故意；通过核查周某翻证原因，发现了证人的家人遭到威胁，故不敢说出真话；通过技术手段，恢复了周某的语音聊天记录、短信内容等，还原了当时举报的情形。

三、合理怀疑是充分论证事实之后的怀疑

合理怀疑的"怀疑"是司法人员对案件事实的一种心理状态，本质上属于一种主观判断。由于司法人员的经验、阅历、知识结构等不同，不同司法人员对于

同一事实也会有不同的认识。面临怀疑,基于这种先天的主观性,司法人员自身有一个不断深化认识的过程,也有一个通过检察人员不断说服、充分论证事实后,让司法人员逐步否定自身怀疑的过程。

事实上,在刘某案中,正是通过进一步说服,深化了司法人员的认识,达到了更好的办案效果。如,通过交通监控视频截图、破案经过、证人周某证言等证据,先肯定侦查机关运用举报线索侦破案件人赃并获的客观事实。再通过手机通话清单、声纹鉴定书、电子物证检查工作记录,还原刘某提取毒资、驾车前往、联系住宿、接洽购买毒品、驾车返程、通报返程信息、联系支付剩余毒资、贩卖毒品的全过程,证明涉案毒品来源明确,并用于贩卖。从证据规则适用分歧进行针对性说理,运用客观性证据搭建框架,还原了犯罪事实。

第三十四篇　网约车能否成为妨害安全驾驶罪的对象

　　《刑法修正案（十一）》增设妨害安全驾驶罪，对行驶中的公共交通工具的驾驶人员使用暴力或者抢控驾驶操纵装置，干扰公共交通工具正常行驶，危及公共安全的行为，进行了定罪处罚。"两高一部"《关于依法惩治妨害公共交通工具安全驾驶违法犯罪行为的指导意见》第7条规定，将公共交通工具限定为"公共汽车，公路客运车，大、中型出租车等车辆"，小型出租车和网约车没有纳入其中。除此之外，最高法《关于审理抢劫案件具体应用法律若干问题的解释》第2条关于在"公共交通工具上抢劫"的规定，也没有将小型出租车和网约车纳入其中。

　　根据我国汽车分类及标准，中型客车是指车长小于6米、乘坐人数大于9人小于20人的车辆，小型客车是指车长小于6米、乘坐人数小于或等于9人的车辆。绝大多数出租车、网约车都属于小型客车。在公共交通工具的多元化、交通状态多样化、乘车人员来源陌生化的情况下，小型出租车和网约车是否属于妨害安全驾驶罪的对象，在实践中存在一定争议，有的认为应当纳入，有的认为不应当纳入。

　　比如，张某等三人拼车乘坐刘某驾驶的小型普通网约车，行驶至机场高速某路段时，因刘某未同意在高速路上停车让张某下车方便，张某于是伸手抢夺方向盘，后刘某紧急停车并报警，公安人员当场将张某抓获。虽然张某实施了抢控驾驶操纵装置，干扰公共交通工具正常行驶，已经危及公共安全，但是由于其针对的是网约车，网约车能否作为妨害安全驾驶罪的对象，认识不同，实践中做法也不一。笔者认为，将小型出租车、网约车纳入更有利于实现预防犯罪的目的。

　　一是从保护目的考虑应当纳入。妨害安全驾驶罪虽然直接保护的是公共交通工具的安全行驶,其最终是为了保护公共安全,而不局限于公共交通工具的安全。小型出租车、网约车本身属于提供社会公共服务的车辆,乘车人员具有不特定性,在拼车等比较普遍的情况下,同一网约车的乘车人员也具有不特定性。使用暴力或者抢控驾驶操纵装置,不仅可能危及车内乘车人员、驾驶员的安全,也会危及路边行驶车辆、行走人员以及财产等的安全。再者,公共汽车,公路客运车,大、中型出租车在社会上的存量相比小型出租车、网约车而言,数量较小,小型出租车、网约车更容易遭遇这种妨害安全驾驶的行为。办案中发生的类似危害行为,大多数也是针对小型出租车、网约车。

　　二是从影响因素考虑应当纳入。一般而言,造成公共交通安全的危险系数与暴力程度、行驶路段、行车速度等密切相关。小型出租车、网约车一旦遭遇到暴力或抢控驾驶操纵装置等破坏安全驾驶的行为,其对公共交通安全及乘车人等造成的危险,并不必然低于公共汽车和大、中型出租车等。而且小型出租车、网约车出现在城市快速路、高速路的频率高,往往行车速度较快,相比而言,公共汽车和大、中型出租车更多在城市主干道、中心路段、专用道路等行驶,一般行车速度较慢。相对而言,在高速路、快速路等遭遇到暴力或者抢控驾驶操纵装置等行为,更容易危及公共安全,造成实际危害的概率更大。在本案中,张某在网约车处于高速行驶在机场高速路上时抢夺方向盘,其对公共安全造成的威胁并不亚于抢夺公交车等大型车辆方向盘所造成的威胁。如果只是从危害对象是小型出租车、网约车,因其外在相对小,乘客相对少,而不考虑其他影响因素,就否定其作为妨害安全驾驶罪的对象,并不利于打击和预防犯罪。

　　三是从罪责设置考虑应当纳入。不同于刑法中其他有关条文采取“严重危及”的表述,妨害安全驾驶罪采用的是“危及”,没有定量的评价,只要使公共安全遭受到现实危险即可,其目的在于提前介入公共交通领域,防范公共安全领域风险,达到较好的预防目的。因而,这种“危及”实际上对公共安全产生损害的可能性较低。如果达到了现实可能性,则应当认定为以危险方法危害公共安全罪,处以更重的刑罚。本罪虽然设置在刑法分则危害公共安全罪这一章,从量刑上而言,只是轻罪,最高为一年以下有期徒刑,本身就体现了对轻微犯罪行为的评价。“两高一部”的司法解释也采用了“等车辆”的表述,并不绝对排除小型出租车、网约车等，特别是妨害行为发生在高速路上、人员密集时段等，综合考虑其危害性，更符合刑法本义。

四是纳入有利于"轻重结合"全面预防犯罪。将小型出租车、网约车等纳入并不是扩大刑法的打击范围，也不违背刑法的谦抑性。认定罪责关键在于对这种危险性等的具体判断，而不在于对具体交通工具的简单识别。如果发生使用暴力或者抢控驾驶操纵装置的行为是处于进入红灯等待状态、车上人员较少、非城市限速路段、车辆处于启动速度较慢等的，可以通过不起诉、免予刑事处罚等作非罪、免刑处理。如果在高速路、城市快速路、高速行驶过程中，或者使用暴力或者抢控驾驶操纵装置的行为已经危及公共安全，造成了现实的危险性，则应当考虑以更重的以危险方法危害公共安全罪定罪。在刑罚体系中，对于这种危害行为，已经精细设置了不同挡位的多个罪名，关键在于对客观行为的精准判断，而不是局限于交通工具性质。在处理上，也应站在全面预防的角度，采取严缓程度不同的方式，更好地保护公共安全。

第三十五篇 是否构成协助抓捕型立功

最高人民法院《关于处理自首和立功若干具体问题的意见》（以下简称《意见》）第5条第2项规定，"按照司法机关的安排，当场指认、辨认其他犯罪嫌疑人（包括同案犯）的"，属于协助司法机关抓获其他犯罪嫌疑人。但是犯罪分子提供同案犯姓名、住址、体貌特征等基本情况，或者提供犯罪前、犯罪中掌握、使用的同案犯联络方式、藏匿地址，司法机关据此抓捕同案犯的，不能认定为协助司法机关抓捕同案犯。司法实践中，对于犯罪分子提供的同案犯信息到底属于坦白内容还是立功内容，当场指认、辨认是否必须现场进行，存在一定争议，进而影响对立功的判断。

比如，张某、李某伙同"小斌"抢劫王某，逃匿5年后，张某、李某被公安机关抓捕归案，一审分别被判处无期徒刑和有期徒刑15年。在案件中，除了注明"小斌"在逃，没有任何关于"小斌"的其他信息。在二审上诉阶段，张某提交举报信，举报"小斌"弟弟刘大兵涉嫌犯罪的情况。检察官认为，该案的重要共同犯罪人"小斌"目前还在逃，既然张某能举报"小斌"弟弟涉嫌犯罪的信息，而且还知道"小斌"弟弟真名叫刘大兵，那么张某或许知晓"小斌"的个人信息，即便不知晓，也能顺藤摸瓜找到"小斌"的蛛丝马迹。于是检察官对张某进行针对性讯问，并成功获取有关"小斌"的一系列关键信息，如"小斌"犯罪前两个月刚从某监狱释放出来、是某省人、姓刘，身高约1.7米，刘大兵是其亲弟弟，手机、微信上还有刘大兵的号码等。检察官将有关信息移交给侦查机关，侦查机关根据上述信息综合研判，通过同户人员刘大兵锁定了刘大刚、刘大强，初步确定犯罪嫌疑人后，在看守所中交给张某辨认，确定刘大刚系"小斌"，后成功抓获了在逃人员"小斌"，目前"小斌"已经被定罪量刑。

　　对于张某的行为，一种观点认为张某的行为属于坦白的内容，不构成协助抓捕型立功，在量刑上可以适当考虑这个情形，但不是从轻、减轻的情节。另一种观点认为可以认定张某构成协助抓捕型立功，依法可以从轻、减轻处罚。

　　刑法之所以设立立功制度，一是行为人在犯罪后揭发他人犯罪行为，或者提供重要线索，从而得以侦查其他案件，表明行为人对犯罪行为的痛恨，因而其再犯罪可能性会有所减小。二是揭发他人犯罪行为或者提供重要线索，有利于司法机关发现、侦破其他犯罪案件，从而实现刑法的确证，节约司法资源。例如，对于犯罪分子协助司法机关抓捕其他罪犯包括同案犯归案的，之所以认定为立功，是因为司法机关缉捕在逃的犯罪分子，往往要花费大量的人力和物力，已经归案的犯罪分子协助司法机关缉捕到某些在逃罪犯，可以节约司法机关一定的人力和物力，对于这种行为，应当予以鼓励。

　　在本案中，笔者认为可以认定张某构成协助抓捕型立功，主要理由有四点：

　　一是缉捕依靠的关键信息不属于坦白内容。侦查机关之所以能成功缉捕刘大刚，关键在于通过张某提供的信息，先确定了"刘大兵"这个人，然后找到了同户人员刘大刚、刘大强，之后通过张某的辨认，确定了"小斌"就是刘大刚，并实施了抓捕。根据《意见》的规定，提供同案犯姓名、住址、体貌特征等基本情况，或者提供犯罪前、犯罪中掌握、使用的同案犯联络方式、藏匿地址，司法机关据此抓捕同案犯的，属于坦白的内容，因而不能认定为协助抓捕型立功。在本案中，刘大兵并不是同案犯，是与本案完全无关的另外一个人，对刘大兵这个关键信息的提供，不是属于坦白的内容，而是属于共同犯罪之外的新内容、新情况，是成功确定"小斌"个人信息的关键线索。

　　二是辨认同案犯对成功缉捕起到了关键作用。张某虽然和"小斌"一起实施了故意伤害犯罪，但其并不知道"小斌"的真实姓名、住地，也不掌握联络方式、藏匿地址等。不过张某明确表示能够辨认出"小斌"，也愿意协助司法机关积极抓捕"小斌"。在整个案件中，能辨认出"小斌"的也只有张某一人，其他同案犯、证人等都无法成功辨认。在侦查机关初步锁定刘大刚、刘大强两名犯罪嫌疑人之后，正是通过张某的辨认，才得以确定"小斌"就是刘大刚。应当认为，张某的辨认对抓捕刘大刚起到了关键作用，没有张某的成功辨认，难以实现对"小斌"的抓捕，其辨认笔录等在后期指控"小斌"的犯罪事实中，也属于关键证据。

三是体现了悔罪态度，节约了司法资源。《意见》第 5 条第 2 项之所以将按照司法机关的安排，当场指认、辨认其他犯罪嫌疑人（包括同案犯）的认定为协助抓捕型立功，主要是在不能确定犯罪嫌疑人的情况下，通过当场指认、辨认锁定其他犯罪嫌疑人，实现了及时抓捕犯罪分子，减少司法资源的损耗。无论是当场指认还是通过辨认笔录确认，其达到的效果都是从"不能确定犯罪嫌疑人"到"成功确定犯罪嫌疑人"，当场指认、辨认只是外在形式，关键在于在不确定的情况下成功确定犯罪嫌疑人，这是《意见》第 5 条第 2 项协助抓捕型立功的内在含义、本质要求。事实上，张某的照片辨认实际上达到了当场指认、辨认的效果，这种积极协助抓捕同案犯的行为，也体现了其认罪悔罪的态度，减少了再犯可能性，节约了司法资源。

四是契合毒品犯罪立功规定的相关精神。根据 2008 年 12 月 1 日最高人民法院《全国部分法院审理毒品犯罪案件工作座谈会纪要》（以下简称《纪要》），其中明确"被告人提供了不为有关司法机关掌握或者有关司法机关按照正常工作程序无法掌握的同案犯藏匿的线索，有关机关据此抓获了同案犯，属于协助司法机关抓获同案犯，应当认定为立功"。张某提供的刘大兵的信息等，本身就属于不为司法机关掌握的线索，司法机关也正是据此抓捕同案犯。《意见》属于对刑法总则有关规定的说明，《纪要》是对个别罪名有关适用的解释，《意见》效力大于《纪要》，虽然不能用《纪要》的规定去反证总则的解释，但是其中蕴含的相关精神，是从瓦解犯罪、打击犯罪的角度出发，鼓励揭发同案犯。在司法实践中，对于是否构成协助抓捕型立功，可以本着有利于打击犯罪、有利于被告人的角度，适当作出从宽的解释，促进被告人认罪服法，实现更好地打击犯罪。

第三十六篇 《刑法修正案（十一）》对降低羁押率的启示

《刑法修正案（十一）》于2021年3月1日起施行。其中修改47个刑法条文，增设17个罪名，修正8个罪名，并对20多个罪名的构成要件、处罚方式等进行了修改。新增罪名多数为轻罪名，在多个传统罪名中，也降低了起刑档，干预起点前置化，扩大了罚金刑的应用等。修正案的17个新增罪名，分布于危害公共安全犯罪、破坏社会主义市场经济犯罪、侵犯公民人身权利犯罪、妨害社会管理秩序犯罪、渎职罪，涉及社会生活与经济活动的方方面面，在一定程度上体现了我国犯罪圈的扩张。

一、《刑法修正案（十一）》对罪名修订方式

《刑法修正案（十一）》对通过分则条文的构成要件进行修改，或者对处罚方式进行改变，将结果犯降格为情节犯、增加危险犯，提高罚金刑等提升处罚力度等方式，达到了修改的目的，其修订方式、路径，本身就是个罪在价值考量上的变迁表现。

一是对犯罪行为方式的修正。如，本次修正案在《刑法》第134条第2款强令违章冒险作业罪中增加了"明知存在重大事故隐患而拒不排除，仍冒险组织作业"这一行为方式，扩大了该罪的行为手段范围；通过修改《刑法》第191条洗钱罪的具体行为方式，取消了原来大多数行为均有"协助"的要求，也即明确了实施严重犯罪后的"自洗钱"行为可被纳入洗钱犯罪，从而扩大了洗钱罪规制的行为范围。

二是对犯罪行为主体的扩大。如本次修正案在《刑法》第 141 条生产、销售假药罪与《刑法》第 142 条生产、销售劣药罪中增加了"药品使用单位的人员"这一行为主体，在《刑法》第 160 条欺诈发行股票、债券罪与《刑法》第 161 条违规披露、不披露重要信息罪中增加了"控股股东、实际控制人"这一行为主体，扩大了前述罪名的主体范围。

三是对犯罪行为对象的扩张。如本次修正案删除了《刑法》第 219 条侵犯商业秘密罪中有关"商业秘密"概念条款中"技术信息和经营信息"的限定，本质上扩大了商业秘密概念的外延，使对商业秘密的认定更具开放性。

四是将传统的结果犯降格为情节犯。如，修正案删除了《刑法》第 219 条侵犯商业秘密罪中的"给商业秘密的权利人造成重大损失的""造成特别严重后果的"的犯罪结果构成要件要素，使侵犯商业秘密罪这一结果犯降格为情节犯。由于我国原刑法中的侵犯商业秘密是结果犯，只有给商业秘密权利人造成重大损失或者造成特别严重后果的才构成犯罪，因此对于尚未造成严重后果就被抓获的行为人往往只能按照《反不正当竞争法》中的有关条款进行罚款处理。对此，修正案通过将侵犯商业秘密罪的既遂形态由结果犯降格为情节犯，将刑法干预的起点进行前置化，将前述尚未给商业秘密权利人造成重大经济损失的侵犯商业秘密行为纳入了刑法犯罪圈的规制范围。

五是设置危险犯将刑法干预起点前置化。如，本次修正案以《刑法》第 133 条之二增加了妨害安全驾驶罪，以《刑法》第 134 条之一增加了危害作业罪。这两项罪名是典型的具体危险犯，其规定的危害行为所导致的危险，即"危及公共安全"与"具有导致重大伤亡事故或者其他严重后果发生的现实危险"是法定构成要件要素，一旦实施相关行为达到上述危险程度，即构成相应的犯罪。

六是加大了罚金刑的惩戒力度。如，将《刑法》第 142 条生产、销售劣药罪中的倍比制罚金刑修改为无限额制罚金刑；如，将《刑法》第 160 条欺诈发行股票、债券罪与《刑法》第 191 条洗钱罪中的百分比制罚金刑修改为无限额制罚金刑。这种罚金刑无限额化的财产刑调整模式取消了原先可以通过限额、倍比、百分比控制的罚金上、下限，实际上通过取消了罚金刑的限额加大了对相关犯罪的惩戒力度。

二、首个年度内新增 17 个罪名在司法实践中的运行状态

广东省检察机关在 2021 年 3 月—12 月间，《刑法修正案（十一）》的 17 个新增罪名共受理刑事案件 780 件 861 人，新增罪名受理案件数、涉案人数占全年受理刑事案件总数比例低于 0.5%，其中袭警罪 658 件 705 人，占总人数的 81.88%，其次是危险作业罪 38 件 54 人，占 6.27%，高空抛物罪 45 件 46 人，占 5.3%，非法猎捕、收购、运输、出售野生动物罪 27 件 27 人，占 3.1%，妨害安全驾驶罪 11 件 14 人，占 1.6%，非法催收债务罪 4 件 4 人，占 0.46%，侵害英雄烈士名誉、荣誉罪 4 件 4 人，占 0.46%，负有照护职责人员性侵罪 2 件 2 人，占 0.23%。袭警罪成为 17 个新增罪名中涉及面最广、涉及件数人数最多的罪名，在全省各地级市都有发生，因关涉到执法领域，人民群众认知感强，成为人们比较关注的罪名之一。

就其中采取强制措施的情况看，检察机关受理时取保候审 293 人，占 34.03%，受理时被逮捕 532 人，占 61.78%，被监视居住 10 人，占 1.16%，刑事拘留 16 人，占 1.85%，未采取强制措施 10 人，占 1.16%，其中逮捕率较高的罪名依次是：负有照护职责人员性侵罪占 100%，催收非法债务罪 88.88%，侵害英雄烈士名誉、荣誉罪占 75%，袭警罪占 66.09%，妨害安全驾驶罪 50%，非法猎捕、收购、运输、出售陆生野生动物罪 37.03%，高空抛物罪 36.95%，危险作业罪 35.84%。

全省检察机关 2021 年全年批捕各类犯罪 99029 人，17 个新增罪名中涉案人数占全年批捕量的 0.53%，而新增罪名 61.78% 的批捕率总体上略高于全省年度批捕率，总体上袭警罪在案件数量上较大、批捕率上较高，在一定程度上抬升了总体的批捕率。其中决定起诉 649 人，2021 年全年起诉人数为 169055 人，占全部起诉人数的 0.38%。决定不起诉 40 人，其中情节轻微不起诉 17 人，尚未办结 139 人，不起诉率为 4.6%，也低于 2021 年度的整体不诉率。

表1   新增罪名整体情况表

罪名	件数	人数	移送起诉	取保候审	监视居住	拘留	逮捕	起诉	不诉
袭警罪	658	705	705	208	8	15	466	520	26
高空抛物罪	45	46	46	27	1		17	44	2
危险作业罪	38	54	53	33		1	19	41	4
非法猎捕罪	18	27	27	16	1		10	15	2
妨害安全驾驶罪	11	14	14	7			7	13	4
催收非法债务罪	4	9	9	1			8	10	
侵害英雄烈士名誉、荣誉罪	4	4	4	1			3	3	1
负有照护职责人员性侵罪	2	2	2				2	2	

妨害药品管理罪、冒名顶替罪、组织参与国（境）外赌博罪、非法采集人类遗传资源、走私人类遗传资源材料罪、非法植入基因编辑、克隆胚胎罪、为境外窃取、刺探、收买、非法提供商业秘密罪，破坏自然保护地罪，非法引进、释放、丢弃外来入侵物种罪、妨害兴奋剂管理罪。（以上罪名为0）

表2   影响新增罪名捕诉与否的排名前三的关键因素

罪名	因素1	因素2	因素3
袭警罪	暴力方式	袭警对象	认罪态度
高空抛物罪	抛物动机	危害后果	抛出物品
危险作业罪	现实危险	持续时间	场合环境
非法猎捕罪	使用目的	人工繁殖	危害后果
妨害安全驾驶罪	网约车	路面特征	暴力方式
催收非法债务罪	软暴方式	作案次数	造成后果
侵害英雄烈士名誉、荣誉罪	传播范围	情节后果	认罪态度
负有照护职责人员性侵罪	发生性关系	次数场合	造成后果

三、重点新增罪名在司法实践中难点、关键点

司法实践中，对于涉案嫌疑人捕与不捕、诉与不诉，除了犯罪事实、证据情

况、法律运用、认罪态度、赔偿立功等情节之外，涉及到新罪名中的一些疑难点的判断，往往也对案件办理产生较大影响，尤其是新增罪名，因为其可借鉴的经验少、实践中遇到的问题新、涉及司法裁判的问题多，因为特别需要关注新罪名中的一些疑难点，比如网约车等能否作为妨害安全驾驶罪的对象，对于妨害网约车安全驾驶的行为能否构成妨害安全价值罪，比如对于暴力袭警，那么这种暴力的程度应该如何界定等，对于捕诉与否关键因素的分析，从修改原意出发，精准把握好关键点，有利于更好地将"少捕慎诉慎押"司法政策落实到位。

（一）准确界定袭警罪中的"暴力袭击""辅警"作为犯罪对象问题

《刑法修正案（十一）》将《刑法》第 277 条第 5 款修改为："暴力袭击正在依法执行职务的人民警察的，处 3 年以下有期徒刑、拘役或者管制；使用枪支、管制刀具，或者以驾驶机动车撞击等手段，严重危及其人身安全的，处 3 年以上 7 年以下有期徒刑。"之前是在第 5 款中规定："暴力袭击正在依法执行职务的人民警察的，依照第一款的规定从重处罚"，也就是依照妨害公务罪从重处罚，是《刑法》修正案九的规定。根据公安部部长赵克志在人大常委会的发言，暴力袭警严重冲击了法律底线，损害党和政府权威，严重影响民众安全感，也严重伤害广大民警的职业荣誉感。虽然刑法中有妨害公务罪的规定，但是尚不足以对暴力袭警行为形成有效震慑，因而建议单设暴力袭警罪。《刑法修正案（十一）》在设置该罪时，其最大的变化之处在于，妨害公务最高是 3 年，但是暴力袭警，也就是使用枪支、管制刀具，或者以驾驶机动车撞击等手段，严重危及其人身安全的，可以最高至 7 年。

一是准确袭警罪中的"暴力"。根据"两高一部"《关于依法惩治袭警违法犯罪行为的指导意见》第 2 条的规定，暴力袭警包含两种行为，一种是实施撕咬、踢打、抱摔、投掷等行为，对民警人身进行攻击，一种是实施打砸、毁坏、抢夺民警正在使用的警用车辆、警械等警用装备的行为，对民警进行人身攻击的。前者是对人的暴力，后者是对物的暴力。比如，全国首例暴力袭警罪，3 月 1 日，13 时许，在四川三台县，派出所辅警张某在乐安场镇开展例行盘查，当盘查到一辆黑色别克轿车时，发现驾驶员李某所持驾驶证与实际车辆的不符，执勤民警要求其下车接受检查，李某不但不听，反而启动车辆，加速逃离现场，在此过程中，执行勤务的辅警张某被李某所驾驶轿车强行拖行 10 余米后摔倒在地，造成多处软组织受伤。后李某被截获。当天 23 时许，李某因涉嫌袭警罪被三台县公安局刑事拘留。

"袭击"一般是指乘其不备、突然打击，本身带有暴力攻击性，暴力袭警罪中的"暴力"应当理解为主动与警察对抗，以暴力方式攻击警察，对于那些为摆脱警察强行控制实施的挣扎性反抗行为，虽然与民警有肢体冲突甚至轻微抓伤、咬伤民警，一般不认为暴力袭警。立法机关将袭警罪与妨害公务放在一个条文中规范，作为"暴力袭击"和"暴力阻碍"两种不同表述，体现了两罪对暴力不同程度的要求，即袭警罪更侧重于攻击，妨害公务罪暴力程度更侧重于阻碍，袭警罪的暴力程度也明显要大于妨害公务的暴力程度。[①]

再者，我国刑法中的暴力一般是指对被害人实施物理性的强制力，即"硬暴力"，而不包括"软暴力"，即心理上的强制力，只有物理性的强制力才是暴露出来的力量。袭警罪中的暴力应仅限于"硬暴力"，而不包括"软暴力"，比如常见的滋扰、纠缠、起哄等。如，2020 年 11 月 9 日，贵阳市公安局民警在处理一起纠纷时，在对苟某采取强制措施的过程中，苟某采取辱骂、吐口水、用脚踢踹等方式攻击民警，经诊断，民警存在不同程度的软组织挫伤。实际上，在该案中，该行为并非突袭意义上的行为，相较于突袭的卡脖子、脚踹等行为缺少行为的突发性，因而不应当认定为袭警罪。[②]

二是准确把握"辅警"作为袭警对象的情况。根据"两高一部"2019 年发布关于《关于依法惩治袭警违法犯罪行为的指导意见》的规定，对于"在人民警察带领下依法执行职务的警务辅助人员，应视为暴力袭击正在执行职务的人民警察"，在暴力袭警独立成罪后，应当认为"辅警"属于暴力袭警的对象，但是要避免做扩大解释，严格限定于：在人民警察带领下依法执行职务的警务辅助人员。比如，南京江宁袭警案：3 月 2 日晚，江宁公安在处理一起纠纷当中，当事人齐某情绪激动辱骂民警，其他民警上前劝阻和制止，齐某和儿子不听劝阻，在

---

① 参见李建超、刘欢：《袭警罪如何理解与适用》，载《检察日报》2021 年 12 月 21 日。

② 参见刘艳红：《应当合理限定袭警罪"暴力"范围》，载《法商研究》2022 年第 1 期。

警务站门口推搡警察、辅警，同时大喊"警察打人"制造混乱。其间，齐某儿子趁乱掐住一名民警脖子将民警摔倒在地，二人随后继续与现场民警、辅警纠缠，致一名民警和两名辅警全身多处受伤。

需要注意的是，警察辅助人员在警察的管理和监督下开展辅助性工作，是警察执法行为的依附，应当以"执法共同体"的概念实质性判断"正在执行职务的人民警察"范畴，不应当机械地将警务辅助人员排除在外，通常情况下，袭警罪具有随机性、偶发性，行为人实施暴力袭击时并非理性区分，导致警察和辅警处于同等危险境地，如果仅因缺乏特定身份或者编制而在法律保护上区别对待，将执法整体性认为分割为因身份而异的执法个体，与袭警罪的立法目的和保护法益不相符。[1]

（二）准确把握好高空抛物罪立法精髓，不在于"头顶上的安全"

在《刑法》第 291 条之一后增加一条，作为第 291 条之二："从建筑物或者其他高空抛掷物品，情节严重的，处一年以下有期徒刑、拘役或者管制，并处或者单处罚金。"在《刑法》第六章妨害社会管理秩序罪第一节扰乱公共秩序罪中新增了高空抛物罪。该罪的法定刑设置为"一年以下有期徒刑、拘役或者管制，并处或者单处罚金"，即其法定最低刑为罚金，作为主刑的法定最高刑也仅一年有期徒刑，可以说该罪的设置是典型的轻罪立法现象。

高空抛物罪的设置，最初并不是位于扰乱公共秩序罪中的，而是作为《刑法》第 114 条以危险方法危害公共安全罪的第 2 款、第 3 款，是在危害公共安全犯罪中对于具体危险犯的设置。该罪名的新增在草案征求意见的过程中引起了刑法学界的广泛热议，学者们普遍对此罪名的设置方式表示质疑。不少学者认为此类高空抛物行为在我国现行刑法中已有足够的罪名予以制裁，对于具有高度公共安全风险的行为，已然有以危险方法危害公共安全罪；对于造成严重实害后果的高空抛物行为，则可以根据具体情形分别认定为故意杀人罪、过失致人死亡罪、故意伤害罪、过失致人重伤罪、故意毁坏财物罪、寻衅滋事罪等罪名，因此并无重新设定新罪的必要。

也有学者认为高空抛物行为是"其他危险方法"的一种类型，将其单独成罪

---

[1] 参见李建超、刘欢：《袭警罪如何理解与适用》，载《检察日报》2021 年 12 月 21 日。

必然导致条款内容及罪名之间的冲突，也不符合我国刑法分则的立法逻辑。根据《最高人民法院关于依法妥善审理高空抛物、坠物案件的意见》：提出要准确认定高空抛物犯罪，对于高空抛物行为，应当根据行为人的动机、抛物场所、抛掷物的情况以及造成的后果等因素，全面考量行为的社会危害程度，准确判断行为性质，正确适用罪名，准确裁量刑罚。故意从高空抛弃物品，尚未造成严重后果的，但足以危害公共安全的，依照《刑法》第114条以危险方法危害公共安全罪处罚；致人重伤、死亡或者公私财产遭受重大损失的，依照《刑法》115条第1款规定处罚；为伤害、杀害特定人员实施上述行为的，依照故意伤害罪、故意杀人罪定罪处罚。

正是由于草案对高空抛物罪的新设有上述难以解决的问题，《刑法修正案（十一）》改变了该罪的立法模式，删除了"危及公共安全"的危险结果构成要件，将该罪作为情节犯规定在扰乱公共秩序犯罪中。最终通过的修正案吸收了二次审议稿的有关内容。可以看到，实际上，设置高空抛物罪已经脱离了本次修正案草案制定之初以维护人民群众"头顶上的安全"的初衷，而是转为对公共秩序的保护。如，高空抛物第一案：2020年某日，徐某（家住三楼）与王某因语言不和发生争执，徐某一时激愤，从厨房拿出一把菜刀，王某见状上前夺刀未果，徐某将菜刀抛掷至楼下公共租赁房附近。楼下居民发觉后向楼上质问，徐某听到质问声后，又去厨房拿第二把菜刀，王某再次上前夺刀未果，徐某又将第二把菜刀抛掷至楼下公共租赁房附近，楼下居民见状报警。法院审理认为，被告人徐某高空抛物行为虽未造成人身损害或重大财产损失的严重后果，其从建筑物抛掷物品行为已经构成高空抛物罪。

本次修正案新增设的高空抛物罪，并不是针对危害公共安全的抛物行为，更不是针对造成严重后果的高空抛物行为，而是规制那些不具有高度公共安全风险、未造成严重危害后果的、扰乱了公共秩序的高空抛物行为。也正因为如此，该罪第2款才会专门规定："有前款行为，同时构成其他犯罪的，依照处罚较重的规定定罪处罚。"

（三）准确把握催收非法债务罪的保护法益问题、立法目的

近年来，金融领域套路贷、高利贷层出不穷。为了打击这一公害，国家不断

加大对高利贷的规制和打击力度。2019年4月，最高人民法院、最高人民检察院、公安部、司法部联合发布《关于办理"套路贷"刑事案件若干问题的意见》，将"套路贷"这一以非法占有为目的，通过虚构事实、隐瞒真相骗取被害人财物的行为，以诈骗罪定罪处罚；后来"两高"两部又发布《关于办理非法放贷刑事案件若干问题的意见》，直接将放高利贷的行为明确为非法经营犯罪。《刑法》第293条之一："有下列情形之一，催收高利放贷等产生的非法债务，情节严重的，处3年以下有期徒刑、拘役或者管制，并处或者单处罚金："（一）使用暴力、胁迫方法的；（二）限制他人人身自由或者侵入他人住宅的；（三）恐吓、跟踪、骚扰他人的。"《刑法修正案（十一）》除了将采取暴力、胁迫方法催债，限制他人人身自由或者侵入他人住宅的行为入刑外，还将"软暴力"跟踪、骚扰等手段催收高利放贷等产生非法债务的行为入刑，进一步加大了对这一行为的打击力度，维护公民的合法权益。

高利贷债务属于非法债务，此外，非法债务还有赌债、未成年人的债务、非法用途债务、被强制胁迫写下的借条所产生的债务等。对于这些法律不予保护的债务，如果行为人采用暴力等非法方式催收债务的，则构成犯罪。该罪保护法益并不是债权人的利益，保护的对象也不是债务本身，而是保护正常的金融秩序。原因在于，非法讨债可能引发故意伤害、非法侵入住宅、非法拘禁等多种犯罪行为，往往还涉及共同犯罪等问题，给司法实务处理增加了难度。换言之，非法讨债侵犯了社会秩序，给社会的稳定造成了混乱，对于这种集体法益的强化保护，体现出强烈的重安全、重社会的价值。比如，2010年以来，陈某海伙同他人设立两家担保公司，并依托该两家公司在上杭县境内实施高利放贷。被告人陈某海是两家公司的大股东，负责经营及管理公司的所有事务。被告人陈某湖是其中一家公司的股东，负责公司的债务催收等业务。后被告人陈某海、陈某湖拉拢、纠集社会闲散人员被告人林某、王某、曾某等人，形成以被告人陈某海、陈某湖为纠集者，被告人林某、王某、曾某为成员的恶势力团伙。该恶势力团伙对无法及时还款付息的借款人、担保人及其家属等人，采取电话或上门威胁、恐吓、滋扰、殴打、限制他人人身自由、侵入他人住宅等方式催收高利贷产生的非法债务，破坏上杭县辖区的经济、社会生活秩序及部分单位的工作秩序，影响恶劣。陈某海、陈某湖等人犯催收非法债务罪，被判处有期徒刑一年五个月至六个月不等，并处罚金二万元至五千元不等。

在没有入罪之前，如果在非法讨债的过程中因使用暴力、胁迫等手段而侵犯了他人法益，上述案例中的被告人，则可以直接适用故意伤害罪、非法侵入他人住宅罪等罪名；如果非法讨债行为并没有达到构成故意伤害罪等犯罪的定罪标准，则可以通过《治安管理处罚法》的规定处理，并不需要动用刑法手段。由此可见，非法讨债行为入罪所治理的并不是有故意伤害等侵犯他人人身或财产法益的讨债行为，而是讨债手段的非法性，目的在于通过刑事立法拦截风险以防患未然，是事先预防，而不是针对法益侵害行为造成的危害后果进行惩罚。

（四）侮辱、毁谤英雄烈士名誉、荣誉罪中"烈士"范围、"情节严重"认定问题

《刑法》第 299 条后增加一条，作为第 299 条之一："侮辱、诽谤或者以其他方式侵害英雄烈士的名誉、荣誉，损害社会公共利益，情节严重的，处 3 年以下有期徒刑、拘役、管制或者剥夺政治权利。"在这个罪名之前，对于类似的行为，一般以寻衅滋事罪定罪，因为寻衅滋事罪属于结果犯，要求必须造成公共秩序严重混乱才可以定罪，现实中的混乱好认定，但是网络上的比较难以认定。一般而言，要从信息传播的范围、相关信息被大量转发、评论、报道，才可以认定为造成公共秩序严重混乱。

在最高人民法院发布的常某寻衅滋事案中，常某将殴打、辱骂被害人的视频发布多个微信群、朋友圈，造成 11 天 11 个小时就获取舆情信息 99648 条，传播受众人数达 6.8 亿人次，从关注度、传播度来看，足以认定造成公共秩序严重混乱。另外，典型的如"辣笔小球"侮辱毁谤英雄烈士罪一案：2021 年 2 月 19 日上午，仇某在卫国戍边官兵英雄事迹宣传报道后，为博取眼球，获得更多关注，在住处使用其新浪微博账号"辣笔小球"（粉丝数 250 余万名），先后发布 2 条微博，歪曲卫国戍边官兵祁发宝、陈红军、陈祥榕、肖思远、王焯冉等人的英雄事迹，诋毁、贬损卫国戍边官兵的英雄精神。上述微博在网络上迅速扩散，引起公众强烈愤慨，造成恶劣社会影响。截至当日 15 时 30 分，仇某删除微博时，上述 2 条微博共计被阅读 202569 次、转发 122 次、评论 280 次。2021 年 2 月 25 日，建邺分局以仇某涉嫌寻衅滋事罪提请批准逮捕。3 月 1 日，建邺区人民检察

院以仇某涉嫌侵害英雄烈士名誉、荣誉罪批准逮捕。

检察机关认为，首先，仇某发布微博，以戏谑口吻贬损英雄团长"临阵脱逃"，并提出四名战士因为营救团长而牺牲、立功，质疑牺牲人数、诋毁牺牲战士的价值，侵害了祁发宝等整个战斗团体的名誉、荣誉，根据《刑法》第293条、《最高人民法院、最高人民检察院关于办理利用信息网络实施诽谤等刑事案件适用法律若干问题的解释》（以下简称《网络诽谤的解释》）第五条的规定，已涉嫌寻衅滋事罪；其次，仇某的行为符合3月1日实施的《刑法修正案（十一）》增设的侵害英雄烈士名誉、荣誉罪的规定，根据《刑法》第12条规定的"从旧兼从轻"原则，应当按《刑法修正案（十一）》处理；再次，仇某作为有250余万粉丝的微博博主，在国家弘扬卫国戍边官兵英雄事迹的特定时间节点实施上述行为，其言论在网络迅速、广泛扩散，造成恶劣社会影响，应当认定为"情节严重"。

一是英雄烈士的范围。从语法上，固然不排除可以将"英雄烈士"拆分为"英雄""烈士"两个词的可能性，但是如果这样理解，就违背了文字含义的基本内涵，超出文本可能的范围。侵害英雄烈士名誉、荣誉罪中的"英雄烈士"一词，中间并没有使用"或"和"及"这类连接词。《英烈法草案说明》明确规定了英雄烈士不包括"现实中的英雄模范"，也就是"活着的英雄烈士"，活着的英雄当然不是烈士，所以他们被草案称为"英雄模范"而不是"英雄烈士"，所以《英烈保护法》的立法原意是保护故去的烈士，而不是现实中的英雄模范。对于侵犯活着的英雄模范名誉、荣誉的行为，法律也予以打击，只不过不适用《英烈保护法》和《刑法修正案（十一）》的规定，而适用2015年12月27日《中华人民共和国国家勋章和国家荣誉称号法》，情节严重的，适用刑法第246条侮辱罪、诽谤罪的规定追究刑事责任。[1] 本罪中的"英雄烈士"，是指已经牺牲、逝世的英雄烈士。如果行为人以侮辱、诽谤或者其他方式侵害健在的英雄模范人物名誉、荣誉，构成犯罪的，可以适用侮辱罪、诽谤罪追究刑事责任。但是，如果在同一案件中，行为人的行为所侵害的群体中既有已牺牲的烈士，又有健在的英雄模范人物时，应当整体评价为侵害英雄烈士名誉、荣誉的行为，不宜区别适

---

① 参见刘艳红：《法秩序统一原理下侵害英雄烈士名誉、荣誉的保护对象研究》，载《法律科学》2021年第5期。

用侵害英雄烈士名誉、荣誉罪和侮辱罪、诽谤罪。虽不属于烈士，但事迹、精神被社会普遍公认的已故英雄模范人物的名誉、荣誉被侵害的，因他们为国家、民族和人民作出巨大贡献和牺牲，其名誉、荣誉承载着社会主义核心价值观，应当纳入侵害英雄烈士名誉、荣誉罪的犯罪对象，与英雄烈士的名誉、荣誉予以刑法上的一体保护。①

二是侵害英雄烈士名誉、荣誉罪中"情节严重"的认定。可以参照《网络诽谤的解释》的规定，并可以结合案发时间节点、社会影响等综合认定。《网络诽谤的解释》第 2 条规定，同一诽谤信息实际被点击、浏览次数达到 5000 次以上，或者被转发次数达到 500 次以上的；造成被害人或者其近亲属精神失常、自残、自杀等严重后果的；二年内曾因诽谤受过行政处罚，又诽谤他人的；具有其他情节严重的情形的，属于"情节严重"。办理利用信息网络侵害英雄烈士名誉、荣誉案件时，可以参照上述标准，或者虽未达到上述数量、情节要求，但在特定时间节点通过具有公共空间属性的网络平台和媒介公然侵害英雄烈士名誉、荣誉，引起广泛传播，造成恶劣社会影响的，也可以认定为"情节严重"。对于只是在相对封闭的网络空间，如在亲友微信群、微信朋友圈等发表不当言论，没有造成大范围传播的，可以不认定为"情节严重"。②

（五）非法猎捕、收购、运输、出售陆生野生动物罪中的"以食用为目的""人工繁殖"问题

在《刑法》第 341 条中增加一款作为第 3 款："违反野生动物保护管理法规，以食用为目的非法猎捕、收购、运输、出售第一款规定以外的在野外环境自然生长繁殖的陆生野生动物，情节严重的，依照前款的规定处罚。"这是贯彻落实全国人大关于全面禁食野生动物规定在刑法中的体现。从源头上控制重大公共卫生风险的发生。如，2021 年 8 月 18 日上午 8 时至下午 6 时许，犯罪嫌疑人曾某、袁某某在双峰县梓门桥镇和走马街镇公路边电线杆、沿河竹林及树林内、农田埂上用弹弓枪猎捕鸟类 28 只，用普通弹弓猎捕鸟类 1 只，其中在猎捕 12 只鸟类过程中使用了多媒体诱捕器。后经双峰县林业局鉴定，曾某使用的多媒体诱捕器系

---

① 参见《最高人民检察院第 34 批指导性案例》，载《检察日报》2022 年 2 月 21 日。
② 参见《最高人民检察院第 34 批指导性案例》，载《检察日报》2022 年 2 月 21 日。

《野生动物保护法》规定的禁用方法，使用的弹弓系禁用工具。同时，曾某、袁某某猎捕的 29 只鸟类中，经鉴定，有 26 只系国家保护的"三有"陆生野生动物。实践中，需要重点把握好的问题包括：

一是准确把握"以食用为目的"。准确认定"以食用为目的"是本罪成立的前提条件。根据《最高人民检察院 最高人民法院关于办理破坏野生动物资源刑事案件若干法律问题的解释》第 11 条的规定，办案中必须全面收集能够证明"以食用为目的"的证据，应当综合考虑涉案动物及其制品的特征，加工和包装情况，被查获的特定地点，可以证明来源、用途的标识、证明等证据，相关生活常识以及涉案人员供述、证人证言作出认定。一般而言，具有以下情形之一的，可以认定为"以食用为目的"：（1）将野生动物及其制品在餐饮单位、饮食摊点、超市等场所作为食品销售或者运往上述场所的；（2）通过包装、说明书、广告等介绍相关野生动物及其制品的食用价值或者方法的；（3）其他足以认定以食用为目的的情形。本案中，足以证实曾某、袁某等猎捕野生动物，系出售到菜馆等供一些食客食用，其在一些餐饮单位是上游供货商。

二是准确把握人工繁殖的动物。根据《最高人民检察院 最高人民法院关于办理破坏野生动物资源刑事案件若干法律问题的解释》第 13 条规定，需要根据人工繁殖的目的、难度、数量、动物的珍贵、濒危程度等进行判断。在认定是否构成犯罪以及裁量刑罚时，应当考虑涉案动物是否系人工繁育、物种的濒危程度、野外存活状况、人工繁育情况、是否列入人工繁育国家重点保护野生动物名录，行为手段、对野生动物资源的损害程度，以及对野生动物及其制品的认知程度等情节，综合评估社会危害性，准确认定是否构成犯罪，妥当裁量刑罚，确保罪责刑相适应。具有下列情形之一的，对所涉案件一般不作为犯罪处理；需要追究刑事责任的，应当依法从宽处理：（1）列入人工繁育国家重点保护野生动物名录的；（2）人工繁育技术成熟、已成规模，作为宠物买卖、运输的。

从近年来司法实践中相关案件的情况看，对于破坏人工繁育野生动物资源的行为，在决定是否追究刑事责任以及如何裁量刑罚时，应当结合案件事实和证据，综合考量涉案动物的濒危程度、野外种群状况、人工繁育情况、用途、行为手段和对野生动物资源的损害程度等情节，综合评估社会危害性，依法作出妥当处理，确保罪责刑相适应。①

1. 涉案动物的濒危程度和野外种群状况。根据野生动物的濒危程度等因素，我国《野生动物保护法》和《公约》将需要重点保护的野生动物分为一、二级保护野生动物和附录Ⅰ、Ⅱ规定的物种。一般而言，野生动物的濒危程度越高，其保护等级相应就越高，相应犯罪的社会危害性就越大。基于此，《野生动物资源解释》就破坏野生动物资源犯罪根据涉案动物的保护等级规定了相应的定罪量刑标准。

2. 涉案动物的人工繁育情况。对于破坏人工繁育野生动物资源犯罪而言，涉案动物的人工繁育情况是此类案件定罪量刑时应当考虑的重要因素。人工繁育是促进濒危野生动物种群恢复和发展的重要途径，根据《野生动物保护法》的规定，经省级政府野生动物保护主管部门批准并取得人工繁育许可证，可以人工繁育国家重点保护野生动物，并在有利于野外种群养护和符合生态文明建设等前提下依法经营利用。在此背景下，对于涉案动物系人工繁育技术成熟且养殖规模较大的物种的，在定罪量刑时应与人工繁育技术不成熟、养殖规模较小物种的犯罪有所区别。如果属于濒危程度较高、人工繁育技术不成熟、养殖规模较小的物种，如大熊猫、东北虎、华南虎等，量刑时原则上不宜从宽，确有特殊情况需要从宽处理的，亦应从严掌握；如果属于人工繁育技术成熟且养殖规模较大的物种，如球蟒、黄金蟒、缅甸陆龟、豹纹陆龟、红色吸蜜鹦鹉、珍达锥尾鹦鹉等，考虑行为人的主观恶性较小、行为的社会危害性较低，在决定是否追究刑事责任和量刑时应适当从宽。

3. 涉案动物的用途。根据《野生动物保护法》以及有关规范性文件的规定，因科学研究、物种保护、展示展演、文物保护或者药用等特殊情况，在按照有关规定严格审批和检疫检验的前提下，可以经营利用人工繁育的野生动物及其制品，禁止非法放生和以食用为目的经营利用。

4. 行为方式、手段和对野生动物资源的损害程度。在办理破坏人工繁育野生动物资源犯罪案件时，除了涉案动物的濒危程度和野外种群状况、人工繁育情况、用途等因素外，行为人作案的方式、手段和对野生动物资源的损害程度亦应

---

① 参见郭慧、刘为波：《如何准确把握涉人工繁育野生动物资源刑事案件定罪量刑标准》，载《刑事审判参考》第124集。

作为量刑时应当考虑的因素。

（六）危险作业罪中"现实危险"的把握

《刑法修正案（十一）》增设了第 134 条之一危险作业罪，明确规定，在生产、作业中违反有关安全管理的规定，有所列三种情形之一，具有发生重大伤亡事故或者其他严重后果的现实危险的，处一年以下有期徒刑、拘役或者管制。之后，最高人民检察院发布了"辽宁省东港市于某香等人危险作业案"、最高人民法院发布了"潘某某危险作业案"等典型案例，一定程度上细化了"现实危险"的判断标准，但司法实践中，关于如何界定危险作业罪中的"现实危险"仍存在不同认识。从立法原意看，危险作业罪不是抽象危险犯，并非只要认定刑法所规定的危险类型和程序违法即可定罪。危险作业罪是具体危险犯，需要形成证明存在具体危险的完整的证据链条。根据既往司法实践经验，"现实危险"的判断应当结合司法工作人员的办案经验和特定生产领域的专业知识判断。如，2021 年 4 月 2 日，广东省深圳市龙华区应急管理局行政执法人员在对某工业园开展执法检查时发现，现场共有两个集装箱改造房。其中一个集装箱改造房内设有办公区域，现场留有销售单据、支付二维码，并储存大量疑似危险化学品；另一个集装箱改造房为仓库，储存大量外包装标有易燃等标志的稀释剂、固化剂、清漆等疑似危险化学品。经调查，两个集装箱改造房均为彭某辉、袁某欢所有。两人在未取得危险化学品安全生产许可证和经营许可证的情况下，长期生产调漆成品，并将调漆成品与稀释剂等其他危险化学品售卖给汽车维修企业。行政执法人员按程序下达了《现场处理措施决定书》，责令其停止生产、经营危险化学品，停止在集装箱改造房内储存危险化学品；对现场 10 种疑似危险化学品（共计 2.089 吨）进行抽样取证后依法扣押，并依法查封涉案场所。经鉴定，所有涉案化学品均属于危险化学品。

《刑法修正案（十一）》增设危险作业罪，目的就是要加大对未经依法批准或者许可擅自从事高度危险生产作业活动等违法行为打击力度。但如何准确理解具有发生重大伤亡事故或者其他严重后果的现实危险，成为判定罪与非罪的关键和疑难点。在本案中，经第三方安全评价机构进行风险评估，两个集装箱改造房紧邻工厂和居民楼，彭某辉、袁某欢未经许可生产经营储存危险化学品的违法行为，具有发生重大伤亡事故或者其他严重后果的现实危险，彭某辉、袁某欢的行为可能触犯《刑法》第 134 条之一，涉嫌危险作业罪。后龙华区人民法院依法判处彭某辉有期徒刑 7 个月、缓刑 18 个月，判处袁某欢有期徒刑 6 个月、缓刑 15 个月。

准确判断"现实危险"认定生产作业中违反有关安全管理规定的行为是否构成危险作业罪，判断行为是否"具有发生重大伤亡事故或者其他严重后果的现实危险"是关键。"具有发生重大伤亡事故或者其他严重后果的现实危险"，一般是指现实存在的、紧迫的危险，如果这种危险持续存在，将可能随时导致发生重大伤亡事故或者其他严重后果，应当结合行业属性、行为对象、现场环境、违规行为严重程度、纠正整改措施的及时性和有效性等因素，进行综合判断。专业性强、认定难度大的，可委托有关监管部门或有关机构出具是否存在"现实危险"的评估意见，结合其他证据进行判断。认定本罪要把握好罪与非罪的界限，要注重宽严相济刑事政策的运用，积极适用认罪认罚从宽制度，着力促进涉案企业认真整治风险隐患。同时，要注重以案促治，提高敏锐性，针对案件反映出的相关行业领域存在的安全隐患，要推动相关部门进行排查整改，切实防范化解安全风险隐患。[①]

（七）负有照护职责的人员性侵罪

在《刑法》第 236 条后增加一条，作为第 236 条之一："对已满 14 周岁不满 16 周岁的未成年女性负有监护、收养、看护、教育、医疗等特殊职责的人员，与该未成年女性发生性关系的，处 3 年以下有期徒刑；情节恶劣的，处 3 年以上 10 年以下有期徒刑。"

2020 年，鲍某某性侵未成年"养女"案引起广泛关注，这种严重违背社会伦理和道德底线的行为引发社会强烈关注。与不满 14 周岁女孩发生性关系的行为已被刑法明确为强奸犯罪，为了响应社会关切，这次刑法修改将负有监护、收养、看护、教育、医疗等特殊职责的人员与 14 至 16 周岁养女发生性关系的行为入刑，弥补了法律空白。无论女性是否同意，只要发生关系，就构成强奸。如，

---

① 参见余辉杨：《最高人民检察院发布检察机关落实"八号检察建议"典型案例》，载《检察日报》2022 年 6 月 2 日。

被告人刘某入职广州某专修学院多年，在担任学生杨某（化名）班主任期间，与杨某关系较好，私下以兄妹相称。某天晚上，杨某约刘某外出返校时，因超过学校宿舍门禁管理时间，两人怕被学校批评处分，遂决定到刘某的教师宿舍留宿，当晚两人发生性关系。广州白云法院审结该案，被告人刘某（化名）被判处有期徒刑2年10个月，5年内禁止从事教育行业以及与未成年人相关的职业，这是广州首例负有照护职责人员性侵案。

一是如何界定"负有照护职责人员"。从立法本意不难看出，在负有照护职责的人员与未成年人之间，基于前者的特殊职责及双方年龄、地位、身份等的不对等关系，二者之间易形成一种隐性强制状态。负有照护职责的人员对其照护的未成年女性即使不使用明显的强制手段，也足以达到压制对方表达真实意志的强制效果；如果行为人利用特殊职责所形成的隐性强制状态，与其照护的已满14周岁不满16周岁的未成年女性发生性关系，即使未使用暴力、胁迫或者其他强制手段，其行为仍属于违背妇女意志，依法应构成负有照护职责人员性侵罪。有必要指出的是，法条所规定的监护、收养、看护、教育、医疗等特殊职责，并不要求行为人与被害对象存在正式的或为法律所认可的照护关系。如果双方之间存在正式的或为法律所认可的监护、收养、看护、教育、医疗关系，则作为照护一方的行为人无疑可以成为本罪的主体。同时，即便双方之间不存在正式的或为法律所认可的监护、收养、看护、教育、医疗等关系，只要行为人在平时的生活中对被害对象进行实质上的照护或者存在事实上的接管关系，也应认定为负有照护职责的人员。另外，这种照护关系也不要求是稳定的、长期的，只要行为人所进行的照护具有一定的持续性，并非偶然为之，其受到被照护的未成年女性的特殊信赖，则也应认定为负有照护职责的人员。[①]

二是"如何理解发生性关系"。我国刑法在之前有关性侵犯罪的规定，使用的是强奸、猥亵等专有概念，并没有使用"发生性关系"这样的表述。那么，本条中的"发生性关系"的外延是必须与强奸的外延作相同处理，还是可以将不法程度与自然性交相当的猥亵行为（如口交、肛交等）也纳入进来，或者认为也包括一般的猥亵行为，可能就会存在争议。本条规定的"发生性关系"，在外延上

---

① 参见劳东燕主编：《刑法修正案（十一）条文要义》，中国法制出版社2021年版，第68页。

既包括传统上强奸所指向的自然性交行为，也包括不法程度与自然性交相当的猥亵行为，以及一般的猥亵行为。也即，此处规定的"发生性关系"宜作广义理解，既包括性交，也包括一般的猥亵行为。①

四、借助《刑法修正案（十一）》实施的契机降低羁押的对策

在当前积极发挥审前把关和分流作用，降低审前羁押的背景下，检察机关应借助《刑法修正案（十一）》正式施行的有利契机，梳理好修改的路径，下好适用强制措施的"第一手棋"，在"新轨道"上及时形成更符合新时代司法理念的"司法惯性"，与公安机关一起，全面客观精准审查判断社会危险性，降低审前羁押率。

一是做好新增轻微罪名的社会危险性审查。最高检明确提出要重点开展法定刑在三年以下有期徒刑的逮捕案件的羁押必要性审查工作。《刑法修正案（十一）》新增的第 133 条之二妨害安全驾驶罪，第 291 条之二高空抛物罪，第 134 条第 2 款强令、组织他人冒险作业罪等，都属于处一年以下有期徒刑、拘役或者管制，属于典型的刑期较低、量刑轻微的罪名。司法实践中，此类犯罪大多也事实简单，证据较易固定，当事人实施新的犯罪，毁灭、伪造证据，逃跑等可能性较低，一般而言，在侦查阶段，就可以采取非羁押性强制措施，没有呈请逮捕的必要性。除此之外，第 280 条之二冒名顶替罪，第 293 条之一催收非法债务罪，第 344 条之一非法引进、释放、丢弃外来入侵物种罪等新增设的罪名，最高刑都为 3 年以下有期徒刑，属于刑档单一、刑期较轻的罪名，容易认罪认罚，难以出现社会危险的 5 种情形，在呈捕的时候，应当慎重，减少对此类案件的呈捕率，检察机关批捕的时候，也应当重点审查其社会危险性，对于无社会危险性的，建议不批捕。

二是做好刑档重大调整罪名的社会危险性审查。在传统的职务侵占罪、非国家工作人员受贿罪、集资诈骗罪等罪名中，量刑都由两档变成三档。第一档的起

---

① 参见劳东燕主编：《刑法修正案（十一）条文要义》，中国法制出版社 2021 年版，第 70 页。

刑点也由五年以下有期徒刑变成三年以下有期徒刑。这三个罪名属于在民营企业中多发高发的罪名，起刑点和量刑档次的变化，实际上也是涉民营企业刑事案件办理思路的变化，更加注重"轻轻重重"相结合的打击方式，对于达到数额较大，本身属于从犯、初犯等的，情节轻微的，刑事处罚也相比明显要轻，此类犯罪也应倾向于不必要羁押，对于数额特别巨大的，则倾向于更重的刑罚。值得注意的是，在挪用资金罪中增设了"在提起公诉前，将挪用的资金退还的，可以从轻或者减轻处罚"。在非法吸收公众存款罪中增加了"有前两款行为，在提起公诉前积极退赃退赔，减少损害结果发生的，可以从轻或者减轻处罚"。作为两个罪名中法定的从轻、减轻情节，有利于促使嫌疑人及时退赃，企业挽回损失。办理此类案件时，应当更加注重对企业资金的及时、实质挽回，打击犯罪与保护发展民营企业更好结合，对于及时将退还、减损的，符合条件的，可以根据资金退还情况，审查判断社会危险性，及时改变强制措施，提升退赔减损的积极性。

三是注意结果犯转情节犯有关罪名的社会危险性审查。《刑法修正案（十一）》通过增加、删除等方式，将部分罪名由传统的结果犯转为情节犯。如，删除了第 219 条侵犯商业秘密罪中的"给商业秘密的权利人造成重大损失的""造成特别严重后果的"的犯罪结果构成要件要素，使侵犯商业秘密罪这一结果犯降格为情节犯；第 214 条销售假冒注册商标的商品罪中，将"销售金额数额"改为"违法所得数额较大或者有其他严重情节的"；在第 218 条销售侵权复制品罪中，增加了"有其他严重情节"作为兜底性条款，扩大了打击范围，使得该罪不再局限于违法所得数额的认定。在非国家工作人员受贿罪中，增加了"有其他特别严重情节的"，使得非国家工作人员受贿罪由传统的数额犯向情节犯转变，这种改变意味着，行为方式及次数、犯罪对象以及行为是否违背职责及违背程度，都能反映社会危害性大小，成为定罪量刑的标准，也是羁押必要与否的审查关键。在判断社会危险性的时候，应当避免惯性思维，要按照新规定，树立"新理念"，走入"新轨道"。再如，《刑法》第 175 条之一骗取贷款、票据承兑、金融票证罪中，将构成要件中的"造成重大损失或者有其他严重情节"修改为"造成重大损失"，则是提高了该罪的入罪门槛，将尚未给银行或其他金融机构造成重大损失但有其他严重情节的骗取贷款、票据承兑、金融票证行为排除在了刑法犯罪圈之外。

四是更加注重对财产强制措施、罚金刑的综合运用。《刑法修正案（十一）》将多个刑法条文中的倍比制罚金刑，修改为无限额罚金刑。如第142条生产、销售劣药罪，将百分之五十以上二倍以下罚金修改为无限额制罚金刑；第160条欺诈发行股票、债券罪，第191条洗钱罪中的百分比制罚金刑，修改为无限额制罚金刑。这种罚金刑无限额化的调整模式，取消了原先可以通过限额、倍比、百分比控制的罚金上、下限，实际上通过取消罚金刑的限额，加大了对相关犯罪的惩戒力度。罚金刑的加大适用，一定程度上体现了惩治、预防思路的变换，从经济上采取更严厉的举措，剥夺再犯的可能性，而不是仅自由的限制。此类情况在经济、金融、食药品领域犯罪体现得十分明显，实践中，要加大对嫌疑人财产的扣押、冻结力度，实现财产上有力度的打击，对于查封、扣押、冻结的财产与犯罪造成的损失基本相当的，采取非羁押强制措施不影响诉讼顺利进行的，可以及时变更，实现更好的打击效果。

当前，严重暴力犯罪及重刑率大幅下降，新型危害经济社会管理秩序犯罪上升，刑事犯罪状况、结构发生了重大变化。降低审前羁押率，有利于释放办案效能，缓解监管场所羁押压力，化解社会矛盾维护社会和谐稳定，是符合当前犯罪变化情况的科学理念、有效方式和重要举措。我们要及时把握犯罪产生、发展、预防和惩治的规律，把对这种规律的掌握，体现在包括强制措施的适用上，有效降低审前羁押，实现更好的社会治理。

制度剖析篇

第三十七篇 "情况说明"证据
属性的四种形态

一、侦查机关"情况说明"的概念

所谓"情况说明",是指在刑事司法实践中,侦查机关就刑事案件中存在或者需要解决的问题提供的工作说明。一般使用"情况说明",也使用"工作说明""关于……说明"或"说明"等名称。包括犯罪嫌疑人抓获经过、其他涉案嫌疑人追诉及处理情况、有关事实未能查证的原因、赃物起获、无法鉴定、比对、指认、辨认、估价的原因、有关证据调取过程中有无删减、是否全部调取、是否为原件等各个方面的内容。

关于"情况说明",最早的法律文件是最高人民法院 1998 年 9 月 2 日颁布的《关于执行〈中华人民共和国刑事诉讼法〉若干问题的解释》,之后,最高人民法院、最高人民检察院、公安部、国家安全部、司法部联合发布《关于办理刑事案件排除非法证据若干问题的规定》也有相关规定,新刑事诉讼法适当地借鉴了上述规定,出台的《人民检察院刑事诉讼规则》(以下简称《诉讼规则》)和《最高人民法院关于适用〈中华人民共和国刑事诉讼法〉的解释》,(以下简称《高法解释》)对此进行了细化,侦查机关"情况说明"的证据属性也呈现多元性。

(一)证据辅助型的"情况说明"

关于司法实践中"情况说明"的法律属性,存在一定争议。虽然《刑事诉讼法》没有将"情况说明"纳入证据种类，但是根据相关司法解释的精神，实践中可转化为"情况说明"或者"说明"类书面载体的证据是有相关规定的，虽不能单独作为一类证据，但却是相关物证、书证、电子证据等合法性、客观性及收集完整性的证明方式。《高法解释》第 69 条第 1 款规定："物证、书证是否为原物、原件，是否经过辨认、鉴定；物证的照片、录像、复制品或者书证的副本、复制件是否与原物、原件相符，是否由二人以上制作，有无制作人关于制作过程以及原物、原件存放于何处的文字说明和签名。"明确了对证据采集过程中的相关事项要求"说明"的规定。《高法解释》第 92 条规定："对视听资料应当审查以下内容：（一）是否附有提取过程的说明，来源是否合法；（二）是否为原件，有无复制及复制份数；是复制件的，是否附有无法调取原件的原因、复制件制作过程和原件存放地点的说明，制作人、原视听资料持有人是否签名或者盖章；（三）制作过程中是否存在威胁、引诱当事人等违反法律、有关规定的情形；（四）是否写明制作人、持有人的身份，制作的时间、地点、条件和方法；（五）内容和制作过程是否真实，有无剪辑、增加、删改等情形；（六）内容与案件事实有无关联。"第 93 条规定："对电子邮件、电子数据交换、网上聊天记录、博客、微博客、手机短信、电子签名、域名等电子数据，应当着重审查以下内容：（一）是否随原始存储介质移送；在原始存储介质无法封存、不便移动或者依法应当由有关部门保管、处理、返还时，提取、复制电子数据是否由二人以上进行，是否足以保证电子数据的完整性，有无提取、复制过程及原始存储介质存放地点的文字说明和签名；（二）收集程序、方式是否符合法律及有关技术规范；经勘验、检查、搜查等侦查活动收集的电子数据，是否附有笔录、清单，并经侦查人员、电子数据持有人、见证人签名；没有持有人签名的，是否注明原因；远程调取境外或者异地的电子数据的，是否注明相关情况；对电子数据的规格、类别、文件格式等注明是否清楚；（三）电子数据内容是否真实，有无删除、修改、增加等情形；（四）电子数据与案件事实有无关联；（五）与案件事实有关联的电子数据是否全面收集。对电子数据有疑问的，应当进行鉴定或者检验。"上述条文，明确规定要求对相关事项予以"说明"或者要求审查"说明"，也就要求侦查机关在调取上述证据过程中，必须移交相关的"说明"。

由于相关的物证自身和书证内容无法证明侦查机关取得手续合法性、是否为原件、原件存放地点、制作过程等，作为这一类物证、书证的附属，侦查机关通常会以"情况说明"或者"说明"的书面形式表明上述情况，以完善相关证据。同样，侦查机关调取视听资料、电子资料后，凭上述证据难以证实取证的合法性和程序正当性。在实践中，最切合、有效和常见的方式依然是侦查机关办案人员出具"情况说明"，对调取过程、来源合法性、是否为原件、制作过程的合法性、内容的真实性以及在调取电子邮件、电子数据交换、网上聊天记录、博客、微博客、手机短信、电子签名、域名等电子数据时，对是否随原始介质移送、是否二人进行，提取、复制过程等情况进行说明。

对于这一类"情况说明"，由于其自身的特殊性，具体应用时，呈现以下特征：第一，不能作为证据单独使用，只能结合相关的物证、书证、视听资料、电子证据合并使用，具有附属性。如果在调取相关物证、书证、视听资料和电子数据时，对上述需要证明的事项能够以其他的证据种类予以证实，则尽量选择其他证据种类，比如可对相关人进行讯问、询问，提取相关笔录等，比如在调取相关物证时，出具调取、扣押物品清单，进行辨认、拍照，移交发还清单，那么即便不进行"说明"，检察机关也能够结合证据予以认定；第二，程序性正当性证明。侦查机关出具的"情况说明"只对证据自身无法证明的程序性正当性进行说明，不能对相关证据证实的事实和内容进行说明，如果对事实和内容进行说明，那么并不符合证据的客观性，影响证据能力。第三，需要检察机关和审判机关进一步审查。侦查机关出具"情况说明"并不能说明"自身的清白"，需要公诉人在审查起诉阶段、审判员在审理阶段进行全面细致审查，确定其真实性和外在的形式要件是否合法等。

（二）瑕疵证据补正手段的"情况说明"

所谓瑕疵证据及其补正规则，主要被确立在办理死刑案件证据规定之中。根据这一证据规定，法院在对物证、书证、证人证言、被告人供述、勘验检查笔录、辨认笔录的审查判断过程中，对于那些在收集过程中存在轻微违反法律程序情形的，可以将其视为瑕疵证据，并适用可补正的排除规则。[1] 总体来看，瑕疵证据大都是侦查人员在制作相关证据笔录时存在技术性缺陷的证据，如笔录记录

---

[1] 参见陈瑞华：《论瑕疵证据补正规则》，载《法学家》2012年第2期，第68页。

有错误、笔录遗漏了重要的内容、笔录缺乏相关人员的签名等。①

根据陈瑞华教授归纳，瑕疵证据的类型包括：（1）证据笔录存在记录上的错误。侦查人员提供的证据笔录存在着记录上的错误，这是刑事诉讼中经常发生的情况。比如，证人询问笔录反映出在同一时间段内同一询问人员询问不同证人，这显示出询问笔录记载的时间不合情理，违背基本的经验法则。（2）证据笔录遗漏了重要内容。在侦查过程中，侦查人员由于疏忽大意或者对证据规则的轻视，经常发生没有完整地记载侦查过程的情形。这种形式上的程序违规尽管不一定意味着侦查人员违反了法律程序，却属于不容忽视的证据瑕疵。例如，勘验、检查笔录、搜查笔录、提取笔录、扣押清单没有载明物品的特征、数量、质量、名称，物证、书证的复制品没有记载制作人关于制作过程的说明，等等。（3）证据笔录缺少有关人员的签名或盖章。在侦查过程中，无论是主持侦查的办案人员、物品持有人、被讯问人、被询问人，还是侦查过程的见证人。都要对有关证据笔录签名或者盖章，这是上述人员确认侦查过程规范性和侦查结果真实性的重要制度保证。一旦缺乏这些人员的签名或者盖章，证据笔录即属于瑕疵证据。（4）侦查活动存在技术性手续上的违规。侦查人员程度不同地存在轻微的程序违规情况，由于违反法律程序的情况并不严重，我们可以称其为技术性程序上的违规。例如，询问证人的地点不符合规定。侦查人员将证人传唤到看守所，或者安置在某一使证人丧失人身自由的场所，然后进行询问。这种在询问地点上的违规操作，容易导致证人丧失陈述的自愿性，甚至被迫作出不符合真实情况的事实陈述。②

《刑事诉讼法》的修改，吸收了两个证据规定的成分，其中也包括"情况说明"。刑事诉讼法第五十六条规定："采用刑讯逼供等非法方法收集的犯罪嫌疑人、被告人供述和采用暴力、威胁等非法方法收集的证人证言、被害人陈述、应当予以排除。收集物证、书证不符合法定程序，可能严重影响司法公正的，应当予以补正或者作出合理解释，不能补正或者作出合理解释的，对该证据予以排除。"《高法解释》第73条第2款规定："物证、书证的收集程序、方式有下列瑕疵，经补正或者作出合理解释的，可以采用：（一）勘验、检查、搜查、提取

---

① 参见陈瑞华：《论瑕疵证据补正规则》，载《法学家》2012年第2期，第68页。

② 参见陈瑞华：《论瑕疵证据补正规则》，载《法学家》2012年第2期，第68~69页。

笔录或者扣押清单上没有侦查人员、物品持有人、见证人签名，或者对物品的名称、特征、数量、质量等注明不详的；（二）物证的照片、录像、复制品，书证的副本、复制件未注明与原件核对无异，无复制时间，或者无被收集、调取人签名、盖章的；（三）物证的照片、录像、复制品，书证的副本、复制件没有制作人关于制作过程和原物、原件存放地点的说明，或者说明中无签名的；（四）有其他瑕疵的。对物证、书证的来源、收集程序有疑问，不能作出合理解释的，该物证、书证不得作为定案的根据。"① 《高法解释》对物证、书证、证人证言收集、方式和被告人、嫌疑人讯问笔录瑕疵可补正的情形进行了罗列，为司法实践中的具体适用提供了明确的指引，若侦查人员不能够进行补正或者通过出具"情况说明"难以达到补正或者合理解释的效果，否则不能作为定案的证据。除此之外，有必要分清瑕疵证据和非法证据之间的界限，若属于侦查人员违法取得的非法证据，那么适用直接排除的规则，补正或者以"情况说明"作出合理解释是徒劳的，情节严重的，相关侦查人员要承担法律责任。

那些在程序违法方面情节严重的非法证据，通常都有一个共同的特征：这类证据取证手段的违法性很可能直接影响该证据的真实性，法院一旦采纳它们，就容易作出错误的事实认定。相反，那些被认定为违法情节不严重的瑕疵证据，即便为法院采纳，一般也不会造成事实认定上的错误。②假如我们不对侦查违法作出严重程度上的区分，而是对所有违反法律程序的行为都予以强制性排除的话，那么，排除规则的负面效应就会显得格外突出。例如，对于瑕疵证据动辄采取排除措施，势必会削弱公诉方的证据体系，使得法院的定罪变得困难，甚至出现大量不得不放弃有罪裁决的案例。考虑到侦查人员违反法律程序的情况具有较高的比例，而那些在侦查的技术手续方面存在瑕疵的情况更是带有普遍性，因此，这种不加区别地适用排除规则的做法，可能会使所有程序违法行为都受到一种整齐划一的惩罚。毕竟，将证据排除于法庭之外，属于一种最严厉的程序性制裁措施；而侦查人员违反法律程序的情况又是千差万别的，有着严重程度的差异。这种对不同程度的程序违法行为一律采取最严厉制裁的做法，无疑违背了基本的比

---

① 除此之外，《高法解释》第七十七条规定了证人证言收集程序、方式瑕疵的补正；第八十二条规定了对被告人、嫌疑人讯问笔录瑕疵的补正规则，文中不一一引述。

② 参见张军主编：《刑事证据规则理解与适用》，法律出版社 2010 年版，第 147 页、183 页。

例性原则。更何况，因为排除规则的适用而造成对有罪被告人的放纵，假如发生在大面积的案件中，几乎肯定会带来社会各界的强烈反应，整个刑事司法系统将会面临控制犯罪不力的强烈指责和压力。①

（三）直接作为证据适用的"情况说明"

执法办案中，公诉人承担着对案件证据全面审查的职责，虽然新旧刑事诉讼法都没有把"情况说明"作为证据种类进行规定，但是整个刑事诉讼过程就是一个依靠证据不断揭示案件事实的过程，由于案发当时的情形不可能再现，人们对于案件的记忆和表述都有客观或主观的不可靠性，通过证据证明的法律事实和客观事实之间会存在一定的差异甚至相左之处。在复杂的现实面前和证据不能悉数以法定证据规范获取的情况下，侦查人员为了还原案件事实，必然出现"情况说明"等"实践产物"。对于侦查机关书写有"工作说明""工作情况""说明""情况说明"等字样的证明材料，不应当一概地认为不符合证据种类的说明材料，一味地拒绝采纳，而应当严格、细致审查，做到明察秋毫，捋顺隐藏在"工作说明""工作情况""说明""情况说明"等字样下的书证、证人证言等证据，依法规范使用。②

在刑事司法实践中，有关通话记录、主体身份、指定管辖、赔偿说明、特情办案等"情况说明"，其实就是属于书证。比如：在交通肇事、故意伤害等案件中经常出现的"关于犯罪嫌疑人某某或者家属已经代为赔偿受害人损失的说明"就属于书证一类。它通过里面的内容证明犯罪嫌疑人或者被告人已经赔偿被害人的事实，在一定程度上弥补了被害人的损失，证明了犯罪嫌疑人认罪、悔罪的态度，进行了赔偿，依法是可以酌定从轻处罚的，对于这类"情况说明"就应当归入书证。

与案件具有关联性的"情况说明"，根据内容和形式综合考虑应当保留的，可以分别归入相应的法定证据形式；对于未刑讯逼供的"情况说明"，应当通过办案警察或检察官出庭或者通过审讯时的同步录音录像以及其他旁证予以证明未

---

① 参见陈瑞华：《论瑕疵证据补正规则》，载《法学家》2012年第2期，第76页。

② 参见余响铃：《'情况说明'法律依据及实践路径实证研究》，载《中国检察官（司法实务）》，2013年第5期上，第38页。

刑讯逼供，因此应当分别归为证人证言和视听资料。对于查找未果的"情况说明"，无论是赃物还是凶器等等的查找，均属于案件的第二现场、第三现场，是对现场的勘查检验，故应当将其归为勘验检查笔录。对于案件来源的"情况说明"，根据其是电话报案、知情人报案、监听等，分别归为书证和视听资料。①对于直接作为证据使用的"情况说明"，一般表现为一些年代久远、具有一定政策性相关证据的综合归纳，或者结合有关规定而进行的具体行为，比如"发破案经过说明""关于执行逮捕情况说明"，由于具有一定的专业性和政策性又不属于需要出具专家意见的情况，作为相关机构出具的综合类说明材料，对情况的一种综合描述等，这类直接适用的"情况说明"绝大多数属于书证，是以其思想内容证实有关案件事实。

（四）不具有证据属性的"情况说明"

司法实践中存在"情况说明"，有一部分既不是瑕疵证据的补正手段，更非证据辅助型的"说明"，也不是可以直接作为证据适用的"情况说明"。存在相当一部分"情况说明"不具备证据属性。修改前的《刑事诉讼法》规定了七种证据，修改后刑事诉讼法规定了八种证据。不论修改前刑事诉讼法还是修改后刑事诉讼法，都没有明确规定"情况说明"作为证据的一类，我们也无法笼统地将"情况说明"归纳于每一类证据中。

作为刑事案件中的证据材料要作为证据使用，需要符合证据的客观性、关联性和合法性。第一，客观性强调证据必须以客观存在的事实为基础，而排斥单纯的主观判断及推测臆断。实践中，侦查机关出具的"情况说明"中，有一部分并非直接来源于案件，而是事后的补充证明，而且附带了侦查人员大量的主观信息；第二，证据必须是与案件具有客观联系的事实，不存在客观联系，仅仅依凭主观臆测的事实，往往会导致案件误入歧途；第三，证据必须是法定人员依照法定程序或方法收集的，而实践中的诸多"情况说明"是由侦查人员和相关单位、个人自己出具的，也就是说，没有依照法定程序或方法收集，并且，未经质证的证据，不能作为定案的依据。将这样的材料当成判定取证是否合法的"证据"，

---

① 参见黄维智：《刑事案件中'情况说明'的适当定位》，载《法学》2007年第7期，第157~158页。

对于非法证据的排除，不仅毫无益处，反而为非法证据的滋生提供了温床。①这种由未出庭作证的侦查人员提交的极不规范的书面材料，被司法人员概括为一个形象的"专业术语"，即证据"白条"。糟糕的是，证据"白条"虽不具有法定证据的形式，但其证明力往往胜似法定证据。②法官仅凭"情况说明"的寥寥数语，也难以对取证的合法性问题做出准确判定，却要予以认定为证据，岂不是与法官认定证据依持的'内心确信'相悖？③

根据"情况说明"证实的内容进行大致细分，分为：（1）实体法事实的"情况说明"。这类"情况说明"是指侦查机关或者检察机关的自侦部门在办案过程中针对犯罪嫌疑人在侦查期间所具有的实体法上的法定或者酌定从重、从轻、减轻或者免除处罚情节所作的说明。④ 这类"情况说明"主要包括自首、立功、认罪态度、抓捕经过等情形的说明。（2）程序法事实的"情况说明"。这类说明是指公安机关或者检察机关自侦部门在侦查过程中所获取的证据是否具有可采性和犯罪嫌疑人的合法权益是否被侵害等。⑤ 这类"情况说明"主要是关于未刑讯逼供、相关物证查找未果、案件来源、提取固定证据、勘验检查等。（3）证据弥补性的"情况说明"。这类"情况说明"主要是侦查机关或者检察院自侦部门所移送到检察院或者法院的证据材料由于存在笼统、模糊、遗漏等质量问题，侦查机关自动或者应要求而做的"情况说明"。⑥ 这类"情况说明"主要是关于

---

① 参见王丹：《"情况说明"的证据越位——对〈非法证据排除规定〉第七条第三款的检讨》。载《人大研究》2011年第6期，第38页。

② 参见刘品新：《证据"白条"当杜绝》，载《检察日报》2004年5月11日。

③ 参见王丹：《"情况说明"的证据越位——对〈非法证据排除规定〉第七条第三款的检讨》。载《人大研究》2011年第6期，第38页。

④ 比如：侦查机关出具的某"情况说明"："2012年6月10日，我队接报警称，在旗良公路1KM处一轿车与一摩托车发生事故，有人受伤，赶赴现场后，使用手机号码"1382027×××"报警的系肇事司机刘某，事故发生后，其及时报警，并在现场等候，如实供述了自己的罪行。"

⑤ 比如：侦查机关出具的某"情况说明"："江某某于2012年9月13日被行政拘留，后进一步侦查发现，江某某的行为应当追究刑事责任，故改为刑事拘留。""案件中的作案工具'老虎钳子'未找到""李某某被当场抓获，我所民警在其身上搜出丁字拐1把、弹簧刀1把，白色手机1部。"

⑥ 比如：侦查机关出具的某"情况说明"："卷中'袁小明'应为'袁晓明'、'李涛涛'应为'李滔滔'""卷中穿黑色西服的男子、'二旺'、高超系同一人，应为高超。"

案卷中特定细节、问题所作的补充说明，比如勘验检查笔录粗疏、讯问笔录遗漏、错字、鉴定结论模糊等。由于侦查机关出具的"情况说明"属于对案件事实一定程度的归纳、总结，虽然不能作为证据予以认定，但是对于查清案件事实，具有一定的辅助作用，公诉人在认定事实时，要综合全案的证据材料进行分析、认定，不能凭借一纸"情况说明"；对于程序性事实的"情况说明"，不仅要审查单个证据自身，还要结合嫌疑人供述、证人证言、全程录音录像、查询犯罪嫌疑人出入看守所的身体检查记录及相关材料、进行伤情、病情检查或者鉴定等调查核实方式等予以核实。因而，侦查机关主动出具的这种自证清白的"情况说明"难以自证，需要公诉人进一步核实；对于弥补性的"情况说明"，不属于证据法研究的内容，属于案件质量的问题。

二、"情况说明"存在的问题

"情况说明"在侦查、审查起诉和法庭审理阶段大量出现，一定意义上，"情况说明"已经成为刑事案件的"标配"。通过对 W 检察院 2012 年 3—9 月审查起诉的 234 件刑事案件，共计 518 份"情况说明"进行统计、梳理、分析，① 其中 218 个刑事案件由公安机关移送，16 个职务犯罪案件由检察院自侦部门移送，侦查阶段，公安机关出具"情况说明"367 份，检察院出具"情况说明"18 份，每个刑事案件平均拥有 2.21 份"情况说明"，而每份"情况说明"又具有多个说明事项。所含"情况说明"，侦查阶段占 74.3%，审查起诉和法庭审理阶段，分别占 14.2%、11.5%。成都市人民检察院在抽样调查中就发现"情况说明"存在广泛使用的情况，在抽查的 98 件案件之中，每件案件均存在使用"情况说明"的现象，共有 89 件案件的"情况说明"是 1~3 份，占总数 90.81%，3~6 份的案件共有 5 件，仅占总数的 5.10%，6 份以上的共有 4 件，占总数的

---

① 实践中，"情况说明"的称谓并不统一，有"说明""工作说明""情况说明"等，使用"情况说明"是较普遍的情形，每一份"情况说明"并不单纯只说明某一个内容，可能在一份"情况说明"之下包含多个说明内容和说明事项，也不乏一份"情况说明"下罗列数个、十几个说明事项的情形。

4.08%。①

司法实践中普遍存在的"情况说明"并非无懈可击,存在以下问题:

1. 适用的不规范性。称谓上不规范,既有:"工作说明""工作情况",又有"说明""关于……的情况说明"等,不仅不同案件使用的称谓不规范,甚至在同一案件的多份"情况说明"称谓上也不规范;出具主体上不规范,如:关于自首、立功、抓获经过等"情况说明",以公安机关刑侦支队、派出所出具较多,而鉴定结论、勘验检察笔录等证据进一步完善、补充的"情况说明",则通常由公安局物证鉴定所、物价鉴定中心等出具;签名和盖章不规范,很多"情况说明"的公章为"某某公安局预审支队""某某公安局经侦支队""某某公安局某某派出所",民警签名则多为打印体、仿真打印体甚至无签名。②

2. 内容的随意性。既存在实体法事实的"情况说明",说明在侦查过程所具有的实体法上的法定或者酌定从重、从轻、减轻或者免除处罚情节,又有程序法事实的"情况说明",说明在侦查过程中所获取的证据是否具有可采性和犯罪嫌疑人的合法权益是否被侵害。还有大量由于存在笼统、模糊、遗漏等质量问题,侦查机关自动或者应要求而做的"情况说明"。甚至有的侦查机关不说明犯罪嫌疑人的具体归案情况,只是表示犯罪嫌疑人有或者没有主动投案因而属于或不属于自首;有的"情况说明"不说明具体事实,只给出结论;有的侦查机关在侦查阶段和审查起诉阶段或者一审、二审过程中针对同一个问题出具了两份截然不同的情况说明。③

3. 采纳的主观性。由于实践中广泛存在"情况说明",既包括实体法的"情况说明",又包括程序法的"情况说明",还有一些弥补性的"情况说明"。法院对于"情况说明"所证实的内容是否属实、程序是否违法,如何举证、质证,是

---

① 参见黄维智:《刑事案件中"情况说明"的适当定位》,载《法学》2007年第7期,第154页。

② W检察院在2012年3—9月份的234件刑事案件中共计518份情况说明中,以"某某公安局预审支队"名义出具的75份,以"某某公安局某某派出所"名义出具的102份,以"某某检察院反贪局"名义出具的18份,其中以电脑打印字体签名的189份,以电脑打印仿真字体签名的123份,手写签名116份,无签名90份,还有少数只有1位干警签名的说明。

③ 参见吴杨泽:《规范刑事案件中的情况说明》,载《人民检察》2010年第14期,第78页。

否符合证据的客观性、关联性、合法性等，采纳的方式、方法不统一，不同法院、不同法官由于个人对于上述"证据"的认知不统一、有无统一要求，无规范可循，因而存在对"情况说明"的不规范、不严谨采纳，甚至任意采纳，凭个人意志和经验采纳，也不排除选择性采纳，出现定罪量刑畸轻畸重的情形。

三、逐步规范"情况说明"的路径

作为司法实践中常用的一类证明方式，"情况说明"被广泛使用，甚至被滥用，这种带有侦查人员主观臆想特征的"证据"，不仅破坏了证据的客观性、合法性和关联性，而且对事关犯罪嫌疑人可以或者应当从轻、减轻处罚的情节的作随意书写"情况说明"，可能为徇私枉法提供了空间；在"情况说明"中经常出现的关于"作案工具无法调取""其他犯罪嫌疑人无法查找""相关报警电话无法查实"等，不排除是公安机关个别干警不愿查找、不想查找、懒于查找等因素导致；加之，侦查机关不加限制地通过书写"情况说明"对证据中的文字、数据、时间等错误和笼统、模糊、遗漏等质量问题进行修正，一定程度上降低了公安机关的执法办案能力与水平，助长侦查机关的慵懒行为，不利于司法机关整体办案水平的提高。对于检察机关已经核实却无从监督的"情况说明"被一旦法庭采纳，作为定罪量刑的证据，那么当然地可能影响了审判的公正，由于自身的监督"失力"，以致法庭"采纳"随意，导致监督"无力"，最终可能导致司法不公。

厘清司法实践中"情况说明"的证据属性，就是为了更好地规范目前适用"情况说明"中存在的不合理现象，就目前司法实践而言，有必要从以下四个方面逐步规范对"情况说明"的适用。

(一) 合理适用

在证据呈现方式及表现内容复杂的现实下，证据不能悉数以法定的证据形式获取，出现"情况说明"这一类实践产物，有其一定的合理性。然而，就目前司法实践中"情况说明"存在状况、应用状况、监督状况以及对整个证据体系的破坏而言，是存在巨大问题的。既不能一概否定在司法实践中发挥的作用，又不能忽视其存在的问题，需要引起重视，加以合理应用。（1）数量上合理。一个案件中出项大量"情况说明"，而每份"情况说明"又兼具多个说明事项，最少说明侦查机关在调取相关证据时不够充分，态度不够严肃、可能存在证据漏洞，甚至存在庸懒散的不良作风，要尽量减少适用"情况说明"，尽量不适用"情况说明"，改变目前司法实践中"情况说明"成为刑事案件"标配"的存在状况。（2）非必要不适用。一份未经法定程序调取，没有具体规定规范而且属于事后补充的"情况说明"，证据能力是有疑问的，除了法律规定的情形外，要遵循非必要性不调取，比如，属于政策性规定的总结、罗列、调取证据路途远、耗费大而证据关联性不大，无法形成相关的书证，或者相关当事人无法作证等。

（二）依法适用

根据《刑事诉讼法》第 56 条、第 175 条和《诉讼规则》第 65 条第 1、2 款、第 68 条等相关规定。新刑事诉讼法确定了对非法实物证据实行裁量排除的规则。[①] 也正是在这一规则下，对侦查机关证据收集的合法性有疑问，可以要求侦查机关进行"作出说明""补正或解释""进行说明"，这也是实践中广泛使用的"情况说明"的法律依据之一。同时《高法解释》也对司法实践中以"说明"方式进行规定，包括可以以"说明""情况说明"为载体进行的进一步补充。

司法实践中，要依法适用"情况说明"。（1）厘清司法实践中可适用"情况说明"的类别。包括证据辅助型的"情况说明"、瑕疵证据补正手段的"情况说明"、直接作为证据适用的"情况说明"和不具有证据属性的"情况说明"。不能任意扩大对"情况说明"的适用，更不能以"情况说明"代替其他证据种类。（2）依照法律规定正确适用"情况说明"。对于情况说明的适用，总体上看，都属于辅助性、补正性，穷尽其他证据类别不能后适用的，要结合法律的规定，从启动程序、对象、类别、危害程度、方式上综合运用，不能的当做"万能贴膏"，使用过于随意性。（3）坚决排除不切合的"情况说明"。通过"情况说明"的方式对案件事实和定罪、量刑情节进行说明的，要坚决排除，要求侦查机关重新取证，比如，关于嫌疑人的到案经过，需要结合第一次讯问笔录、接报警经过、证

---

① 孙谦、童建明主编：《新刑事诉讼法的理解与适用》，检察出版社 2012 年版，第 82 页。

人证言、传唤手续等证据予以综合分析嫌疑人是否构成自首，绝对不能凭借侦查机关关于嫌疑人主动去侦查机关投案的材料就认定其为自首等。

（三）规范适用

对于司法实践的"情况说明"，有必要从称谓、格式体例、签章等方面加强规范，通过召开公安、检察院、法院等多部门协调会、座谈会进行协调，制定相关规范文件，达成统一方案。（1）称谓上，虽然之前的《关于办理刑事案件排除非法证据若干问题的规定》第 7 条第 3 款和《中华人民共和国刑事诉讼法》第 171 条，《诉讼规则》第 70 条、第 73 条都用了"提交加盖公章的说明材料""可以要求其对证据收集的合法性作出说明""可以书面要求侦查机关对证据收集的合法性进行说明。"等的表述，但是对于在实践中到底该怎么操作并没有明确的规范，因而才会有在司法司法中出现诸如"工作情况说明""说明""工作情况"等称谓不统一的情况，笔者认为有必要首先在称谓上进行规范，使用"关于某某情况的说明"比简单地使用"情况说明"要规范具体。（2）体例上，主要从"情况说明"内容上进行规范，不能笼统、模糊地同时对多个事项进行说明，要结合具体的证据和需要说明的事项，做到"一事项一说明"，分条罗列并进行说明。（3）格式上，应当包含称谓、内容、侦查人员并加盖单位公章和日期，公章应当是一个具有法人主体资格的公安局的公章或者检察院的院章，对于加盖"某某公安局预审支队""某某公安局经侦支队""某某公安局某某派出所""某某检察院反贪局"等公章的"情况说明"予以排除，同时，必须由侦查人员签名，一般而言，应该是两名侦查人员的手写签名，不能是电脑打印签名，对于电脑打印仿真签名的方式也应当严格限制并减少使用。

（四）强化监督

检察机关在审查起诉时，同时承担着监督职责，应当强化监督职责，履行法定义务、维护司法公正。对于侦查机关出具的"情况说明"要结合全案证据综合分析判断，认真讯问犯罪嫌疑人，积极听取辩护人的意见，询问被害人、证人等，核实相关"情况说明"，必要的时候，应当亲自调查取证，比如，对于相关作案工作无法因为遗失无法调取的说明，还应当积极查找相关作案工具、赃物等，确实不放过每一个证据，不遗漏每一个可能存在监督空白的角落。

《高法解释》也进行了一些细化固定，如第 108 条规定："对侦查机关出具的被告人到案经过、抓获经过等材料，应当审查是否有出具该说明材料的办案人、办案机关的签名、盖章。对到案经过、抓获经过或者确定被告人有重大嫌疑的根据有疑问的，应当要求侦查机关补充说明。"第 110 条规定："证明被告人自首、坦白、立功的证据材料，没有加盖接受被告人投案、坦白、检举揭发等的单位的印章，或者接受人员没有签名的，不得作为定案的根据。对被告人及其辩护人提出有自首、坦白、立功的事实和理由，有关机关未予认定，或者有关机关提出被告人有自首、坦白、立功表现，但证据材料不全的，人民法院应当要求有关机关提供证明材料，或者要求相关人员作证，并结合其他证据作出认定。"

人民检察院应当多通过讯问犯罪嫌疑人、询问办案人员、询问在场人员及证人、听取辩护律师意见、调取讯问笔录、讯问录音、录像、调取、查询犯罪嫌疑人出入看守所的身体检查记录及相关材料、进行伤情、病情检查或者鉴定等方式进行调查核实。审判机关也要切实履行好法治的最后一道防线的功能，以制度化规范化的方式防止由于举证、质证，采纳的方式、方法并不统一，不同法院、不同法官由于个人对"情况说明"认知不统一、要求不统一而可能出现的采信随意性的情形。

第三十八篇　延长审查起诉期限研究

一、问题之提出

刑事诉讼中的期间，是指公安司法机关以及当事人和其他诉讼参与人进行刑事诉讼活动应当遵守的时间期限。①《刑事诉讼法》第 172 条规定："人民检察院对于公安机关移送起诉的案件，应当在一个月以内作出决定，重大、复杂的案件，可以延长十五日。"第 175 条第 3 款规定："对于补充侦查的案件，应当在一个月以内补充侦查完毕，补充侦查以二次为限，补充侦查完毕移送人民检察院后，人民检察院重新计算审查起诉期限。"在刑事诉讼理论研究中，相比较证据规则、诉讼监督、公诉权、辩护权等学者们关注较多的问题，刑事办案期间的理论研究一直被忽略，对司法实践中刑事办案期间的应用现状缺乏系统分析，刑事办案期限实际上是融汇于刑事诉讼全过程的一个重要问题。

刑事诉讼中规定一个月的审查起诉期限，是为了迅速、及时地查明案件。可以延长半个月，主要是考虑到司法实践中，案件疑难、复杂程度，工作量大小的差异等，是审限的例外规定，是不需要退回侦查机关的期限延长。刑事诉讼中补充侦查包括审查逮捕阶段、审查起诉阶段和法庭审理阶段补充侦查。审查起诉阶段退回侦查机关补充侦查，是人民检察院认为犯罪事实不清、证据不足或者遗漏罪行、遗漏同案犯罪嫌疑人等情形，需要补充侦查的。在审查起诉期间内，延长半个月期限和退回补充侦查，都将导致案件审查起诉的期限延长。

---

① 参见陈光中主编：《刑事诉讼法学》第三版，北京大学出版社、高等教育出版社 2009 年版，第 243 页。

我国的刑事诉讼法关于期间包括审查起诉的期限是具体、明确的。在符合法律规定的前提下，审查起诉期限届满后，进行必要的延长或者退回侦查机关补充侦查是可行的，都是为了更好地完成审查起诉工作。然而在司法实践中，存在"非重大、复杂刑事案件延长审查期限""以延期或退查换时间"等问题。经对某区检察院某年1—6月审查起诉的185起刑事案件分析，其中，普通刑事案件163件233人，经济犯罪案件22件36人。审查起诉期限首次延长半个月共38起，占案件总数20.5%；退回补充侦查共46起，占案件总数24.8%；在法定期限外出现期限延长的比率合计为45.3%，再次移送审查后延长半个月10起，占案件总数的5.4%，占退回补充侦查总数的21.7%。

二、设计之理念

在很多国家，尤其是进入审查起诉、法庭审理阶段，案件办理并没有"办案期限"或者"审限"这一称谓。然而刑事诉讼在实现公正等其他价值的前提下对时间耗费最小化的诉求，在各个国家和地区却是一致的。

（一）遵循追诉效率是现代刑事程序法的基本价值

要实现对时间耗费最小化的诉求，一般而言，在刑事诉讼过程中，都遵循效率和集中原则。效率在刑事诉讼中的表现就是刑事诉讼应当客观公正的前提下迅速进行，集中就是刑事诉讼的过程应当不间断地持续进行。"审判应当在客观、公正的前提下迅速地进行。无论对于国家或被告之利益，迅速裁判对于刑事司法而言至关重要。"[1] 日本最高法院制定的《刑事诉讼法规则》第一百七十九条第二款规定：法院对需要审理二日以上的案件，应当尽可能连日开庭、连续审理。诉讼关系人应当严守期日，避免对审理带来妨碍。[2]

近年来的刑事司法改革逐步向审判中心主义推进。[3] 及时高效地将刑事案件移送审判机关进行审理是当前司法活动的一个价值遵循。我国《刑事诉讼法》第

---

① 参见蔡墩铭：《刑事诉讼法论》，台湾五南图书出版公司1993年版，第22页。

② 参见彭勃：《日本刑事诉讼法通论》，中国政法大学出版社2002年版，第191页。

③ 参见孙长永：《审判中心主义及其对刑事程序的影响》，载《现代法学》第21卷第4期，1999年8月，第94~95页。

二条规定："中华人民共和国刑事诉讼法的任务，是保证准确、及时地查明犯罪事实，正确应用法律，惩治犯罪分子……保障社会主义建设事业顺利进行。"查明犯罪事实不仅要准确，而且要及时，即尽量在较短的时间内查明犯罪实施者及有关情况。只有及时查明犯罪事实，才能及时落实国家的刑罚权，这对于有效打击犯罪、预防犯罪具有重要的意义。及时查明案情，还能够使无罪的嫌疑人尽快解脱，从而切实维护公民的人身自由权和其他合法权益。①

（二）刑罚的及时性更加有利于达到刑罚的功效

"犯罪与刑罚之间的时间间隔得越短，在人们心中，犯罪与刑罚这两个概念的联系就越突出、越持续，因而人们就很自然地把犯罪看做起因，把刑罚看做不可缺少的结果。只有使犯罪和刑罚衔接紧凑，才能指望相联的犯罪概念使那些粗俗的头脑从诱惑他们的、有利可图的犯罪图景中猛醒过来。推迟刑罚只会产生使这两个概念分离开来的结果。"② 刑罚的及时性不仅是诉讼效率内在的必然要求，而且是实现刑罚目的、达到刑罚功效的必要前提。刑罚的及时性意味着犯罪行为与刑罚处罚之间的顺承和紧密相连，表现为两者在时间间隔上的尽可能短暂。刑罚处罚来得越及时，其刑罚的效果就越好。

（三）明确的期限指引是程序公正的当然考虑

刑事诉讼中尤其是审前的具体期限规定，对于办案人员对案件的初步判断和侦查提供了明确的指引。不会因为原则和模棱两可的规定影响案件进程的推进，此外，细致的期限规定使得刑事诉讼的运行更趋于精细化，当事人对自身权利受到限制的尺度和持续时间会有一个准确的判断。③ 明确的办案期限规定，也给侦查、审查起诉和审判权力的行使划定了清晰的界限，除法律规定的特殊情形可以变更、延长外，办案期限在一定意义上而言，就是追诉和审判权力不可逾越的底线，刑事诉讼办案期限不得被突破。明确的时间限制也使被追诉人更容易辨识出

---

① 参见陈光中主编：《刑事诉讼法学》（第三版），北京大学出版社、高等教育出版社2009年版，第24页。
② ［意］贝卡里亚：《论犯罪与刑罚》，中国大百科全书出版社1993年版，第56页。
③ 参见姚剑：《刑事办案期限：两种表现形式的分型》，载《青海社会科学》2009年第1期，第157页。

多长时间的拘留是合法的，超过几日的羁押是违法的，更利于辩方程序权利的保护。再者，明确的办案期限对于办案机关本身也是一种保障，可以排除案外干扰，强化实施办案期限制度的刚性。也给外界提供了是否按照规定期限办案的评价标准。

三、实践之困惑

明确办案期限，符合程序法的基本理念，也可能造成一种比较机器、固定的思维。在一些重大、疑难复杂案件中，审查起诉工作的繁重绝不是一般刑事案件的工作量可以相比的。在法律明确的期限规定下，案件承办人为了争取时间，可能会采取违背司法精神但是不逾越法律规范的变通方式去争取更多时间。当然，明确办案期限也存在一种被用尽的趋势，有的案件承办人即便是审查起诉完毕，不到期限的最后一两天也不移送法院审理。

（一）非重大、复杂刑事案件延长审查期限

根据《刑事诉讼法》第172条的规定，重大、复杂的刑事案件，可以延长半个月。统计表明，审限延长或者退查的案件中多数属于"两抢一盗"、故意伤害、交通肇事、危险驾驶、聚众斗殴等常见犯罪；嫌疑人多表示自愿认罪，案情简单明了、证据确实充分，适用法律没有较大争议，部分已经出具谅解或者达成赔偿协议。显然不具备重大、复杂的刑事案件的基本特征。由于法律规定是"应当"在一个月内作出决定，这是一种强制性规定，如果不属于重大、复杂刑事案件，而选择延长审查起诉期限，是不符合法律规定的，也不利于尊重和保障人权，不能够体现出细化在审查起诉阶段的尊重和保障人权。审查起诉环节，选择延长期限应当严格执法，尤其对于犯罪嫌疑人被羁押的案件应当慎重。即便是重大、复杂案件，也是选择性的。可以延期也可以不延期，要是不利于尊重和保障人权，应当尽量不延期。

（二）以延期或者退查换时间

相比侦查期间和审判期间的时限而言，检察机关审查起诉期限相对较短。公

诉人可能由于案件自身疑难繁琐、自行补充侦查证据、排除非法证据、案件内部报批手续或者自身工作能力和水平等因素的影响，加之在审查起诉时，还需要履行讯问嫌疑人、询问证人、被害人、调取核实相关证据、制作法律文书、内部审批流转等事项，不能在一个月内审查完毕。即便是相对简易的刑事案件，由于公诉人在同一时间内普遍需要承办数起甚至数十起刑事案件，难易程度、轻缓要求各不相同，导致办案时间紧张。在工作压力之下，选择将部分不属于重大、复杂的刑事案件延长审查起诉期限，或者通过罗列一两个证据退回公安机关补充侦查以换取更充足的时间。经分析，上述情况特别是在案件相对集中的阶段是存在的，约占比20%。

（三）延期或者退查导致羁押期限长

根据《刑事诉讼法》第 175 条的规定，逮捕后的侦查羁押期限一般为两个月。属于法律规定为案情复杂的四类刑事案件，期限届满不能终结的，经上一级人民检察院批准延长一个月，最长侦查羁押期限为七个月。对于退回补充侦查的期间算不算入侦查羁押期限，各地认知不统一、做法各异。审查起诉时，嫌疑人多数已经被采取了强制措施，由于审查起诉环节延期或者非必要性退回补充侦查而致使嫌疑人在检察环节羁押时限延长，是不利于保护嫌疑人权益的。虽然法律规定对于判决执行以前先行羁押的，羁押一日折抵刑期一日，判处管制的，监视居住一日折抵刑期一日，判处拘役、有期徒刑的，监视居住二日折抵刑期一日。然而对于在审查起诉环节获得谅解、立功、积极赔偿被害人的，即便是判处缓刑，而对于已经被长时间羁押的嫌疑人也是不公平的。新刑事诉讼法已经赋予侦查、检察和审判阶段进行羁押必要性审查，然而，公诉人在审查案件时，由于法律规定不明确、操作性不强，或者不愿意增加工作负担，而忽视上述工作，也未能及时更改强制措施，难以达到救济的目的。

（四）延期或者退查缺乏必要的监督机制

对于延长审查起诉期限和退回公安机关补充侦查的决定，都取决于检察院自身，只需要内部做好相关的报批手续即可。而且各地做法不一，有的检察院只需要报送公诉科长（处长）审批即可，有的则需要再报送主管检察长审批，缺乏外部监督制约机制。《刑事诉讼法》第 175 条规定对于需要补充侦查的,可以退回公安机关补充侦查。没有审查起诉延期、退查的必要性审查规定,也缺乏更加细致的操作规则。《人民检察院刑事诉讼规则(试行)》第 614 条规定:延长审查起诉期限,案件退回补充侦查或者补充侦查完毕移送审查起诉后重新计算审查期限的,公诉部门在办理时,通知负有监督职责的人民检察院监所检察部门或者案件管理部门以及看守所。但是此条文缺乏具体引导,对于违反上述规定缺乏明确惩罚性规定,实践中难以达到监督效果,存在监督机制不健全等问题。

四、原因之分析

审查起诉环节,出现审限延长或者退回补充侦查是正常的办案方式,而对不属于重大、复杂案件延期或者为了换取时间而退回补充侦查,并因此导致羁押期限过长是不符合法律本意的,也违背法律精神。出现上述情况的原因是多方面的,主要是:

(一) 审查起诉期限包含的实际办案时间存在差异

虽然法律规定审查起诉期限为一个月,《刑事诉讼法》第 105 条第 2 款规定:"期间开始的时和日不算在期间以内。"第 4 款规定:"期间的最后一日为节假日的,以节假日后的第一日为期满日期,但犯罪嫌疑人、被告人或者罪犯在押期间,应当至期满之日为止,不得因节假日而延长。"事实上,实际审查起诉的期限可能是不足一个月的,还不包括期间的双休日。① 根据《最高人民法院关于适用〈中华人民共和国刑事诉讼法〉的解释》第 165 条规定:"以月计算的期限,自本月某日至下月同日为一个月,期限起算日为本月最后一日的,至下月最后一日为一个月,下月同日不存在的,自本月某日至下月最后一日为一个月,半个月

---

① 比如:某刑事案件 2013 年 9 月 5 日移送检察院审查起诉,那么根据法律规定,其到期日为 2013 年 10 月 5 日,如果嫌疑人采取了取保候审的强制措施,那么期满日为 2013 年 10 月 8 日,若采取逮捕的强制措施,那么期满日为 2013 年 10 月 5 日,而这个时候处于全国放假期间,即便按时移送,法院也无人受理,公诉人只能选择放假前也就是 2013 年 9 月 30 日前移送法院,否则只能延期,那么实际办案时间可能最多 25 天,还不包括中的双休日。

一律按十五天计算。"审查起诉一个月的时间同样存在差异。① 对于一个疑难、新型、媒体高度关注的案件，时间是非常宝贵的，一天、两天的时间差异，都可能增加办案人的压力。

（二）重大、复杂案件的范围缺乏具体的规定

《刑事诉讼法》第 172 条规定：重大、复杂的案件，可以延长十五日。然而对于什么样的案件属于重大、复杂，缺乏明确的规定。这不仅属于从宏观上进行价值判断的问题，在司法实践中，是否重大、复杂，介入因素颇多，包括社会危害性、媒体关注度、适用法律、涉案当事人是否缠访闹访等。一个案件在不同阶段，可能由于介入因素的不同、多寡，重大、复杂性不一样。案件自身重大复杂、媒体关注或是新型疑难案件，都可能变成实践中的重大复杂案件。既需要统筹于整个刑法、刑诉法规范去分析，又需要密切结合执法办案实践去厘清。

（三）"案多人少"的矛盾日益凸显

随着经济社会的不断发展，各种矛盾日益凸显，检察机关执法办案的压力不断增大。公诉人成长往往需要较长的时间，需要在执法办案的实践中不断锻炼，随之一批老公诉人陆续退出一线，相应的执法办理力量增长缓慢。近年来，检察机关特别是广大公诉人不断参与各种打击危害国家安全犯罪、严重暴力犯罪和抢劫、抢夺、盗窃等多发性侵财犯罪。积极参与打黑除恶专项斗争和扫黄打非、打击电信诈骗、禁毒等专项行动，配合有关部门集中整治城乡接合部等重点地区，保障国家安全、人民群众生命财产安全。一批危害巨大、影响深远的刑事案件被提起公诉。一个熟练公诉人一年内承办的刑事案件可达一百余件。② 与此同时，需要审查的犯罪事实、核实的证据、制作的法律文书等成倍增长。而一个月的审

---

① 比如：某刑事案件 2013 年 3 月 30 日移送审查起诉，那么到期日为 2013 年 4 月 30 日，如果是 2013 年 3 月 31 日移送审查起诉，到期日依然为 4 月 30 日，若某刑事案件 2013 年 1 月 31 日移送审查起诉，那么到期日 2013 年 2 月 28 日。案件的法定审查起诉期限可能是 28 天、29 天、30 天或者 31 天不等，若遇上法定节假日，留给承办人的时间实际上更少。

② 参见吕国成、张代磊等：《浙江检察官恪尽职守破解 '案多人少' 难题》，载《浙江法制报》2013 年 1 月 10 日；张仁平、吴美满等：《人均办案百件靠什么》，载《检察日报》2012 年 2 月 8 日。

查起诉期限微变，在时间相对固定的审查起诉期限内，一名公诉人可能同时承办十几起甚至几十起案件，特别协同公安机关和行政执法机关开展专项整治和严厉打击违法犯罪专项活动，使得某一时间段内，案件必须集中公诉，办案压力激增。公诉人为了更稳定、扎实地完成案件审查起诉工作，可能会采取这种变通方式，延长审查起诉期限。

五、规范之路径

对延长审查起诉期限和退回补充侦查等司法实践中的现实问题，一定要立足实践去解决。要处理好这个问题，保证《刑事诉讼法》的正确实施，需要进一步养成法治思维、明晰法律规范、提高司法效率、强化内部监督，更好地保障刑事诉讼法的正确实施。

（一）思想上，养成法治思维

《刑事诉讼法》将尊重和保障人权列入刑事诉讼的任务，案件承办人要进一步强化尊重和保障人权的意识，切实保障犯罪嫌疑人的权益。进一步养成法治思维，提高领导干部运用法治思维和法治方式深化改革、推动发展、化解矛盾、维护稳定的能力，是党的十八大提出的明确要求。检察官法治思维主要是体现检察官职业特点，实现司法公正的职业思维。具体而言，就是在行使检察权的过程中，为了能够公正、公平地处理案件，检察官按照法律的逻辑来观察问题、分析问题和解决问题的理性思维方式。

检察机关要把法治精神与法治理念贯穿到执法办案全过程，用法治思维指引执法行为，全面提升法律监督能力，更好地履行保障法律实施、维护公平正义的职责。[①] 检察官是经过专业训练、具有法律职业技能和职业道德的人，其与其他行业人员最大的区别不在于法律知识，而在于思维观念。检察官在执法办案时，不能简单地以完成工作任务、不出错等普通的工作思维对待案件，要在法治理念的基础上，运用法律规范、法律原则、法律精神和法律逻辑进行分析、综合、判

---

① 参见徐盈雁：《孙谦在第九届国家高级检察官论坛上强调用法治思维指引执法行为》，载《检察日报》，2013 年 8 月 22 日，第 1 版。

断、推理和形成结论、决定的思想认识活动与过程。

（二）立法上，明晰重大、复杂案件的法律规定

第一，进一步明晰重大、复杂案件的范围。要结合司法实践，正确地认知重大、复杂案件，处理好承办重大、复杂案件与一般刑事案件的关系。重大，一般是指案件涉及区域广、范围大、人数众多、媒体高度关注、社会危害性大、影响深远等，如：重大的危害公共安全、国家安全犯罪、严重暴力犯罪、黑恶势力、犯罪集团犯罪、涉众型经济犯罪等；复杂，一般是指案件涉及法律关系数量多，案件发生、发展过程变化较多，涉及的人和事多，案件证据量大、案件事实、处理意见分歧较大等。或者新型、疑难案件等，普通刑事案件一般不具备上述特征。认定重大、复杂案件，还可以参照《刑事诉讼法》第158条关于期限届满不能侦查终结，可以延期二个月的规定：（1）交通十分不便的边远地区的重大复杂案件；（2）重大的犯罪集团案件；（3）流窜作案的重大复杂案件；（4）犯罪涉及面广，取证困难的重大复杂案件。具备上述特征的案件，依法可以纳入《刑事诉讼法》第172条规定的重大、复杂刑事案件的范畴。而对于一些轻微刑事案件，事实清楚、证据确实充分、嫌疑人认罪、对案件事实和适用法律争议不大的案件，笔者以为应当严格按照法律规定的审查起诉期限办理，要严格限制延长审查起诉期限。对于案件之中仅仅是缺少一两个证据，于整个案件而言，关系不大的证据，能在审查起诉期限内自行侦查的，建议不要退回公安机关补充侦查，为减少退回补充侦查对时间的延误，并且能及时补充相关证据，检察院在可能的情况下，应当以自行侦查为主。

第二，重大、复杂案件办案期限相对原则。由于法律关于一个月审查起诉期限的固定性和实践中一个月实际天数、实际工作日数不尽相同，加之遇到国家法定节假日以及嫌疑人强制措施的不尽相同等情况，使得承办人在运用审查起诉期限的实际情况差距较大，甚至可达三个工作日。因而，有必要注重审查起诉期限的一般规定和特殊情况的综合协调，既考虑工作的实际情况，又科学测定案件办理需要的实际天数，尽量做到审查起诉期限的一般性与原则性规定相结合，固定月和实际工作日相结合，可以考虑普通刑事案件审限固定，重大、复杂刑事案件审限相对灵活。这样既可以让办案人员对案件的侦查、审查起诉有着明确的指

引，又不会因为期限的固定而不得不另辟他径延长审查起诉期限。

（三）司法上，维护嫌疑人权益与健全机制有机结合

第一，更好地维护犯罪嫌疑人合法权益。根据《刑事诉讼法》第98条规定：犯罪嫌疑人、被告人羁押的案件，不能在本法规定的侦查羁押、审查起诉、一审、二审期限内办结的，对犯罪嫌疑人、被告人应当予以释放，需要继续查证的、审理的，对犯罪嫌疑人、被告人可以取保候审或者监视居住。在2012年《人民检察院刑事诉讼规则（试行）》第256条规定：对于因鉴定时间较长、办案期限届满仍不能终结的案件，自期限届满之日起，应当依法释放被羁押的犯罪嫌疑人或者变更强制措施。在审查起诉环节，期限届满仍然不能办结的，应当释放被羁押的犯罪嫌疑人，需要继续查证等，则及时变更强制措施，特别是对于采取了逮捕等强制措施的嫌疑人，可以变更为取保候审或者监视居住。维护犯罪嫌疑人合法权益，承办人要处理好办理普通刑事案件与重大、复杂案件的关系，固定期限内基本工作程序和例外情况灵活处理的关系，执法办案质量与执法效率的关系、听取辩护人意见、与诉讼代理人、被害人等沟通、舒缓情绪和及时移送案件审查起诉的关系，退回公安机关补充侦查与自行侦查的关系等。

第二，健全审查起诉环节有关机制。（1）检察机关要进一步加大公诉人队伍的培养和锻炼，促进公诉队伍的良性增长，特别是对年轻公诉人，要敢于压担子，帮助公诉人快速成长，积极有效应对当前执法办案现实和对公诉人专业化要求提高的趋势；（2）要提高案件审查的效率和水平，必须进一步改进检察院的工作机制，减少不必要的工作流程，提高案件流转的效率，特别是利用好简易程序、庭前会议等制度，做到轻微刑事案件和重大、复杂刑事案件的区分办理；（3）要加强管理能力培训，进一步提高领导管理能力，合理借鉴现代管理制度，以现代管理理念武装领导的头脑；（4）强化检察院规章制度建设，比如建立案件承办公开公示制度，将承办人月度、季度、年度案件承办数量、质量等进行公开，并且直接和年度考核、评优提职相挂钩，通过制度建设切实克服工作中存在的形式主义，形成争先创优、永争第一的良好工作作风。

（四）监督上，进一步强化检察内部监督

第一，建立延期、退查必要性审查机制。对于需要延期、退回补充侦查的案

件，建立内部审查，增加案件承办人说理机制，由案件承办人就案件事实、证据和法律适用情况、延期的必要性、已经羁押的期限、是否造成超期羁押、是否需要更改强制措施、预计提起公诉时间等进行汇报。审批权限上，建立二级或者三级审批制度，一般的可以报公诉科长（处长）审批后由主管检察长审批即可，对于重大复杂、争议较大的案件，可以建立公诉部门内部讨论等制度进行审查延期、经报主管领导后，提交检委会讨论延长、退查必要性，增强案件的公开和透明度。

第二，强化案件管理部门的内部监督机制。《人民检察院刑事诉讼规则（试行）》第614条规定："延长审查起诉期限，案件退回补充侦查或者补充侦查完毕移送审查起诉后重新计算审查期限的，公诉部门在办理时，通知负有监督职责的人民检察院监所检察部门或者案件管理部门以及看守所。"检察院在执行上述制度时，有必要进一步细化相关规则，增强规则的可操作性和透明度，对于违反相关规定的，辅以一定的惩治措施，使内部监督更加切实有效。

第三十九篇 刑事法解释中家庭人员的甄别

家庭是社会的基本组成部分，一切社会中最古老的而又唯一自然的社会就是家庭。①《现代汉语大词典》将"家庭"定义为"以婚姻和血统为关系为基础的社会单位，包括父母、子女和其他共同生活的亲属在内。由于家庭模式的不断变迁，家庭的概念也不断变化。家庭有广义和狭义之分，广义的家庭是指一个家族，狭义的家庭是指以一夫一妻制构成的单元。对于家庭成员，广义上包括夫、妻、父、母、子、女、同胞兄弟姊妹、孙子女、外孙子女、叔、伯、姑、侄、姨、舅、外甥、表兄弟等，既包括直系亲属，又包括旁系亲属，泛指整个家族成员。而狭义上的家庭成员，仅指父、母、子、女、同胞兄弟姊妹等基于血缘而组成的家庭，一定意义上而言，只包括居民户口本上的成员，如常说的"三口之家""单亲家庭"。我国多个司法解释，条文中分别使用了"家庭成员""自己家庭""其他亲属""有共同家庭生活关系的人员"等字眼，司法实践中，如何对上述人员进行甄别，争议颇多、尺度不一，有必要进一步明晰。

一、问题的提出：刑事法解释中涉家庭人员的争议

2013年4月4日正式施行的《最高人民法院、最高人民检察院关于办理盗窃刑事案件适用法律若干问题的解释》（以下简称《"两高"解释》）第8条规定："偷拿家庭成员或者近亲属的财物，获得谅解的，一般可不认为是犯罪；追究刑事责任的，应当酌情从宽。"对于"近亲属"，我国《刑事诉讼法》第108条规定，是指夫、妻、父、母、子、女、同胞兄弟姊妹。而对于"家庭成员"，

---

① 参见卢梭：《社会契约论》，何兆武译，商务印书馆1980年版，第38页。

法律没有明确规定，未见相关司法解释对此进行说明。虽然我国《刑法》第 260 条关于虐待罪的规定，将本罪的犯罪对象限定为"家庭成员"，这是刑法典中唯一出现"家庭成员"用语的条文。但对于"家庭成员"的具体定义，刑事立法规定与司法解释均未明确予以说明。

在此之前，最高人民法院于 2005 年发布的《最高人民法院关于审理抢劫、抢夺刑事案件适用法律若干问题的意见》（以下简称《两抢意见》）第 7 条 3 款规定："为个人使用，以暴力、胁迫等手段取得家庭成员或近亲属财产的，一般不以抢劫罪定罪处罚，构成其他犯罪的，依照刑法的相关规定处理；教唆或者伙同他人采取暴力、胁迫等手段劫取家庭成员或近亲属财产的，可以抢劫罪定罪处罚。"虽然《"两高"解释》和《两抢意见》都规定了针对亲属财产犯罪可以从轻或者不认为犯罪的解释，也都使用了"家庭成员"或"近亲属"的表述，但是两种犯罪行为的社会危害性不同、实施者的主观恶性各异，两个规定中的"家庭成员"是否一致、家庭成员的范围等需要进一步厘清。

2006 年发布的《最高人民法院关于审理未成年人刑事案件具体应用法律若干问题的解释》（以下简称：《若干问题解释》）第 9 条第 3 款规定："已满十六周岁不满十八周岁的人盗窃自己家庭或者近亲属财物，或者盗窃其他亲属财物但其他亲属要求不予追究的，可不按犯罪处理。"虽然都针对的是财产犯罪，然而和《"两高"解释》《两抢意见》不同，《若干问题解释》采用的是"自己家庭"或者"近亲属"的表述，而且增加了"盗窃其他亲属财物但其他亲属要求不予追究的"，对于"自己家庭"和"家庭成员"所包含人员怎么区分、"其他亲属"包含哪些人？是否包括整个"家族成员"。作为针对未成年人案件审理专门出台的解释，其和上述两个解释针对的主体，明显有区别，能够教育、挽救的可能性也不一致，对于未成年人犯罪，是法定的从轻、减轻处罚，在实践中，认定上述人员的范围上是否有区别，等等。

2013 年 10 月 23 日公布的《最高人民法院最高人民检察院公安部司法部关于依法惩治性侵未成年人犯罪的意见》（以下简称：《惩治性侵未成年人犯罪的意见》）第 25 条 1 款规定："针对未成年人实施强奸、猥亵犯罪的，应当从重处罚，具有下列情形之一的，更要依法从严惩处：（一）对未成年人负有特殊职责的人员、与未成年人有共同家庭生活关系的人员、国家工作人员或者冒充国家工作人员，实施强奸、猥亵犯罪的……"则规定为"有共同家庭生活的人员"，和前面三个解释主要是从轻不同，这个规定是针对特定人采取从重处罚，如何"认识共同家庭生活的人员"，尤其是家庭概念不断变迁，是以血缘为认识的纽带还是以共同生活为纽带？存在一定争议。

二、司法的难题：家庭人员甄别对定罪量刑的影响

（一）对司法解释理解的争议

在《"两高"解释》中，如对"家庭成员"进行广义理解，那么"家庭成员"与近亲属则形成一种包含与被包含的关系。近亲属是当然的"家庭成员"，"家庭成员"必然包含近亲属，那么《"两高"解释》第8条规定就有重复啰嗦之嫌，只需要规定"偷拿家庭成员的财物，获得谅解的，一般可不认为是犯罪；追究刑事责任的，应当酌情从宽"，没必要加上"或近亲属"。

如对"家庭成员"进行狭义理解，那么近亲属与"家庭成员"则形成一种包含与被包含的关系。"家庭成员"等同于近亲属或者范围小于近亲属，如此而言，《"两高"解释》第8条规定再有重复啰嗦之嫌，只需要规定"偷拿近亲属的财物，获得谅解的，一般可不认为是犯罪；追究刑事责任的，应当酌情从宽"，没必要加上"家庭成员"。

（二）实践中具体操作的争议

比如，实践中的案例：被告人乔 A 于 2013 年 3 月 10 日，趁乔 B（系被告人亲姑姑）到家中看望其奶奶之机，将乔 B 放置于手提包中的农业银行卡 1 张盗走，并利用事先知悉的银行卡密码，于 2013 年 3 月 13 日在天津市某区农业银行ATM 自动取款机上分 10 次共支取人民币 2 万元。案发后，被告人乔 A 后将赃款退赔乔 B，乔 B 对被告人乔 A 出具谅解书。在本案中，根据法律规定，被害人乔B 属于乔 A 的亲姑姑，关系虽然密切，但是根据刑事诉讼法的规定，不属于乔 A的"近亲属"，可是否属于"家庭成员"则存在争议，能否依据解释第 8 条，不认为是犯罪也存在争议。

在上述案件中，如广义上理解，那么被害人乔 B 属于"家庭成员"，出具谅解书，可以不追究乔 A 的刑事责任；如果狭义解释，那么乔 B 不属于"家庭成员"，其作出的谅解只能作为酌定从轻处罚的情节，并不能达到可以不追究刑事责任的效果。

同样，为个人使用，以暴力、胁迫等手段取得家庭成员或近亲属财产的，由于"家庭成员"的范围不好确定，什么情况下，一般不以抢劫罪定罪处罚，也存在争议，比如，为了个人使用，抢劫亲姑姑的财产，能否认定为家庭成员？可否不以抢劫罪定罪处罚。对于已满 16 周岁不满 18 周岁的人盗窃自己家庭或者近亲属财物，解释还明确规定了"或者盗窃其他亲属财物"但其他亲属要求不予追究的，可不按犯罪处理，其规定的范围包括"自己家庭""近亲属""其他亲属"，因而范围相对《两抢意见》中亲属的而言，范围明显较宽，要是对"其他亲属"不进行一定的限制性解释，可能导致打击不了，难以达到教育、挽救的目的，难以实现刑法预防犯罪的目的；在《惩治性侵未成年人的意见》中，对于如何认定"与未成年人有共同家庭生活关系的人员"，继而严厉打击，虽然《惩治性侵未成年人犯罪的意见》公布的时间不长，司法实践中尚未出现有着争议的案例，有待实践进一步检验，但是也必须引起我们的注意，防患于未然。

三、理念的选择：司法传统与发展现实的综合考量

对上述四个司法解释中所规定的涉及家庭人员的犯罪，如何准确认识，要从司法传统和社会发展现实综合考量。

（一）对中国传统遵循

对于亲属间犯罪，我国古代的刑法就有不同于陌生人间犯罪的特别规定。如秦代就将盗窃分为"公室盗"和"家盗"，《唐律疏议》是我国现存最早、最完整的一部法典、也是中国法制史上具有世界影响力的一部法典，整个法典仅 502 条，其中就有两条专门规定亲属相盗处理的问题："诸盗缌麻、小功亲财物者，减凡人一等；大功，减三等；期亲，减三等。杀伤者，各依本法杀伤论。此谓因

盗而误杀者。若有所规求而故杀期以下卑幼者，绞。余条准此"；① "诸同居卑幼，将人盗已家财物者，以私辄用财物论加二等；他人，减常盗罪一等。若有杀伤者，各依本法。他人杀伤，纵卑幼不知情，仍从本杀伤法坐之。"②《大明律·贼盗律》规定："凡各居亲属，相盗财物者，期亲减犯人五等，小功减三等，缌麻减一等，并免刺。"③《大清律》也规定："凡各居亲属，相盗财物者，其亲减凡人五等，大功减四等，小功减三等，绍麻减二等，无服之亲，减一等，并免刺。"④ 因而亲属间相盗，一定程度上从宽处理，是尊重中国的传统，也是维护家庭稳定的需要。所以在涉及亲属之间的犯罪上，厘清可从宽的范围，显得有必要。

（二）宽严相济的刑事司法政策

由于亲属间共同生活、财产管理上比较疏松，和陌生人之间盗窃、抢劫相比，其社会危害性明显更小，教育和挽救的可能性也更大，对亲属间盗窃、为了个人使用而抢劫等，符合法律规定的可以从轻或者免除处罚，体现了当宽则宽的刑事司法政策，更加有利于预防犯罪。当然，对于多次盗窃、抢劫家庭成员财产，经教育不改，引起家庭成员不安的；盗窃、抢劫无生活来源的家庭成员财产，造成其生活困难，或造成其他严重后果的；盗窃数额特别巨大，挥霍浪费，无法追回，给家庭成员造成重大损失的；盗窃主观恶性深，多次在社会上盗窃，因种种原因限制而盗窃数额不大，而又转为盗窃家庭成员财产的；因盗窃造成家庭成员关系劣变和其他严重后果的，等等，主观恶性较深、社会危害性较大、影响恶劣的，笔者以为有必要从严处理，做到当宽则宽，该严则严。

（三）社会发展现状的选择

我国实行计划生育政策，最近几十年来，许多的家庭响应国家的号召，只生育了一个子女，两代人养育一个小孩或者一个子女赡养两代老人、祖父母或外祖父母作为家庭成员的家庭在我国大量存在，而且随着我国渐入老龄化社会，这样

① 《唐律疏议》，中华书局 1983 年版，第 36 页。
② 《唐律疏议》，中华书局 1983 年版，第 37 页。
③ 转引自怀效峰：《大明律》，法律出版社 1998 年版，第 37 页。
④ 《大清律例》卷 7。

的家庭必将越来越多，且祖父母或外祖父母、孙子女或外孙子女是一个人除父母子女之外最近的直系亲属，当父母死亡或不能抚养子女的时候，一般情况下都是由祖父母或外祖父母抚养；当子女死亡或无能力赡养父母时，祖父母或外祖父母由孙子女或外孙子女赡养。再者，在广大农村，父母外出务工的较多，而孙子女、外孙子女普遍长期和祖父母、外祖父母一起生活。而根据我国刑事诉讼法的规定，祖父母或外祖父母、孙子女或外孙子女不是近亲属，如发生盗窃，为个人使用而抢劫等案件，即便已经退回赃款，获得谅解，如不属于"家庭成员"，也不一定可以从轻或者免除处罚，原本可能恢复的关系，因公权力的进入，而得到损坏，而将其解释为"家庭成员"，则可以妥善解决这个问题，这也符合社会发展变化的需要。

（四）法律适用的统一

由于多个司法解释在上述问题的表述上不一致，加之社会不断发展，家庭观念的变化、对家庭的认知，也有所变化。除上述解释对于家庭成员间盗窃、抢劫所作从宽规定之外，法律也规定了"有共同家庭生活的人员"性侵未成年人从重处罚的规定，所以对涉及家庭因素的人员进行合理解释，并不一定都造成具有共同家庭关系的人犯罪从宽处罚，也可能导致相关人从重处罚。总体而言，是维护了法律适用的统一性，防止了在这个问题上的不协调、不统一，做到了根据犯罪的特点，该从轻则从轻，该从重则从重。

四、规范的借鉴：域外刑法及有关规范的选择

（一）域外刑法对亲属间盗窃从宽的范围

由于世界多数国家和我国台湾地区的刑法，都对亲属之间的盗窃进行了特别的规定，对刑事法中"亲属"的范围也进行了一定的划分，笔者试图从域外规范中亲属间盗窃，可以从宽人员的范围入手，以此为视角，试图厘清上述解释中，家庭人员的范围。

日本刑法规定，亲属必须是在配偶、直系亲属以及同居亲属。所谓配偶，一

般是指法律上的配偶，不包括姘居的人在内，但是根据特别规定的宗旨，对姘居者也应适应本条款。相反地，即便在具有法律上的婚姻关系的场合，当事人之间没有婚姻意思，或者婚姻无效的场合，也不应看作为本条中所说的配偶。所谓同居亲属，是指在同一住所进行日常生活的亲属。暂时住在一起的人，比如由于借宿而暂时住在一起生活的人不在此范围之内。亲属关系只要在犯罪时候存在就够了，即便之后被解除，也不影响本条款的适用。离婚之后，盗窃对方财物的，不适用本条款。即有上述亲属关系的，可以不作为犯罪处理，但除此之外，则应视为犯罪。[①]

根据我国台湾地区现行"刑法"第 324 条第 1 款的规定，亲属之间的窃盗，若须免除刑罚，则须是：第一，直系血亲，即生育被害人及被害人所生育的尊卑亲属；第二，配偶，即与被害人存在合法婚姻关系的夫或妻；第三，同财共居的亲属，即指被害人的旁系血亲及姻亲又同居、共财的亲属。至于窃盗须告诉乃论的亲属范围，根据同条第 2 款的规定，应为前述可以免刑的亲属以及其他近五亲等内血亲或三亲等内姻亲。所谓"其他五亲等内血亲"是指直系血亲及同财共居亲属中的旁系血亲以外的其他五亲等内的旁系血亲；"旁系血亲"则指非直系血亲，而与己身出于同源的血亲而言。[②]

由此可见，具有代表性的大陆法系国家的刑法和我国台湾地区的"刑法"，对于亲属间的盗窃，普遍认为轻于陌生人之间的盗窃，对于亲属间盗窃，规定了符合条件的，可以从轻或者免除处罚。具体而言，可以免除处罚的范围，包含以下三个方面：

第一，直系血缘关系，如父母与子女等生育关系，这点均无异议。但是对于已经形成的抚养、赡养关系的养父母、养子女规定不一；

第二，法定婚姻关系，如夫妻关系，对于姘居等并非法律认可的关系一般不认定；

第三，同财共居的亲属关系，主要是具备旁系血亲或者姻亲又长期在一起居住、财物不分家的关系。

---

① 参见侯方：《家庭成员及近亲属间盗窃罪中外比较研究》，载《中国集体经济》2009年第 7 期，第 121 页。

② 参见侯方：《家庭成员及近亲属间盗窃罪中外比较研究》，载《中国集体经济》2009年第 7 期，第 122 页。

应该说，域外刑法对于亲属间盗窃可以从宽或者不认为是犯罪人员，比我国刑事诉讼法规定的"近亲属"范围更大，但是比广义上的"家庭成员"要小。更多从现实生活中家庭成员间亲密程度和生活状况的实际进行规定，对于实践的指导性更强一些。

（二）民事法、行政法对近亲属的规定

目前，虽然未见相关的法律和司法解释界定"家庭成员"的范围。但是中国的民事法和行政法对于"近亲属"都有规定。在民事法领域，最高人民法院《关于贯彻执行〈中华人民共和国民法通则〉若干问题的意见（试行）》第12条规定："民法通则中规定的近亲属，包括配偶、父母、子女、兄弟姐妹、祖父母、外祖父母、孙子女、外孙子女。"《中华人民共和国继承法》第10条规定："子女包括婚生子女、非婚生子女、养子女和有抚养关系的继子女；父母包括生父母、养父母和有抚养关系的继父母；兄弟姐妹包括同父母的兄弟姐妹、同父异母或者同母异父的兄弟姐妹、养兄弟姐妹、有抚养关系的继兄弟姐妹。"在行政法领域，最高人民法院《关于执行〈中华人民共和国行政诉讼法〉若干问题的解释》第11条规定："《行政诉讼法》第24条规定的'近亲属'，包括配偶、父母、子女、兄弟姐妹、祖父母、外祖父母、孙子女、外孙子女和其他具有扶养、赡养关系的亲属。"

可见，虽然《刑事诉讼法》第108条仅仅把"夫、妻、父、母、子、女、同胞兄弟姊妹"规定为近亲属，但是民事诉讼法和行政诉讼法，还把"非同胞兄弟姐妹、祖父母、外祖父母、孙子女、外孙子女和具有抚养、赡养关系的亲属"纳入"近亲属"的范围。虽然部门法调整的法律关系不一样，近亲属的界定自然存在一定的区别。但是从一定意义上而言，非同胞兄弟姐妹、祖父母、外祖父母、孙子女、外孙子女和具有抚养、赡养关系的亲属，这些人虽不属于刑事诉讼法上的"近亲属"，但是也属于离刑事诉讼法上"近亲属"最亲密的人，是国人传统思维中可以接受的"家庭成员"。

五、路径的选择：四个解释中涉家庭人员的认识

综合而言，对于上述四个解释中，涉及家庭人员的甄别，可以从以下几个方

面进行限制：

第一，对于《"两高"解释》第8条的"家庭成员"、《两抢意见》第7条3款中"家庭成员"、包含的人员应该是一致的，应该是宽于刑事诉讼法中的"近亲属"。归纳而言，是既包含"近亲属"，但不限于"近亲属"，但是也不能作扩大解释，甚至认为包括整个家族成员。应当充分考虑婚姻、血缘、抚养关系，把"家庭成员"的范围限定于：配偶、父母、子女、兄弟姐妹、祖父母、外祖父母、孙子女、外孙子女，子女包括婚生子女、非婚生子女、养子女和有抚养关系的继子女；父母包括生父母、养父母和有抚养关系的继父母；兄弟姐妹包括同父母的兄弟姐妹、同父异母或者同母异父的兄弟姐妹、养兄弟姐妹、有抚养关系的继兄弟姐妹。除"近亲属"以外的上述人员，要是未生活在同一所房屋之内，则不属于两个解释中的"家庭成员"，不能适用解释中的从宽或者不认为是犯罪的规定。

第二，对于《若干问题解释》第9条第3款规定的已满16周岁不满18周岁的人盗窃自己家庭或者近亲属财物，或者盗窃其他亲属财物但其他亲属要求不予追究的，可不按犯罪处理。对于"自己家庭"，笔者以为仅仅包含户口本上的成员，一般而言，仅仅是父母、子女，同胞兄弟姐妹，要是不生活在一个家庭中，或者同胞兄弟姐妹已经成家并单独居住，那么也不属于"自己家庭"，但是不能否认其属于"近亲属"，当然，对于未成年子女由于读书等因素而长时间离家上学，则不能因此认为不属于"自己家庭"，而"其他亲属"的范围，笔者以为可以包括整个家族成员，还包括孙子女、外孙子女、叔、伯、姑、侄、姨、舅、外甥、表兄弟等，既包括直系亲属，又包括旁系亲属，而且不受同居共财关系的限制，这样对于亲属间盗窃，根据关系的亲属，分别形成了两个层级，适用从宽的要求也不一致。盗窃"自己家庭"或"近亲属"则不予追究，不按犯罪处理，而盗窃相比而言，关系更加疏远一点的亲属，则必须"亲属不要求予追究"，才能不按犯罪处理。这种认识不仅有利于保护未成年人，进一步挽救感化，也有利于维系一个家族成员之间关系的稳定、和谐。

第三，对于《惩治性侵未成年人犯罪的意见》第25条1款规定中的"有共同家庭生活的人员"，笔者以为，从更好地保护未成年人的角度和当前未成年人特别是农村留守儿童的生活特点，其范围认定不应当仅仅从血缘、亲属关系考虑，而更应当从"共同生活""抚养""寄居"的实际进行考虑，无论是否属于亲属、是否具有血缘关系或者抚养关系，只要是共同生活在一起，对未成年人性侵害，则应当从重打击，如果是偶尔居住、临时居住在一起，则并不符合"共同家庭生活"的特点，那么不能适用从重处罚，真正做到有力有效保护未成年人，也做到不任意扩大从重人员的范围。

第四十篇　退回补充侦查与冤假错案防范

一、退回补充侦查与冤假错案防范的关系

刑事诉讼程序一般是顺向运行的。审查起诉作为刑事诉讼的一个中间环节，既连接着作为前提和基础的侦查环节，又在出庭支持公诉中直接影响着法院审判过程和最后的判决结果，是引导程序流向的关键环节。其中，退回补充侦查作为审查起诉阶段的一个重要程序设计，对于防范冤假错案发挥着独特的防范作用。

（一）退回补充侦查的概念

根据刑事诉讼法的规定，退回补充侦查是侦查机关将案件移送审查起诉后，检察机关因案件事实不清、证据不足、遗漏同案罪行、犯罪嫌疑人等因素，将案件退回侦查机关进行补充完善，是刑事诉讼程序的一种"反向运行""程序倒流"。退回补充侦查是公诉权的重要组成部分，体现了诉讼程序的可修复性，也是确保公诉质量的客观需要。

（二）冤假错案的概念

冤假错案是理论界和实务界并不陌生的法律术语，正确理解其内涵和外延，是防范冤假错案的前提和基础。冤案是客观上存在刑事案件，但被追诉人不是犯罪人；假案是客观上不一定存在刑事案件，进入诉讼程序的案件或被追诉人是假的。冤案和假案的共同点在于，都把没有犯罪事实的人当作犯罪嫌疑人或被告人来追究，通俗地说，就是"把人搞错了"。错案可以有狭义和广义之分，狭义的错案与冤案假案相同，都是指"把人搞错了"。广义的错案还包括将犯罪事实不

清、证据不足的疑案作为犯罪来追究，因为这类案件不符合起诉、审判的法定条件，但当作符合条件的案件来起诉、审判，从法律规定来衡量也属于错案。一般所说的冤假错案，首先是指"把人搞错了"，同时，也包括把疑案当作犯罪处理。因为在疑案中，可能有真犯罪的，也可能有未犯罪的，如果把疑案作为犯罪处理，就会使部分犯罪嫌疑人、被告人蒙冤。①

（三）二者的关系

刑事诉讼的证明是回溯性的证明，侦查人员通过收集证据去尽量地再现犯罪事实，而再现的过程受很多因素制约，真相容易被掩盖和弯曲，由于司法人员所还原的只是一种法律事实，在事实和证据面前，是否"把人搞错了"，一定程度上而言，只有嫌疑人自己知道。在这个过程中，只能努力以客观真实为目标，以法律真实为标准。

冤假错案的发生，从审查起诉的角度而言，主要是关键证据出现问题，而退回补充侦查这一程序的设计，针对的就是事实不清、证据不足以及漏罪漏人等情形，是以证据为抓手，以刑诉法规定的证据标准为准绳，确保定罪量刑的事实都有证据证明，据以定案的证据均经法定程序查证属实，综合全案证据，对所认定的事实已经排除合理怀疑。确保审查起诉的案件达到确实、充分的标准。换言之，这一程序的底线，就是补充完善证据，防范冤假错案。如果公诉人对此认识不够充分、深入或者没有综合全案证据予以理性思考，可能不自觉中放低犯罪证明的标准，使得在审查起诉过程中，即便出现上述问题，却没能发现或者存在侥幸心理，也未进行非法证据排除，或者通过补充侦查的方式，补充完善相关证据，最终导致监督不力。

二、退回补充侦查与冤假错案防范的意义

（一）以补充完善证据防范冤假错案

无论是冤案、假案还是错案的产生，都与证据的缺失、错位，没有遵守严格

---

① 参见朱孝清：《对"坚守防止冤假错案底线"的几点认识》，载《检察日报》2013年7月8日，第3版。

的证据标准有关系。司法实践中，侦查机关没有移交证明犯罪嫌疑人有罪或无罪、犯罪情节轻重的全部证据，未能确保定罪量刑的事实均有证据证明且查证属实，证据与证据之间、证据与案件事实之间可能存在无法排除的矛盾和无法解释的疑问，或者对于犯罪嫌疑人的辩解没有予以重视，对定罪有疑难且单一的言词证据没有进行必要的复核，对矛盾证据没有注意甄别，对鉴定意见等审查不严格、不仔细。这些都可能造成案件事实不清、证据不足，或者遗漏罪行、遗漏同案犯。《规则》第342条规定："人民检察院认为犯罪事实不清、证据不足或者遗漏罪行、遗漏同案犯罪嫌疑人等情形需要补充侦查的，应当提出具体的书面意见，连同案件材料一并退回公安机关补充侦查，人民检察院也可以自行侦查，必要时可以要求公安机关提供协助。"可见，退回补充侦查的首要之义就在于补充完善证据，使证据达到确实、充分的标准，并且查明有无遗漏罪行和其他应当追究刑事责任的人，这也是《刑事诉讼法》第171条对人民检察院审查案件的要求。① 否则，即使不是检察机关酿成的冤假错案，作为法律监督机关，检察机关也存在不可推卸的责任。

在司法实践中，退回补充侦查的案件，呈现出多种形态。概括而言，表现为三种形式：

1. 证据内容缺失。如：侦查人员的讯问技巧欠缺，侦查意识、思路不清晰，案件关键情节问不到位，逻辑性差；多名犯罪嫌疑人、多起犯罪行为案件的卷宗材料和文书制作零乱，基本证据缺失；对犯罪嫌疑人量刑有影响的证据提取不全面，如前科情况不明、真实年龄不清、揭发他人犯罪等立功情节未予查证等；

2. 证据形式不符合法律规定。如：现场指认没有制作指认笔录，辨认笔录的人数不足，鉴定意见格式、内容不符合要求，现场勘查、检验文书不规范，主要证据没有说明证据来源等。

3. 取证程序不符合规定。如：不按规定移交扣押的赃物、赃款，侦查人员应当回避而未回避，对于不通晓当地语言文字的诉讼参与人，应当为其翻译而没有。

---

① 《刑事诉讼法》第171条规定："人民检察院审查案件的时候，必须查明：（一）犯罪事实、情节是否清楚，证据是否确实充分，犯罪性质和罪名的认定是否正确；（二）有无遗漏罪行和其他应当追究刑事责任的人；（三）是否属于不应追究刑事责任的；（四）有无附带民事诉讼；（五）侦查活动是否合法。"

冤假错案的发生，从审查起诉的视角而言，主要缘于以下几个因素：

（1）案件的关键性证据缺失；

（2）犯罪嫌疑人拒不认罪或者翻供，而物证、书证、勘验、检查笔录、鉴定意见等其他证据无法证明犯罪的，如，张叔平、张辉叔侄强奸案的辩解就没有引起重视，酿成悲剧；①

（3）只有犯罪嫌疑人供述而没有其他证据印证；

（4）犯罪嫌疑人供述与被害人陈述、证人证言、物证、书证等证据存在关键性矛盾，不能排除的；

（5）不能排除存在刑讯逼供、暴力取证等违法情形可能的。

退回补充侦查，是侦查机关完成侦查工作后，"自认为"案件事实清楚、证据充分，并顺向移交检察机关后，检察机关以一种"旁观者清"的视角，按照全面审查证据的要求，就案件证据情况提出的针对性建议和改进措施，这种"程序倒流"实际上是刑事诉讼程序中的一种补救措施，是侦查机关不当执法可能造成冤假错案的一种预防和纠正机制，也是增强司法公信力的有效途径。

在很多冤假错案中，检察机关发现了疑点，进行了退回补充侦查，如果切实利用好这一程序，是有可能能够防范冤假错案的，然而对这一程序的认知不够深入，把关不严，最后还是进行了起诉。如张高平、张辉叔侄案②、赵作海案③。制定有效措施，通过退回侦查机关补充侦查，进一步补充完善证据、真正督促公

---

①　张高平、张辉叔侄强奸一案中，张辉在一审法庭上提出"我没有杀王冬的时间"，张高平在一审法庭上提出"我借手机给王冬打，从杭州到上海的时间可以推算出来，不是我们干的，但是我们没有证据，希望法庭推算一下时间"，辩护人在一审阶段进行过多次反推，但未引起重视，以致错过防止错案发生的机会。

②　在张高平、张辉叔侄强奸案中，公诉部门为了查明二人有无作案时间，两次退回侦查机关补充侦查，要求侦查机关就"张高平手腕上的三个圆形伤疤是否系侦查人员用烟头烫伤""补充张高平通话记录"，而侦查机关以"情况说明"来应对退回补充侦查的问题，"无法鉴定张高平手腕上的伤疤系烟头烫伤，侦查人员未刑讯逼供""张高平家属不予以配合，无法调取手机通讯记录"，这明显不符合办案规律，存在重大的案件隐患。

③　赵作海冤案中，警方两次将案件移送商丘市检察院后，都因"事实不清、证据不足"被退回公安机关，要求补充侦查，并拒绝接卷，但是警方坚持认为赵作海是凶手，拒绝放人，在清理超期羁押的案件时，商丘市政法委多次就该案召开会议，研讨案情，后来检察院提出，公安向检察院移送案件，要提供DNA鉴定，但由于DNA鉴定没有结果，检察院放弃这一疑点，进行了公诉。商丘市检察院负责人说："我们检察院最大的错误，就是没坚持自己的意见。"

平正义执法、强化法律监督等，是能够发挥这一程序防范冤假错案的显著效果。

（二）以强化法律监督、规范执法防范冤假错案

随着程序的推进和展开，经过程序认定的事实关系和法律关系一一被贴上封条，成为无可动摇的真正过去，而起初的不确定性也被逐渐吸收消化。程序的参与者都受自己的陈述与判断的约束，事后的抗辩与抗争一般都无济于事。① 任何法律程序都是人执行的，即便不存在人为的因素导致的冤假错案，难免也受到思虑不周或者带有偏见，甚至受时代局限性所约束。审查起诉环节，通过法律监督的方式，如：纠正违法、发送检察建议等进行纠正。第 341 条规定："人民检察院公诉部门在审查中发现侦查人员以非法方法收集犯罪嫌疑人供述、被害人陈述、证人证言等证据材料的，应当依法排除非法证据并提出纠正意见，同时可以要求侦查机关另行指派侦查人员重新调查取证，必要时人民检察院也可以自行侦查。"新《刑事诉讼法》还赋予检察机关可以通过要求侦查机关出具书面说明或提供证明材料、依法排除非法证据并提出纠正意见等方式进行法律监督。

然而这样一种"善意的提醒"，并不能保证侦查机关不再违法。就个案而言，还是需要进一步就案件的事实和证据进行完善，以有力的证据证明检察机关起诉的犯罪事实，保证没有出现冤假错案，才是审查起诉的目的，也是审查起诉的底线。再者，侦查机关按照检察机关提供的补充侦查提纲，进一步完善证据，或者通过补充侦查将遗漏的嫌疑人抓获，进一步查清了犯罪事实，证明了前期抓获的同案嫌疑人存在"大包大揽""顶替罪名"或者在犯罪过程中作用轻微、仅仅帮助或者辅助作用等情形，必将起到及时防范冤假错案发生的效果。

刑事诉讼法明确规定了尊重和保障人权，疑罪从无也是刑事司法的一项基本原则，如果不注意在执法司法中树立法治思维，用现代司法理念武装头脑，可能在执法司法过程中不当执法，甚至人为地造成冤假错案。比如，侦查人员存有有罪推定的倾向，在先怀疑、拘押犯罪嫌疑人的情况下，围绕预设证据来寻找有罪证据，这种执法，可能重言词证据尤其是犯罪嫌疑人的口供而轻物证，可能会借助刑讯逼供和暴力取证等非法手段获取"证据"，也容易忽视对无罪证据的收集、

---

① 参见季卫东：《法律程序的意义——对中国法制的另一种思考》，中国法制出版社2004 年版，第 29 页。

关注和案件疑点的核实、排除，又不当限制了犯罪嫌疑人为自己辩护、保护自身合法利益的权利。而且对于那些已经出现的对被告人有利的证据，甚至"真凶"线索都会无动于衷。① 传统的非法治思维和业已形成的工作惯性、经验主义，使得侦查人员在执法办案中，养成不规范执法的行为，直接影响案件的侦办质量甚至无意中制造了冤假错案。

如果检察机关发现"事实不清、证据不足"或者"漏罪漏人"，不进行及时的补救，顺向移交法院，那么这不仅是自身工作的失职，也会助长侦查机关不当、不法执法的行为，难以起到刑事诉讼安全阀的作用。反之，如果检察机关及时全面地提出补充侦查的意见，以一种外力的方式督促、推动侦查机关以更高执法要求、更严格证据意识和更加负责的态度去完成案件，必然使一部分冤假错案得以有效防范，及时保障其合法权益，这也是检察机关公平正义执法的体现。

三、退回补充侦查与冤假错案防范的实践状况

为了发挥退回补充侦查防范冤假错案的安全阀作用，《刑事诉讼法》及《规则》对此作了详细的规定，增强了对司法实践指导性和可操作性，然而就在司法实践中，由于案情复杂，检警工作关系协调、证据意识差别等因素，退回补充侦查还存在诸多问题，影响了防范冤假错案的机制作用。

（一）退回补充侦查的内容、方式

启动退回补充侦查，法律规定是"案件事实不清、证据不足，遗漏罪行、遗漏同案犯罪嫌疑人等情形。"除此之外，《规则》并没有作更为细致的规定。而根据《公安机关办理刑事案件程序规定》（以下简称《规定》）第284条规定："侦查终结，移送人民检察院审查起诉的案件，人民检察院退回公安机关补充侦查的，公安机关接到人民检察院退回补充侦查的文书后，应当按照补充侦查提纲在一个月内补充侦查完毕。"由此可见，侦查机关主要是依据提纲进行补充侦查。换言之，检察机关出具的补充侦查提纲对于补充侦查的最终效果十分重要。起到了指引作用，是侦查机关后续补充侦查的"行动指南"。

---

① 参见赵秉志：《冤假案件防范中司法理念的变革》，载《人民检察》2013年第17期。

虽然《规则》第342条提出："应当提出具体的书面意见，连同案卷材料一并退回公安机关补充侦查。"但是什么是"具体的书面意见"、怎么书写补充侦查提纲、如何增强可操作性等都缺乏相应的规定，实践中也呈现多样化、不规范、提纲过于简单等问题，甚至补充侦查提纲只有"事实不清、证据不足"等概括性语言，在公安机关层面，也出现"退而不查""对需要补充的证据认识分歧大"等，实践效果不明显，使得这一防范冤假错案的安全阀没能发挥应有的作用。

为此，退回补充侦查，首先要作好补充侦查提纲的出具工作，写明案件中哪些犯罪事实查证不清、主要证据之间存在什么矛盾；从犯罪构成要件而言，是否齐全，还缺少什么；相关量刑情节有没有都查实，如前科、立功、到案等；是否遗漏重要犯罪事实以及应当追究刑事责任的犯罪嫌疑人的；证据存在不符合法律规定的，是否需要说明或者重新补充侦查等。

除此之外，对于属于《规则》第355条的情形，① 可以确认犯罪事实已经查清，应当以已经查清的罪行起诉，不能以退回补充侦查的方式，致使嫌疑人羁押时间过长，甚至以退回补充侦查的方式缓解办案压力、换取更多时间。

（二）退回补充侦查的监督

根据公安部《规定》第285条的规定：对人民检察院退回补充侦查的案件，根据不同情况，报县级以上公安机关负责人批准，分别作如下处理：(1)原认定犯罪事实清楚，证据不够充分的，应当在补充证据后，制作补充侦查报告书，移送人民检察院审查；对无法补充的证据，应当作出说明；(2)在补充侦查过程中，发现新的同案犯或者新的罪行，需要追究刑事责任的，应当重新制作起诉意见书，移送人民检察院审查；(3)发现原认定的犯罪事实有重大变化，不应当追

---

① 《规则》第390条规定，人民检察院对案件进行审查后,，认为犯罪嫌疑人的犯罪事实已经查清，证据确实、充分，依法应当追究刑事责任的，应当作出起诉决定。具有下列情形之一的，可以确认犯罪事实已经查清：(一)属于单一罪行的案件，查清的事实足以定罪量刑或者与定罪量刑有关的事实已经查清，不影响定罪量刑的事实无法查清的；(二)属于数个罪行的案件，部分罪行已经查清并符合起诉条件，其他罪行无法查清的；(三)无法查清作案工具、赃物去向，但有其他证据足以对被告人定罪量刑的；(四)证人证言、犯罪嫌疑人供述和辩解、被害人陈述的内容中主要情节一致，只有个别情节不一致且不影响定罪的。对于符合第二项情形的，应当以已经查清的罪行起诉。

究刑事责任的，应当重新提出处理意见，并将处理结果通知退查的人民检察院；（4）原认定犯罪事实清楚，证据确实、充分，人民检察院退回补充侦查不当的，应当说明理由，移送人民检察院审查。

虽然《规定》就四种情形分别作出了规定，但是司法实践中，尤其是站在防范冤假错案的视角，可能出现以下问题：

1. 对于补充侦查后，依然事实不清、证据不足的，公安机关出具的无法补充证据的"说明"，不具有说服力的。笔者以为公安机关不能擅自处理，有必要连同案件材料、无法补充侦查的"说明"等移送检察院，检察机关案件承办人有必要就"说明"进行细致审查、充分论证、必要时亲自调查核实，也可以通过召开案件讨论会、检委会会议，经主要领导批准后，决定起诉或者按照法律规定决定不起诉。

2. 补充侦查过程中，公安机关发现新的同案犯或者新的罪行，需要追究刑事责任的，应当重新制作起诉意见书，移送检察院审查。这时，侦查羁押期限和审查起诉期限存在重新计算的问题，但公安机关不能撤销原案件。①公诉人有必要重新讯问犯罪嫌疑人、听取被害人意见，审查核实新的证据等，并对公安机关首次侦查过程中未能发现新的同案犯或者新的罪行的情形进审查，确实发挥法律监督的职能，防止可能存在的渎职行为或者其他侵犯嫌疑人权益的行为。

3. 发现原认定的犯罪事实有重大变化，不应当追究刑事责任的，如发现犯罪嫌疑人没有犯罪事实，或者犯罪嫌疑人有《刑事诉讼法》第15条六种不追究刑事责任的法定情形的，公安机关应当重新提出处理意见，并将处理结果通知退查的检察院。《刑事诉讼法》第163条规定："在侦查过程中，发现不应对犯罪嫌疑人追究刑事责任的，应当撤销案件。"只有在这种情况下，公安机关才能作出撤销案件决定。对于公安机关撤销案件的决定，检察机关应当加强监督，防止公安机关以罚代刑或者对证据不足案件作出撤销案件决定。②

①　参见盛宏文：《公安机关补充侦查后能否撤案》，载《检察日报》2013年4月10日，第3版。

②　参见盛宏文：《公安机关补充侦查后能否撤案》，载《检察日报》2013年4月10日，第3版。

（三）退回补充侦查致使的羁押问题

对于退回公安机关补充侦查的决定，取决于检察院，只需要内部做好相关的报批手续即可。对此，实践中各地做法不一，有的检察院只需要报送公诉科长（处长）审批即可，有的则需要再报送主管检察长审批，缺乏外部监督制约机制。司法实践中，大量的案件退回补充侦查确实由于"事实不清、证据不足"或者"遗漏犯罪嫌疑人、遗漏罪行"等情形，是为了进一步补充完善证据，也存在一定的"以退回补充侦查换时间"的情形。如：侦查机关在案情尚未查清、证据明显不足而侦查期限已满的情况下，侦查机关先移送审查起诉，被退查后继续侦查；或者经事前与检察机关协商，在未实质移送案件的情况下，仅办理移送审查起诉手续，并同时办理退查手续，而实际上继续侦查。就检察机关而言，为缓解办案压力、弥补超期等工作失误，也存在着对没有退查必要的案件作退查处理，并要求公安机关重新报审；甚至经与侦查机关沟通，在未实质退查的情况下，仅办理退查手续而实际上继续审查。

上述情形可能造成嫌疑人羁押时间过长，一旦发现属于冤假错案，羁押时间也不能从刑期中扣减，可能致使嫌疑人因为退回补充侦查而遭受更长的羁押，甚至因为担心判处无罪，而追究羁押的责任，而"将错就错""带病移送"。[1] 需要进一步完善相关制度，防止类似情况发生。《刑事诉讼法》第98条规定：犯罪嫌疑人、被告人羁押的案件，不能在本法规定的侦查羁押、审查起诉、一审、二审期限内办结的，对犯罪嫌疑人、被告人应当予以释放，需要继续查证、审理的，对犯罪嫌疑人、被告人可以取保候审或者监视居住。旧《规则》第256条规定：对于因鉴定时间较长、办案期限届满仍不能终结的案件，自期限届满之日起，应当依法释放被羁押的犯罪嫌疑人或者变更强制措施。在审查起诉环节，期限届满仍然不能办结的，应当释放被羁押的犯罪嫌疑人，需要继续查证等，则及时变更强制措施，在退回补充侦查过程中，有必要进行羁押必要性审查，特别是采取了逮捕等强制措施的嫌疑人，可以变更为取保候审或者监视居住。

---

① 赵作海冤案中，检察机关因"事实不清、证据不足"被退回公安机关，要求补充侦查，并拒绝接卷，但是警方坚持认为赵作海是凶手，拒绝放人，造成赵作海长期在看守所羁押，后期治理超期羁押，也未能真正解决此问题。

四、进一步发挥退回补充侦查防范冤假错案作用的思考

在审查起诉环节，就发挥退回补充侦查这一安全阀的作用，切实防止冤假错案，还有必要进一步从以下几个方面进一步加强。

（一）更加注重证据的综合审查与应用

严格按照《规则》第 330 条的规定进行审查，参照《最高人民法院关于适用〈中华人民共和国刑事诉讼法〉的解释》对证据的一般规定，结合证据的客观性、关联性和合法性进行审查、论证；审查侦查机关是否移交证明嫌疑人有罪或无罪、犯罪情节轻重的全部证据，认真听取辩护人的意见，认真听取嫌疑人的供述和辩解等，确保定罪量刑的事实都有证据证明且查证属实，证据与证据之间、证据与案件事实之间不存在无法排除的矛盾和无法解释的疑问，全案证据已经形成完整的证明体系。

（二）树立自行侦查的意识

要以对案件高度的责任感，进一步树立自行侦查的意识。特别是对至关重要的证据和可以即时取得的证据要主动收集、固定和完善，防止案件证据因人为因素或时过境迁而灭失。也要根据案件的具体情况，在对证据进行充分论证的基础上，把握证据的可补查性和不可补查性，慎用退查权，既要严格依法行使退查权，防止带病起诉，又要避免盲目退查或两次退查，延长办案周期，浪费司法资源。[①]

（三）注重与侦查机关的沟通协调

注重与侦查机关就证据能力、证明标准等方面的协调，既不要人为地提高标准，影响打击力度，又要坚持法定标准，按照法律规定决定起诉，不起诉等；可以通过召开联席会、研讨会等形式，就公安机关在侦查过程中易出问题的地方，

[①] 参见陈新生等：《退回补充侦查实践样态与反思》，载《中国检察官》2011 年第 9 期，第 5 页。

如：退回补充侦查后，针对"情况说明"居多、"退而不查""无法查证的原因"等通过总结、归纳，进一步提出有针对性的改进措施，形成有效、有力的工作机制。

（四）规范补充侦查提纲的内容

制定具体措施，规范补充侦查提纲的内容，针对犯罪事实和证据情况，系统、规范地出具提纲，明确补充侦查什么、为什么查、以什么证据形式出具等，增强提纲的可操作性和公信力，适当的时候，制定提纲模板、标准提纲、将提纲纳入法律文书，检察院自身也可以进行优秀退查提纲比评等方式，提高检察机关出具退回补充侦查提纲的质量和水平。

（五）强化对侦查机关补充证据的监督

退查决定作出之后，检察机关应当做好与公安侦查人员的沟通工作，跟踪补充侦查的进度，督促其在必要的时间内完成补充侦查，尤其是一些较为容易补充侦查完毕的证据。在正当退查的情况下，侦查人员如出现不按要求履行补充侦查职责情形的，检察机关可以发纠正违法通知书，责令其改正。[1]

（六）确保办案质量终身负责制的落实

中央政法委和最高人民检察院的相关文件已经明确提出建立健全办案质量终身负责制，对故意违反法律和有关规定，或者工作严重不负责任，导致案件实体错误、程序违法以及其他严重后果或者恶劣影响的，对直接负责的主管人员和其他直接责任人员，依照有关规定予以行政处分或者纪律处分，对刑讯逼供、暴力取证、徇私舞弊、枉法裁判构成犯罪的，依法追究刑事责任，对发生冤假错案隐瞒不报、压而不查、故意拖延不予纠正的，应当追究相关人员的责任。在工作中，要进一步确保对上述制度的有效落实，对上述行为可以制定"一月、一季度报送制度"，必要时违反相关情况的行为进行全系统点名通报等。

人民检察院作为国家的法律监督机关，在刑事诉讼中准确、及时查明犯罪事

---

[1] 参见李燕歌：《审查起诉中退回补充侦查的四点建议》，载《检察日报》2012 年 7 月 1 日，第 3 版。

实，追究犯罪，保障无罪的人不受刑事追究，是我们的重大责任。在刑事诉讼中，牢固树立社会主义法治理念，以高度负责的态度办好每一起案件，严把事实关、证据关、程序关、法律适用关，努力做到不枉不纵、不错不漏，是我们的基本担当。切实贯彻落实习近平总书记"努力让人民群众在每一个司法案件中都感受到公平正义"的指示，确保每一个案件都经得起事实、法律和时间的检验，是我们的追求。

第四十一篇　量刑建议与检察公信力提升

　　量刑建议是检察机关履行法律监督职责的体现，也是提升检察公信力的重要方式。近年来，开展量刑建议工作，已经积累了一些经验，取得了一些成效。然而，量刑建议在提升检察公信力的效能上，还有必要扬长避短，要强化公开、公正和公信，真正发挥这项工作的潜力和影响力，进一步提升检察公信力。

一、量刑建议与检察公信力的关系

　　公信力一般是指使公众信任的力量。检察公信力，是检察机关通过依法履行法律监督职能，回应和满足社会的司法需求，维护和实现公平正义，从而逐步形成和积累起来的，在社会公众中享有的信任度、权威性和影响力。它反映了社会公众对检察机关的主观评价、心理反映及价值判断，是衡量社会公众对检察机关满意程度、信赖程度、认同程度的重要标尺。① 提升公信力已经成为检察机关的一项重要工作目标，也是全面司法体制改革的主要内容之一。

　　量刑请求权作为国家赋予检察院的一项权能，需要通过一定的形式表现出来，其表现形式之一就是量刑建议。② 量刑建议又称"求刑建议"，是指检察院在刑事诉讼中对被告人应当判处的刑罚依法向法院提出的建议。从这一概念可知，量刑建议的场域是刑事诉讼；量刑建议的主体是检察院；量刑建议的对象是法院；量刑建议的内容是所起诉的被告人应当判处的刑罚。③ 2010 年 10 月，随

---

① 参见刘继国：《和谐视野下的检察公信力》，载《人民检察》2007 年第 13 期。
② 参见朱孝清：《论量刑建议》，载《中国法学》2010 年第 3 期，第 17 页。
③ 参见朱孝清：《论量刑建议》，载《中国法学》2010 年第 3 期，第 18 页。

着最高人民法院、最高人民检察院会同其他部门发布的《关于规范量刑程序若干问题的意见》在全国开始试行，量刑建议制度正式确立在我国的司法解释之中，成为中国量刑程序的有机组成部分。

公开、公正、公信是构筑检察公信力的关键，在任何一个环节有所纰漏，都可能影响检察公信力。应该说，量刑建议工作的正确开展，不断规范化，从促进量刑程序的公开、量刑方法的"看得见"、对量刑裁判有效监督制约等方面，都强化了对公权力的监督制约，起到提升检察公信力的效能。

（一）提升了量刑的公开性

"阳光是最好的防腐剂""公正要以看得见的方式实现"。量刑建议的开展有利于使量刑程序诉讼化，改变目前存在的与量刑结果有利害关系的诉讼各方对量刑决策过程参与度不高的局面，使控辩对抗、法官居中裁判的诉讼格局从原来的定罪拓展到量刑，使检察院的量刑建议及其理由"说在明处"，而且为被告人乃至被害人发表量刑意见开拓了空间，既可以亲身经历量刑裁判的过程，向法院提出掌握的量刑事实和情节，又可由此展开辩论，改变有学者认为的现有量刑裁判"暗箱操作""办公室作业"的行政决策方式，① 量刑公开性得以大大增强。

（二）量刑方法"看得见""听得明"

最高人民法院发布的《人民法院量刑指导意见（试行）》确立了数量化的量刑方法，要求法院按照"根据犯罪构成事实确定量刑起点""在此基础上增加刑罚量确定量刑基准""根据量刑情节调节量刑基准确定宣告刑"等基本步骤，来形成最终的量刑裁决。特别是对包括未成年、未遂、从犯、自首、立功、坦白、自愿认罪、退赃、积极赔偿、取得被害方谅解、累犯、前科劣迹等在内的常见量刑情节，确定了增加或者减少基准刑的幅度比例。虽然是作为一种旨在指导法院准确量刑的规范文件，但是对于检察机关提出较为合理、准确的量刑建议也具有参考价值，庭审环节，检察人员能够提出明确、具体的量刑因素，有利于被告人深化对自己罪行的认识，有利于有过错的被害人认识自己的过错等，促进换

---

① 参见陈瑞华：《论量刑程序的独立性——一种以量刑控制为中心的程序理论》，载《中国法学》2009 年第 1 期。

位思考，提升检察机关量刑的说服力，使得量刑方法"看得见""听得明"。

（三）对量刑裁判进行了有效的监督制约

检察院的量刑建议虽对法院无直接约束力，但是法院若不采纳且无正当理由，检察院可以就此提出抗诉，如果法院在量刑裁判时，存在渎职、失职行为，可以将线索移交自侦部门，进入下一步侦查。这对法官的量刑自由裁量权是一种有效的制约，促使法官充分考虑检察院和案件当事人的建议、意见，准确裁量刑罚；同时，量刑建议也促使检察院对量刑的事实、情节的掌握更加全面、细致、深入，让公诉人不仅仅关注定罪，而且关注量刑裁判，也在一定程度上防止公诉人因权力寻租或者怠于履行监督职责，该提出抗诉而不抗诉。

二、制约检察公信力提升的量刑实践

进入诉讼程序后，很多被告人对于自己触犯刑法，必须接受刑罚处罚，可谓心知肚明。应该说在定罪这个问题上已经不存在争议，即便有些许争议，也不影响到定罪。资料表明，检察院所起诉的案件，法院作出有罪判决的占99%，其中被告人认罪的占绝大多数，故就绝大多数案件来说，庭审所要解决的主要问题不是定罪，而是量刑。[①] 事实上，对于被告人、被害人及其亲属而言，最关心的无疑是量刑，究竟该怎么判刑？会判多少年？同案犯怎么判？是否适用缓刑或者独立适用附加刑？等等。由于量刑建议是案件进入诉讼程序后，第一次由公权力机关发布，即便不是来自最终具有决定权的审判机关，公权力机关的权威性、司法性，对被告人、被害人及其亲属对量刑结果的预判必然产生影响。司法实践中，也不乏误以为检察院的量刑建议就是终审判决的情形。一旦检察院的量刑建议被"颠覆""轻处"等，容易让检察院陷入尴尬境地。

虽然开展量刑建议工作对提升检察公信力有明显的积极效果，但是在开展过程中，仍然存在量刑信息不完整、不稳定，量刑方法局限性和易流于形式性，公信力难免打折扣，还有可能让群众产生误解。

[①] 参见朱孝清：《论量刑建议》，载《中国法学》2010年第3期，第19页。

（一）量刑信息的不完整性，影响检察公信力

量刑信息的不完整性，主要体现在：（1）侦查机关往往重定罪证据，常以侦查破案为目标，注重收集足够的有罪证据，以说服检察人员作出批准逮捕的决定，而忽略犯罪情节轻重或者其他与量刑有关的证据。在量刑信息相对不完整的情况下，案件移送检察院起诉，检察官则以说服法院作出有罪判决为目标，所提的量刑建议中，多以对犯罪人不利的情节为主，对于有利于犯罪人的量刑情节，如自首、立功、从犯、被害人过错等情节可能忽略。（2）虽然部分案件退回补充侦查，但是侦查机关未配合，不能及时补充完善证据，或者只提供一纸"情况说明"，同时自身办案压力的存在，能亲自调查取证的情况较少，对一些关键量刑证据缺乏亲历性。（3）由于工作的惯性，加之酌定情节的明确性不够，检察官更加注重各种法定的量刑情节，而忽视了酌定量刑情节，如被害人过错、犯罪动机、被告人悔过、积极赔偿、家庭环境等等。量刑建议中的量刑信息可能是不完整的，甚至是片面的，必然影响检察公信力。

（二）量刑信息的不确定性，影响检察公信力

量刑信息的不确定性，主要体现在：（1）量刑建议是检察官在审查起诉阶段，通过对案卷的审查，结合对犯罪嫌疑人的提审而综合评价的，检察官对案件的审查只是基于对案件材料中所描述的事实、情节和证据的认识和判断，这些事实、情节并没有经过法庭调查和辩论，证据也没有经过法庭举证和质证，存在一定的不确定性。（2）对于案件的事实、证据以及情节的判断和采信很大程度上取决于法官和检察官的司法认知，比如犯罪的动机是否卑劣、手段是否残忍、情节是否恶劣、后果是否严重等判断均受人们的生活经历和主观认识的影响，而不像自然科学一样有其客观的判断标准，这样极有可能产生不同的判断结论。①（3）在庭审中，被告人、辩护人可能提出新的事实和证据，而这些证据，公诉人在开庭之前无从知晓，也无法被纳入量刑建议中，一旦需要修改量刑建议，可能需要科（处）长甚至主管检察长的审批，而庭审的延续性和效率要求，往往使得承办人在这个问题上处于尴尬境地，甚至对于新证据，采取漠视、忽视态度，坐等法

---

① 参见陈峰龙：《检察机关量刑建议实务问题探讨》，载《人民检察》2013年第10期。

院最后判决，影响检察公信力。

（三）量刑方法的局限性，影响检察公信力

《人民法院量刑指导意见》所确定的量刑方法，具有一定的局限性。虽然《人民法院量刑指导意见》确立了数量化的量刑方法，要求法院按照"根据犯罪构成事实确定量刑起点""在此基础上增加刑罚量确定量刑基准""根据量刑情节调节量刑基准确定宣告刑"等基本步骤，来形成最终的量刑裁决。但是所谓"量刑基准""量刑起点"以及最后的"宣告刑"，检察院和法院可能产生不同的认识，对于"基准刑"所赖以确定的其他影响犯罪构成的犯罪数额、次数、后果等犯罪事实，也可能有不同的评价，尽管《人民法院量刑指导意见》赋予了一定的弹性。① 但是这种大幅度的减刑、加刑比例，使得这种所谓数量化的量刑方法本身就赋予司法官较大的自由裁量权。② 再者，多数检察院以相对确定型为主要形式，但是对于如何确定刑期的幅度则各不相同，有的限定在 6 个月以内，有的则放宽至 2 年。③ 过大的弹性空间，让群众对检察院的量刑建议存在质疑，再者，一个案件量刑的争议，可能就在 1~2 年之间，量刑建议的幅度过大，本身就是缺乏公信力的表现。

（四）量刑建议易流于形式性，影响检察公信力

量刑建议易流于形式性，主要体现在：（1）量刑建议给承办人增加了一定的工作量，在未能补充办案力量的情况下，加剧了在公诉部门早已存在的案多人少的矛盾，现有的考评机制，又没有凸显对量刑建议工作的评价；（2）随着网络媒体的发展，公众监督案件办理的力度明显加大，敏感、疑难复杂案件增加，定罪、量刑皆成为公众关注的焦点，而且由于量刑建议在先，承办人可能成为"枪打出头鸟"，充当了法院量刑的试探性气球，巨大的舆情压力在一定程度上打消

---

① 如对未遂情节，可减少基准刑的 50% 以下；对从犯情节，可减少基准刑的 20%~50%，对于自首情节，可减少基准刑的 40% 以下，对于累犯，可增加基准刑的 10%~40%，等等。

② 参见陈瑞华：《论量刑建议》，载《政法论坛》2011 年第 29 卷第 2 期。

③ 参见叶青：《量刑建议工作的规范化改革》，载《华东政法大学学报》2011 年第 2 期。

了承办人开展量刑工作的积极性。(3)《人民法院量刑指导意见》只规定了对 15 种罪名提出量刑建议,虽然是常见罪名,但是在适用的过程中,量刑建议的刑种有限,集中在有期徒刑,对拘役、无期徒刑、死刑和附加刑很少提出,甚至难以提出,在一种过于机械操作的情况下,容易让量刑建议工作流于形式,甚至全凭办案经验、规律、司法惯性,开展量刑建议。

三、发挥量刑建议提升检察公信力的路径

检察机关在履行法律监督职责中是否具有足够的信任度,决定了社会公众对检察机关的信任度。要进一步发挥量刑建议在提升检察公信力上的正能量,防范因司法实践中量刑信息不确定性、不稳定性、量刑方法的局限性和量刑流于形式性等情况导致公信力受影响。综合而言,就是要结合量刑建议这项工作的特点、现状和目标,从公开、公正、公信上下工夫,以量刑建议为抓手,发挥这项工作提升检察公信力的效能。

(一)公开上下工夫

1. 深化检务公开。有必要将量刑建议纳入检务公开的范围,通过内部规范、外部宣传等措施,让群众真正了解这一项制度,了解这一项制度的最重要意义在于强化法律监督,而不是干预法院的审判权。通过充实检务公开的内容,保持检务公开与时俱进,随着国家法治进程而更加开放、透明。承办人也应该通过讯问嫌疑人、询问被害人、证人等执法办案过程,告知其在量刑过程中享有的权利,让其知道哪些因素是可能影响量刑的,检察院为什么进行量刑建议、怎么进行量刑建议以及这项工作的利弊等。

2. 建立证据开示制度。证据开示制度是指诉讼当事人或诉讼外第三人所掌握的事实材料,只要与案件有关,除享有秘密特权保护的以外,均应向对方当事人披露,任一方当事人均享有要求对方当事人及诉讼外第三人披露上述事项的权利的制度。通过证据开示制度,使控辩双方在庭前掌握对方所掌握的事实证据,从而使控方更加准确地指控犯罪和提出量刑建议,辩方也能更准确地进行定罪和量刑的辩护,提高公诉和辩护的质量,简化控辩双方对没有异议的证据的举证、

质证程序，提高庭审效率，让庭审的重点可以侧重于有争议的定罪、量刑问题。

3. 公开量刑指导意见。通过公开量刑指导意见，让诉讼参与方进一步了解检察院提出量刑建议的依据、条目和从重从轻的幅度、法院制定最后量刑结论的标准等。这不仅有利于减少诉讼参与方的对检察院在量刑建议问题上的误解，而且明确的条目，也有利于诉讼参与人对比自身的情况，进一步发现有利于自身量刑的因素，检举揭发同案犯所具备的影响量刑的因素，更加有利于检察院全面、准确、及时打击犯罪。

（二）公正上下工夫

1. 养成全面的执法办案工作方式。检察机关要坚决摒弃重定罪、轻量刑证据和事实的习惯，摒弃重法定情节、轻酌定情节的办案习惯，注重全面客观收集证据，既重视定罪事实，又重视量刑事实，既重视从重情节，又重视从轻情节。适当时，检察机关和公安机关联合研究制定关于加强对量刑事实和证据调查取证的指导性意见，进一步明确量刑事实的范围和要求，尤其是结合办案实际，规范如刑事责任年龄、主体身份、自首、立功、累犯、前科、主从犯、犯罪形态、追赃、退赔等常见量刑情节的证明标准以及相关材料的制作要求，从制度上规范对量刑事实和证据的侦查取证工作。① 除此之外，检察院的侦查监督、公诉部门可结合监督职责和工作特点，建立引导侦查量刑事实的工作机制，明确引导的原则、途径、范围、方式等。

2. 确保量刑建议的考量因素平等适用。首先要保证量刑要素在普通刑事犯罪和职务犯罪中平等适用，切实防范在职务犯罪过程中，被告人从轻、减轻因素往往比普通刑事犯罪被告人多的状况，特别是在适用缓刑上，更加要慎重;② 其次要保证量刑要素在不同地域、不同检察院、不同承办人之间平等适用，特别是在一些司法实践中应用较多的要素，如自首、认罪态度较好等，要制定更为细化

---

① 参见朱孝清：《论量刑建议》，载《中国法学》2010年第3期，第18页。

② 辖区个别基层院职务犯罪案件判处缓刑的比例高达70%，许多被判处轻刑的被告人一般都有自首、退赃、认罪态度较好等法定或者酌定情节，法院在量刑时往往减轻、从轻的幅度过大，存在不规范裁量的情形。参见于天敏：《量刑建议：实践、问题和对策——以重庆市某检察院分院及辖区检察机关的实践探索为例》，载《西南政法大学学报》2011年12月第13卷第6期。

的标准，确保适用的统一性，防范承办人裁量权过大；再次，要努力实现在所有刑事案件上都进行量刑建议，不局限于目前规定的 15 种常见罪名，保证每个刑事案件的量刑裁判权都接受检察院的法律监督，强化量刑裁判权的规范适用。

3. 公平地保证辩护人和被害人在量刑建议上权利。要切实保证辩护人在被告人量刑上的权利，保证落实律师辩护人的阅卷权、会见权、调查取证权和法庭上发表辩护意见的法律豁免权等；对于没有律师提供辩护的，要进一步落实修改后刑诉法的要求，根据情况，为被告人指定辩护人，同时会同有关部门完善律师管理、激励、收费等制度，调动律师受理刑事案件的积极性。被害人或其家属作为犯罪受害的直接承受者，身心可能遭受重创，在量刑建议上，可能会倾向偏重，尤其是死刑案件，对于他们的心情要理解和尊重，对于他们发表量刑建议的权利也要保证，但是量刑建议必须符合法律规定，对于不合理请求的，要耐心说明、取得其对检察机关量刑建议的理解和支持。

（三）公信上下工夫

1. 要进一步量化、细化常见量刑要素。要结合司法实践，在具体的量刑要素上，制定更为细化、量化的标准，增加可操作性，真正解决实践中的问题。比如就故意伤害罪，分别围绕量刑起点、基准刑、身份特征等进行细化，规定致一人轻伤、重伤、多人轻伤、重伤起刑幅度、起刑点，以及每增加一处轻、重、轻微伤的量刑幅度，具有被害人过错、积极赔偿、取得谅解、未成年人等可以从轻的基准点等，虽然这项工作已经在不断细化，很多基层检察院正在积极探索，但是仍然有待进一步加强。在"量刑基准""量刑起点"以及最后的"宣告刑"，对于检察院和法院可能产生不同认识的，"基准刑"所赖以确定的其他影响犯罪构成的犯罪数额、次数、后果等犯罪事实，可能有不同的评价，要和法院进一步协商，明确实行标准。

2. 要重视对量刑要素的调查、核实工作。对于事关被告人量刑的要素，要积极主动进行核实，包括犯罪情节，如未遂、中止、自首、立功等；包括个人情况，如犯罪原因、一贯表现、前科劣迹、成长经历、社会交往、家庭情况、受教育状况；包括被害人情况，如受害后果、赔礼道歉情况、被害人过错及大小等。进一步强化执法办案的亲历性，防止侦查机关出具一纸"情况说明"，造就的虚假量刑情节的情形。同时，要明白量刑事实的举证责任和犯罪事实的举证责任有所不同，犯罪事实的举证责任全由控方承担，被告方不负举证责任，而量刑事实的举证实行"谁主张谁举证"的原则，除检察机关要对自己的量刑建议举证外，被告人也要对自己向法庭提出的量刑意见负举证责任。①

3. 要坚决抗诉不采纳量刑建议且无正当理由的判决。量刑建议虽然对法院无约束力，但法院不采纳而且无正当理由，检察院要认真分析并区分以下情况处理，对于法院宣告刑和建议刑大体一致的，可以在刑事判决、裁定审查表中写明同意判决；对于二者相差较大的，又没有新的事实和理由支持的，要坚决依法抗诉；对于量刑失衡、偏差较大，但是不属于畸轻畸重的，可以发送检察建议;②对于可能存在渎职行为的，要依法移交犯罪线索，进行有效有力的侦查，坚决打击滥用职权的行为。同时，检察院自身也得建立量刑建议适用考核体系，设置合理的考核标准和科学的容错率，不要一味地强调和追求量刑建议的高采纳率。

---

① 参见朱孝清：《论量刑建议》，载《中国法学》2010 年第 3 期，第 16 页。
② 参见于天敏：《量刑建议：实践、问题和对策——以重庆市某检察院分院及辖区检察机关的实践探索为例》，载《西南政法大学学报》2011 年 12 月第 13 卷第 6 期。

第四十二篇　检察建议的"刚柔并济"与国家治理

党的十八届三中全会通过的《中共中央关于全面深化改革若干重大问题的决定》提出，"全面深化改革的总目标是完善和发展中国特色社会主义制度，推进国家治理体系和治理能力现代化"。"国家治理体系和治理能力现代化"是全新的政治理念，它表明我们党对社会政治发展规律有了新的认识。①

一、检察建议与国家治理现代化的关系

国家治理体系作为一个制度体系，包括经济治理、政治治理、社会治理、文化治理、生态治理、政党治理等多个领域以及基层、地方、全国乃至区域与全球治理中的国家参与等多个层次的制度体系。② 国家治理体系和治理能力现代化是一个系统工程，需要政府、社会组织、个人全方面、多维度的有机参与。就检察工作而言，检察工作自身的科学发展、现代化，就是国家治理体系和治理能力现代化的重要组成部分。同时，检察机关要充分发挥法律监督机关的工作特点，促进国家治理体系和治理能力现代化。检察建议作为司法实践中运用较多的工作方式，参与国家治理现代化体系和治理能力现代化中，有必要发挥应有的作用。

---

① 参见何增科：《怎样理解国家治理及其现代化》，载《时事报告》2014 年第 1 期，第 5 页。

② 参见何增科：《怎样理解国家治理及其现代化》，载《时事报告》2014 年第 1 期，第 5 页。

（一）性质上属于国家治理体系的组成部分

检察建议作为检察机关履行法律监督职责的重要方式，广泛运用于检察工作实践，在预防犯罪、维护社会稳定、促进检察业务发展等方面都发挥重要作用。性质上，检察建议是检察机关以法律监督机关的身份参与所有社会组织和公民共同承担的社会治安综合治理的活动，是在完成法律监督角色与社会公共组织角色共同使命的结合上创造出的一种形式。① 检察建议的出发点是社会治安综合治理，社会治安综合治理本身就属于国家治理的一部分，因而检察建议的落脚点在于国家治理，最终目标是国家治理现代化。作为检察机关的一种工作方式，检察建议属于国家治理体系的组成部分，发挥检察建议的作用，就是国家治理能力现代化的一部分。

（二）特点上在于对治理制度、方式的监督引导

检察建议关注的重点是对国家治理制度、方式上的监督和引导，而对权力运行的监督管理是社会管理的重点领域，也是国家治理的重要命题。从司法实践看，贪污贿赂、渎职侵权、损害市场经济秩序、破坏社会管理秩序等，无一不是利用权力运行机制、体制、制度等管理上的漏洞和薄弱环节而进行。检察建议则是检察官密切结合查办案件，主动从反复、普遍发生的问题中，查找分析体制、机制、民主科学决策等机制中的原因，提出建章立制、完善措施、创新管理的建议。

（三）方式上讲究管理的预见和超前

检察建议源于检察工作实践，重点在于对可能引发犯罪的制度漏洞进行源头治理，保障社会经济发展的大局。检察建议密切关注社会治理动态，强调与有关部门的密切配合，综合治理和预防，并且有针对性地提出消除隐患、强化管理的建议，虽然是一种事后服务，但是从检察建议本身而言，这是一种社会治理方式的预见和超前。检察建议特别关注公权力的运行，通过梳理职务犯罪、渎职失职

---

① 参见白章龙：《积极利用检察建议 推进社会管理创新发展》，载《中国检察官》2011年第10期，第12页。

等方面的漏洞,有针对性地提出改进意见,并及时向党委、政府、人大和有关部门反馈问题和建议,是国家治理吸纳外部意见和弥补制度漏洞的有力来源,直接影响国家治理政策方针的制定。

二、检察建议参与国家治理现代化的两种路径

如果说检察建议在纠正公权力违法等方面体现的是一种"刚性",那么在宣传法制、教育群众、弥补管理漏洞等弥补监督手段的不足、辅助法律监督和服务社会、参与社会治安综合治理则属于检察建议的"柔性"。检察建议具备的"刚柔并济"特点,既是检察建议参与国家治理现代化体系和治理能力现代化的重要路径,也是促进国家治理体系和治理能力现代化的重要方式。

(一)"刚性"检察建议

1. 预防职务犯罪的检察建议。2000 年 12 月颁布的《最高人民检察院关于进一步加强预防职务犯罪的决定》第 13 条明确规定:"加强检察建议工作,不断提高检察建议质量。进一步规范检察建议,增强针对性、实效性和权威性,结合办案,积极提出有内容、有分析、有措施的检察建议,并加强对相关单位的适时回访和落实情况的了解。对检察建议没有及时落实的,应当向其上级主管部门通报情况。预防职务犯罪检察建议,由职务犯罪预防部门负责归口管理,有关办案部门具体承办,检察长审核签发。"这明确提出了对于没有及时落实的,应当向其上级主管部门通报情况,这种明确性的规定,使得检察建议具有"刚性"约束力。

2. 纠正审判机关轻微违法的检察建议。对于审判机关程序违法、量刑不当等的判决,作为法律监督机关,检察院可以提出抗诉,对于轻微违法,没有必要抗诉的,可以通过检察建议进行。2001 年 3 月颁布的《最高人民检察院关于刑事抗诉工作的若干意见》中关于不宜抗诉的情形第 3 款明确规定"人民法院审判活动违反法定诉讼程序,但是未达到严重程度,不足以影响公正裁判,或者判决书、裁定书存在某些技术性差错,不影响案件实质性结论的,一般不宜提出抗诉。必要时可以以检察建议书等形式,要求人民法院纠正审判活动中的违法情

形，或者建议人民法院更正法律文书中的差错"。这体现了检察机关作为法律监督机关的基本职责，对于检察机关的建议，法院必须执行。

3. 纠正侦查机关违法的检察建议。这是在司法实践中运用较多的检察建议，主要体现在侦查监督工作中，《刑事诉讼法》第98条规定："人民检察院在审查逮捕工作中，如果发现公安机关的侦查活动有违法情况，应当通知公安机关予以纠正，公安机关应当将纠正情况通知人民检察院。"除此之外，在审查起诉，监所检察、民事行政检察等方面亦有运用。① 这是检察机关全面履行法律监督职能的一种体现。同时，检察机关要强化自身监督，这种纠正违法并不是只对外，不对内的，对于自侦部门在上述过程中的违法行为，应当以更严格的标准进行法律监督，该纠正时，绝不含糊，做到"身正不怕影子斜"。

（二）"柔性"检察建议

"柔性"检察建议在司法实践中运用较多、范围较广泛。这与刑法的基本任务密不可分，也是检察工作性质决定的，正是在检察工作中，最容易发现国家治理特别是社会管理中的漏洞，才能够及时提供具有权威性、针对性的检察建议。虽然这种建议不具有公权力的约束性，对于被建议机关是否及时改正未必能向其上级机关通报，也不能追究其落实不力的责任，但是其参与社会管理创新的效果是明显的，是检察机关自身现代化和服务国家治理现代化的主要路径，具体而言，大致分为以下几种：

1. 堵塞管理漏洞建议。检察机关在办案中，密切关注社会治安动态，针对反映出的问题，对相关单位或部门提出相应的对策建议，以检察机关的专业优势帮助相关单位和部门堵塞漏洞，改进管理。由于这是一种有别于预防职务犯罪的检察建议，主要针对的是非公有制企业、公司、社区等，如"规章制度不健全""财务管理混乱""监督乏力"，检察建议体现出一种服务性，不具有强制力，也不一定可以向其上级通报，能否发挥效应，发挥多大效应，主要看对应部门、公司的重视程度和配合力度。然而这是检察机关源于发生犯罪、对准监管漏洞的建

---

① 根据上海市普陀区人民检察院的统计，在2006年、2007年、2008年1—6月间，侦监、公诉、监所、预防、未检、民检、反贪共发送检察建议数目分别为：48、13、12、5、5、2、1。参见崔晓丽、李小荣：《制发检察建议过程中存在的问题与应对》，载《法学》，2009年第3期，第156页。

议，区别于一般的管理建议，其针对性和专业性特别明显。

2. 特殊人群的帮助管教建议。对特殊人群的帮助管教，是国家治理的重点和难点，其特殊性依赖于具有专业性的检察建议的特别"问诊"。这充分体现了检察办案的专业性特点，能有针对性地消除隐患、强化科学管理。如检察院未成年人检察部门，根据常年办案中总结出的未成年人犯罪特点和规律，有针对性地分时段对学校、特殊场所、社区等发送检察建议，促使社会重视、关爱特殊人群，预防特殊人群犯罪。除此之外，还通过检察建议，针对监外服刑人员、刑满释放人员提出检察建议等，这种"柔性"方式参与社会管理，在一定程度上而言，比"刚性"参与，更加能促进社会管理不断科学、规范。

3. 法制宣传建议。检察机关针对某一行业、某一区域在一定时期内，案件多发、高发，认为针对具体单位或者某一部门简单提检察建议不足以及时、有效强化社会管理，而有必要通过检察建议，建议相关行政机关加强法制宣传，甚至主动进行法制宣传，由点到面，全方位、立体性提升检察建议效能，事实上，每年的法治宣传重点，都与检察建议密切相关，检察建议关注的重点，往往是法治宣传的重点。除此之外，还表现为针对某种现象和某行业，通过《检察情况反映》等向党委、人大、政府和有关部门提出治理意见，为其决策提供参考。

三、检察建议运转过程中存在突出问题

法治社会是法治中国的构筑基石，社会治理是国家治理的核心内容。① 社会治理现代化的根本途径是社会治理法治化。② 国家治理体系和治理能力现代化，首要和最重要的标准应该是法治化，做到"有法可依、有法必依、执法必严、违法必究。"虽然检察建议具备"刚柔并济"参与国家治理现代化的可能，是立足检察职能、结合执法办案而有针对性提出的，但是实践中存在诸多问题导致运转状况不理想，在整个过程中，与国家治理体系和治理方式现代化的目标有差距。

---

① 参见江必新：《法治社会建设的宏观思路》，载《中国司法》2014 年第 8 期，第 11 页。

② 参见徐汉明：《加快国家治理现代化与法治社会建设》，载《法制日报》2014 年 6 月 18 日。

（一）有法可依上依然"依据有限"

有法可依要求公权力的行动有着法律规范的明确指引，是"法无规定不可行"，要是法律规定"千头万绪"，或者"犹抱琵琶半遮面"，显然影响相关工作的开展和开展的效果。检察建议作为司法实践中运用较多的一种监督方式，在法律依据上，依然显得不足，在现行的法律中，涉及检察建议的规定屈指可数，如旧的《中华人民共和国检察官法》第 33 条规定 6 种应当给予奖励的情形，其中第 2 款为："提出检察建议或者对检察工作提出改革建议被采纳，效果显著的。"《中华人民共和国刑事诉讼法》第 177 条规定："人民检察院决定不起诉的案件，应当同时对侦查中查封、扣押、冻结的财物解除查封、扣押、冻结。对被不起诉人需要给予行政处罚、行政处分或者需要没收其他违法所得的，人民检察院应当提出检察意见。"除此之外，第 201 条也有所涉及。[①] 上位法规定的宜粗不宜细原则，加之使用了"意见"，或者单独使用"建议"，对检察建议适用的方式、方法、效力等缺乏明确的规定。虽然《人民检察院刑事诉讼规则（试行）》第 566 条等条文针对个别情形，如侦查违法、审判监督等，均做了较为细致的规定，又与整个检察建议的实践范围有出入。最高人民检察院于 2009 年 11 月出台了《人民检察院检察建议工作规定（试行）》（以下简称《工作规定》），做了相对细致的规定，但是该规定使用检察建议的范围明显过窄，由于是试行规定，在内容的全面性和可操作性上都有所欠缺，且该规定只是检察机关内部的一家之规定与要求，缺乏推广实施于整个司法活动的效力。[②] 再者，修改后《刑事诉讼法》做了大幅修改，涉及整个刑事诉讼制度，此《工作规定》于新《刑事诉讼法》出台前已经试行，尚未修改，从目前来看，进行有效指导显得滞后。

（二）有法必依上难免"全面出击"

根据《工作规定》第 5 条，人民检察院在检察工作中发现有下列情形之一的，可以提出检察建议："（1）预防违法犯罪等方面管理不完善、制度不健全、

[①] 如，《刑诉法》第 201 条规定"检察人员发现提起公诉的案件需要补充侦查、提出建议的"。

[②] 参见刘铁流：《检察机关检察建议实施情况调研》，载《人民检察》2011 年第 2 期，第 75 页。

不落实，存在犯罪隐患的；（2）行业主管部门或者主管机关需要加强或改进本行业或者部门的管理监督工作的；（3）民间纠纷问题突出，矛盾可能激化导致恶性案件或者群体性事件，需要加强调解疏导工作的；（4）在办理案件过程中发现应对有关人员或行为予以表彰或者给予处分、行政处罚的；（5）人民法院、公安机关、刑罚执行机关和劳动教养机关在执法过程中存在苗头性、倾向性的不规范问题，需要改进的；（6）其他需要提出检察建议的。"虽然只规定了6种情形，但是用语的含糊和检察机关发现监督漏洞来源的宽广，检察建议也就"全面出击"，无所不用检察建议。在司法实践中，司法建议的运用远远超出法律规定，而适用于各种领域，成为司法机关积极参与社会治安综合治理的重要方式。① 近年来，全国检察机关制发检察建议的数量一直处于上升趋势，甚至事事、处处都用检察建议，而从目前来看，有些规定又显得过时，如劳动教养已明确废除，对于劳动教养机制在执法过程中存在苗头性、倾向性的不规范问题，再提需要改进的检察建议已经没必要了。这些存在的状况，与国家治理体系和治理能力现代化的目标显然不符。

（三）执法必严上存在"形式主义"

按照《工作规定》第9条的规定，各级人民检察院办公室统一负责检察建议书的文稿审核、编发工作。实践中，虽然是以检察院的名义发送，但实际上由各业务部门具体制发，其制发程序一般是内勤或者案件承办人撰写，部门负责人审核，然后送分管副检察长审签。在一些检察院，对于检察建议的管理也不实行集中管理、留底存档，编号也不统一，而是由各业务部门独立编号并随案件入卷归档。② 就检察建议自身而言，也存在质量不高、效果不佳，经常性地使用一些"规章制度不健全""财务管理混乱""应当加强监督管理"等公式化语句，没有进行深入的分析，缺乏专业性的观点，尤其是在金融、证券、高科技行业等，自身的"门外汉"和"研究不够"，致使不能提出有质量的建议，存在形式主义，空话、套话居多，这和检察建议应当具体明确、切实可行，并包含问题的来源或

---

① 徐昕：《司法建议制度的改革与建议型司法的转型》，载《学习与探索》2011年第2期，第97页。

② 刘铁流：《检察机关检察建议实施情况调研》，载《人民检察》2011年第2期，第75页。

提出建议的起因、应当消除的隐患及违法现象、治理防范的具体意见、提出建议所依据的事实和法律、法规及有关规定、被建议单位书面回复落实情况的期限等其他建议事项的硬性规定明显不符。

（四）违法必究上显得"刚性不足"

检察建议是人民检察院为促进法律正确实施、促进社会和谐稳定，在履行法律监督职能过程中，结合执法办案，建议有关单位完善制度，加强内部制约、监督，正确实施法律法规，完善社会管理、服务，预防和减少违法犯罪的一种重要方式。由于"刚性"检察建议主要是针对侦查和审判违法行为，对于职务犯罪预防检察建议，要是没有答复并整改的，规定了向其上级主管部门通报等一系列的制度，具有一定的"刚性"约束力，在司法实践中，还能有较好的落实，但是也不排除存在"文来文往""写一篇回复完事"的情形，只进行书面上的答复，没有进行实际的改进。而检察机关也缺乏后续的跟踪、回访机制，对其整改效果未必知晓。对于"柔性"检察建议，由于涉及的面广、事多，而且还可能由于自身检察建议书的质量问题等，造成在司法实践中，能落实的较少，甚至回复的都有限。① 究其原因，除了检察建议质量问题等，还与检察建议流于形式，重视程度不够，考核体系对检察建议的考核不全面，甚至顾虑因为检察建议而影响兄弟部门的关系有关。

四、充分发挥检察建议参与国家治理现代化的改进方式

司法建议是一项极具中国特色的制度，集中体现了司法机关的司法外职能。它表明在当下中国，司法机关的职责并非单纯定位于司法，而是作为国家治理系统的一部分，需主动或被动扮演社会角色和政治角色，发挥社会职能和政治职

---

① 根据安徽省调研报告，从 2007 年至 2009 年间，未回复的检察建议占全部制发检察建议的 27.3%，参见刘铁流：《检察机关检察建议实施情况调研》，载《人民检察》2011 年第 2 期，第 76 页；根据上海市普陀区的调研，在检察机关制发的 86 份检察建议中，共收到相关单位的回复 61 份，回复率为 71%，而且要求在一个月内回复的，往往都超过一个月。参见崔晓丽、李小荣：《制发检察建议过程中存在的问题与应对》，载《法学》2009 年第 3 期，第 158页。

能，实现法律效果、社会效果与政治效果的统一。新华社的一篇报道将司法建议定位为"社会啄木鸟"，恰如其分地表明了司法建议的功能，即"司法建议可以为政府决策、改革发展、经济增长、社会稳定等方面建言献策。①针对检察建议存在的问题和改进建议，国内已有不少研究，在国家治理体系和治理能力现代化的要求和背景下，如何进一步发挥检察建议的功效，成为"社会啄木鸟"，不仅有效有力地找出"害虫"，而且能够知晓"生虫的原因"，有效防范害虫，笔者建议从以下三个方面入手。

（一）强化"刚性"检察建议的"刚性"

由于"刚性"检察建议更多地针对公权力机关，如侦查机关、审判机关和有监管漏洞的国有机关、企事业单位等，任何在适用公权力上的不当，都可能引发对人民群众利益的侵害，一定要做到发现漏洞，及时提醒，绝不含糊。

1. 要有制度"刚性"。对于检察建议，要结合已有的相关规定，如《人民检察院检察建议工作规定（试行）》等，进一步细化规则，明确检察建议书由办公室统一负责文稿审核、编发工作，并实行集中管理、留底存档，编号统一，杜绝各业务部门独立编号并随案件入卷归档的情形；要进一步规范检察建议文书的格式、内容、落实时间等，保证文书的外在、内在质量，做到"内外兼修"；并将检察建议书纳入案件管理系统，对于文书质量有问题的，定期通报，确保已有的制度得到落实。

2. 要有落实"刚性"。"一分部署、九分落实"，对于发出的检察建议，一定要强化落实，特别是侦查行为违法的，绝对不能"一发了之"，更不能"见一纸回复则了之"，要分析其发生的原因，症结，对于涉及相关人员违法违纪的，要坚决移送线索，不能有"冤家宜解不宜结不宜结"，"抬头不见低头见"的顾虑，不移送、缓移送，要通过与渎职、反贪、监所等部门的密切配合，协同合作，防范漏洞。

3. 要有纠正"刚性"。要结合修改后刑诉法的规定，特别是"非法证据排除规则""羁押必要性审查"等，对于侦查机关在取证上程序违法等，或者羁押不

---

① 参见徐昕：《司法建议制度的改革与建议型司法的转型》，载《学习与探索》2011年第2期，第97页。

当而不及时改正的，检察机关要勇于担当，在职责范围内先行纠正；对于轻微程序违法行为，除了口头纠正外，要强化侦查机关的及时改正，不可再犯类似错误，并在侦查违法年度报告中予以通报。

4. 要有监督"刚性"。对于侦查违法、制度漏洞、监管不力等，一而再、再而三发生，检察机关不能一而再、再而三发送检察建议，要结合检察建议发送情况，有针对性地进行监管，对于一些屡教不改的，发送检察建议时，可以抄送相关检察建议至其上级机关或者相关业务部门，做到有效督，及时督促整改。

（二）强化"柔性"检察建议的"韧性"

柔性检察建议涉及面广、涉及事项多，其生命力在于其质量，一定要有"韧性"，如果没有"韧性"，即便有检察机关作为法律监督机关的公权力督促，也难有创新社会管理的效果，对于相关单位而言，要是有免费提供的针对性强、抓住要点、要害，有力的建议，何乐不为？

1. 要重视调查研究。制发检察建议前，要积极与被建议单位进行沟通，了解其管理流程、规章制度，找准发案的根源和管理漏洞，对于个案中反映出的某种现象、普遍性问题，要有针对性地提出建议，特别是对在金融、证券、高科技行业存在监管漏洞，要提供发案单位易于接受的建议，不能提供"外行"建议。

2. 要强化沟通协调。要加强沟通协调，就要避免"文来文往"，如对烟草、海关、联通、移动通信等单位发送检察建议时，要多与相关单位、上级监管部门、兄弟行业等进行沟通，建立长效机制、定期交流机制，不仅把检察建议发送到相关单位，还要把督促跟踪到位，同时可以采取一些易于被建议单位和员工接受的方式发送检察建议，如动漫、微信发送等，提升建议效果。

3. 减少建议的数量。要处理好检察建议质量和数量的关系，要是质量不高，数量过多，必然引起相关单位的反感，重视落实程度可能受影响，不能出于考核的需要，处处、事事提检察建议，对于一些偶然性的监管漏洞，可以进行口头建议，多进行面对面交流，提升效果。

（三）创新检察建议相关机制

推进国家治理体系和治理能力现代化，关键在于创新，可以积极尝试的创新方法有，非对抗性和软法，具体要求是，变整治为疏导，变刚性为柔性。① 发挥检察建议"刚柔并济"的优势，促进国家治理体系和治理能力现代化，还有必要注重制度的创新。

1. 注重检察建议文书的创新。笔者以为并不是所有的侦查行为违法都需要按照既有统一格式、样式发送检察建议，尤其是对于自侦部门办理的职务犯罪案件，要结合其特点，可以制作"侦查程序违法专报"，对于在侦查过程中，程序违法的，通过专报的形式，及时发送至自侦部门，在维护其"颜面"的基础上，提升检察建议的执行力。

2. 考核机制创新。要结合当前的司法改革，特别是主任检察官制度的探索，在考核体系上，除了对执法办案质量进行考核，也要通过考核，让主任检察官不仅积极、踊跃、保质保量办案，还及时有效发送检察建议，对于促进社会管理创新的，要按照检察官法的规定，给予奖励，对于促进行业、领域重大制度改进的，可以在检察官级别晋升上获得"加分"等。

3. 建立全国统一的检察建议文书库。要定期筛选优质的检察建议，建立全国性、全省性的优质检察建议文书库，并分门别类保存，既有利检察官查阅、分析、借鉴，提升文书质量，又能够让检察机关通过执法办案大数据，站在全国的角度及时发现行业性、区域性违法犯罪问题，能够集合全国不同执法办案经验、不同教育背景检察官的智慧，创新社会管理，促进国家治理体系和治理能力现代化。

---

① 参见江必新：《推进国家治理体系和治理能力现代化》，载《光明日报》2013 年 11 月 15 日。

第四十三篇　完善好刑事检察这盘"组合套餐"

　　刑事检察工作是检察机关的重要业务之一，是检察机关作为法律监督机关的主要载体和方式，也是人民群众认识检察机关的"窗口"和"门面"。近年来，全国刑检部门批捕各类犯罪嫌疑人超100万人，提起公诉超160万人，所作所为关涉百万人的自由、财产和生命，职责不可谓不重要，责任不可谓不重大。

一、刑检工作像一盘"组合套餐"

　　刑事检察工作发展到今天，已经不只是一个负责批捕和起诉的部门。实际上已经由"捕诉"两条腿，变成了一个"组合套餐"。

　　一是条线长。从一个人被立案侦查到刑罚执行全程参与，侦查环节介入引导侦查，检察环节负责批捕、起诉，审判环节负责出庭支持公诉，同时要进行刑事立案监督、侦查活动监督、审判活动监督、羁押必要性审查、刑事判决、裁定监督、死刑复核监督等。

　　二是业务密。业务种类繁多，搭建"公检法司"全链条，参与公安机关对于重大案件的讨论，对案件性质、收集证据、适用法律等提出意见，批准或不批准延长拘押期限，核准追诉，起诉与不起诉，抗诉，庭前会议，适用认罪认罚从宽制度，量刑建议，复核证据，补充证据，非法证据排除，简易程序，速裁程序，开展调查核实，决定立案复查等。

　　三是理念深。检察办案理念涉及司法理念、社会管控、质量指标等多维度，如秉持客观公正立场、积极化解社会矛盾、参与社会治理，释法说理，法治宣传教育，"捕诉一体"办案，以审判为中心，降低"案-件比"等。

四政策广。需要融合的法律政策既有抽象的，又有具体的。如宽严相济刑事司法政策、以人民为中心办案理念、保障律师执业权利、让人民群众在每一个案件中都感受到公平正义、服务和保障民营经济发展、扫黑除恶专项斗争等。

二、刑检工作绝不是"流水作业"

有的人认为刑检工作，就是一个"流水线"作业，"菜品太少"，工作含金量不高，有证据证明有犯罪事实，可能判处徒刑以上刑罚，取保候审尚不足以防止发生社会危险性，就捕；侦查机关把案子送来了，基本就接；证据确实充分，就诉；诉出去了，基本也判；撤诉、无罪少之又少，可以忽略不计。

张军检察长指出，检察机关是一个政治性很强的业务机关，也是一个业务性很强的政治机关。刑检工作"条线长、业务密、理念深、政策广"，菜色叠加，职责交织，"纵横交错"的特征，决定了刑检工作是一个技术性、创造性很强的工作，非常依赖检察官的智慧、经验和觉悟。

如果把刑事检察工作当"流水线"作业，或者具有流水线工人心理，实际上在案件办理上，只是浅尝辄止，没有精耕细作，只是就案办案、机械办案，没有把政策工具、法律要求、有关工作理念等，用足用尽。于是出现"该用的，没用，该用深的，用浅了，该用多的，用少了，该用全的，用稀了"的情况。典型的，如，高检院多次提出，要求"能不捕的不捕，能不诉的不诉，能不判实刑的，能否建议判个缓刑"。然而，实践中落实得不多。除此之外，审前羁押率还比较高，不起诉率总是上不来，而法院判缓刑的比例相对却可以那么高？

这种现象，宏观点讲，是对新时代人民群众对检察工作的新要求、新期待，没有落实到位。形象点讲，就是一种"老瓶装老酒""贴的却是新牌子"的现象。

三、当前问题是"无序用餐""肩膀不硬"

最近，检察日报刊文《检察机关是刑事错案的第一责任人》，引起一定反响。

整个刑事案件的办理，检察机关基本上从头跟到尾，全程参与，而且检察机关本身又是法律监督机关，无论错案发生的根源在哪个环节，检察机关当然有责任。而且作为人民的司法机关，在人民群众的眼中，都属于"政府"，主动承担责任，勇做第一责任人，是对人民的一种朴素真诚态度，是对司法产品质量的一种安全担当，更是检察机关求极致精神的现实写照。

态度、担当和精神固然重要，更重要的还是要自身肩膀过硬，也就是"要能真正扛得起司法责任"，这是根本和终极命题。

有些冤错案件的源头在侦查机关，如念斌案，案发现场提取了150多件物品，但是只有5件物品被记录在《现场勘验检查笔录》，勘查未结束，就作出该中毒事件为"人为投毒"案件；如陈满案，卷宗里还记载，案发现场提取的多项重要物证，比如带血的西服、衬衫、卫生纸、报纸碎片等物证，但事后公安的补充侦查报告称，这些物证丢失了，无法在法庭上出示和质证。这些案件中的一些违法苗头，检察机关当初就发现了，但没有执着较真，配合大于监督，于是案件就"绿灯"一路通行，然后就"撞车出事故"了，要是不绿灯通行，能撞车出事故吗？

同样，对于英生案件，检察官在办理时注意到一句话，"双人床的左右床头柜抽屉各拉出10厘米，上有手印"。这句话里手印二字后，没有备注"指纹有多少枚"，而现场勘验笔录中其他有手印的地方，均备注了指纹数，而且其数量之和，刚好是笔录结尾描述的"26枚"。随着调查的深入，系列疑问被一一破解，床头柜抽屉上的两枚指纹送到省公安厅的指纹库进行比对，但没有比对结果，痕检员证实，当时现场确实发现了外来指纹，不排除他人作案可能。这种细致、较真的精神，这就是肩膀硬！当然，这种肩膀硬，发生在"撞车事故"之后，弥补固然非常重要，但是事故已然发生，悲剧无法挽回。

除了在监督决心上，自身"肩膀不硬"外，对审查工作本身，也存在"肩膀不硬"的诸多情形。比如：（1）一些检察官重言词证据，轻勘查笔录，在办案时，忽略物证、痕迹证据合法性、关联性、全面性的问题；（2）习惯先查看嫌疑人、证人的供述和证人证言，将现场勘验检查笔录等客观性证据放在后面，出现"先入为主""对号入座"的情况；（3）一些检察人员很少去看现场，把看现场当做例外，甚至把本职当做"高尚情怀"，实际上看现场和不看现场的感觉完全不一般，看卷时很多觉得是问题的，看完现场，觉得根本不是问题，也可能发现一些新的问题；（4）对现场提取到的物证、痕迹等客观性证据，往往审查得严格细致，但是对于见证人、时间、现场保护等形式性、程序性的要求，审查得不够仔细、全面；（5）缺乏综合审查的能力，就单个笔录、照片、现场图、录像的审查能力比较强，但是综合、协同、全面起来审查判断的能力一般，对文字与实物、绘图、照片、录像中明显不相符的情况，过度相信甚至"迷信"，经常没有发现问题；（6）将整个案件的证据材料有机结合起来，缺乏一种协同能力，存在"顾此失彼""拓展性不够"的情况；（7）对涉及痕迹、生物等实践中用起来很多的法律规范，了解不多、了解不够，有的不愿意去了解，导致工作中存在明显的知识盲点、弱点，等等。

四、避免就案办案、机械办案是关键

刑检工作作为一个"组合套餐"，提供了各种方式、手段、机制，在"组合套餐"之外，还有很多组织保障、辅助机制，用以要求检察人员去发挥法律监督机关的作用，体现过硬肩膀和司法责任担当。如果司法责任制这根"筷子"用不好，可能就会出现一些冤错案件。除此之外，还有很多虽然不是冤错案件，但属于"就案办案""机械办案"的情形，看起来合法合规，于法有据，但经常突破人民群众朴素的正义观念，甚至引发网络舆情。

要是真正用好了司法责任制这根"筷子"，"用筷有力""勇扛责任"，当然能够吃好刑检这盘"组合套餐"。无论套餐里的菜品如何，"难嚼的硬骨头"也罢，"刺鼻的红辣椒"也罢，都不是问题！面对案件办理过程中的出现的各种情况，自然会"该竭力坚持的，竭力坚持，该充分表达的，充分表达、该实地调查的，实地调查，该敢于监督的，敢于监督"。因为这不仅是工作职责，更是保护自己，于公于私，没有不尽责尽能的理由。

如果自身肩膀过硬，对案情吃透吃深，对法律法规如数家珍，谈得有理有据，有点有面，侦查人员自然尊重、遵循、相信。

防范冤假错案、落实司法责任制、加强自身能力建设等问题，在刑事检察工作中，已经织下了严密的制度、理念、法规、监督、智慧网。前方大路已经慢慢铺好，检察人员只要扎扎实实、认认真真落实这些规定，坚守坚定的向前走，杜绝冤假错案这个看起来"不符合司法规律"事情，看起来"水至清则无鱼"的难题，肯定不是问题，终究能解决。

后　记

2010年8月参加工作至今，其间有一年时间借调至最高人民检察院国际合作局，一年多时间抽调参与广东省检察机关司法责任改革首批试点工作，半年时间在省委专班从事打击整治养老诈骗专项行动，其余时间，我都从事刑事检察工作。算来，作为一名刑检人，在刑事检察部门，工作时间已经超过十年。经历了基层、省两级刑事检察部门，也跨越了公诉、批捕分设到"捕诉合一""一分为四"的过程。见证了《刑事诉讼法》的三次变迁，《人民检察院刑事诉讼规则》的两次修改。目睹了曾经还处于蓝图、设想的司法责任制改革、认罪认罚从宽制度、企业合规等，一步步成为检察工作中的日常制度。

很多人讲，办案子就是办别人的人生。在我看来，办案子就是办自己的人生。用心用情用力办好每一个案件，让人民群众在每一个司法案件中感受到公平正义，并不是停留在纸上的"漂亮话"，而是司法工作者应当践行的宗旨和原则，这就是我们的人生。当初在法学院学法，后来参加司法考试、公务员考试、遴选考试，并不只是为了找一份好工作，更重要的是实现社会价值，为国家作出自己的贡献，这就是我们法律人应当心怀的"国之大者"。作为国家培养的一名检察人员，履行法律监督职责，要有"润物无声"的温暖，要以"天下无诉"为己任，努力让老百姓减少诉讼、避免诉讼，在"春风化雨"中，感受到中国共产党好、中国特色社会主义好。所谓办案子就是办自己的人生，大意如此。

曾经看过一个法学专家的采访，他谈及自己有"一年专门深入研究一个法律问题"的习惯，这对我很有启发。我当即给自己定了一个原则，就是每年至少深入研究司法实践中一个小问题。不仅要写出来、发表出来，还要能讲出来。幸运的是，这些年基本上这么做的，如新时期醉驾案件的处理、涉刑民营企业案件的办理、司法实践中侮辱国旗罪的疑难点、降低诉前羁押率的策略、退回补充侦查在冤错案件防范中的作用、延长审查起诉期限的问题、刑事法中"家庭人员"的界定等，一年最少形成了一个发表了学术成果的主题研究。正是坚持做到了这"两个一"，这本书才有了一定基础，这本书也成为了我学习成长过程的一份见证。

这本《刑事检察实践问题研究》中的文章，大多数写于工作之余、假日之中。古人讲："君子之学，未尝离行以为知也"。朱熹讲："知之愈明，则行之愈笃，行之愈笃，则知之益明。"书中对犯罪打击与预防、刑事诉讼制度、刑事检察理念、法律监督方式方法等的思考，都源自司法实践，是在具体实践中遇到了需要思考、梳理、解决的问题，才有了这些文章，或许从实践中来到实践中去、紧贴实践、理解实践、契合实践是本书所具备的一点点特色。书中有些问题的研究，在国内算是较早的，有些研究成果，曾经在刊物发表过。当然，也有些研究成果，因自己才疏学浅、视野有限、理解不够，其中的观点，难免生涩粗浅。接下来，我还需要继续学习，完善观点，提升自己。

法条是"安静"的，实践是"活跃"的，独立思考则是架起法条与实践的一座桥梁。我一直认为，在司法工作实践中，保持问题意识、思考习惯、及时梳理并撰写成文，是一个法律人提升自我的基本方式、基本途径、基本需要。司法实践中遇到的具体问题，才是真问题、好问题，往往是引人深思的，也是值得一写的。小问题有大切口，大问题也有小切口，无论从哪里入手，关键在于把问题弄通搞懂，然后举一反三，再成片成块成串的弄通搞懂。这本身也是一种高质高效的学习方式，对于提升一个人的思辨能力，也是很有帮助的，我深深地感觉自己受益其中。当然了，今天搞懂了，并不是一劳永逸，从此可以束之高阁。在常新常变的实践中，今天的"搞懂"，明天可能又有新的视角、新的启发、新的"搞懂"，又有了不一样的答案。所谓的"懂"也是永远在路上，需要心态不断"归零"、身态不断"放平"，状态不断"蹲下"。所谓的"懂"，需要做到准确识变，科学应变，主动求变。

我想，把具体办案中遇到的小问题，弄通搞懂后不仅能说服自己，还能说服侦查人员、律师、法官，可以得 60 分。有逻辑、层次、思想的写出来，可以得70 分。要是还能够深入一点、拓展一些，并成文成篇的在重点刊物上发表出来，就是 80 分。要是能再进一步，通俗易懂、深入浅出、理据分明的讲出来，最好是作为一门课程举一反三的讲出来，就是 90 分。要是还能对此进行更深入思考，以点带面、以个案促类案，帮助完善有关工作，形成具体举措，就是 100 分。如果原意做更多，还可以有 110 分、120 分……其实，都已经努力 60 分了，为啥不再努力 10 分？再努力 20 分呢？其实只要再多花一点时间，再耐心一点点，再多要求自己一些，再逼自己往前冲一冲就好了！

对于学习，我想，何时、何处、何事不可以学习？非得抱着一本法学专著画画线就是学习吗？尤其是参加工作后，学习就应当是随时随地、随机随题、随时可用的。其实，勤能补拙、笨鸟先飞并不是套路套话，大多数人的才智是差不多的，没有谁天生就是才子。所谓的才子，无非是没有"人云亦云"，没有"拿来主义"，没有"浅尝辄止"。所谓的才子，只是保持了一份学习上的"老实"，钻研上的"踏实"，思考上"诚实"。曾国藩曾讲："吾生平短于才""自以秉质愚柔，舍困勉二字，别无人处。"梁启超也说曾国藩"非有超群轶伦之天才，在并时诸贤杰中，称最钝拙"。任何一份光鲜背后，曾有多少孤独与努力，正所谓"你见过凌晨四点的洛杉矶吗"？唯有历经风雨的洗涤，方可与彩虹不期而遇，唯有走过一路山高水长，才有绽放的美好和安宁。

司法实践浩瀚复杂、疑难变幻、兼顾繁多，经常会遇到一些新情况、新问题需要去解析。面对法律"技术难题"，面对满堂的专业人员，不懂装不出懂的模样，懂一点也摆不出懂十点的气质。我想，懂就是懂，不懂就要学习，就要花时间、精力去弄懂。不能为了所谓"面子"，不懂装懂，装懂更没"面子"。学习这事，有时候是最容易自欺欺人的，也是最容易掩耳盗铃的。在省检察院这样一个平台，经常承担着对下"指导"任务，何以能"指导"？司法工作作为一门专业性、技术性很强的工作，必须依靠丰富的实践经验，才能真正做到有说服力、有信服力的"指导"。省级检察院没有基层院、市级院办的案件多，办理的案件还多以程序性流转案件为主，一些二审案件焦点、难点早已经聚焦，形成争论后才到了省级院，县院、市院做的是"主观题"，省院做的可能更多是"选择题"，如何把指导这道题做好，摆在每一个人的面前。有时候，县院、市院对省检察院在具体案件上的指导很尊重客气认同，其实被尊重客气认同并不是某个人，被尊重客气认同是省检察院这个组织，是检察一体化的制度特征垫高了处在上级机关的每一个人，是组织的高度给予了、提升了这份尊重和客气。要真正压实这份尊重和客气，只能靠孜孜不倦、实事求是、真刀真枪的学习、研究、实践才能获得。

这本书的出版，并不是一个终点，只是一个阶段性的总结，也意味着一个新的开始。出版一本书，并不是为了获得什么虚名，更不会觉得自己就了不起了，以后就是专家了，就可以去指导别人了。对此，我始终怀着十分的谦卑、百分的清醒、万分的谨慎！我深知，与很多同事同行相比，自己还差的远，要学习的东西、要提升的地方还很多！办案经验、理论水平、监督敏锐性等，都需要继续学习、持续努力、不断提升。之所以出版这本书，仅仅只是对自己的一个要求，是低落期给自己打上的一点点鸡血而已，是内心深处激发自己继续稳步前行的一份自觉罢了。面对浩瀚的司法实践，面对深邃的法学理论，面对万千变化的工作，面对众多敬仰的行家能手。正如曾国藩所言，自己还需从"耐烦"二字痛下功夫！

非常幸运的是，从事刑事检察工作这些年，遇到很多良师益友。有的业务精湛，讲课讲话总是气贯长虹，听起来就是一种享受，让人望尘莫及；有的大个子还有小细腻，不仅工作上经常指导帮助，还时时处处关心关爱成长发展；有的工作很有推动力，做事有方法、有魄力、有前瞻性；有的经常在一起嘻嘻哈哈、合作办案，还不忘提醒提示；有的闲聊之中一起探讨业务，不知不觉中，收获不小；有的为人处世上展示出更大的胸次定力，办案上更用心用情用力，协调上更周到细致服人，让你自愧不如。更重要的是，还有一些良师益友，用自己的方式，默默的关心、帮助、点拨，如潺潺流水、暖暖春风，一直浸润、温润着我的心，只是不便于写在这里，只能好好地铭记在心里！其实，自己是不值一提、不足挂齿的一个存在，关心关爱帮助的人多了，让自己深感这份关爱的厚重，越发觉得不能辜负这份厚爱。

百年未有之变局，又逢临世纪疫情。这期间，我也迎来了自己的宝贝女儿惟乔，她的名字出自《尚书·禹贡》中的"厥木惟乔"，作为爸爸，希望她像大树一样苗壮成长，健康、快乐的长大，这是我最大的心愿。太太对我的工作一直大力支持，太太说把我当作最好的朋友，我觉得夫妻之间，"最好的朋友"就是最好的相处状态。我要感谢我的岳父岳母，惟乔从出生到现在，岳母一直在帮忙照看，帮了我们大忙，让我还能有时间写点东西，在健身房锻炼一下身体。我要特别感谢我的父亲、母亲，是他们含辛茹苦的教养、坚韧不拔的毅力、厚道朴实的性格，滋养着我、教育着我、感染着我，给予我一切。无论是日常电话，还是平常见面，总是耐心提醒我、不断开导我，父母的大爱，始终是我努力前行的动力和源泉。

最后，我要感谢秦前红教授为本书作序，秦老师是我十分敬爱的法学大家，能被他赐序，是我的荣幸！也要感谢张欣编辑等武汉大学出版社的同仁，让我有机会再次在母校出版专著，在母校出版书籍并收藏进母校图书馆，是一名学子值得自豪的事情。也要感谢最高人民检察院、广东省人民检察院以及院领导们对刑事检察、检察理论研究等工作的支持和重视，正是组织给予发展平台、课题支持、学习机会，才让我能够顺利出本此书。当然，需要感谢的人，还有很多，无论是曾经帮助指导，还是曾经批评阻扰，都值得感谢！

心有光亮，自予光芒，每一个不曾起舞的日子，都是对生命的辜负！最后，我想说的是，让经历过世纪疫情的我们，更加热爱生活、热爱工作、热爱家庭、热爱身边的每一个人！

以上是个人的一点拙见，仅作为本书的后记。

余响铃

2023 年 4 月于广州